《中华人民共和国海关办理行政处罚案件程序规定》理解与适用

陈淑国 / 著

中国海关出版社有限公司

·北京·

图书在版编目（CIP）数据

《中华人民共和国海关办理行政处罚案件程序规定》理解与适用／陈淑国著．—北京：中国海关出版社有限公司，2023.1

ISBN 978-7-5175-0616-4

Ⅰ.①中… Ⅱ.①陈… Ⅲ.①海关法—行政处罚法—法律解释—中国 Ⅳ.① D922.221.5

中国版本图书馆 CIP 数据核字 (2022) 第 239522 号

《中华人民共和国海关办理行政处罚案件程序规定》理解与适用

ZHONGHUA RENMIN GONGHEGUO HAIGUAN BANLI XINGZHENG CHUFA ANJIAN CHENGXU GUIDING LIJIE YU SHIYONG

作　　者：陈淑国	
责任编辑：刘白雪　文珍妮	
出版发行：中国海关出版社有限公司	
社　　址：北京市朝阳区东四环南路甲 1 号	邮政编码：100023
编 辑 部：01065194242-7504（电话）	
发 行 部：01065194221/4238/4246/5127（电话）	
社办书店：01065195616（电话）	
https://weidian.com/? userid=319526934（网址）	
印　　刷：固安县铭成印刷有限公司	经　　销：新华书店
开　　本：710mm×1000mm　1/16	
印　　张：28.5	字　　数：600 千字
版　　次：2023 年 1 月第 1 版	
印　　次：2025 年 8 月第 4 次印刷	
书　　号：ISBN 978-7-5175-0616-4	
定　　价：78.00 元	

海关版图书，版权所有，侵权必究
海关版图书，印装错误可随时退换

序

2021年12月6日，习近平总书记在十九届中央政治局第三十五次集体学习时的讲话中指出："'天下之事，不难于立法，而难于法之必行。'推进法治体系建设，重点和难点在于通过严格执法、公正司法、全民守法，推进法律正确实施，把'纸上的法律'变为'行动中的法律'。"

2021年6月，海关总署公布了修订后的《中华人民共和国海关办理行政处罚案件程序规定》（海关总署令第250号，以下简称《程序规定》）。《程序规定》充分体现党的十八大以来全面依法治国、深化行政执法领域改革的重要成果，全面落实新修订的《行政处罚法》的最新要求和精神，固化海关行政执法经验成果，解决执法实践问题，对于规范海关办理行政处罚案件程序，保障和监督海关有效实施行政管理，保护公民、法人或者其他组织的合法权益具有重要意义。如何深入领会《程序规定》立法精神、条款内涵和相关要求并正确执行，编写一部高质量的《程序规定》解读是一项尤为重要且迫切的工作，本书的付梓可以说正当其时。

本书作者陈淑国同志长期从事海关法治工作，有较为丰富的行政处罚、行政复议、行政应诉等经验和较强的学习研究能力，并根据安排参与了《程序规定》立法，对立法过程、结构体例和条款变化都有较全面的了解和深刻的体会。本书结合海关行政处罚工作实际，对比新旧条文，探究相关政策文件和主要法律依据，阐释重点用语和条款的实质内涵，提示应当注意的问题，解析司法实践中的案例。本书主要有三个特点：一是坚持系统观念，让读者在整体把握相关政策文件和主要法律依据的基础上领会《程序规定》的法律条文，进一步加深对法律条文的理解；二是注重以案说法，提炼司法案例的裁判要点，提示预防行政处罚执法风险；三是善于博采众长，广泛学习行政执法方面的先进成果，借鉴和参考经验做法。

《中华人民共和国海关办理行政处罚案件程序规定》
理解与适用

本书资料翔实、案例丰富、贴近实际、通俗易懂，是一本指导性、实用性、可读性都很强的海关行政处罚参考书和工具书。希望本书对助力深入理解和准确适用《程序规定》有所启发、有所裨益。同时，希望《程序规定》能够正确实施，实现最佳的法律效果、政治效果、社会效果。

是为序。

2022年12月

总体说明

一、编排顺序

除序、总体说明、后记外，本书编排顺序依次是：

（一）海关总署令第 250 号

2021 年 6 月 15 日，海关总署公布《中华人民共和国海关办理行政处罚案件程序规定》（海关总署令第 250 号，以下简称"本规章"）。

（二）海关总署令第 250 号解读

2021 年 6 月 18 日，《海关发布》刊发了海关总署关于本规章的解读。中国政府网_中央人民政府门户网站收录上述解读。

（三）理解与适用

1. 章注。在每章标题之后增加"章注"，从整体上做概要性介绍，或者对重点内容予以阐述。章下分节的，不进行"节注"。

2. 条文解读。主要分为"条文对比""相关政策文件""主要法律依据""重点解读""案例"等部分。

（四）主要参考文献

二、条文对比

首先明确本规章的每一条是新增条款还是修改条款。如系修改条款，则与原规章进行对比。

此次修订规章进一步落实了《海关立法工作管理规定》关于规章应当"完整、全面规范某一类海关行政管理关系"的要求，本规章废止了《海关行政处罚听证办法》（海关总署令第 145 号，以下简称《署令第 145 号》）、《海关办理行政处罚案件程序规定》（海关总署令第 159 号，以下简称《署令第 159 号》）、《海关办理行政处罚简单案件程序规定》（海关总署令第 188 号，以下简称《署令第 188 号》）。

本规章新增第五章"听证程序",在保持听证程序规定相对独立的情况下将《署令第 145 号》主要内容纳入本规章;吸收《署令第 188 号》相关内容,与简易程序有关规定合并为第六章,从而优化海关规章结构。因此,"条文对比"不限于本规章与《署令第 159 号》的对比,在部分条款还与《署令第 145 号》或者《署令第 188 号》对比。

三、相关政策文件

"相关政策文件"指党中央、国务院印发的、与本规章条文内容相关的部分政策文件,时间上一般截至到 2021 年 6 月 15 日,个别条款同时列明新《行政处罚法》通过之后的重要文件,如《法治政府建设实施纲要(2021—2025 年)》等。

四、主要法律依据

列举本规章条文的直接上位法依据,包括《行政处罚法》《行政强制法》《海关法》《海关行政处罚实施条例》等法律、行政法规。

无直接对应的法律、行政法规的,"主要法律依据"不列明,仅结合相关政策文件、海关规章或者规范性文件等进行说明。

五、重点解读

结合本规章条文的具体内容,主要针对重要的法律用语、条款等进行解读,一般增加"本条应当注意的问题",对认为需要注意的事项进行提示。

六、案例

为表述简便,案例部分不介绍案情,仅包括"案名""裁判文书编号""裁判要点"三部分。在行政诉讼之前经过了行政复议程序的,一般也不涉及行政复议部分内容(个别案例除外)。

(一)案名

"案名"一般由原告、被告、行政事由要素构成;执行章节"案名"一般由被执行人、执行人和行政事由组成。

原告或者被执行人为自然人的,用"甲"表示;有多个的,用"甲""乙""丙"等区分。

原告或者被执行人为法人或者其他组织的,用"某公司"等表示;有多个的,用"A""B""C"等区分。

出现多个其他主体的,一般也用字母区分。

（二）裁判文书编号

一般仅列明能查到的行政诉讼程序最终的裁判文书编号，以脚注标识。个别无法查到编号的，列明最高人民法院公报案例或者其他出处。

（三）裁判要点

对人民法院的裁判要点进行提炼，裁判要点有多个的，只选择其中一个与该条文直接相关的裁判要点。但有个别案例的裁判要点与该条文内容并不直接相关。

（四）代称或简称

1. 在裁判要点中涉及行政区划或者地方制度的，一般表述为"×省""×市""×区"等。

2. 在"裁判要点"中财物数量、款项数额等数字一般用"×"代替。

3. 在案例的标题中使用"市场监督管理局""食品药品监督管理局""工商行政管理局""住房和城乡建设厅""城市管理执法局"等全称，在"裁判要点"中使用"市监局""食药监局""工商局""住建厅""城管局"等简称。

七、相关说明

（一）法律规范的表述

1. 简称。为表述简洁，法律规范一般使用简称，如《中华人民共和国宪法》表述为《宪法》，《中华人民共和国行政处罚法》表述为《行政处罚法》，《中华人民共和国海关法》表述为《海关法》，《中华人民共和国海关行政处罚实施条例》表述为《海关行政处罚实施条例》。其他法律、法规、规章一般同样使用简称。

不使用简称的情形主要包括：一是《中华人民共和国外交特权和豁免条例》《中华人民共和国领事特权与豁免条例》等部分法律规范；二是法律、法规、规章、司法解释以及司法解释性质文件或者规范性文件中的法律规范，一般不使用简称；三是专著、文章中出现法律规范全称时，一般不使用简称等。

2. 新旧法律规范。新规范一般不加年份，如《行政处罚法》是指2021年7月15日起施行的《行政处罚法》，仅在与旧《行政处罚法》对比时，表述为新《行政处罚法》，对旧法律规范添加年份，如1996年《行政处罚法》或者2017年《行政处罚法》等。

（二）条款项的援引

"相关政策文件""主要法律依据"原文援引的，对援引部分的内容加引号。不是原文援引的，不加引号。

多款在同一引号内时，前后款以空四格方式表述。

多项在同一引号内时，前后项不空格，不另起一行来区分。

（三）条款项的数字化

为使文字更加直观，阅读流畅，在解读本规章的条款时，法律规范或文件中第 × 条、第 × 款、第 × 项一般用数字表示，而不用汉字"一""二""三"等表示。

下列情形一般不用数字表示：

1."第 × 章""第 × 节"中的汉字。

2. 在解读前列明本规章每一条文及具体内容时，如第一条直至第一百二十五条。

3. 在"相关政策文件""主要法律依据"中表述"同本规章第 × 条"时。

4. 法律规范或者文件的条款中表示具体内容的汉字，如"十四周岁"。

5. 文献中以汉字标识的条款项。

（四）截止时间

本书中法律规范、司法解释、司法解释性质文件、规范性文件一般截止到 2022 年 8 月 31 日。

（五）其他说明

1. 根据《行政处罚法》规定，《署令第 159 号》中的"办案人员"在本规章中均表述为"执法人员"，在第 8 条首次释明后，其后再次出现的条款中不再赘述。

2. 三大诉讼法：指《民事诉讼法》《刑事诉讼法》《行政诉讼法》。

目 录

第一部分　**海关总署令第 250 号**　　001

第二部分　**海关总署令第 250 号解读**　　025

第三部分　**理解与适用**　　029

第四部分　**主要参考文献**　　431

第一部分
海关总署令第 250 号

中华人民共和国海关总署令
第 250 号

《中华人民共和国海关办理行政处罚案件程序规定》已于 2021 年 6 月 11 日经海关总署署务会议审议通过，现予公布，自 2021 年 7 月 15 日起实施。2006 年 1 月 26 日海关总署令第 145 号公布、根据 2014 年 3 月 13 日海关总署令第 218 号修改的《中华人民共和国海关行政处罚听证办法》，2007 年 3 月 2 日海关总署令第 159 号公布、根据 2014 年 3 月 13 日海关总署令第 218 号修改的《中华人民共和国海关办理行政处罚案件程序规定》，2010 年 3 月 1 日海关总署令第 188 号公布的《中华人民共和国海关办理行政处罚简单案件程序规定》同时废止。

署长 倪岳峰
2021 年 6 月 15 日

中华人民共和国海关办理行政处罚案件程序规定

目 录

第一章　总则
第二章　一般规定
第三章　案件调查
第四章　行政处理决定
　　第一节　行政处罚的适用
　　第二节　法制审核
　　第三节　告知、复核和听证
　　第四节　处理决定
第五章　听证程序
　　第一节　一般规定
　　第二节　听证的申请与决定
　　第三节　听证的举行
第六章　简易程序和快速办理
　　第一节　简易程序
　　第二节　快速办理
第七章　处理决定的执行
第八章　附则

第一章 总　则

第一条 为了规范海关办理行政处罚案件程序，保障和监督海关有效实施行政管理，保护公民、法人或者其他组织的合法权益，根据《中华人民共和国行政处罚法》《中华人民共和国行政强制法》《中华人民共和国海关法》《中华人民共和国海关行政处罚实施条例》（以下简称《海关行政处罚实施条例》）及有关法律、行政法规的规定，制定本规定。

第二条 海关办理行政处罚案件的程序适用本规定。

第三条 海关办理行政处罚案件应当遵循公正、公开的原则，坚持处罚与教育相结合。

第四条 海关办理行政处罚案件，在少数民族聚居或者多民族共同居住的地区，应当使用当地通用的语言进行查问和询问。

对不通晓当地通用语言文字的当事人及有关人员，应当为其提供翻译人员。

第五条 海关及其工作人员对实施行政处罚过程中知悉的国家秘密、商业秘密、海关工作秘密或者个人隐私，应当依法予以保密。

第二章 一般规定

第六条 海关行政处罚的立案依据、实施程序和救济渠道等信息应当公示。

第七条 海关应当依法以文字、音像等形式，对行政处罚的启动、调查取证、审核、决定、送达、执行等进行全过程记录，归档保存。

第八条 海关行政处罚应当由具有行政执法资格的海关执法人员（以下简称执法人员）实施。执法人员不得少于两人，法律另有规定的除外。

执法人员应当文明执法，尊重和保护当事人合法权益。

第九条 在案件办理过程中，当事人委托代理人的，应当提交授权委托书，载明委托人及其代理人的基本信息、委托事项及代理权限、代理权的起止日期、委托日期和委托人签名或者盖章。

委托人变更委托内容或者提前解除委托的，应当书面告知海关。

第十条 海关行政处罚由发现违法行为的海关管辖，也可以由违法行为发生地海关管辖。

两个以上海关都有管辖权的案件，由最先立案的海关管辖。

对管辖发生争议的，应当协商解决，协商不成的，报请共同的上一级海关指定管辖；也可以直接由共同的上一级海关指定管辖。

重大、复杂的案件，可以由海关总署指定管辖。

第十一条 海关发现的依法应当由其他行政机关或者司法机关处理的违法行为，应当制作案件移送函，及时将案件移送有关行政机关或者司法机关处理。

第十二条 执法人员有下列情形之一的，应当自行回避，当事人及其代理人有权申请其回避：

（一）是案件的当事人或者当事人的近亲属；

（二）本人或者其近亲属与案件有直接利害关系；

（三）与案件有其他关系，可能影响案件公正处理的。

第十三条 执法人员自行回避的，应当提出书面申请，并且说明理由，由海关负责人决定。

第十四条 当事人及其代理人要求执法人员回避的，应当提出申请，并且说明理由。当事人口头提出申请的，海关应当记录在案。

海关应当依法审查当事人的回避申请，并在三个工作日内由海关负责人作出决定，并且书面通知申请人。

海关驳回回避申请的，当事人及其代理人可以在收到书面通知后的三个工作日内向作出决定的海关申请复核一次；作出决定的海关应当在三个工作日内作出复核决定并且书面通知申请人。

第十五条 执法人员具有应当回避的情形，其本人没有申请回避，当事人及其代理人也没有申请其回避的，有权决定其回避的海关负责人可以指令其回避。

第十六条 在海关作出回避决定前，执法人员不停止办理行政处罚案件。在回避决定作出前，执法人员进行的与案件有关的活动是否有效，由作出回避决定的海关根据案件情况决定。

第十七条 听证主持人、记录员、检测、检验、检疫、技术鉴定人和翻译人员的回避，适用本规定第十二条至第十六条的规定。

第十八条 海关办理行政处罚案件的证据种类主要有：

（一）书证；

（二）物证；

（三）视听资料；

（四）电子数据；

（五）证人证言；

（六）当事人的陈述；

（七）鉴定意见；

（八）勘验笔录、现场笔录。

证据必须经查证属实，方可作为认定案件事实的根据。

以暴力、威胁、引诱、欺骗以及其他非法手段取得的证据，不得作为认定案件事实的根据。

第十九条 海关收集的物证、书证应当是原物、原件。收集原物、原件确有困难的，可以拍摄、复制足以反映原物、原件内容或者外形的照片、录像、复制件，并且可以指定或者委托有关单位或者个人对原物、原件予以妥善保管。

海关收集物证、书证的原物、原件的，应当开列清单，注明收集的日期，由有关单位或者个人确认后盖章或者签字。

海关收集由有关单位或者个人保管书证原件的复制件、影印件或者抄录件的，应当注明出处和收集时间，经提供单位或者个人核对无异后盖章或者签字。

海关收集由有关单位或者个人保管物证原物的照片、录像的，应当附有关制作过程及原物存放处的文字说明，并且由提供单位或者个人在文字说明上盖章或者签字。

提供单位或者个人拒绝盖章或者签字的，执法人员应当注明。

第二十条 海关收集电子数据或者录音、录像等视听资料，应当收集原始载体。

收集原始载体确有困难的，可以采取打印、拍照或者录像等方式固定相关证据，并附有关过程等情况的文字说明，由执法人员、电子数据持有人签名，持有人无法或者拒绝签名的，应当在文字说明中予以注明；也可以收集复制件，注明制作方法、制作时间、制作人、证明对象以及原始载体持有人或者存放处等，并且由有关单位或者个人确认后盖章或者签字。

海关对收集的电子数据或者录音、录像等视听资料的复制件可以进行证据转换，电子数据能转换为纸质资料的应当及时打印，录音资料应当附有声音内容的文字记录，并且由有关单位或者个人确认后盖章或者签字。

第二十一条 刑事案件转为行政处罚案件办理的，刑事案件办理过程中收集的证据材料，经依法收集、审查后，可以作为行政处罚案件定案的根据。

第二十二条 期间以时、日、月、年计算。期间开始的时和日，不计算在期间内。期间届满的最后一日是节假日的，以其后的第一个工作日为期间届满日期。

期间不包括在途时间，法定期满前交付邮寄的，不视为逾期。

第二十三条 当事人因不可抗拒的事由或者其他正当理由耽误期限的，在障碍消除后的十日内可以向海关申请顺延期限，是否准许，由海关决定。

第二十四条 海关法律文书的送达程序，《中华人民共和国行政处罚法》《中华人民共和国行政强制法》和本规定均未明确的，适用《中华人民共和国民事诉讼法》的相关规定。

第二十五条 经当事人或者其代理人书面同意，海关可以采用传真、电子邮件、移动通信、互联网通讯工具等方式送达行政处罚决定书等法律文书。

采取前款方式送达的，以传真、电子邮件、移动通信、互联网通讯工具等到达受送达人特定系统的日期为送达日期。

第二十六条 海关可以要求当事人或者其代理人书面确认法律文书送达地址。

当事人及其代理人提供的送达地址，应当包括邮政编码、详细地址以及受送达人的联系电话或者其确认的电子送达地址等。

海关应当书面告知送达地址确认书的填写要求和注意事项以及提供虚假地址或者提供地址不准确的法律后果，并且由当事人或者其代理人确认。

当事人变更送达地址，应当以书面方式告知海关。当事人未书面变更的，以其确认的地址为送达地址。

因当事人提供的送达地址不准确、送达地址变更未书面告知海关，导致法律文书未能被受送达人实际接收的，直接送达的，法律文书留在该地址之日为送达之日；邮寄送达的，法律文书被退回之日为送达之日。

第二十七条 海关邮寄送达法律文书的，应当附送达回证并且以送达回证上注明的收件日期为送达日期；送达回证没有寄回的，以挂号信回执、查询复单或者邮寄流程记录上注明的收件日期为送达日期。

第二十八条 海关依法公告送达法律文书的，应当将法律文书的正本张贴在海关公告栏内。行政处罚决定书公告送达的，还应当在报纸或者海关门户网站上刊登公告。

第三章　案件调查

第二十九条 除依法可以当场作出的行政处罚外，海关发现公民、法人或者其他组织有依法应当由海关给予行政处罚的行为的，必须全面、客观、公正地调查，收集有关证据；必要时，依照法律、行政法规的规定，可以进行检查。符合立案标准的，海关应当及时立案。

第三十条 执法人员在调查或者进行检查时，应当主动向当事人或者有关人员出示执法证件。

当事人或者有关人员有权要求执法人员出示执法证件。执法人员不出示执法证件的,当事人或者有关人员有权拒绝接受调查或者检查。

当事人或者有关人员对海关调查或者检查应当予以协助和配合,不得拒绝或者阻挠。

第三十一条 执法人员查问违法嫌疑人、询问证人应当个别进行,并且告知其依法享有的权利和作伪证应当承担的法律责任。

违法嫌疑人、证人应当如实陈述、提供证据。

第三十二条 执法人员查问违法嫌疑人,可以到其所在单位或者住所进行,也可以要求其到海关或者指定地点进行。

执法人员询问证人,可以到其所在单位、住所或者其提出的地点进行。必要时,也可以通知证人到海关或者指定地点进行。

第三十三条 查问、询问应当制作查问、询问笔录。

查问、询问笔录上所列项目,应当按照规定填写齐全,并且注明查问、询问开始和结束的时间;执法人员应当在查问、询问笔录上签字。

查问、询问笔录应当当场交给被查问人、被询问人核对或者向其宣读。被查问人、被询问人核对无误后,应当在查问、询问笔录上逐页签字或者捺指印,拒绝签字或者捺指印的,执法人员应当在查问、询问笔录上注明。如记录有误或者遗漏,应当允许被查问人、被询问人更正或者补充,并且在更正或者补充处签字或者捺指印。

第三十四条 查问、询问聋、哑人时,应当有通晓聋、哑手语的人作为翻译人员参加,并且在笔录上注明被查问人、被询问人的聋、哑情况。

查问、询问不通晓中国语言文字的外国人、无国籍人,应当为其提供翻译人员;被查问人、被询问人通晓中国语言文字不需要提供翻译人员的,应当出具书面声明,执法人员应当在查问、询问笔录中注明。

翻译人员的姓名、工作单位和职业应当在查问、询问笔录中注明。翻译人员应当在查问、询问笔录上签字。

第三十五条 海关首次查问违法嫌疑人、询问证人时,应当问明违法嫌疑人、证人的姓名、出生日期、户籍所在地、现住址、身份证件种类及号码、工作单位、文化程度、是否曾受过刑事处罚或者被行政机关给予行政处罚等情况;必要时,还应当问明家庭主要成员等情况。

违法嫌疑人或者证人不满十八周岁的,查问、询问时应当依法通知其法定代理人或者其成年家属、所在学校的代表等合适成年人到场,并且采取适当方式,在适当场所进行,保障未成年人的名誉权、隐私权和其他合法权益。

第三十六条 被查问人、被询问人要求自行提供书面陈述材料的,应当准许;必要时,执法人员也可以要求被查问人、被询问人自行书写陈述。

被查问人、被询问人自行提供书面陈述材料的，应当在陈述材料上签字并且注明书写陈述的时间、地点和陈述人等。执法人员收到书面陈述后，应当注明收到时间并且签字确认。

第三十七条 执法人员对违法嫌疑人、证人的陈述必须充分听取，并且如实记录。

第三十八条 执法人员依法检查运输工具和场所，查验货物、物品，应当制作检查、查验记录。

检查、查验记录应当由执法人员、当事人或者其代理人签字或者盖章；当事人或者其代理人不在场或者拒绝签字或者盖章的，执法人员应当在检查、查验记录上注明，并且由见证人签字或者盖章。

第三十九条 执法人员依法检查走私嫌疑人的身体，应当在隐蔽的场所或者非检查人员视线之外，由两名以上与被检查人同性别的执法人员执行，并且制作人身检查记录。

检查走私嫌疑人身体可以由医生协助进行，必要时可以前往医疗机构检查。

人身检查记录应当由执法人员、被检查人签字或者盖章；被检查人拒绝签字或者盖章的，执法人员应当在人身检查记录上注明。

第四十条 为查清事实或者固定证据，海关或者海关依法委托的机构可以提取样品。

提取样品时，当事人或者其代理人应当到场；当事人或者其代理人未到场的，海关应当邀请见证人到场。海关认为必要时，可以径行提取货样。

提取的样品应当予以加封确认，并且填制提取样品记录，由执法人员或者海关依法委托的机构人员、当事人或者其代理人、见证人签字或者盖章。

第四十一条 海关或者海关依法委托的机构提取的样品应当一式两份以上；样品份数及每份样品数量以能够满足案件办理需要为限。

第四十二条 为查清事实，需要对案件中专门事项进行检测、检验、检疫、技术鉴定的，应当由海关或者海关依法委托的机构实施。

第四十三条 检测、检验、检疫、技术鉴定结果应当载明委托人和委托事项、依据和结论，并且应当有检测、检验、检疫、技术鉴定人的签字和海关或者海关依法委托的机构的盖章。

检测、检验、检疫、技术鉴定的费用由海关承担。

第四十四条 检测、检验、检疫、技术鉴定结果应当告知当事人。

第四十五条 在调查走私案件时，执法人员查询案件涉嫌单位和涉嫌人员在金融机构、邮政企业的存款、汇款，应当经直属海关关长或者其授权的隶属海关关长批准。

执法人员查询时，应当主动向当事人或者有关人员出示执法证件和海关协助查询通知书。

第四十六条 海关实施扣留应当遵守下列规定：

（一）实施前须向海关负责人报告并经批准，但是根据《中华人民共和国海关法》第六条第四项实施的扣留，应当经直属海关关长或者其授权的隶属海关关长批准；

（二）由两名以上执法人员实施；

（三）出示执法证件；

（四）通知当事人到场；

（五）当场告知当事人采取扣留的理由、依据以及当事人依法享有的权利、救济途径；

（六）听取当事人的陈述和申辩；

（七）制作现场笔录；

（八）现场笔录由当事人和执法人员签名或者盖章，当事人拒绝的，在笔录中予以注明；

（九）当事人不到场的，邀请见证人到场，由见证人和执法人员在现场笔录上签名或者盖章；

（十）法律、行政法规规定的其他程序。

海关依法扣留货物、物品、运输工具、其他财产及账册、单据等资料，可以加施海关封志。

第四十七条 海关依法扣留的货物、物品、运输工具，在人民法院判决或者海关行政处罚决定作出之前，不得处理。但是，危险品或者鲜活、易腐、易烂、易失效、易变质等不宜长期保存的货物、物品以及所有人申请先行变卖的货物、物品、运输工具，经直属海关关长或者其授权的隶属海关关长批准，可以先行依法变卖，变卖所得价款由海关保存；依照法律、行政法规的规定，应当采取退运、销毁、无害化处理等措施的货物、物品，可以依法先行处置。

海关在变卖前，应当通知先行变卖的货物、物品、运输工具的所有人。变卖前无法及时通知的，海关应当在货物、运输工具变卖后，通知其所有人。

第四十八条 海关依法解除对货物、物品、运输工具、其他财产及有关账册、单据等资料的扣留，应当制发解除扣留通知书送达当事人。解除扣留通知书由执法人员、当事人或者其代理人签字或者盖章；当事人或者其代理人不在场，或者当事人、代理人拒绝签字或者盖章的，执法人员应当在解除扣留通知书上注明，并且由见证人签字或者盖章。

第四十九条 有违法嫌疑的货物、物品、运输工具应当或者已经被海关依法扣留的，当事人可以向海关提供担保，申请免予或者解除扣留。

有违法嫌疑的货物、物品、运输工具无法或者不便扣留的，当事人或者运输工具负责人应当向海关提供等值的担保。

第五十条 当事人或者运输工具负责人向海关提供担保时，执法人员应当制作收取担保凭单并送达当事人或者运输工具负责人，执法人员、当事人、运输工具负责人或者其代理人应当在收取担保凭单上签字或者盖章。

收取担保后，可以对涉案货物、物品、运输工具进行拍照或者录像存档。

第五十一条 海关依法解除担保的，应当制发解除担保通知书送达当事人或者运输工具负责人。解除担保通知书由执法人员及当事人、运输工具负责人或者其代理人签字或者盖章；当事人、运输工具负责人或者其代理人不在场或者拒绝签字或者盖章的，执法人员应当在解除担保通知书上注明。

第五十二条 海关依法对走私犯罪嫌疑人实施人身扣留，依照《中华人民共和国海关实施人身扣留规定》规定的程序办理。

第五十三条 经调查，行政处罚案件有下列情形之一的，海关可以终结调查并提出处理意见：

（一）违法事实清楚、法律手续完备、据以定性处罚的证据充分的；

（二）违法事实不能成立的；

（三）作为当事人的自然人死亡的；

（四）作为当事人的法人或者其他组织终止，无法人或者其他组织承受其权利义务，又无其他关系人可以追查的；

（五）案件已经移送其他行政机关或者司法机关的；

（六）其他依法应当终结调查的情形。

第四章　行政处理决定

第一节　行政处罚的适用

第五十四条 不满十四周岁的未成年人有违法行为的，不予行政处罚，但是应当责令其监护人加以管教；已满十四周岁不满十八周岁的未成年人有违法行为的，应当从轻或者减轻行政处罚。

第五十五条 精神病人、智力残疾人在不能辨认或者不能控制自己行为时有违法行为的，不予行政处罚，但是应当责令其监护人严加看管和治疗。

间歇性精神病人在精神正常时有违法行为的，应当给予行政处罚。

尚未完全丧失辨认或者控制自己行为能力的精神病人、智力残疾人有违法行为的，可以从轻或者减轻行政处罚。

第五十六条 违法行为轻微并及时改正，没有造成危害后果的，不予行政处罚。初次违法且危害后果轻微并及时改正的，可以不予行政处罚。

对当事人的违法行为依法不予行政处罚的，海关应当对当事人进行教育。

第五十七条 当事人有证据足以证明没有主观过错的，不予行政处罚。法律、行政法规另有规定的，从其规定。

第五十八条 当事人有下列情形之一，应当从轻或者减轻行政处罚：

（一）主动消除或者减轻违法行为危害后果的；

（二）受他人胁迫或者诱骗实施违法行为的；

（三）主动供述海关尚未掌握的违法行为的；

（四）配合海关查处违法行为有立功表现的；

（五）法律、行政法规、海关规章规定其他应当从轻或者减轻行政处罚的。

当事人积极配合海关调查且认错认罚的或者违法行为危害后果较轻的，可以从轻或者减轻处罚。

第五十九条 发生重大传染病疫情等突发事件，为了控制、减轻和消除突发事件引起的社会危害，海关对违反突发事件应对措施的行为，依法快速、从重处罚。

第六十条 违法行为在二年内未被发现的，不再给予行政处罚；涉及公民生命健康安全、金融安全且有危害后果的，上述期限延长至五年。法律另有规定的除外。

前款规定的期限，从违法行为发生之日起计算；违法行为有连续或者继续状态的，从行为终了之日起计算。

第六十一条 实施行政处罚，适用违法行为发生时的法律、行政法规、海关规章的规定。但是，作出行政处罚决定时，法律、行政法规、海关规章已被修改或者废止，且新的规定处罚较轻或者不认为是违法的，适用新的规定。

第六十二条 海关可以依法制定行政处罚裁量基准，规范行使行政处罚裁量权。行政处罚裁量基准应当向社会公布。

第二节　法制审核

第六十三条 海关对已经调查终结的行政处罚普通程序案件，应当由从事行政处罚决定法制审核的人员进行法制审核；未经法制审核或者审核未通过的，不得作出处理决定。但是依照本规定第六章第二节快速办理的案件除外。

海关初次从事行政处罚决定法制审核的人员，应当通过国家统一法律职业资格考试取得法律职业资格。

第六十四条 海关对行政处罚案件进行法制审核时，应当重点审核以下内容，并提出审核意见：

（一）执法主体是否合法；

（二）执法人员是否具备执法资格；

（三）执法程序是否合法；

（四）案件事实是否清楚，证据是否合法充分；

（五）适用法律、行政法规、海关规章等依据是否准确；

（六）自由裁量权行使是否适当；

（七）是否超越法定权限；

（八）法律文书是否完备、规范；

（九）违法行为是否依法应当移送其他行政机关或者司法机关处理。

第六十五条 经审核存在问题的，法制审核人员应当提出处理意见并退回调查部门。

仅存在本规定第六十四条第五项、第六项规定问题的，法制审核人员也可以直接提出处理意见，依照本章第三节、第四节规定作出处理决定。

第三节　告知、复核和听证

第六十六条 海关在作出行政处罚决定或者不予行政处罚决定前，应当告知当事人拟作出的行政处罚或者不予行政处罚内容及事实、理由、依据，并且告知当事人依法享有的陈述、申辩、要求听证等权利。

海关未依照前款规定履行告知义务，或者拒绝听取当事人的陈述、申辩，不得作出行政处罚决定或者不予行政处罚决定。

在履行告知义务时，海关应当制发行政处罚告知单或者不予行政处罚告知单，送达当事人。

第六十七条 当事人有权进行陈述和申辩。

除因不可抗力或者海关认可的其他正当理由外，当事人应当在收到行政处罚或者不予行政处罚告知单之日起五个工作日内提出书面陈述、申辩和要求听证。逾期视为放弃陈述、申辩和要求听证的权利。

当事人当场口头提出陈述、申辩或者要求听证的，海关应当制作书面记录，并且由当事人签字或者盖章确认。

当事人明确放弃陈述、申辩和听证权利的，海关可以直接作出行政处罚或者不予行政处罚决定。当事人放弃陈述、申辩和听证权利应当有书面记载，并且由当事人或者其代理人签字或者盖章确认。

第六十八条 海关必须充分听取当事人的陈述、申辩和听证意见，对当事人提出的事实、理由和证据，应当进行复核；当事人提出的事实、理由、证据或者意见成立的，海关应当采纳。

第六十九条 海关不得因当事人陈述、申辩、要求听证而给予更重的处罚，但是海关发现新的违法事实的除外。

第七十条 经复核后，变更原告知的行政处罚或者不予行政处罚内容及事实、理由、依据的，应当重新制发海关行政处罚告知单或者不予行政处罚告知单，并且依照本规定第六十六条至第六十九条的规定办理。

经复核后，维持原告知的行政处罚或者不予行政处罚内容及事实、理由、依据的，依照本章第四节的规定作出处理决定。

第四节　处理决定

第七十一条 海关负责人应当对行政处罚案件进行审查，根据不同情况，分别作出以下决定：

（一）确有应受行政处罚的违法行为的，根据情节轻重及具体情况，作出行政处罚决定；

（二）符合本规定第五十四条至第五十六条规定的不予行政处罚情形之一的，作出不予行政处罚决定；

（三）符合本规定第五十三条第二项规定的情形的，不予行政处罚，撤销案件；

（四）符合本规定第五十三条第三项、第四项规定的情形之一的，撤销案件；

（五）符合法定收缴条件的，予以收缴；

（六）应当由其他行政机关或者司法机关处理的，移送有关行政机关或者司法机关依法办理。

海关作出行政处罚决定，应当做到认定违法事实清楚，定案证据确凿充分，违法行为定性准确，适用法律正确，办案程序合法，处罚合理适当。

违法事实不清、证据不足的，不得给予行政处罚。

第七十二条 对情节复杂或者重大违法行为给予行政处罚，应当由海关负责人集体讨论决定。

第七十三条 海关依法作出行政处罚决定或者不予行政处罚决定的，应当制发行政处罚决定书或者不予行政处罚决定书。

第七十四条 行政处罚决定书应当载明以下内容：

（一）当事人的基本情况，包括当事人姓名或者名称、地址等；

（二）违反法律、行政法规、海关规章的事实和证据；

（三）行政处罚的种类和依据；

（四）行政处罚的履行方式和期限；

（五）申请行政复议或者提起行政诉讼的途径和期限；

（六）作出行政处罚决定的海关名称和作出决定的日期，并且加盖作出行政处罚决定海关的印章。

第七十五条 不予行政处罚决定书应当载明以下内容：

（一）当事人的基本情况，包括当事人姓名或者名称、地址等；

（二）违反法律、行政法规、海关规章的事实和证据；

（三）不予行政处罚的依据；

（四）申请行政复议或者提起行政诉讼的途径和期限；

（五）作出不予行政处罚决定的海关名称和作出决定的日期，并且加盖作出不予行政处罚决定海关的印章。

第七十六条 海关应当自行政处罚案件立案之日起六个月内作出行政处罚决定；确有必要的，经海关负责人批准可以延长期限，延长期限不得超过六个月。案情特别复杂或者有其他特殊情况，经延长期限仍不能作出处理决定的，应当由直属海关负责人集体讨论决定是否继续延长期限，决定继续延长期限的，应当同时确定延长的合理期限。

上述期间不包括公告、检测、检验、检疫、技术鉴定、复议、诉讼的期间。

在案件办理期间，发现当事人另有违法行为的，自发现之日起重新计算办案期限。

第七十七条 行政处罚决定书应当在宣告后当场交付当事人；当事人不在场的，海关应当在七个工作日内将行政处罚决定书送达当事人。

第七十八条 具有一定社会影响的行政处罚决定，海关应当依法公开。

公开的行政处罚决定被依法变更、撤销、确认违法或者确认无效的，海关应当在三个工作日内撤回行政处罚决定信息并公开说明理由。

第七十九条 海关依法收缴有关货物、物品、违法所得、运输工具、特制设备的，应当制作收缴清单并送达被收缴人。

走私违法事实基本清楚，但是当事人无法查清的案件，海关在制发收缴清单之前，应当制发收缴公告，公告期限为三个月，并且限令有关当事人在公告期限内到指定海关办理相关海关手续。公告期满后仍然没有当事人到海关办理相关海关手续的，海关可以依法予以收缴。

第八十条 收缴清单应当载明予以收缴的货物、物品、违法所得、运输工具、特制设备的名称、规格、数量或者重量等。有关货物、物品、运输工具、特制设备有重要、明显特征或者瑕疵的，执法人员应当在收缴清单中予以注明。

第八十一条 收缴清单由执法人员、被收缴人或者其代理人签字或者盖章。

被收缴人或者其代理人拒绝签字或者盖章，或者被收缴人无法查清但是有见证人在场的，应当由见证人签字或者盖章。

没有被收缴人签字或者盖章的，执法人员应当在收缴清单上注明原因。

海关对走私违法事实基本清楚，但是当事人无法查清的案件制发的收缴清单应当公告送达。

第五章 听证程序

第一节 一般规定

第八十二条 海关拟作出下列行政处罚决定，应当告知当事人有要求听证的权利，当事人要求听证的，海关应当组织听证：

（一）对公民处一万元以上罚款、对法人或者其他组织处十万元以上罚款；

（二）对公民处没收一万元以上违法所得、对法人或者其他组织处没收十万元以上违法所得；

（三）没收有关货物、物品、走私运输工具；

（四）降低资质等级、吊销许可证件；

（五）责令停产停业、责令关闭、限制从业；

（六）其他较重的行政处罚；

（七）法律、行政法规、海关规章规定的其他情形。

当事人不承担组织听证的费用。

第八十三条 听证由海关负责行政处罚案件法制审核的部门组织。

第八十四条 听证应当由海关指定的非本案调查人员主持。听证主持人履行下列职权：

（一）决定延期、中止听证；

（二）就案件的事实、拟作出行政处罚的依据与理由进行提问；

（三）要求听证参加人提供或者补充证据；

（四）主持听证程序并维持听证秩序，对违反听证纪律的行为予以制止；

（五）决定有关证人、检测、检验、检疫、技术鉴定人是否参加听证。

第八十五条 听证参加人包括当事人及其代理人、第三人及其代理人、案件调查人员；其他人员包括证人、翻译人员、检测、检验、检疫、技术鉴定人。

第八十六条 与案件处理结果有直接利害关系的公民、法人或者其他组织要求参加听证的，可以作为第三人参加听证；为查明案情，必要时，听证主持人也可以通知其参加听证。

第八十七条 当事人、第三人可以委托一至二名代理人参加听证。

第八十八条 案件调查人员是指海关负责行政处罚案件调查取证并参加听证的执法人员。

在听证过程中，案件调查人员陈述当事人违法的事实、证据、拟作出的行政处罚决定及其法律依据，并同当事人进行质证、辩论。

第八十九条 经听证主持人同意，当事人及其代理人、第三人及其代理人、案件调查人员可以要求证人、检测、检验、检疫、技术鉴定人参加听证，并在举行听证的一个工作日前提供相关人员的基本情况。

第二节 听证的申请与决定

第九十条 当事人要求听证的，应当在海关告知其听证权利之日起五个工作日内向海关提出。

第九十一条 海关决定组织听证的，应当自收到听证申请之日起二十个工作日以内举行听证，并在举行听证的七个工作日前将举行听证的时间、地点通知听证参加人和其他人员。

第九十二条 有下列情形之一的，海关应当作出不予听证的决定：

（一）申请人不是本案当事人或者其代理人；

（二）未在收到行政处罚告知单之日起五个工作日内要求听证的；

（三）不属于本规定第八十二条规定范围的。

决定不予听证的，海关应当在收到听证申请之日起三个工作日以内制作海关行政处罚不予听证通知书，并及时送达申请人。

第三节 听证的举行

第九十三条 听证参加人及其他人员应当遵守以下听证纪律：

（一）听证参加人及其他人员应当遵守听证秩序，经听证主持人同意后，才能进行陈述和辩论；

（二）旁听人员不得影响听证的正常进行；

（三）准备进行录音、录像、摄影和采访的，应当事先报经听证主持人批准。

第九十四条 听证应当按照下列程序进行：

（一）听证主持人核对当事人及其代理人、第三人及其代理人、案件调查人员的身份；

（二）听证主持人宣布听证参加人、翻译人员、检测、检验、检疫、技术鉴定人名单，询问当事人及其代理人、第三人及其代理人、案件调查人员是否申请回避；

（三）宣布听证纪律；

（四）听证主持人宣布听证开始并介绍案由；

（五）案件调查人员陈述当事人违法事实，出示相关证据，提出拟作出的行政处罚决定和依据；

（六）当事人及其代理人陈述、申辩，提出意见和主张；

（七）第三人及其代理人陈述，提出意见和主张；

（八）听证主持人就案件事实、证据、处罚依据进行提问；

（九）当事人及其代理人、第三人及其代理人、案件调查人员相互质证、辩论；

（十）当事人及其代理人、第三人及其代理人、案件调查人员作最后陈述；

（十一）宣布听证结束。

第九十五条 有下列情形之一的，应当延期举行听证：

（一）当事人或者其代理人因不可抗力或者有其他正当理由无法到场的；

（二）临时决定听证主持人、听证员或者记录员回避，不能当场确定更换人选的；

（三）作为当事人的法人或者其他组织有合并、分立或者其他资产重组情形，需要等待权利义务承受人的；

（四）其他依法应当延期举行听证的情形。

延期听证的原因消除后，由听证主持人重新确定举行听证的时间，并在举行听证的三个工作日前书面告知听证参加人及其他人员。

第九十六条 有下列情形之一的，应当中止举行听证：

（一）需要通知新的证人到场或者需要重新检测、检验、检疫、技术鉴定、补充证据的；

（二）当事人因不可抗力或者有其他正当理由暂时无法继续参加听证的；

（三）听证参加人及其他人员不遵守听证纪律，造成会场秩序混乱的；

（四）其他依法应当中止举行听证的情形。

中止听证的原因消除后，由听证主持人确定恢复举行听证的时间，并在举行听证的三个工作日前书面告知听证参加人及其他人员。

第九十七条 有下列情形之一的,应当终止举行听证:

(一)当事人及其代理人撤回听证申请的;

(二)当事人及其代理人无正当理由拒不出席听证的;

(三)当事人及其代理人未经许可中途退出听证的;

(四)当事人死亡或者作为当事人的法人、其他组织终止,没有权利义务承受人的;

(五)其他依法应当终止听证的情形。

第九十八条 听证应当制作笔录,听证笔录应当载明下列事项:

(一)案由;

(二)听证参加人及其他人员的姓名或者名称;

(三)听证主持人、听证员、记录员的姓名;

(四)举行听证的时间、地点和方式;

(五)案件调查人员提出的本案的事实、证据和拟作出的行政处罚决定及其依据;

(六)陈述、申辩和质证的内容;

(七)证人证言;

(八)按规定应当载明的其他事项。

第九十九条 听证笔录应当由听证参加人及其他人员确认无误后逐页进行签字或者盖章。对记录内容有异议的可以当场更正后签字或者盖章确认。

听证参加人及其他人员拒绝签字或者盖章的,由听证主持人在听证笔录上注明。

第一百条 听证结束后,海关应当根据听证笔录,依照本规定第六十八条至第七十二条的规定进行复核及作出决定。

第六章 简易程序和快速办理

第一节 简易程序

第一百零一条 违法事实确凿并有法定依据,对公民处以二百元以下、对法人或者其他组织处以三千元以下罚款或者警告的行政处罚的,海关可以适用简易程序当场作出行政处罚决定。

第一百零二条 执法人员当场作出行政处罚决定的,应当向当事人出示执法证件，填写预定格式、编有号码的行政处罚决定书，并当场交付当事人。当事人拒绝签收的，应当在行政处罚决定书上注明。

前款规定的行政处罚决定书应当载明当事人的违法行为，行政处罚的种类和依据、罚款数额、时间、地点、申请行政复议、提起行政诉讼的途径和期限以及海关名称，并由执法人员签名或者盖章。

执法人员当场作出的行政处罚决定，应当报所属海关备案。

第二节　快速办理

第一百零三条　对不适用简易程序，但是事实清楚，当事人书面申请、自愿认错认罚且有其他证据佐证的行政处罚案件，符合以下情形之一的，海关可以通过简化取证、审核、审批等环节，快速办理案件：

（一）适用《海关行政处罚实施条例》第十五条第一项、第二项规定进行处理的；

（二）报关企业、报关人员对委托人所提供情况的真实性未进行合理审查，或者因为工作疏忽致使发生《海关行政处罚实施条例》第十五条第一项、第二项规定情形的；

（三）适用《海关行政处罚实施条例》第二十条至第二十三条规定进行处理的；

（四）违反海关监管规定携带货币进出境的；

（五）旅检渠道查获走私货物、物品价值在五万元以下的；

（六）其他违反海关监管规定案件货物价值在五十万元以下或者物品价值在十万元以下，但是影响国家出口退税管理案件货物申报价格在五十万元以上的除外；

（七）法律、行政法规、海关规章规定处警告、最高罚款三万元以下的；

（八）海关总署规定的其他情形。

第一百零四条　快速办理行政处罚案件，当事人在自行书写材料或者查问笔录中承认违法事实、认错认罚，并有查验、检查记录、鉴定意见等关键证据能够相互印证的，海关可以不再开展其他调查取证工作。

使用执法记录仪等设备对当事人陈述或者海关查问过程进行录音录像的，录音录像可以替代当事人自行书写材料或者查问笔录。必要时，海关可以对录音录像的关键内容及其对应的时间段作文字说明。

第一百零五条　海关快速办理行政处罚案件的，应当在立案之日起七个工作日内制发行政处罚决定书或者不予行政处罚决定书。

第一百零六条　快速办理的行政处罚案件有下列情形之一的，海关应当依照本

规定第三章至第五章的规定办理,并告知当事人:

(一)海关对当事人提出的陈述、申辩意见无法当场进行复核的;

(二)海关当场复核后,当事人对海关的复核意见仍然不服的;

(三)当事人要求听证的;

(四)海关认为违法事实需要进一步调查取证的;

(五)其他不宜适用快速办理的情形。

快速办理阶段依法收集的证据,可以作为定案的根据。

第七章　处理决定的执行

第一百零七条　海关作出行政处罚决定后,当事人应当在行政处罚决定书载明的期限内,予以履行。

海关作出罚款决定的,当事人应当自收到行政处罚决定书之日起十五日内,到指定的银行或者通过电子支付系统缴纳罚款。

第一百零八条　当事人确有经济困难向海关提出延期或者分期缴纳罚款的,应当以书面方式提出申请。

海关收到当事人延期、分期缴纳罚款的申请后,应当在十个工作日内作出是否准予延期、分期缴纳罚款的决定,并且制发通知书送达申请人。

第一百零九条　当事人逾期不履行行政处罚决定的,海关可以采取下列措施:

(一)到期不缴纳罚款的,每日按照罚款数额的百分之三加处罚款,加处罚款的数额不得超出罚款的数额;

(二)当事人逾期不履行海关的处罚决定又不申请复议或者向人民法院提起诉讼的,海关可以将其保证金抵缴或者将其被扣留的货物、物品、运输工具依法变价抵缴,也可以申请人民法院强制执行;

(三)根据法律规定,采取其他行政强制执行方式。

第一百一十条　受海关处罚的当事人或者其法定代表人、主要负责人在出境前未缴清罚款、违法所得和依法追缴的货物、物品、走私运输工具等值价款的,也未向海关提供相当于上述款项担保的,海关可以依法制作阻止出境协助函,通知出境管理机关阻止其出境。

阻止出境协助函应当随附行政处罚决定书等相关法律文书,并且载明被阻止出境人员的姓名、性别、出生日期、出入境证件种类和号码。被阻止出境人员是外国人、无国籍人员的,应当注明其英文姓名。

第一百一十一条　当事人或者其法定代表人、主要负责人缴清罚款、违法所得和依法追缴的货物、物品、走私运输工具等值价款的，或者向海关提供相当于上述款项担保的，海关应当及时制作解除阻止出境协助函通知出境管理机关。

第一百一十二条　将当事人的保证金抵缴或者将当事人被扣留的货物、物品、运输工具依法变价抵缴罚款之后仍然有剩余的，应当及时发还或者解除扣留、解除担保。

第一百一十三条　自海关送达解除扣留通知书之日起三个月内，当事人无正当理由未到海关办理有关货物、物品、运输工具或者其他财产的退还手续的，海关应当发布公告。

自公告发布之日起三十日内，当事人仍未办理退还手续的，海关可以依法将有关货物、物品、运输工具或者其他财产提取变卖，并且保留变卖价款。

变卖价款在扣除自海关送达解除扣留通知书之日起算的仓储等相关费用后，尚有余款的，自海关公告发布之日起一年内，当事人仍未办理退还手续的，海关应当将余款上缴国库。

未予变卖的货物、物品、运输工具或者其他财产，自海关公告发布之日起一年内，当事人仍未办理退还手续的，由海关依法处置。

第一百一十四条　自海关送达解除担保通知书之日起三个月内，当事人无正当理由未办理财产、权利退还手续的，海关应当发布公告。

自海关公告发布之日起一年内，当事人仍未办理退还手续的，海关应当将担保财产、权利依法变卖或者兑付后，上缴国库。

第一百一十五条　当事人实施违法行为后，发生企业分立、合并或者其他资产重组等情形，对当事人处以罚款、没收违法所得或者依法追缴货物、物品、走私运输工具等值价款的，应当以承受其权利义务的法人、组织作为被执行人。

第一百一十六条　当事人对行政处罚决定不服，申请行政复议或者提起行政诉讼的，行政处罚不停止执行，法律另有规定的除外。

当事人申请行政复议或者提起行政诉讼的，加处罚款的数额在行政复议或者行政诉讼期间不予计算。

第一百一十七条　有下列情形之一的，中止执行：

（一）处罚决定可能存在违法或者不当情况的；

（二）申请人民法院强制执行，人民法院裁定中止执行的；

（三）行政复议机关、人民法院认为需要中止执行的；

（四）海关认为需要中止执行的其他情形。

根据前款第一项情形中止执行的，应当经海关负责人批准。

中止执行的情形消失后，海关应当恢复执行。对没有明显社会危害，当事人确无能力履行,中止执行满三年未恢复执行的,海关不再执行。

第一百一十八条 有下列情形之一的,终结执行:

(一)据以执行的法律文书被撤销的;

(二)作为当事人的自然人死亡,无遗产可供执行,又无义务承受人的;

(三)作为当事人的法人或者其他组织被依法终止,无财产可供执行,又无义务承受人的;

(四)海关行政处罚决定履行期限届满超过二年,海关依法采取各种执行措施后仍无法执行完毕的,但是申请人民法院强制执行的除外;

(五)申请人民法院强制执行的,人民法院裁定中止执行后超过二年仍无法执行完毕的;

(六)申请人民法院强制执行后,人民法院裁定终结本次执行程序或者终结执行的;

(七)海关认为需要终结执行的其他情形。

第一百一十九条 海关申请人民法院强制执行,应当自当事人的法定起诉期限届满之日起三个月内提出。

海关批准延期、分期缴纳罚款的,申请人民法院强制执行的期限,自暂缓或者分期缴纳罚款期限结束之日起计算。

第八章　附　则

第一百二十条 执法人员玩忽职守、徇私舞弊、滥用职权、索取或者收受他人财物的,依法给予处分;构成犯罪的,依法追究刑事责任。

第一百二十一条 海关规章对办理行政处罚案件的程序有特别规定的,从其规定。

第一百二十二条 海关侦查走私犯罪公安机构办理治安管理处罚案件的程序依照《中华人民共和国治安管理处罚法》《公安机关办理行政案件程序规定》执行。

第一百二十三条 海关对外国人、无国籍人、外国法人或者其他组织给予行政处罚的,适用本规定。

第一百二十四条 本规定由海关总署负责解释。

第一百二十五条 本规定自 2021 年 7 月 15 日起施行。2006 年 1 月 26 日海关总署令第 145 号公布、根据 2014 年 3 月 13 日海关总署令第 218 号修改的《中华人民共和国海关行政处罚听证办法》,2007 年 3 月 2 日海关总署令第 159 号公布、根据 2014 年 3 月 13 日海关总署令第 218 号修改的《中华人民共和国海关办理行政处罚案件程序规定》，2010 年 3 月 1 日海关总署令第 188 号公布的《中华人民共和国海关办理行政处罚简单案件程序规定》同时废止。

第二部分
海关总署令第 250 号解读

海关总署关于《中华人民共和国海关办理行政处罚案件程序规定》的解读[①]

海关发布　2021 年 6 月 18 日

　　海关总署于 2021 年 6 月 16 日公布了《中华人民共和国海关办理行政处罚案件程序规定》(海关总署令第 250 号，以下简称《程序规定》)，将自 2021 年 7 月 15 日起实施。2006 年 1 月 26 日海关总署令第 145 号公布、根据 2014 年 3 月 13 日海关总署令第 218 号修改的《中华人民共和国海关行政处罚听证办法》(以下简称《听证办法》)，2007 年 3 月 2 日海关总署令第 159 号公布、根据 2014 年 3 月 13 日海关总署令第 218 号修改的《中华人民共和国海关办理行政处罚案件程序规定》，2010 年 3 月 1 日海关总署令第 188 号公布的《中华人民共和国海关办理行政处罚简单案件程序规定》(以下简称《署令第 188 号》)同时废止。为使行政相对人和社会各界全面了解和准确把握本次规章修订的背景情况和重点内容，现就有关问题解读如下：

一、修订背景

　　随着全面依法治国深入推进，行政执法领域基础性法律作出重大调整，特别是新修订的《行政处罚法》将于 7 月 15 日正式实施，对海关执法提出了新要求。为了全面贯彻落实《行政处罚法》最新精神及要求，进一步推进严格规范公正文明执法，有必要结合海关执法实际对相关规章进行修订。

[①] http://www.gov.cn/zhengce/2021-06/20/content_5619648.htm

二、修订主要内容

（一）全面落实《行政处罚法》最新精神及要求，进一步推进严格规范公正文明执法

落实《行政处罚法》"教育与处罚相结合""过罚相当"有关精神，完善行政处罚适用规则。将"教育与处罚相结合"作为办案原则（第三条）；根据《行政处罚法》新增条款增加对"初次违法""无主观过错"等情形不予行政处罚的规定（第五十六、五十七条）；根据《行政处罚法》赋权性规定，增加"当事人积极配合海关调查且认错认罚的或者违法行为危害后果较轻"作为酌定从轻或者减轻处罚情节（第五十八条）；增加"从旧兼从轻"法律适用条款（第六十一条）；明确处罚裁量基准应当公布（第六十二条）；增加重大传染病等突发事件快速从重处罚条款（第五十九条）。

将《行政处罚法》修订重点条款纳入并予以强调。新增行政处罚信息公示（第六条）、执法全过程记录（第七条）、行政执法人员资格（第八条）、非法证据排除（第十八条）、及时立案（第二十九条）、处罚时限（第六十条）、处罚决定公开（第七十八条）、听证笔录效力（第一百条）、简易程序（第六章第一节）等条款，进一步规范案件办理程序。

结合相关法律、司法解释及海关业务实践，对《行政处罚法》部分新增规定予以细化，确保相关制度落地。结合《民事诉讼法》及其司法解释，对法律文书电子送达及地址确认制度予以细化（第二十五、二十六条），提升送达效率；完善当事人陈述、申辩权利保障相关规定（第六十六至六十九条）；调整扩大海关行政处罚案件听证范围（第八十二条）。

（二）坚持问题导向，固化海关行政执法经验成果、解决执法实践问题

充分利用《行政处罚法》赋权性规定，结合海关业务实际作出规定。完善案件地域管辖规定，进一步明确级别及指定管辖（第十条）；新增案件办理期限条款，明确海关行政处罚案件办理期限为"六个月"，经海关负责人批准可以延长不超过六个月，确有特殊情况可以经直属海关负责人集体讨论确定再次延长的期限（第七十六条），兼顾执法效率及案件办理实际需求。

贯彻落实国务院有关精神要求。根据国务院关于"创新行政执法机制，开展行政处罚案件快速办理"的精神要求，将现行海关"简单案件程序"修改为"快速办理"，明确在事实清楚、当事人自愿认错认罚的前提下，海关可以简化取证、审核、审批程序（第七章第二节），并将海关总署公告2019年第162号的内容整体整合至该节。根据国务院"三项制度"有关精神强化法制审核要求，明确除简易程序及快速办理案件外，未经法制审核或者审核未通过的不得作出处罚决定，同时进

一步细化法制审核的内容和要求（第四章第二节）。

回应基层执法呼声，解决基层执法实践问题。针对执法实践中反映较多的问题，《程序规定》在法律赋权范围内对相关制度予以完善。增加委托授权总体性规定，解决实践中委托事项、代理权限不清等问题（第九条）；强化电子数据取证规范性（第二十条）；明确刑事转行政案件的证据适用规则（第二十一条）；结合送达执法实践，对邮寄送达、公告送达条款予以完善（第二十七、二十八条）。

（三）进一步完善规章体例结构

《程序规定》将《听证办法》的主要内容整体纳入，新增"听证程序"一章（第五章）。同时，吸收《署令第188号》的主要内容，将"简单案件"修改为"快速办理"，并与简易程序整合为一章（第六章），同时将现行《听证办法》和《署令第188号》一并予以废止，进一步优化海关规章体例结构。

三、其他需要说明的问题

《程序规定》定位为海关行政处罚领域的通用性程序规定，明确"海关办理行政处罚案件的程序适用本规定"（第二条），同时设置"海关规章对办理行政处罚案件的程序有特别规定的，从其规定"（第一百二十一条）的例外条款，兼顾知识产权行政处罚案件办理程序的特殊性。

第三部分
理解与适用

第一章 总 则

章注

本规章第一章总则自第 1 条至第 5 条共 5 条。

与《署令第 159 号》相比,总则条数无变化,主要变化是将《署令第 159 号》第 2 条第 2 款调整到附则中,其他内容略有调整。

总则 5 条依次为立法目的和依据、适用范围、办案原则、办案语言、保密要求。

第一条 为了规范海关办理行政处罚案件程序,保障和监督海关有效实施行政管理,保护公民、法人或者其他组织的合法权益,根据《中华人民共和国行政处罚法》《中华人民共和国行政强制法》《中华人民共和国海关法》《中华人民共和国海关行政处罚实施条例》(以下简称《海关行政处罚实施条例》)及有关法律、行政法规的规定,制定本规定。

条文对比

本条是关于立法目的和立法依据的规定。

与《署令第 159 号》相比,主要变化:一是在立法目的中增加"保障和监督海关有效实施行政管理";二是在立法依据中增加"《中华人民共和国行政强制法》";三是删除《署令第 159 号》中的 2 处标点符号"、"。

理解与适用

一、相关政策文件

《国务院关于印发全面推进依法行政实施纲要的通知》(国发〔2004〕10 号):"公

民、法人和其他组织合法的权利和利益得到切实保护。""规范执法程序。""要严格遵循法定程序，依法保障行政管理相对人、利害关系人的知情权、参与权和救济权。"

《中共中央关于全面深化改革若干重大问题的决定》："完善行政执法程序。"

《中共中央关于全面推进依法治国若干重大问题的决定》："创新执法体制，完善执法程序。""完善执法程序，建立执法全过程记录制度。"

《法治政府建设实施纲要（2015—2020年）》："健全行政执法调查取证、告知、罚没收入管理等制度。""加强行政程序制度建设，严格规范作出各类行政行为的主体、权限、方式、步骤和时限。""政府工作人员特别是领导干部想问题、作决策、办事情必须守法律、重程序、受监督，牢记职权法定，切实保护人民权益。"

《中共中央关于深化党和国家机构改革的决定》："完善执法程序。"

《法治社会建设实施纲要（2020—2025年）》："保障行政执法中当事人合法权益。规范执法行为，完善执法程序，改进执法方式，尊重和维护人民群众合法权益。"

《法治政府建设实施纲要（2021—2025年）》："按照行政执法类型，制定完善行政执法程序规范。"

《国务院关于进一步贯彻实施〈中华人民共和国行政处罚法〉的通知》（国发〔2021〕26号）："要持续规范行政处罚行为""行政机关要坚持执法为民，通过行政处罚预防、纠正和惩戒违反行政管理秩序的行为，维护公共利益和社会秩序，保护公民、法人或者其他组织的合法权益。"

二、主要法律依据

《行政处罚法》第1条："为了规范行政处罚的设定和实施，保障和监督行政机关有效实施行政管理，维护公共利益和社会秩序，保护公民、法人或者其他组织的合法权益，根据宪法，制定本法。"

《行政强制法》第1条："为了规范行政强制的设定和实施，保障和监督行政机关依法履行职责，维护公共利益和社会秩序，保护公民、法人和其他组织的合法权益，根据宪法，制定本法。"

《海关行政处罚实施条例》第1条："为了规范海关行政处罚，保障海关依法行使职权，保护公民、法人或者其他组织的合法权益，根据《中华人民共和国海关法》及其他有关法律的规定，制定本实施条例。"

三、立法目的

2018年8月24日，习近平总书记在中央全面依法治国委员会第一次会议上的讲话中指出："要推进严格执法，理顺执法体制，完善行政执法程序，全面落实行政执法责任制。"①

按照一般法理和立法惯例，法律文本的第一章是总则，第一条规定立法目的和立法依据。②《立法技术规范（试行）（一）》（法工委发〔2009〕62号）5.3规定："立法目的与立法依据（需要规定立法依据时）一般在第一条一并表述，先表述立法目的，再表述立法依据。"

所谓立法目的，是法所意欲追求的价值、法的目的价值。③《立法技术规范（试行）（一）》（法工委发〔2009〕62号）5.1规定："立法目的的内容表述应当直接、具体、明确，一般按照由直接到间接、由具体到抽象、由微观到宏观的顺序排列。"

《宪法》第5条第1款、第4款规定："中华人民共和国实行依法治国，建设社会主义法治国家。""一切国家机关……都必须遵守宪法和法律。"《行政处罚法》第1条规定的立法目的中，规范行政处罚的设定和实施，是制定行政处罚法的直接目的；保障和监督行政机关有效实施行政管理，维护公共利益和社会秩序，保护公民、法人或者其他组织的合法权益，是制定行政处罚法的重要任务，也是推进全面依法治国、建设法治政府、依法行政以及推进国家治理体系和治理能力现代化的重要体现。④

这次修改《署令第159号》，就是要落实《行政处罚法》的最新精神和要求，保持与上位法一致。

（一）规范海关办理行政处罚案件程序

行政法主要从三个方面控制和规范行政权，其中包括通过行政程序法规范行政权行使的方式。行政程序法是行政法的重要组成部分，它是保证行政权正确、公正、有效行使的最重要的手段。《行政处罚法》《行政许可法》《行政强制法》这三部法律被学界称为"中国行政程序立法三部曲"，它们较好地解决了对行政行为的程序制约问题，较好地体现了现代民主、法治的精神和原则。⑤"作为规范三大基本行政行为的'行政三法'的排头兵，《行政处罚法》开创了行政程序法制化的先河，树立了行政机关实施行政处罚必须遵守法定程序、违反法定程序是违法行为甚至无效行为的理念。"⑥行政处罚作为行政机关有效实施行政管理的重要措施，比一般的管理措施要更加严厉，具体的案件不同、采取的措施不同，会不同程度地减损当事人的人身、财产等权益或者新增必须履行的义务，而且会影响到行政管理秩

---

① 习近平.加强党对全面依法治国的领导[J].求是，2019（4）.
② 莫于川，哈书菊：《新〈行政处罚法〉适用办案手册》[M].北京：中国法制出版社，2022年：1.
③ 周旺生，朱苏力：北京大学法学百科全书：法律学·立法学·法律社会学[M].北京：北京大学出版社2009年：178.
④ 许安标.中华人民共和国行政处罚法释义[M].北京：中国民主法制出版社，2021年：31.
⑤ 姜明安.行政法[M].北京：北京大学出版社，2017年：37，64.
⑥ 应松年，张晓莹.《行政处罚法》二十四年：回望与前瞻[J].国家检察官学院学报，2020（5）.

序、公共利益，也影响到对执法机关的公信力和法治政府建设的信心，因此必须加以严格规范，确保行政处罚的设定、实施都在法治的轨道上良性运行。《行政处罚法》规定了较为完善的实体和程序规范，这对行政执法机关而言既是合法性保障，也是法律上的"紧箍咒"。① "规范"就是定规矩、划界限。本规章统一了海关办理行政案件的程序、流程和环节，界定了职责、管辖、期限，明确了法律适用、手续和文书等各方面内容，确保海关行政处罚权在法治轨道上运行，从而规制海关行政处罚，提升执法公信力，不断推动海关法治建设。

（二）保护公民、法人和其他组织的合法权益

《宪法》第 27 条第 2 款规定："一切国家机关和国家工作人员必须依靠人民的支持，经常保持同人民的密切联系，倾听人民的意见和建议，接受人民的监督，努力为人民服务。"根据宪法，保护公民、法人和其他组织的合法权益，这是《行政处罚法》立法宗旨的基本方面。② 首先，在整个法律中，涉及行政机关的权力与公民、法人或者其他组织的权益之间的关系，更多考虑的是保护公民、法人和其他组织的合法权益；其次，规定行政机关必须有效地进行行政管理，处罚违法行为，也是为了整个社会的秩序，以保障全体人民的工作、生活秩序，保障全体人民的合法权益。③ "保护公民、法人或者其他组织的合法权益"是《行政处罚法》《海关行政处罚实施条例》的立法目的之一，也是本规章的立法目的之一。

（三）保障和监督海关有效实施行政管理

全面推进依法治国，必须"坚持依法治国、依法执政、依法行政共同推进，坚持法治国家、法治政府、法治社会一体建设"。法治国家是法治建设的目标，法治政府是建设法治国家的主体，法治社会是构筑法治国家的基础。法治政府建设对法治国家、法治社会具有示范和带动作用，是重点任务和主体工程，要率先突破。"大约 80% 的法律、90% 的地方性法规和几乎所有的行政法规、规章都是由各级政府执行的，法治国家建设的水平和程度直接取决于法治政府建设的水平和程度。"④《国务院关于进一步贯彻实施〈中华人民共和国行政处罚法〉的通知》（国发〔2021〕26 号）提出："不得违法实施行政处罚，不得为了处罚而处罚，坚决杜绝逐利执法，严禁下达罚没指标。"海关依法监管进出境运输工具、人员、货物、物品，行政处罚是确保监管职责履行的重要方式之一，同时也是海关是否有效实施行

---

① 黄海华.行政处罚的重新定义与分类配置[J].华东政法大学学报，2020（4）.
② 全国人大常委会法制工作委员会国家法、行政法室.《中华人民共和国行政处罚法》释义[M].北京：法律出版社，1996 年：1.
③ 全国人大常委会法制工作委员会国家法、行政法室.《中华人民共和国行政处罚法》讲话[M].北京：法律出版社，1996 年：9.
④ 袁曙宏.在新时代深化依法治国实践中谱写法治政府建设新篇章[J].学习时报，2018-08-29（1）.

政管理、维护行政管理秩序的反映和体现。根据《行政处罚法》第 1 条规定，本规章增加该表述。

四、立法依据

《立法技术规范（试行）（一）》（法工委发〔2009〕62 号）5.2 规定："法律一般不明示某部具体的法律为立法依据。但是，宪法或者其他法律对制定该法律有明确规定的，应当明示宪法或者该法律为立法依据。"《立法技术规范（试行）（二）》（法工委发〔2011〕5 号）13.1 规定："引用宪法、法律作为立法依据时，用'根据'。"本规章的立法依据情况如下：

（一）增加《行政强制法》作为立法依据

海关办理行政处罚案件过程中有时会采取行政强制措施或者行政强制执行。行政强制有时独立于行政处罚而存在，有时是行政处罚的重要环节。《行政强制法》自 2012 年 1 月 1 日起施行后，《农业行政处罚程序规定》等部门规章均增加了《行政强制法》作为立法依据之一。本规章把《行政强制法》增列为立法依据之一。

（二）检验检疫相关法律及配套行政法规是否纳入立法依据范围

根据党中央关于"将国家质量监督检验检疫总局的出入境检验检疫管理职责和队伍划入海关总署"的部署，2018 年 4 月机构改革后，海关直接执行的法律从原先的 3 部增加到 7 部，行政法规从 15 部增加到 23 部，其中包括《国境卫生检疫法》及其实施细则、《进出境动植物检疫法》《食品安全法》《进出口商品检验法》及其实施条例等法律、行政法规。在立法过程中，有观点认为，上述法律及配套行政法规应当增加为本规章立法依据。

《立法法》《行政法规制定程序条例》《规章制定程序条例》以及《立法技术规范（试行）（一）》（法工委发〔2009〕62 号）、《立法技术规范（试行）（二）》（法工委发〔2011〕5 号）等，均未对应当援引的立法依据作出具体要求。实践中，并非将有关的立法依据全部列举，一般仅列举直接有关的法律依据。如《农业行政处罚程序规定》《交通运输行政执法程序规定》《市场监督管理行政处罚程序规定》《医疗保障行政处罚程序暂行规定》等规章的立法依据仅列举《行政处罚法》《行政强制法》，其他一般以"等法律、行政法规""等有关法律、行政法规的规定"等来表述；《税务稽查案件办理程序规定》只援引了《税收征收管理法》《税收征收管理法实施细则》。本规章立法依据仅列举四部直接、主要的法律、行政法规。

（三）《海关行政处罚实施条例》作为立法依据

《海关行政处罚实施条例》是立法依据中的唯一的行政法规，主要出于以下考虑：一是该行政法规是贯彻落实《行政处罚法》和《海关法》的行政法规；二是该行政法规既有实体方面的规定，也有程序方面的规定，长期以来一直是规范海关行政处罚程序的重要依据;三是该行政法规在《署令第 159 号》中已经被列为立法依据,其他行政法规涉及行政处罚的程序性规定相对较少。因此,在三部重要法律之后仅列明《海关行政处罚实施条例》。

(四)其他有关法律、行政法规作为立法依据问题

《海关法》第 2 条规定,海关执法依据是"依照本法和其他有关法律、行政法规"。截至 2020 年 11 月,现行有效法律 282 件、行政法规 608 件。[①] 截至 2021 年 12 月 31 日,现行有效法律增至 291 件。[②] 不少法律、行政法规直接明确规定某些违法行为由海关依法予以行政处罚[③]。此外,《民事诉讼法》《行政诉讼法》《行政复议法》《行政执法机关移送涉嫌犯罪案件的规定》《行政复议法实施条例》等法律、行政法规也对海关行政处罚有重要的影响和作用。按照立法惯例,本规章只援引与海关行政处罚直接相关的主要法律、行政法规,未列明的以"及有关法律、行政法规的规定"表述概括。

本条作为立法目的和立法依据,一般不会直接被援引作为海关行政处罚的执法依据,司法审判实践中也未涉及。但在司法审判实践中有援引《行政处罚法》第 1 条的案例。

案例

某学校与某市某区教育局行政处罚案[④]

裁判要点 再审法院判决载明,根据《行政处罚法》第 1 条、第 3 条第 1 款以及《行政诉讼法》第 12 条第 1 款规定,行政处罚是指行政机关为维护行政管理秩序,对违反行政法上义务的行政相对人给予的一种法律制裁,行政相对人如对行政处罚不服,有权依法提起行政诉讼,人民法院应当受理。吊销办学许可证的处罚决定具有惩罚性质,对该校的合法权益产生了实际影响,该校对行政处罚决定不服提起行政诉讼,人民法院应当受理。

第二条 海关办理行政处罚案件的程序适用本规定。

条文对比

本条是关于适用范围的规定。

[①] 习近平.坚定不移走中国特色社会主义法治道路 为全面建设社会主义现代化国家提供有力法治保障[J].求是,2021(5).
[②] 朱宁宁.以良法促发展保善治:2021 年全国人大及其常委会立法工作回顾[J].法治日报,2021-12-29 9(4).
[③] 如《对外贸易法》第 61 条、《大气污染防治法》第 101 条、《文物保护法》第 65 条、《烟草专卖法》第 37 条、《固体废物污染环境防治法》第 115 条、《货物进出口管理条例》第 64 条至第 66 条、《出版管理条例》第 64 条等。
[④] 广东省高级人民法院(2018)粤行申 983 号。

与《署令第 159 号》相比，由原来的 2 款修改为 1 款，主要变化：一是删除《署令第 159 号》第 1 款中的"法律、行政法规另有规定的除外"；二是将《署令第 159 号》第 2 款"海关侦查走私犯罪公安机构办理治安管理处罚案件的程序依照《中华人民共和国治安管理处罚法》、《公安机关办理行政案件程序规定》执行。"调整到本规章"附则"第 122 条，单列 1 条。

理解与适用

一、相关政策文件

《国务院关于印发全面推进依法行政实施纲要的通知》（国发〔2004〕10 号）："要严格遵循法定程序。"

《法治社会建设实施纲要（2020—2025 年）》："规范执法行为，完善执法程序，改进执法方式……"

《法治政府建设实施纲要（2021—2025 年）》："按照行政执法类型，制定完善行政执法程序规范。"

二、主要法律依据

上位法无关于本条的具体规定。

本条对《署令第 159 号》第 2 条第 1 款予以修改。

三、本条应当注意的问题

（一）一部规章统一海关行政处罚案件办理程序

机构改革后，海关行政处罚涉及的业务领域拓展，案件类型增多，在走私、违规行政处罚案件、知识产权海关保护行政处罚案件之外，又增加了出入境检验检疫行政处罚案件类型。

本条明确"海关办理行政处罚案件的程序适用本规定"，定位本规章为海关行政处罚领域的通用性程序规定，海关无论是适用简易程序还是普通程序办理行政处罚案件，无论是哪个业务部门在哪个业务领域实施行政处罚，均统一适用本规章，从而实现了海关一部规章办理行政处罚案件。当然，考虑到侵犯知识产权行政处罚案件的办理程序有一定的特殊性，因此本规章在第 121 条同时规定"海关规章对办理行政处罚案件的程序有特别规定的，从其规定"的例外条款。

（二）"法律、行政法规另有规定的除外"

《立法法》第 88 条规定："法律的效力高于行政法规、地方性法规、规章。""行政法规的效力高于地方性法规、规章。"根据上述规定，法律、行政法规适用具有优先性，本规章不得与法律和行政法规冲突。因此，《署令第 159 号》第 2 条第 1

款中的"法律、行政法规另有规定的除外",本条不再保留。

(三)海关侦查走私犯罪公安机构办理治安管理处罚案件

《署令第 159 号》第 2 条第 2 款规定:"海关侦查走私犯罪公安机构办理治安管理处罚案件的程序依照《中华人民共和国治安管理处罚法》、《公安机关办理行政案件程序规定》执行。"

关于海关侦查走私犯罪公安机构办理治安管理处罚案件的程序,综合考量适用的执法依据、实施主体等因素,本规章将其从《署令第 159 号》第 2 条第 2 款调整至"附则"第 122 条。

案例

某公司与某海关责令退运案[①]

裁判要点 最高人民法院认为,本案中,海关对涉案货物委托鉴定,并将鉴定结论及时告知该公司,听取该公司的意见。根据该公司的异议,又委托中国环境科学研究院固体废物污染控制技术研究所重新鉴定,之后也将鉴定结论送达该公司,并制作书面笔录。海关作出责令退运决定书,要求该公司自行纠正违法行为,明确告知法律救济权利和途径。故二审判决认定海关已按照正当程序的要求基本履行了行政职责、作出退运决定时未再次听取该公司陈述申辩的程序瑕疵不足以导致该决定被撤销,并无不当,裁定驳回再审申请。

第三条 海关办理行政处罚案件应当遵循公正、公开的原则,坚持处罚与教育相结合。

条文对比

本条是关于办案原则的规定。

与《署令第 159 号》相比,主要变化:一是删除《署令第 159 号》中"、及时和便民",二是增加了",坚持处罚与教育相结合"。

理解与适用

一、相关政策文件

《国务院关于印发全面推进依法行政实施纲要的通知》(国发〔2004〕10 号):"行政机关实施行政管理,应当遵循公平、公正的原则。"

《中共中央关于全面深化改革若干重大问题的决定》:"坚持法律面前人人平等""增强全民法治观念"。

《中共中央关于全面推进依法治国若干重大问题的决定》:"加快建设职能科

[①] 最高人民法院(2016)最高法行申 3932 号。

学、权责法定、执法严明、公开公正、廉洁高效、守法诚信的法治政府""推动全社会树立法治意识""实行国家机关'谁执法谁普法'的普法责任制"。

《法治政府建设实施纲要（2015—2020年）》："加大普法力度""落实'谁执法谁普法'的普法责任制"。

《中共中央关于坚持和完善中国特色社会主义制度 推进国家治理体系和治理能力现代化若干重大问题的决定》："加大全民普法工作力度，增强全民法治观念。"

《法治社会建设实施纲要（2020—2025年）》："健全普法责任制。""认真落实'谁执法谁普法'普法责任制"。

《法治中国建设规划（2020—2025年）》："努力让人民群众在每一项法律制度、每一个执法决定、每一宗司法案件中都感受到公平正义""全面落实'谁执法谁普法'普法责任制"。

《法治政府建设实施纲要（2021—2025年）》："全面建设职能科学、权责法定、执法严明、公开公正、智能高效、廉洁诚信、人民满意的法治政府""全面落实'谁执法谁普法'普法责任制，加强以案释法"。

《关于加强社会主义法治文化建设的意见》："加大全民普法力度""落实'谁执法谁普法'普法责任制"。

《国务院关于进一步贯彻实施〈中华人民共和国行政处罚法〉的通知》（国发〔2021〕26号）："要按照'谁执法谁普法'普法责任制的要求，落实有关属地管理责任和部门主体责任。"

二、主要法律依据

《行政处罚法》第5条第1款："行政处罚遵循公正、公开的原则。"第6条："实施行政处罚，纠正违法行为，应当坚持处罚与教育相结合，教育公民、法人或者其他组织自觉守法。"

根据《行政处罚法》的上述规定，本规章本条对《署令第159号》第3条予以修改。

三、公正、公开原则

公正、公平、公开均是行政法的基本原则。《中共中央关于全面推进依法治国若干重大问题的决定》："要把公正、公平、公开原则贯穿立法全过程。"《行政处罚法》第5条第1款延续了原法第4条第1款的规定，表述为"遵循公正、公开的原则"。

（一）行政公正、公开原则

1. 公正原则。习近平总书记指出："公正是法治的生命线。"[①] 所谓公正，原意是指"公平正直，没有偏私"。[②] 在法学家眼里，公正非常重要，如英国的韦德教授认为，行政行为的合理主义和行政程序的公正主义是行政法的"两根支柱"。[③] 有观点认为，行政公正原则包括实体公正和程序公正两个方面的要求。实体公正的要求主要包括：依法办事，不偏私；合理考虑相关因素，不专断。程序公正的要求主要包括：自己不做自己的法官；不单方解除；不在事先未通知和听取相对人陈述、申辩意见的情况下作出对相对人不利的行政行为。[④]

2. 公开原则。所谓公开，原意是指"不加隐蔽""面对大家""使秘密的成为公开的"。[⑤] 行政公开是预防和遏制腐败的有效措施。阳光是最好的防腐剂。"公开原则是制止自由裁量权专横行使最有效的武器。"[⑥] 没有公开则无所谓正义。这一原则为现代各国行政程序法所普遍采纳，并被视为现代行政程序的生命所在。[⑦] 美国、德国以及其他有完整行政程序法的国家，都把公开化作为重要的行政程序之一写进了行政程序法典中。[⑧] 世界贸易组织（WTO）协议要求的一项基本原则是透明度原则，要求法律、法规、政策及市场规则要明确、公开透明，不能含混不清、不为人知、暗箱操作等，这些要求对我国行政机关的执法行为产生了深远的影响。行政公开是民主政治的具体化和实现方式，意味着依法对行政机关行政权的规范和限制。[⑨]

（二）行政处罚公正、公开原则

有观点认为，处罚公正、公开原则要求：（1）过罚相当。（2）实施处罚的动因符合行政目的。（3）行政处罚必须合乎理性。（4）处罚依据公开。（5）处罚过程和结果要公开。[⑩]

1. 行政处罚公正原则。行政处罚公正原则是行政公正原则在行政处罚领域的体现和落实。"公正"是"公平"和"正义"的合称，因而，公平和正义是公正的基

---

① 习近平. 关于《中共中央关于全面推进依法治国若干重大问题的决定》的说明 [M]// 习近平. 论坚持全面依法治国. 北京：中央文献出版社，2020.
② 中国社会科学院语言研究所词典编辑室. 现代汉语词典 [M]. 北京：商务印书馆，1978：380.
③ 袁曙宏. 论行政处罚的实施 [J]. 法学研究，1993，87（4）：48.
④ 姜明安. 行政法 [M]. 北京：北京大学出版社，2017：130.
⑤ 中国社会科学院语言研究所词典编辑室. 现代汉语词典 [M]. 北京：商务印书馆，1978：378.
⑥ 王名扬. 美国行政法（上）[M]. 北京：北京大学出版社，2016：413.
⑦ 王建. 论行政公开原则（上）[J]. 公安学刊，2002（6）：70.
⑧ 关保英. 行政法时代精神之解构：后现代行政法理论的条文化表达 [M]. 北京：北京大学出版社，2017：393.
⑨ 刘俊祥. 行政公开的权利保障功能 [J]. 现代法学，2001，23（5）：140.
⑩ 姜明安. 行政法 [M]. 北京：北京大学出版社，2017：346.

本内涵。[1] 所谓"公正"，就是公平、合理，没有偏私，公正原则要求行政处罚的实施不仅应当在形式上合法，而且要符合立法的目的和精神，不得滥用行政裁量权。[2] 关于行政处罚公正原则的内容，有的认为包含科处依法、过责相适应、一事不再罚原则、裁量有限。[3] 有的认为包含过罚相当、正确行使自由裁量权、以事实为依据、相同情况相同对待。[4]

公正原则既是行政处罚程序的出发点，又是其归宿。公正原则体现在每一项处罚程序中，是指导处罚程序设定和运行的根本准则。[5] 行政处罚公正原则要求从实体上和程序上予以体现和保障，做到同种情况同种对待，不同情况不同对待；相同情形相同处罚，不同情形不同处罚；要做到执法始终如一，不能反复无常、朝令夕改；要做到过罚相当，不能畸轻畸重，更不能重者轻罚或者轻者重罚，显失公正；应当考虑的因素必须充分考虑，不能忽略或排除，不应当考虑的因素必须坚决摒弃，不得考虑不相关因素等。

2.行政处罚公开原则。所谓公开，就是处罚过程要公开，要有行政相对人的参与，要依法向社会公开，以提高公民对行政机关及其实施的行政处罚的信任度，同时监督行政机关及其公务员依法、公正地行使职权，保障相对人的合法权益。[6] 关于行政处罚公开原则的内容，多数论述认为主要包含处罚的依据、过程（程序）、结果公开三个方面。[7] 有的学者表述为"处罚依据公开、处罚决定公开和处罚制度信息的公开"[8]。也有观点认为包括行政处罚的设定与实施要向社会公开。两项基本要求是对违法行为给予处罚的规定要公开，程序要公开。[9]

行政处罚公开原则是海关及其执法人员的义务和行政行为基本准则，是依法行政的重要原则，要求海关在实施行政处罚过程中除依法保密的外，必须将行政处罚相关信息在事前、事中、事后向相对人，有的还需要向社会公开，主要体现在法律依据公开、行政过程公开、决定公开等方面，如依法表明身份、出示证件、告知权利等，从而使权力运行公开化，增加行政处罚的透明度，增强海关行政处罚的公信力。

---

[1] 胡建淼.《行政处罚法》通识十讲 [M]. 北京：法律出版社，2021：35-36.
[2] 姜明安. 行政法 [M]. 北京：北京大学出版社，2017：346.
[3] 江必新. 行政处罚法条文精释与实例精解 [M]. 北京：人民法院出版社，2021：24.
[4] 李洪雷. 中华人民共和国行政处罚法注 [M]. 北京：中国法制出版社，2021：36-39.
[5] 袁曙宏. 论行政处罚的实施 [J]. 法学研究，1993，87（4）：48.
[6] 姜明安. 行政法 [M]. 北京：北京大学出版社，2017：346.
[7] 许安标. 中华人民共和国行政处罚法释义 [M]. 北京：中国民主法制出版社，2021：42. 江必新. 行政处罚法条文精释与实例精解 [M]. 北京：人民法院出版社，2021：24. 李洪雷. 中华人民共和国行政处罚法注 .[M]. 北京：中国法制出版社，2021：40-41. 杨伟东. 中华人民共和国行政处罚法理解与适用 [M]. 北京：中国法制出版社，2021：15-16.
[8] 胡建淼.《行政处罚法》通识十讲 [M]. 北京：法律出版社，2021：44-45.
[9] 张树义，张力. 行政法与行政诉讼法学 [M]. 北京：高等教育出版社，2020：118.

四、处罚与教育相结合原则

习近平总书记指出:"要加大全民普法工作力度,弘扬社会主义法治精神,增强全民法治观念,完善公共法律服务体系,夯实依法治国社会基础。"①

《宪法》第53条规定了全体公民的守法义务。科学立法、严格执法、公正司法、全民守法被称为新时代法治建设的"新十六字方针"。全民守法是全面依法治国的基础。良好的社会秩序不能仅依靠惩罚的威慑来实现,更需要公众的自觉维护。法律的权威源自人民的内心拥护和真诚信仰。法律得以有效实施的最基本保障,就是公众对法律的理解和支持。②卢梭说:"一切法律之中最重要的法律,既不是刻在大理石上,也不是刻在铜表上,而是铭刻在公民的内心里。"③美国著名法学家伯尔曼也说:"法律必须被信仰,否则形同虚设。"④

"行政处罚的目的,重在纠正违法行为,教育公民、法人或者其他组织自觉遵守法律。"⑤"行政处罚的目的,绝不是单纯为了处罚,而是为了纠正违法行为,进行教育,保障法律的贯彻实施。"⑥所谓处罚与教育相结合,是指行政机关实施行政处罚,在惩罚违反行政管理秩序的公民、法人或者其他组织的同时,也要教育违法行为人以及其他公民、法人或者其他组织吸取教训,不再实施违法行为。⑦

处罚与教育相结合在1996年《行政处罚法》和新《行政处罚法》中一脉相承。这次修订《行政处罚法》在体现处罚与教育相结合原则方面作出许多新的规定,从行政处罚基本制度层面既保障行政执法有力度,解决重大违法行为违法成本低、惩处力度不够的问题,也同时保障行政执法有温度,实行无错不罚、小错轻罚。⑧

《行政处罚法》第6条在"处罚与教育相结合"之后未使用"原则"的表述,但对该条的释义多按照其是关于坚持处罚与教育相结合原则的规定来解读,不少行政法规、规章和文件中也把处罚与教育相结合作为办理行政案件的一项重要原则予

---

① 习近平. 推进全面依法治国,发挥法治在国家治理体系和治理能力现代化中的积极作用 [J]. 求是,2020(22).
② 江必新,夏道虎. 中华人民共和国行政处罚法条文解读与法律适用 [M]. 北京:中国法制出版社,2021:14-15.
③ 转引自《习近平法治思想概论》编写组. 习近平法治思想概论 [M]. 北京:高等教育出版社,2021:205.
④ 【美】伯尔曼. 法律与宗教 [M]. 梁治平,译. 北京:中国政法大学出版社,2003:3.
⑤ 曹志. 关于《中华人民共和国行政处罚法(草案)》的说明:1996年3月12日在第八届全国人民代表大会第四次会议上 [J]. 人大工作通讯1996年第7期.
⑥ 全国人大常委会法制工作委员会国家法、行政法室.《中华人民共和国行政处罚法》释义 [M]. 北京:法律出版社,1996:10.
⑦ 许安标. 中华人民共和国行政处罚法释义 [M]. 北京:中国民主法制出版社,2021:43.
⑧ 赵振华. 新修订的《行政处罚法》对行政执法的新要求 [J]. 中国司法,2021(4):72-77.

以明确。①

本规章也未冠以"原则"的表述，但不妨碍将其作为一项原则来理解和把握。处罚与教育相结合，意味着对违法行为不能只教不罚、以教代罚，又不能为罚而罚、只罚不教、以罚代教。既要根据违法行为的事实、性质、情节以及社会危害程度等因素实施行政处罚，又要注重发挥法律的规范、指引、教育功能和行政处罚的警示作用，从而将"教育公民、法人或者其他组织自觉守法"落实到位，实现法律效果与社会效果的统一。

案例

某公司与某市质量技术监督局行政处罚案②

裁判要点 某公司销售不符合文件要求的案涉 0 号普通柴油的违法行为，应当给予相应的行政处罚，但就本案具体情况而言，案情具有一定的特殊性。从企业经营角度而言，需要一定的时间及成本用于调整经营。故可从行政裁量上依法调整处罚的基数，进一步提升被诉处罚决定的适当性，以更好地体现坚持处罚与教育相结合的行政处罚原则。

第四条 海关办理行政处罚案件，在少数民族聚居或者多民族共同居住的地区，应当使用当地通用的语言进行查问和询问。

对不通晓当地通用语言文字的当事人及有关人员，应当为其提供翻译人员。

条文对比

本条是关于办案语言的规定。

与《署令第 159 号》相比，主要变化是在"当事人"之后增加了"及有关人员"。

理解与适用

一、相关政策文件

《国务院关于进一步繁荣发展少数民族文化事业的若干意见》（国发〔2009〕29号）："国家保障各民族使用和发展本民族语言文字的自由。"

《党政机关公文处理工作条例》（中办发〔2012〕14号）："民族自治地方的公文，可以并用汉字和当地通用的少数民族文字。"

《国务院办公厅关于全面加强新时代语言文字工作的意见》（国办发〔2020〕30号）："科学保护方言和少数民族语言文字。"

---

① 如《无证无照经营查处办法》第 10 条、《公安机关办理行政案件程序规定》第 5 条、《交通运输行政执法程序规定》第 4 条、《浙江省司法行政机关行政处罚程序规定》（浙司〔2021〕103 号）等。
② 上海市第三中级人民法院（2018）沪 03 行终第 300 号；《最高人民法院公报》2020 年第 10 期。

二、主要法律依据

《国家通用语言文字法》第 8 条第 1 款:"各民族都有使用和发展自己的语言文字的自由。"

三、语言文字

语言文字是人类社会最重要的交际工具和信息载体,是文化的基础要素和鲜明标志。语言文字事业在党和国家工作大局中具有重要地位和作用。《国务院批转国家民委关于进一步做好少数民族语言文字工作报告的通知》(国发〔1991〕32 号)提出:"我国是统一的多民族的社会主义国家,做好少数民族语言文字工作,对坚持民族平等、团结和促进各民族的共同繁荣,具有重要意义。"

中华人民共和国成立后,特别是党的十八大以来,在党和国家的高度重视下,我国的语言文字事业取得了历史性成就。

《宪法》序言规定,中华人民共和国是全国各族人民共同缔造的统一的多民族国家。第 4 条第 4 款规定"各民族都有使用和发展自己的语言文字的自由"。国家的语言文字方针政策和法律法规,对维护国家统一、民族团结,构建和谐健康的语言生活,促进经济、社会、文化、教育的发展具有重要意义。[①]

《宪法》第 139 条规定:"各民族公民都有用本民族语言文字进行诉讼的权利。人民法院和人民检察院对于不通晓当地通用的语言文字的诉讼参与人,应当为他们翻译。 在少数民族聚居或者多民族共同居住的地区,应当用当地通用的语言进行审理;起诉书、判决书、布告和其他文书应当根据实际需要使用当地通用的一种或者几种文字。"根据《宪法》,我国《民事诉讼法》第 11 条、《刑事诉讼法》第 9 条、《行政诉讼法》第 9 条均规定各民族公民都有用本民族语言、文字进行诉讼的权利。

根据《宪法》和有关法律规定,《署令第 159 号》第 4 条就在少数民族聚居或者多民族共同居住的地区使用当地通用的语言查问和询问、提供翻译人员作出了规定,《署令第 145 号》第 10 条还专门规定当事人享有使用本民族的语言文字参加听证的权利,第 16 条第 1 款规定对不通晓当地语言文字的听证参加人及其他人员,海关应当为其聘请翻译人员。本规章对《署令第 159 号》上述规定予以保留,并吸收整合《署令第 145 号》中的相关内容。

[①]《中国语言文字概况(2021 年版)》,来源: 教育部 http://www.moe.gov.cn/jyb_sjzl/wenzi/202108/t20210827_554992.html.

> **案例**
>
> **某公司不服某地区生态环境局某市分局行政处罚案**[1]
>
> **裁判要点** 法院认为,根据《行政诉讼法》第 34 条第 1 款规定,被告对作出的行政行为负有举证责任,应当提供作出该行政行为的证据和所依据的规范性文件。《环境行政处罚办法》第 30 条规定了调查人员负有的责任。市生态分局制作的两份现场检查(勘验)笔录并未记载翻译人员,制作上述笔录时市生态分局并未提供翻译。因市生态分局未提供证据证明其已充分保证了少数民族使用本民族语言进行陈述的权利,故本院对上述笔录不予认定。

第五条 海关及其工作人员对实施行政处罚过程中知悉的国家秘密、商业秘密、海关工作秘密或者个人隐私,应当依法予以保密。

条文对比

本条是对保密要求的规定。

与《署令第 159 号》相比,主要变化:一是保密义务主体增加"工作人员",调整为"海关及其工作人员";二是将《署令第 159 号》的"办理行政处罚案件过程"调整为"对实施行政处罚过程";三是删除《署令第 159 号》中的"涉及""个人隐私"之后的"的",在"国家秘密"前增加"知悉的";四是将《署令第 159 号》的"保守秘密"修改为"保密",并在"保密"前增加"依法予以"。

理解与适用

一、相关政策文件

《国务院关于印发全面推进依法行政实施纲要的通知》(国发〔2004〕10 号):"公民、法人和其他组织合法的权利和利益得到切实保护""行政机关实施行政管理,除涉及国家秘密和依法受到保护的商业秘密、个人隐私的外,应当公开"。

《国务院关于印发促进大数据发展行动纲要的通知》(国发〔2015〕50 号):"切实加强对涉及国家利益、公共安全、商业秘密、个人隐私、军工科研生产等信息的保护。"

《中共中央关于坚持和完善中国特色社会主义制度 推进国家治理体系和治理能力现代化若干重大问题的决定》:"依法保护个人信息""加强企业商业秘密保护"。

《法治社会建设实施纲要(2020—2025 年)》:"加强对网络空间通信秘密、商业秘密、个人隐私以及名誉权、财产权等合法权益的保护。"

---

[1] 新疆维吾尔自治区喀什地区中级人民法院(2020)新 31 行终 38 号。

二、主要法律依据

《行政处罚法》第 50 条:"行政机关及其工作人员对实施行政处罚过程中知悉的国家秘密、商业秘密或者个人隐私,应当依法予以保密。"

《海关法》第 72 条第 5 项:海关工作人员不得泄露国家秘密、商业秘密和海关工作秘密。

《海关行政处罚实施条例》第 34 条第 4 款:"调查、收集的证据涉及国家秘密、商业秘密或者个人隐私的,海关应当保守秘密。"

根据《行政处罚法》第 50 条、《海关法》第 72 条第 5 项规定,本规章本条对《署令第 159 号》第 5 条予以修改。

三、本条应当注意的问题

(一)国家秘密

《保守国家秘密法》第 2 条规定,国家秘密是关系国家安全和利益,依照法定程序确定,在一定时间内只限一定范围的人员知悉的事项。该法第 9 条明确了国家秘密的范围,第 10 条规定了国家秘密的密级,第 15 条规定了保密的期限,该法还规定了职责分工、保密制度、监督管理等内容。《国家安全法》《网络安全法》《数据安全法》《保守国家秘密法实施条例》等法律、行政法规也有涉及保守国家秘密的内容;部分司法解释或司法解释性质文件也有相应的规定。[1] 国家秘密关系到国家安全和利益。保守国家秘密是一切国家机关、武装力量、政党、社会团体、企业事业单位和公民的义务。作为海关执法人员更要时刻绷紧这根弦,依法履行保守国家秘密的义务。

(二)商业秘密

现代意义上的商业秘密,是泛指工业、商业和管理等方面的秘密信息,包括工业技术、商务管理、财务或其他性质的秘密技术、信息与经验。商业秘密作为一种重要的财产权利较早得到了国际社会的普遍承认与保护。1883 年的《保护工业产权巴黎公约》虽未提及商业秘密的概念,但公约 1967 年文本却成为以后几个国际公约关于商业秘密保护的基准性法案。《与贸易有关的知识产权协定》(TRIPS 协定)将商业秘密保护纳入到知识产权保护协定中。

---

[1] 如《最高人民法院关于审理为境外窃取、刺探、收买、非法提供国家秘密、情报案件具体应用法律若干问题的解释》(法释〔2001〕4 号)、《最高人民法院、国家保密局关于执行〈关于审理为境外窃取、刺探、收买、非法提供国家秘密、情报案件具体应用法律若干问题的解释〉有关问题的通知》(法发〔2001〕117 号)、《最高人民检察院、国家保密局关于印发〈人民检察院保密行政管理部门办理案件若干问题的规定〉的通知》(保发〔2020〕3 号)等。

我国关于商业秘密的法律保护起步于20世纪80年代。1991年4月修订颁布的《民事诉讼法》首次使用了"商业秘密"。1993年,《反不正当竞争法》第一次明确了商业秘密的定义。《国家工商行政管理局关于禁止侵犯商业秘密行为的若干规定》(国家工商行政管理局令第41号,1998年被国家工商行政管理局令第86号修订)第2条、《国家工商行政管理局关于商业秘密构成要件问题的答复》(工商公字〔1998〕第109号)等就"商业秘密"作出了解释。目前保守商业秘密的法律制度越来越完善,不仅行政法对此有规定,民法、刑法等领域也有相关规定,近年来的《网络安全法》第45条、《数据安全法》第38条、《优化营商环境条例》第30条等也对保护商业秘密作出规定。同时,司法解释、司法解释性质文件[①]的出台,加大了对商业秘密的司法保护力度,有力维护了社会主义市场经济秩序。海关及其执法人员在办理行政处罚案件过程中应当依法保守商业秘密。

(三)海关工作秘密

《海关法》第72条第5项规定:海关不得泄露国家秘密、商业秘密和海关工作秘密。《海关统计工作管理规定》《署令第159号》等海关规章都将海关工作秘密纳入保密范围,但没有专门针对"海关工作秘密"的规章立法。在北大法宝"法律法规"中查询"工作秘密",能够查到2010年1月国家税务总局印发的《税务机关工作秘密范围的规定》(国税发〔2010〕16号,已废止)。

《广州市保守工作秘密规定》(2001年8月14日广州市人民政府令第16号发布,根据2018年2月13日广州市人民政府令第158号第三次修改,2021年废止)第2条第1款规定:"本规定所称工作秘密,是指在各级政府及其行政管理部门的公务活动和内部管理中,不属于国家秘密而又不宜对外公开的,依照规定程序确定并在一定时间内只限于一定范围人员知悉的工作事项。"其范围包括10项内容。[②] 第2款规定:"前款所称不宜公开的事项,是指公开后会严重影响社会秩序、工作秩序或者正常生活秩序;会使保护工作秘密的措施可行性降低或者失效;会使政府及其行政管理部门依法行使职权失去保障的事项。"

参考有关规定,可以将海关工作秘密定义为海关在对外执法和内部管理过程中产生或者获取的不属于国家秘密但又不宜对外公开的信息。这类信息一旦泄露,将妨碍

[①] 如《最高人民法院关于审理侵犯商业秘密民事案件适用法律若干问题的规定》(法释〔2020〕7号)、《最高人民检察院 公安部关于印发〈关于修改侵犯商业秘密刑事案件立案追诉标准的决定〉的通知》(高检发〔2020〕15号)等。

[②] (一)拟制中不宜公开的政策文稿;(二)不宜公开的会议材料、领导讲话材料;(三)不宜公开的规划、计划和总结;(四)业务工作的管理和监督活动中不宜公开的事项;(五)拟议中的机构设置、工作分工、人事调整和职务任免、奖惩事项;(六)行政管理部门工作人员的档案及其有关材料;(七)正在调查不宜公开的材料、证词、证据和其他事项;(八)不宜公开的计算机系统网络总体方案、安全保密实施方案;(九)不宜公开的内部管理措施;(十)国家有关规定中其他工作秘密。

海关执法和管理的正常进行，并产生负面的影响。以海关行政处罚案件为例，不仅案件的处理意见和结果，还包括案件线索来源、调查方向、办理进展等信息，都是海关工作秘密。海关执法人员不得对外界透露，也不得向本单位其他无关人员透露。

（四）个人隐私

《民法典》第1032条第2款规定："隐私是自然人的私人生活安宁和不愿为他人知晓的私密空间、私密活动、私密信息。"许多国家或地区的个人数据保护法中就公务机关基于公共利益的需要处理个人私密信息时豁免征得数据主体同意的情形做了列举式规定。[1] 我国三大诉讼法和《行政处罚法》等法律均对保护个人隐私予以确认，隐私权不仅是《民法典》规定的人格权，是诉讼法规定的诉讼权利，也是受行政法律规范保护的权利。依法保护个人隐私也是海关及其执法人员依法履行的义务。

案例

甲与某市公安局信息公开案[2]

裁判要点 公安局将处罚决定书第323号卷宗全部信息予以公开，对其中涉及个人隐私的内容予以保密，符合法律规定，亦符合《政府信息公开条例》第22条规定。

第二章　一般规定

章注

本规章第二章"一般规定"自第6条至第28条，共23条；《署令第159号》第二章"一般规定"自第6条至第26条，共21条。

与《署令第159号》相比，主要变化：一是新增条款较多，增加执法信息公示、执法全过程记录、委托授权要求、案件管辖、证据衔接、送达程序准用、电子送达、送达地址确认等8条，且固化改革成果较多；二是删除《署令第159号》中的第20条、第21条、第23条、第24条等4条；三是将《署令第159号》第7条的出示执法证件内容调整到本规章的第三章（第30条），将《署令第159号》第17条调整到本规章的第四章（第60条），将第26条调整到本规章的第六章（第101条）；四是保留了14条，并作相应修改，其中第10条3款对应本规章中的3条，分别是：第1款与第9条对应本规章第13条，第2款对应本规章第15条，第3款与第11条对应本规章第14条。

---

[1] 李卫华. 民法典时代个人隐私信息公开豁免条款的困境及完善[J]. 行政法学研究，2021（6）：68-77.
[2] 北京市高级人民法院（2018）京行申158号。

第六条 海关行政处罚的立案依据、实施程序和救济渠道等信息应当公示。

> [!条文对比]
> 本条是关于行政处罚信息公示的规定，系新增条款。

> [!理解与适用]

一、相关政策文件

《国务院办公厅关于推行行政执法责任制的若干意见》（国办发〔2005〕37号）："梳理完毕的执法依据，除下发相关执法部门外，要以适当方式向社会公布。"

《关于深化政务公开加强政务服务的意见》（中办发〔2011〕22号）："按照职权法定、程序合法的要求，依法梳理审核行政职权，编制行政职权目录，明确行使权力的主体、依据、运行程序和监督措施等，并向社会公布。"

《中共中央关于全面推进依法治国若干重大问题的决定》："推行行政执法公示制度。"

《法治政府建设实施纲要（2015—2020年）》："推行行政执法公示制度。"

《关于全面推进政务公开工作的意见》："推行行政执法公示制度""推动执法部门公开职责权限、执法依据、裁量基准、执法流程、执法结果、救济途径等"。

《国务院办公厅关于全面推行行政执法公示制度执法全过程记录制度重大执法决定法制审核制度的指导意见》（国办发〔2018〕118号）："全面推行行政执法公示制度""全面准确及时主动公开行政执法主体、人员、职责、权限、依据、程序、救济渠道和随机抽查事项清单等信息"。

《国务院办公厅关于印发2019年政务公开工作要点的通知》（国办发〔2019〕14号）："按照'谁执法谁公示'原则，严格落实行政执法公示制度。"

《法治政府建设实施纲要（2021—2025年）》："全面实行政府权责清单制度，推动各级政府高效履职尽责""全面严格落实行政执法公示、执法全过程记录、重大执法决定法制审核制度"。

二、主要法律依据

《行政处罚法》第39条："行政处罚的实施机关、立案依据、实施程序和救济渠道等信息应当公示。"

《政府信息公开条例》第20条第6项：主动公开的行政机关信息包括，实施行政处罚、行政强制的依据、条件、程序以及本行政机关认为具有一定社会影响的行政处罚决定。

《优化营商环境条例》第58条："行政执法机关应当按照国家有关规定，全面落实行政执法公示、行政执法全过程记录和重大行政执法决定法制审核制度。"

根据《行政处罚法》第 39 条规定，本规章新增本条，并作为本章第 1 条。

三、行政执法"三项制度"

2020 年 11 月 16 日，习近平总书记在中央全面依法治国工作会议上讲话中指出："行政执法工作面广量大，一头连着政府，一头连着群众，直接关系群众对党和政府的信任、对法治的信心。要推进严格规范公正文明执法，提高司法公信力。"①

行政处罚是行政机关重要的行政执法方式之一。关于行政执法，目前我国法律实务界和学术界对其内涵和外延有不同的界定。有关行政执法的概念，存在着不同认识和主张。例如，有观点认为，行政执法是指行政主体为了实现行政管理职能而执行法律的行为或者过程。② 一般而言，行政执法是指行政机关依据法律、法规和规章等，作出行政许可、行政处罚、行政强制等影响公民、法人或者其他组织权利和义务的具体行政行为。

行政执法公示制度、执法全过程记录制度、重大执法决定法制审核制度是党的十八届四中全会部署的重要改革任务，是法治政府建设的主要任务和具体措施之一，合称行政执法"三项制度"。《中共中央关于全面推进依法治国若干重大问题的决定》提出："建立执法全过程记录制度""严格执行重大执法决定法制审核制度""推行行政执法公示制度"。这是"三项制度"在国家层面政策文件中的首次出现。《法治政府建设实施纲要（2015—2020 年）》《法治政府建设实施纲要（2021—2025 年）》《法治中国建设规划（2020—2025 年）》等文件也就推行"三项制度"提出了明确要求。"三项制度"聚焦行政执法的源头、过程和结果三个关键环节，是提高政府治理效能的重要抓手，有利于切实保障人民群众合法权益、推进国家治理体系和治理能力现代化。③ 海关总署高度重视行政执法"三项制度"的贯彻落实工作，把推进"三项制度"作为推进海关法治建设的一项重要工作加以部署推动。

四、行政执法公示制度

《国务院办公厅关于全面推行行政执法公示制度执法全过程记录制度重大执法决定法制审核制度的指导意见》（国办发〔2018〕118 号）提出："行政执法公示是保障行政相对人和社会公众知情权、参与权、表达权、监督权的重要措施。"从公示的阶段和环节看，行政执法公示包括事前、事中、事后三个环节。本规章本条系

---

① 习近平. 坚定不移走中国特色社会主义法治道路　为全面建设社会主义现代化国家提供有力法治保障[J]. 求是，2021（5）.
② 关保英. 行政行为主要证据不足研究[J]. 上海政法学院学报（法治论丛），2022，37（1）：44-59.
③ 胡建淼.《行政处罚法》修订的若干亮点[J]. 中国司法，2021（5）：53-58.

行政处罚事前公示，本规章第 30 条、第 45 条第 2 款、第 46 条第 1 款第 3 项、第 102 条第 1 款等规定属于事中公示，第 78 条规定属于事后公开。

（一）事前公示主要任务

一是全面准确及时主动公开本单位行政执法主体、人员、职责、权限、依据、程序、救济渠道和随机抽查事项清单等信息；二是根据有关法律法规，结合自身职权职责，编制并公开本业务领域的服务指南、执法流程图等，明确执法事项名称、受理机构、审批机构、受理条件、办理时限等内容；三是及时根据法律法规及机构职能变化情况进行动态调整。

（二）事前公示的内容

根据《行政处罚法》第 39 条规定，本规章明确海关行政处罚应当事前公示的内容包括立案依据、实施程序和救济渠道等。

1. 立案依据。立案依据从位阶层级上看，一般包括法律、行政法规、海关规章和规范性文件；从内容上看，包括立案的情形、不予立案的情形，也可以包括行政处罚裁量基准。

2. 实施程序。根据《行政处罚法》《行政强制法》《海关法》《海关行政处罚实施条例》和本规章等规定，办理行政处罚案件的程序，从类别上看，可以分为简易程序、普通程序，符合听证条件或者快速办理的可以适用相应程序；从环节上看，可以分为移送、立案、调查、处罚、执行等主要环节；从具体内容上看，可以分回避、检查、取样、鉴定、查问、询问、扣留、告知、陈述、申辩、听证、强制执行等程序。

3. 救济渠道。根据《行政处罚法》第 7 条，并结合《行政复议法》《行政诉讼法》《国家赔偿法》等规定，当事人依法享有申请行政复议、提起行政诉讼、国家赔偿的权利。

|案例|

某公司与某市财政局行政处罚案[①]

裁判要点 法院认为，首先，财政局向法院提交的 2017 年 12 月 28 日的录音及文字整理材料，并不包含告知执法人员身份的内容。其次，其在政务网上公示的执法人员清单中包含 15 名执法人员，仅凭清单无法确定本案被诉处罚决定的具体经办人，且该清单并未在一审期间向法院提交；最后，依据公司 2018 年 5 月第二次投诉时的处理情况等，无法认定财政局在作出被诉处罚决定时履行了告知执法人员身份的义务。

---

① 北京市第二中级人民法院（2019）京 02 行终 575 号。

《中华人民共和国海关办理行政处罚案件程序规定》
理解与适用

第七条 海关应当依法以文字、音像等形式，对行政处罚的启动、调查取证、审核、决定、送达、执行等进行全过程记录，归档保存。

`条文对比`

本条是关于全过程记录的规定，系新增条款。

`理解与适用`

一、相关政策文件

《国务院关于印发全面推进依法行政实施纲要的通知》（国发〔2004〕10号）："行政机关应当建立有关行政处罚、行政许可、行政强制等行政执法的案卷。"

《中共中央关于全面推进依法治国若干重大问题的决定》："完善执法程序，建立执法全过程记录制度。"

《法治政府建设实施纲要（2015—2020年）》："建立执法全过程记录制度""健全行政执法调查取证、告知、罚没收入管理等制度"。

《国务院办公厅关于全面推行行政执法公示制度执法全过程记录制度重大执法决定法制审核制度的指导意见》（国办发〔2018〕118号）："全面推行执法全过程记录制度。"

《中共中央关于坚持和完善中国特色社会主义制度 推进国家治理体系和治理能力现代化若干重大问题的决定》："完善执法程序，建立执法全过程记录制度。"

《法治政府建设实施纲要（2021—2025年）》："加强信息化技术、装备的配置和应用。推行行政执法APP掌上执法。"

二、主要法律依据

《行政处罚法》第47条："行政机关应当依法以文字、音像等形式，对行政处罚的启动、调查取证、审核、决定、送达、执行等进行全过程记录，归档保存。"

根据《行政处罚法》第47条规定，新增本条。

此外，《署令第159号》第35条规定："查问、询问时，在文字记录的同时，可以根据需要录音、录像。"该条规定已被上述规定吸收，因此，本规章未予以保留。

三、执法全过程记录形式

《国务院办公厅关于全面推行行政执法公示制度执法全过程记录制度重大执法决定法制审核制度的指导意见》（国办发〔2018〕118号）规定："行政执法全过程记录是行政执法活动合法有效的重要保证。"有观点认为，行政执法文书是行政管理中重要的法律文书，是行政行为最具体的表现形式，是行政机关执法质量的有机载体，其贯彻于行政执法全过程，正是在行政执法文书之中行政相对人最直接感受到行政行为的合法性、合理性。[①] 行政执法机关要通过文字、音像等记录形式，对行政执法的启动、调查取证、审核决定、送达执行等全部过程进行记录，并全面系统归档保存，做到执法全过程留痕和可回溯管理。

（一）文字记录

文字记录是以纸质文件或电子文件形式对行政执法活动进行全过程记录的方式。"文字记录"包括向当事人出具的行政处罚决定书等外部文书，也包括内部审批文书，还包括送达文书等书面记录。文字记录最集中的体现是行政处罚法律文书。海关总署专门规定了海关行政处罚法律文书格式，供全国海关执法使用，做到文字记录合法规范、客观全面、及时准确。

（二）音像记录

音像记录是通过照相机、录音机、摄像机、执法记录仪、视频监控等记录设备，实时对行政执法过程进行记录的方式。"音像记录作为行政执法全过程记录的重要形式，对现场检查、随机抽查、调查取证、证据保全、听证、行政强制、法律文书送达等容易引发争议的行政执法过程，具有重要意义。"[②] 海关办理行政处罚案件时要按照工作必需、厉行节约、性能适度、安全稳定、适量够用的原则，配备音像记录设备，并根据有关要求和执法活动需要采取音像记录方式，保证执法活动"留痕迹、可回溯"。

（三）文字记录与音像记录的衔接

文字记录和音像记录不是非此即彼的关系，二者是相互补充、相得益彰的关系。海关在行政处罚执法过程中，要区分可以不进行音像记录、推行全程音像记录、根据实际情况进行音像记录等情形，做好两种记录的有机衔接。通过执法全过程记录，既能够固定行政处罚的证据，完整记录行政处罚程序中的各个环节，做到源头可溯、过程可查、责任可追，又能保护相对人和海关行政执法人员的合法权益，发挥规范执法的监督作用、依法履职的保障作用，从而保证行政处罚的透明度、公信力和权威性。

四、本条应当注意的问题

（一）"依法"

"依法"是现行法律规范中常用的法律用语。根据《行政处罚法》等法律规

[①] 袁钢.行政执法文书中的瑕疵问题研究：基于468份律师行政处罚决定书的分析[J].行政法学研究，2022（1）：77-91.
[②] 山东省司法厅.新修订行政处罚法贯彻实施工作指引[A/OL].(2021-11-30)[2022-10-26]. http://sft.shandong.gov.cn/articles/ch04163/202111/a936bf19-3266-4b2b-bfeb-564a672298c6.shtml.

定,本规章从第 5 条开始有多处条款使用了"依法"。"依法"可以有广义和狭义的理解,狭义上仅指法律,广义上包括《宪法》以及《立法法》中规定的法律、法规、规章等规范。《国务院关于印发全面推进依法行政实施纲要的通知》(国发〔2004〕10号)提出:"行政机关实施行政管理,应当依照法律、法规、规章的规定进行。"具体到海关,除"依法"中"法"专指法律或者有特指范围外,一般情形下本规章"依法"中的"法"包括海关行政处罚所适用的法律、行政法规和海关规章。

(二)记录事项

根据行政处罚的不同阶段和环节,确定不同的记录事项:

在行政处罚的启动环节,应当重点记录执法事项来源、启动原因等情况。海关根据投诉、举报、移送等启动行政处罚程序的,应当同时记录受理投诉、举报、移送等情况。

在行政处罚的调查取证环节,应当重点记录下列内容:(1)执法人员姓名,出示执法证件的,应当同时记录执法证件编号及出示情况;(2)查问(询问)情况,包括当事人或有关人员的基本情况,查问(询问)时间、地点以及查问(询问)内容;(3)调取书证、物证、视听资料、电子数据及其他证据情况;(4)现场检查情况;(5)取样与送检情况;(6)检验、检测、检疫、技术鉴定和专家评审的情况;(7)证据先行登记保存的情况;(8)实施行政强制措施的情况;(9)告知当事人的权利以及当事人行使权利的情况;(10)当事人或有关人员接受或者拒绝接受调查、提供证据等情况;(11)需要记录的其他情况。海关根据执法需要记录上述所列部分或全部内容。

在行政处罚的审核、决定环节,应当重点记录下列内容:(1)交接情况;(2)审理意见,需要法制审核的,要有法制审核人员意见;(3)退回补充调查情况;(4)审批意见情况;(5)告知当事人权利以及当事人权利行使情况;(6)陈述申辩意见接收及复核情况;(7)听证申请接收、通知听证、举行听证、根据听证记录处理意见等情况;(8)负责人集体讨论决定情况;(9)处理意见审批情况;(10)移送处理等情况。

在行政处罚的送达、执行环节,应当重点记录下列内容:(1)法律文书送达情况;(2)当事人履行行政执法决定情况;(3)行政强制执行情况;(4)需要记录的其他情况。

(三)音像记录的完整性

执法机关的执法摄录仪所拍摄录像,应当从执法的起点,即发现当事人违法或者和当事人接触的第一时间开始,到执法活动结束为止,不能只拍摄对自己有利的部分。①

海关执法人员开展现场检查、查问、询问等执法活动，一般时间较长。为保证全过程记录的完整性，需要同步考虑记录设备长时间运作、高容量存储等问题。执法全过程记录最好与信息化管理系统形成对接、配套使用，防止引发执法风险和行政争议。

案例

某公司与某区安全生产监督管理局行政处罚案②

裁判要点　本院认为，安监局对现场情况以拍照的方式进行取证并形成照片，之后未再制作勘验笔录，照片未经该公司签字确认，安监局也未提供证明当事人拒绝到场而邀请在场的其他人员作证的证据，故程序确有瑕疵。

第八条　海关行政处罚应当由具有行政执法资格的海关执法人员（以下简称执法人员）实施。执法人员不得少于两人，法律另有规定的除外。

执法人员应当文明执法，尊重和保护当事人合法权益。

条文对比

本条是关于执法人员要求的规定。

与《署令第159号》相比，主要变化：一是由1款修改为2款，增加"执法人员应当文明执法，尊重和保护当事人合法权益"作为本条第2款；二是删除"在调查、收集证据时，办理""案件的""并且应当向当事人或者有关人员出示执法证件"；三是把"办案人员"中的"办案"修改为"执法"（简称同时做相应调整，之后条款不再赘述），把"2"修改为"两"（之后条款不再赘述）；四是在"海关执法人员"前增加"应当由具有行政执法资格的"，在"执法人员"后增加"实施"；五是在"不少于两人"后增加"，法律另有规定的除外。"

理解与适用

一、相关政策文件

《国务院关于贯彻实施〈中华人民共和国行政处罚法〉的通知》（国发〔1996〕13号）："加强对执法人员的资格、证件和着装管理，停止合同工、临时工从事行政处罚工作。"

《国务院关于全面推进依法行政的决定》（国发〔1999〕23号）："要进一步整顿行政执法队伍。对聘用从事行政执法的合同工、临时工，要尽快清退""理顺行政执法体

---

① 莫于川，哈书菊．新《行政处罚法》适用办案手册[M]．北京：中国法制出版社，2022：129．
② 辽宁省大连市中级人民法院（2014）大行终字第1号。

制，转变政府职能、转变工作方式、转变工作作风"。

《国务院关于印发全面推进依法行政实施纲要的通知》（国发〔2004〕10号）："公民、法人和其他组织合法的权利和利益得到切实保护""实行行政执法人员资格制度，没有取得执法资格的不得从事行政执法工作"。

《国务院办公厅关于推行行政执法责任制的若干意见》（国办发〔2005〕37号）："对各行政执法部门的执法人员，要结合其任职岗位的具体职权进行上岗培训；经考试考核合格具备行政执法人员资格者，方可按照有关规定发放行政执法证件。"

《国务院关于加强市县政府依法行政的决定》（国发〔2008〕17号）："健全行政执法人员资格制度""严格禁止无行政执法资格的人员履行行政执法职责，对被聘用履行行政执法职责的合同工、临时工，要坚决调离行政执法岗位""确保严格执法、公正执法、文明执法"。

《国务院关于贯彻实施〈中华人民共和国行政强制法〉的通知》（国发〔2011〕25号）："加强对行政执法人员的资格管理""要对行政执法人员开展严格规范公正文明执法教育"。

《中共中央关于全面深化改革若干重大问题的决定》："做到严格规范公正文明执法。"

《中共中央关于全面推进依法治国若干重大问题的决定》："坚持严格规范公正文明执法""严格实行行政执法人员持证上岗和资格管理制度"。

《法治政府建设纲要（2015—2020年）》："健全行政执法人员管理制度……全面实行行政执法人员持证上岗和资格管理制度，未经执法资格考试合格，不得授予执法资格，不得从事执法活动。"

《国务院办公厅关于全面推行行政执法公示制度执法全过程记录制度重大执法决定法制审核制度的指导意见》（国办发〔2018〕118号）："加强行政执法人员资格管理。"

《中共中央关于坚持和完善中国特色社会主义制度　推进国家治理体系和治理能力现代化若干重大问题的决定》："严格规范公正文明执法。"

《法治中国建设规划（2020—2025年）》："坚持严格规范公正文明执法""推进统一的行政执法人员资格和证件管理"。

《法治政府建设实施纲要（2021—2025年）》："统一行政执法人员资格管理""严格规范公正文明执法"。

《关于加强社会主义法治文化建设的意见》："强化严格规范公正文明执法意识，促进提高依法行政能力和水平。"

二、主要法律依据

《行政处罚法》第 42 条:"行政处罚应当由具有行政执法资格的执法人员实施。执法人员不得少于两人,法律另有规定的除外。执法人员应当文明执法,尊重和保护当事人合法权益。"

《海关行政处罚实施条例》第 34 条第 3 款:"海关调查、收集证据时,海关工作人员不得少于 2 人。"

根据《行政处罚法》第 42 条规定,本规章本条调整表述,增加第 2 款;《署令第 159 号》第 7 条关于出示执法证件的内容已调整到本规章的第 30 条。

三、行政处罚实施主体

习近平总书记指出:"要严格执法资质、完善执法程序,建立健全行政裁量权基准制度,确保法律公正、有效实施。"[1]

在我国,只有国家行政机关和法律、法规授权的组织以及其他行使公共职能的社会组织才能成为行政主体。[2]没有法律依据或未经法定程序,行政主体不能增加、减少、放弃或转让行政职权。[3]

(一)行政机关

行政机关,即国家行政机关,是指国家根据其统治意志,按照宪法和有关组织法的规定设立的,依法享有并运用国家行政权,负责对国家各项行政事务乃至相应的社会公共事务进行组织、管理、指挥和监督的国家机关,具体包括中央行政机关和地方国家行政机关。[4]一般认为,行政机关包括中央(国家)行政机关和地方行政机关。[5]也有观点认为,我国现行行政机关的体系包括中央行政机关、一般地方行政机关、民族自治地方行政机关。[6]还有观点认为,我国行政机关包括中央行政机关和一般地方行政机关、民族区域自治机关、特别行政区行政机关;[7]我国行政机关应当包括国务院和地方各级人民政府及其职能部门。[8]

---

[1] 习近平. 加快建设社会主义法治国家 [J]. 求是,2015(1).
[2] 姜明安. 行政法 [M]. 北京:北京大学出版社,2017:30.
[3] 叶勇,谭博文. 行政处罚权协商行使的作用向度与困境纾解 [J]. 太原理工大学学报(社会科学版),2020,38(1):59-66.
[4] 李洪雷. 中华人民共和国行政处罚法评注 [M]. 北京:中国法制出版社,2021:123.
[5] 胡锦光. 行政法与行政诉讼法 [M]. 北京:国家开放大学出版社,2021:30,45-49. 张树义,张力. 行政法与行政诉讼法学 [M]. 北京:高等教育出版社,2020:45;许安标. 中华人民共和国行政处罚法释义 [M]. 4 版. 北京:中国民主法制出版社,2021:73.
[6] 姜明安. 行政法 [M]. 北京:北京大学出版社,2017:179-182.
[7] 莫于川. 行政法与行政诉讼法 [M]. 2 版. 北京:中国人民大学出版社,2015:78.
[8] 张晓莹. 行政处罚视域下的失信惩戒规制 [J]. 行政法学研究,2019(5):130-144.

（二）行政处罚实施主体

行政处罚的实施主体制度是行政处罚法实施的关键制度和重要保障。[1] 各国的行政处罚实施主体并不相同。在英美法系国家，行使制裁权的主要是法院，行政机关只在特定领域行使行政处罚权。在德国、意大利等大陆法系国家，行政处罚的实施主体是行政机关。在日本，受英美法系影响较深，因此行政机关和法院都可以行使一定范围的处罚权。[2]

处罚法定原则是行政法治原则在行政处罚领域的集中体现，是领会《行政处罚法》立法宗旨和精神实质的基础和出发点。处罚法定原则贯穿于行政处罚的全过程，对设定和实施行政处罚提出了总体要求。在当前时代背景下，处罚法定原则更是全面推进依法治国、依法行政的应有之义。[3]

"行政处罚权是一项重要的国家行政权，应当由行政机关来行使。这是行政处罚与刑事处罚（由法院判决）不同的一个重要特点。因此，行政处罚由具有行政处罚权的行政机关在法定职权范围内实施。第一，不是所有的行政机关都有行政处罚权，哪些行政机关有行政处罚权，由法律和行政法规规定。第二，行政机关只能对自己主管业务范围内的违反行政管理秩序的行为给予行政处罚。第三，每个行政机关有权给予什么种类的行政处罚，依法律、法规规定。"[4]《全国人民代表大会常务委员会法制工作委员会关于如何理解"有行政处罚权的行政机关"问题的答复》规定："行政处罚法第十五条规定的'有行政处罚权'的行政机关，应当依照法律、行政法规的规定执行。"《国务院关于贯彻实施〈中华人民共和国行政处罚法〉的通知》（国发〔1996〕13号）提出："根据行政处罚法规定，行政处罚原则上只能由行政机关实施，非行政机关的企业、事业单位未经法律、法规授权，不得行使行政处罚权；没有法律、法规或者规章的明确规定，行政机关不得委托事业组织实施行政处罚。"《国务院法制办公室对政府赋予行政管理职能的直属事业单位能否作为法定行政执法主体问题的复函》（国法秘函〔1999〕3号）规定：行政处罚原则上由具有行政处罚权的行政机关在法定职权范围内实施；行政机关以外的其他组织（包括城市人民政府直属事业单位），未经法律、法规授权，或者未经具有行政处罚权的行政机关依照法律、法规、规章的规定在其法定权限范围内委托，不得实施行政处罚。

行政机关实施行政处罚一般应当符合三个重要条件：具有外部行政管理的职

---

[1] 黄海华. 新行政处罚法的若干制度发展[J]. 中国法律评论，2021（3）：48-61.
[2] 江必新. 行政处罚法条文精释与实例精解[M]. 北京：人民法院出版社，2021：93.
[3] 应松年，张晓莹.《行政处罚法》二十四年：回望与前瞻[J]. 国家检察官学院学报，2020，28（5）：3-18.
[4] 曹志. 关于《中华人民共和国行政处罚法（草案）》的说明：1996年3月12日在第八届全国人民代表大会第四次会议上[J]. 人大工作通讯，1996（7）：31-33.

能、有法定的行政处罚权、在法定职权范围内实施。[1]行政处罚权的来源必须有法律、法规、规章特别授予或者规定。[2]

《行政处罚法》第38条第1款规定："行政处罚没有依据或者实施主体不具有行政主体资格的，行政处罚无效。""越权无效"是一个基本法律规则。[3]为了贯彻职权法定原则，在救济法上规定了越权可撤销原则。[4]《行政诉讼法》第75条规定："行政行为有实施主体不具有行政主体资格或者没有依据等重大且明显违法情形，原告申请确认行政行为无效的，人民法院判决确认无效。"

四、行政处罚执法人员资格

实行行政执法人员持证上岗和资格管理制度是党中央、国务院关于全面推进依法治国纲领性文件中确定的一项重要任务，是加强行政执法队伍建设，确保法律得到全面正确实施的关键举措，是落实依法行政、推进法治政府建设的重要内容。

虽然法律把行政职权授给一个个行政机关，但不是行政机关内的所有公务员都有直接从事行政执法的资格。[5]法律赋予行政机关行政处罚权，而行政机关工作人员分布于不同部门，且人员岗位有交流，并非行政机关的任何一名工作人员都可以承担行政处罚工作。《行政处罚法》第42条第1款、《行政强制法》第17条第3款等法律均规定了对行政执法人员的资格要求。有观点认为，只有行政执法类公务员才可能是行政执法人员，综合管理类、专业技术类公务员一般不可能成为执法人员。[6]

要具备行政执法资格，一般需通过考试取得行政执法资格并办理执法证件。2005年12月，《中共中央 国务院关于深入推进城市执法体制改革改进城市管理工作的指导意见》就提出："严格实行执法人员持证上岗和资格管理制度。"《国务院关于加强市县政府依法行政的决定》（国发〔2008〕17号）提出："对拟上岗行政执法的人员要进行相关法律知识考试，经考试合格的才能授予其行政执法资格、上岗行政执法。"

行政执法资格考试是行政执法资格管理工作中的一个重要环节。海关严格落实行政执法人员持证上岗要求，建立健全行政执法资格管理制度，实现制度化和规

---

[1] 江必新.行政处罚法条文释义与实例精解[M].北京：人民法院出版社，2021：93-95.许安标.中华人民共和国行政处罚法释义[M].北京：中国民主法制出版社，2021：74.
[2] 许安标.中华人民共和国行政处罚法释义[M].北京：中国民主法制出版社，2021：74.胡建淼.《行政处罚法》通识十讲[M].北京：法律出版社，2021：35.李洪雷.中华人民共和国行政处罚法评注[M].北京：中国法制出版社，2021：24，29.
[3] 袁雪石.中华人民共和国行政处罚法释义[M].北京：中国法制出版社，2021：17.
[4] 叶必丰.论行政机关间行政管辖权的委托[J].中外法学，2019，31（1）：94-110.
[5] 何海波.内部行政程序的法律规制（上）[J].交大法学，2012（1）：127-139.
[6] 袁雪石.中华人民共和国行政处罚法释义[M].北京：中国法制出版社，2021：263.

范化管理；组织行政执法资格考试，对通过考试的，颁发《海关行政执法资格证书》。根据法律、行政法规和国务院文件等规定，海关对取得《海关行政执法资格证书》且从事行政强制、行政处罚等具体执法活动、对外执法时需要出示执法证件的特定岗位人员颁发执法证，确保海关行政执法人员符合从事行政执法活动资格的基本要求。

五、文明执法

坚持严格规范公正文明执法是一个有机统一的整体。其中，严格是执法基本要求，规范是执法行为准则，公正是执法价值取向，文明是执法职业素养。[1]《行政处罚法》第42条第2款增加了"执法人员应当文明执法，尊重和保护当事人合法权益"的内容。文明执法事关行政机关的执法形象，能够反映执法理念，检验执法人员的能力和水平，也体现执法的温度。

实施行政处罚过程中如何做到"文明执法"？有观点认为，第一，端正执法理念，明确执法目的；第二，秉持执法事实清楚、执法依据充分；第三，执法纪律严明、执法作风优良；第四，执法手续完备、执法行为规范；第五，执法信息公开。[2]还有观点认为，文明执法要求"着装整齐规范""仪表整洁、仪容端庄""举止文明""言辞得体"。[3]

海关在办理行政处罚案件过程中落实文明执法要求，必须坚持依法行政、执法为民，规范执法活动，改进执法作风；要注意工作方式方法，注重语言、行为规范，尊重相对人权利和人格尊严；要善于释法说理，妥善化解和有效避免行政争议，营造和谐的行政执法环境。

案例

某公司与某市知识产权局专利侵权纠纷处理案[4]

裁判要点 A市知识产权局（以下简称A局）作出《专利侵权纠纷案件处理决定书》，合议组成员包括B市知识产权局工作人员，但无正式公文决定调其参与涉案纠纷的行政处理，且A局的口头审理笔录没有记载将B市知识产权局工作人员的正式身份及其参与合议组的理由告知公司。最高人民法院提审本案后认为，行政执法人员具备相应的执法资格，是行政主体资格合法的应有之义，也是全面推进依法行政的必然要求。原则上，作出被诉行政决定的A局合议组应由该局具有专利

---

[1] 许安标. 中华人民共和国行政处罚法释义 [M]. 北京：中国民主法制出版社，2021：127.
[2] 江必新. 行政处罚法条文精释与实例精解 [M]. 人民法院出版社，2021：251.
[3] 莫于川，哈书菊. 新《行政处罚法》适用办案手册 [M]. 北京：中国法制出版社，2022：117-118. 袁雪石. 中华人民共和国行政处罚法释义 [M]. 北京：中国法制出版社，2021：265.
[4] 最高人民法院（2017）最高法行再84号。

行政执法资格的工作人员组成。各方当事人均确认，《专利行政执法证》所载的执法地域是持证人工作单位所在行政区划的范围。即使如 A 局所称，需要调配其他地区经验丰富的行政执法人员参与案件审理，这也不意味着"审理者未裁决、裁决者未审理"的情况可以被允许，不意味着调配执法人员可以不履行正式、完备的公文手续。否则，行政执法程序的规范性和严肃性无从保证，既不利于规范行政执法活动，也不利于强化行政执法责任。

> [案例]
>
> **某公司与某区消防救援大队行政处罚案**[①]
>
> 裁判要点　二审法院认为，被上诉人工作人员进行消防监督检查时，应不少于两人，且应出示执法身份证件。本案中，被上诉人虽主张其工作人员在监督检查时向上诉人出示了执法身份证件，但未能提供有效证据证明，现场检查记录中也并无检查人员出示证件的相关记载。鉴于上诉人提交的公安消防岗位资格考试成绩能够证实对上诉人场所进行检查的两位工作人员具备从事消防监督执法的公安消防岗位资格，故原审法院认定该程序轻微违法并无不当。

> [案例]
>
> **某公司与某市环境局行政处罚案**[②]
>
> 裁判要点　"法律不强人所难"。该公司虽然客观上存在"未验收先运营"违法行为，但并不存在主观过错，对其再次处罚既不符合善意文明执法理念，也不符合海南自由贸易港建设的法治要求。某市环境局作出被诉处罚决定时，未能全面考虑污水处理厂"未验收先运营"违法行为的特殊性，未全面考虑违法行为客观原因、危害后果、主观过错以及事后的补救完善等因素，裁量结果明显不当，应予撤销。

第九条　在案件办理过程中，当事人委托代理人的，应当提交授权委托书，载明委托人及其代理人的基本信息、委托事项及代理权限、代理权的起止日期、委托日期和委托人签名或者盖章。

委托人变更委托内容或者提前解除委托的，应当书面告知海关。

[条文对比]

相对于《署令第 159 号》，本条系新增条款；相对于《署令第 145 号》，本条系修改条款。

本条吸收《署令第 145 号》第 10 条第 4 项关于委托听证代理人、第 13 条关于

[①] 山东省青岛市中级人民法院（2020）鲁 02 行终 225 号。
[②] 最高人民法院（2022）最高法行再 329 号。

授权委托书应当列明事项的规定，一并纳入本条，不再单独规定听证委托。

理解与适用

一、相关政策文件

《法治中国建设规划（2020—2025年）》："加强同民法典相关联、相配套的法律制度建设。"

《法治政府建设实施纲要（2021—2025年）》："坚持把民法典作为行政决策、行政管理、行政监督的重要标尺，不得违背法律法规随意作出减损公民、法人和其他组织合法权益或增加其义务的决定。"

二、主要法律依据

《民法典》第165条："委托代理授权采用书面形式的，授权委托书应当载明代理人的姓名或者名称、代理事项、权限和期限，并由被代理人签名或者盖章。"

根据《民法典》的规定，结合执法实践，本条作出上述规定。

三、海关行政处罚中的授权委托书

《海关法》第10条第1款规定了"授权委托书"。《民事诉讼法》第62条第2款以及《最高人民法院关于适用〈中华人民共和国民事诉讼法〉的解释》（法释〔2022〕11号）、《最高人民法院关于适用〈中华人民共和国行政诉讼法〉的解释》（法释〔2018〕1号）第31条、《最高人民法院关于人民法院执行工作若干问题的规定（试行）》等司法解释也涉及授权委托书内容。

海关在办理行政处罚案件过程中，当事人委托他人的，授权委托书应当具备哪些内容？借鉴《民法典》、司法解释及有关规定，授权委托书的内容主要包括：委托人和代理人的基本信息、委托事项和权限、委托期间、签名或者盖章、委托日期。

本条新增委托授权要求条款，明确当事人在案件办理过程中委托代理人时授权委托书应当载明的事项，避免或者减少因委托授权不明确导致的执法争议。

四、本条应当注意的问题

（一）非听证程序的当事人能否委托代理人

《行政处罚法》涉及当事人委托的条款出现在听证程序中，第64条第5项保留了1996年《行政处罚法》第42条第1款第5项规定："当事人可以亲自参加听证，也可以委托一至二人代理。"据此，有观点认为，在行政处罚中，当事人能够委托代理人从事的活动仅限于参与听证，行政处罚的其他执法环节、其他执法活动均不能委托代理人参与。

根据1996年《行政处罚法》的规定，《署令第145号》也就授权委托问题作出了规定，但仅限于当事人、第三人委托代理人参加听证的情形，适用面较窄。

《行政处罚法》虽然将授权委托规定在听证程序中，但并未禁止在其他程序中适用。从民法角度看，授权委托是委托人与代理人之间就处理有关事务的意思表示和约定，按照"法无禁止即可为"原则，行政处罚实施机关不宜对其适用的程序予以限制，而且事实上大量的行政管理活动有委托代理的必要性。如果仅仅限定在听证程序中，则当事人权利、行政效率等都会受到影响。本条是开放式规定，没有作出限制。

（二）法人或者其他组织委托代理人是否限于本单位员工

《行政处罚法》第64条第5项仅规定"当事人可以亲自参加听证，也可以委托一至二人代理"，具体哪些人可以作为代理人，《行政处罚法》并未规定。《海关法》第10条第1款规定进出口收发货人可以委托报关企业办理报关手续。如果进出口收发货人因涉嫌违法被海关立案调查处理，需要委托代理人代为处理行政处罚的有关事务，是否只能委托本单位员工？

有观点认为，公司委托的代理人除了法律规定的特定主体外，仅限于本公司的员工，不能是其他单位的人员。因为《行政诉讼法》第31条规定，可以被委托为诉讼代理人的包括律师、基层法律服务工作者；当事人的近亲属或者工作人员；当事人所在社区、单位以及有关社会团体推荐的公民。行政处罚对当事人权益有较大影响，对代理人的限制性要求理应不低于《行政诉讼法》中对于代理人的要求。

单位委派本单位员工处理行政处罚有关事务，通过授权委托书的形式，明确其职责、权限、时效等事项，这一点毫无争议。按照"法无禁止即可为"原则，如果法律没有规定委托代理人的禁止范围，不宜以法律仅规定了部分特定主体为由，而不接受其他主体作为代理人。海关行政处罚实践中，当事人委托代理人参与办理行政处罚相关事务的情形较多，有些还具有时效性和紧急性，如在口岸进出境旅检现场。因此，本条不限定代理人的范围。

案例

某公司与某海关行政处罚案[①]

裁判要点 被告海关向法院提交的证据包括：10.《代理报关委托书》及《委托报关协议》；14.授权书、被授权人的身份证复印件、原告出具的报告；19.委托书、授权委托书。法院经审查认为，关于原告公司所称甲、乙并非其工作人员，二人冒用公司印章伪造报关材料，案涉废物进口系二人个人行为的主张。首先，原告公司并未提供相关证据对该主张予以证明，且该主张与原告公司法定代表人在调查笔录中的陈述完全相悖。其次，通过电子口岸进行委托报关，须通过海关在该系统

---

① 最高人民法院（2020）最高法行申10788号。

《中华人民共和国海关办理行政处罚案件程序规定》
理解与适用

进行备案登记并取得唯一对应的法人IC卡方可操作,如无原告公司许可,甲、乙无法报关。故原告公司的该项主张无事实根据,本院不予支持。

案例

某公司与某区市场监督管理局行政处罚案[①]

裁判要点 被处罚人是法人,依据法律及司法解释的规定,向该公司送达文书时,首先应当直接送达时任法定代表人甲,也可以直接送达委托代理人乙,甲曾在2019年9月6日给公司经理乙出具授权委托书,委托权限中包含"代领文书资料"。其次,直接送达有困难时可以邮寄送达,但行政处罚决定书和行政处罚决定催告书直接邮寄的地址,既非该公司营业执照注册地址,也非该公司时任法定代表人甲的经常居住地址。况且,该局未能提供充分的证据证明上述邮寄地址是该公司或甲指定的文书送达地址,且指定代收人代收文书。故送达处罚文书程序不当,不足以证明被处罚人该公司已经收到行政处罚文书。

第十条 海关行政处罚由发现违法行为的海关管辖,也可以由违法行为发生地海关管辖。

两个以上海关都有管辖权的案件,由最先立案的海关管辖。

对管辖发生争议的,应当协商解决,协商不成的,报请共同的上一级海关指定管辖;也可以直接由共同的上一级海关指定管辖。

重大、复杂的案件,可以由海关总署指定管辖。

条文对比

本条是关于案件管辖的规定,系新增条款。

根据《行政处罚法》第22条、第25条规定,结合《海关行政处罚实施条例》第3条和海关执法实际,新增加本条,共分4款规定管辖。

理解与适用

一、相关政策文件

《国务院关于印发全面推进依法行政实施纲要的通知》(国发〔2004〕10号):"行政执法由行政机关在其法定职权范围内实施""加强政府对所属部门职能争议的协调"。

《国务院关于加强市县政府依法行政的决定》(国发〔2008〕17号):"建立健全行政执法争议协调机制,从源头上解决多头执法、重复执法、执法缺位问题。"

《中共中央关于全面推进依法治国若干重大问题的决定》:"行政机关要坚持法

[①] 陕西省西安市中级人民法院(2020)陕01行审复2号。

定职责必须为、法无授权不可为。"

《法治政府建设实施纲要（2015—2020年）》："完善行政执法权限协调机制，及时解决执法机关之间的权限争议。"

《法治中国建设规划（2020—2025年）》："各级政府必须坚持依法行政，恪守法定职责必须为、法无授权不可为。"

《法治政府建设实施纲要（2021—2025年）》："坚持法定职责必须为、法无授权不可为。"

《国务院关于进一步贯彻实施〈中华人民共和国行政处罚法〉的通知》（国发〔2021〕26号）："要进一步完善地域管辖、职能管辖等规定，建立健全管辖争议解决机制。"

二、主要法律依据

《行政处罚法》第22条："行政处罚由违法行为发生地的行政机关管辖。法律、行政法规、部门规章另有规定的，从其规定。"第25条规定："两个以上行政机关都有管辖权的，由最先立案的行政机关管辖。对管辖发生争议的，应当协商解决，协商不成的，报请共同的上一级行政机关指定管辖；也可以直接由共同的上一级行政机关指定管辖。"

《海关行政处罚实施条例》第3条："海关行政处罚由发现违法行为的海关管辖，也可以由违法行为发生地海关管辖。2个以上海关都有管辖权的案件，由最先发现违法行为的海关管辖。管辖不明确的案件，由有关海关协商确定管辖，协商不成的，报请共同的上级海关指定管辖。重大、复杂的案件，可以由海关总署指定管辖。"

本条根据《行政处罚法》第22条的授权性规定，增加第1款，与《海关行政处罚实施条例》第3条第1款规定一致；根据《行政处罚法》第25条第1款规定增加第2款；根据《行政处罚法》第25条第2款规定增加第3款；根据《海关行政处罚实施条例》第3条第4款规定增加第4款。

三、行政处罚管辖

2020年5月29日，习近平总书记在十九届中央政治局第二十次集体学习时的讲话中指出："国家机关履行职责、行使职权必须清楚自身行为和活动的范围和界限。"[1]

《宪法》第3条第4款规定："中央和地方的国家机构职权的划分，遵循在中央

---

[1] 习近平. 充分认识颁布实施民法典重大意义 依法更好保障人民合法权益[J]. 求是，2020（12）.

的统一领导下，充分发挥地方的主动性、积极性的原则。"行政管辖是指根据法律法规的规定，行政机关行使行政权、实施行政行为、管理公共事务的分工与权限，包括地域管辖、职能管辖和级别管辖。[1]行政管辖权是行政主体之间对行政事务处理权限的具体分工，是行政机关实施法律规定进行行政管理活动的基础和范围。

行政处罚管辖权是行政管辖权中非常重要的权力之一。行政处罚的管辖是确定对某个行政违法行为应由哪一级或者哪一个行政机关实施行政处罚的法律制度。[2]行政处罚的管辖划分行政处罚实施主体之间对当事人的违法行为进行调查、实施处罚的分工和权限，在分类上有不同观点，在同类观点中关于种类的表述、排序也不尽相同。如三类说中就有"职权管辖（职能管辖）、地域管辖、级别管辖"[3]、"职能管辖、层级管辖和地域管辖"[4]、"地域管辖、级别管辖、指定管辖"[5]等不同表述；四类说中有"地域管辖、级别管辖、职能管辖、共同管辖"[6]、"地域管辖、级别管辖、职能管辖、指定管辖"[7]等不同表述。

就行政处罚的管辖权而言，按照职权法定原则的要求，行政处罚管辖权必须有明确的法律、法规或者规章依据。人民法院裁判文书[8]载明，判断一个行政机关对某一事项是否具有管辖权，或者说是否具有申请人所申请履行的法定职责，要依据法律、法规或者规章的具体规定，这也是职权法定原则的要求。

行政处罚管辖权的法定化能够明晰各自的权限范围，有利于行政机关及时处理行政处罚案件，提高办案效率，避免危害后果产生，防止危害后果扩大，维护或者恢复管理秩序，履行法定职责；也有利于发挥各自优势，节约执法成本；同时也能够防止误用职权、重复执法，避免推诿扯皮、不作为。[9]

四、海关行政处罚管辖

（一）地域管辖

行政处罚地域管辖是指根据行政机关的管理区域来确定实施行政处罚权的地域范围，是横向划分同级人民政府之间及其所属部门在各自管辖区内实施行政处罚的

---

[1] 关保英.行政程序法学：上册[M].北京：北京大学出版社，2021：93.
[2] 全国人大常委会法制工作委员会国家法、行政法室.《中华人民共和国行政处罚法》讲话[M].北京：法律出版社，1996：70.
[3] 肖蔚云，姜明安.北京大学法学百科全书：宪法学 行政法学[M].北京：北京大学出版社，1999：540-541.
[4] 江必新.行政处罚法条文精释与实例精解[M].北京：人民法院出版社，2021：116.
[5] 张树义，张力.行政法与行政诉讼法学[M].4版.北京：高等教育出版社，2020：124.
[6] 许安标.中华人民共和国行政处罚法释义[M].北京：中国民主法制出版社，2021：85-95.
[7] 姚爱国.行政处罚法的修订解读与适用指引[M].长春：吉林大学出版社，2021：105-106.
[8] 最高人民法院（2018）最高法行申2971号。
[9] 莫于川，哈书菊.新《行政处罚法》适用办案手册[M].北京：中国法制出版社，2022：57.

权限分工。① 在理论研究中，这往往被称为"行政主体独占行使管辖权原则"，是指"某一行政事务所确定的管辖权只能归属于一个行政主体，一般不能确定为两个以上行政主体共同管辖"。从中外对比上来看，域外法上同样采取的是开放、多元的立场。例如，德国《违反秩序法》第 37 条规定②。此外《奥地利行政罚法》《俄罗斯联邦行政违法行为法典》等对地域管辖都有相应规定。

《行政处罚法》第 22 条确定了行政处罚地域管辖以"违法行为发生地"为原则，但考虑到各地区、各领域执法实际，预留了"另有规定"除外的口子，而且这次"另有规定"的法律规范，从原《行政处罚法》的"法律、行政法规"扩大到"部门规章"，给行政机关更大的便利和更广阔的空间。有观点认为，地域管辖分为一般地域管辖和特别地域管辖。前者是由"违法行为发生地管辖"，后者即《行政处罚法》第 22 条规定的"法律、行政法规、部门规章另有规定的，从其规定"。行政处罚地域管辖应当遵循"特别优于一般"的原则。③

违法行为发生地的核心是行为发生地或行为实施地。④ 行为人实施了行政违法行为，在其实施过程中任何一个阶段被发现，该地方都可以成为违法行为发生地，这有利于行政机关立即依法就地予以查处。⑤ 违法行为发生地既包括违法行为的实施地，如违法行为的准备地、途经地、结束地等与违法行为有关的地点，也包括违法结果发生地，如违法对象被侵害地、违法所得的实际取得地、藏匿地、转移地、使用地、销售地等。无论违法行为人在其实施行政违法行为的哪个阶段被发现，该地均可作为违法行为发生地。⑥ 也有观点认为，违法行为的准备地亦属于违法行为发生地。⑦ "我国采用的是违法行为发生地，主要是基于效率考虑，在违法行为发生地比较容易调查取证。"⑧

《行政处罚法》规定，行政处罚由违法行为发生地的行政机关管辖。法律、行政法规、部门规章另有规定的，从其规定。结合《海关行政处罚实施条例》第 3 条第 1 款地域管辖原则，本规章本条作出符合海关行政处罚执法实际的行政处罚地域管辖的规定。

---

① 许安标. 中华人民共和国行政处罚法释义 [M]. 北京：中国民主法制出版社，2021：85. 吴高盛.《中华人民共和国行政处罚法》释义及实用指南 [M]. 北京：中国民主法制出版社，2015：64.
② 熊樟林. 行政处罚地域管辖权的设定规则——《行政处罚法（修订草案）》第 21 条评介 [J]. 中国法律评论，2020（5）：34-42.
③ 江必新. 行政处罚法条文精释与实例精解 [M]. 北京：人民法院出版社，2021：117-119.
④ 汪永清. 行政处罚法适用手册 [M]. 北京：中国方正出版社，1996：87.
⑤ 全国人大常委会法制工作委员会国家法、行政法室.《中华人民共和国行政处罚法》释义. 法律出版社，1996：54.
⑥ 许安标. 中华人民共和国行政处罚法释义 [M]. 北京：中国民主法制出版社，2021：85.
⑦ 应松年. 行政处罚法教程 [M]. 北京：法律出版社，2012：141.
⑧ 袁雪石. 中华人民共和国行政处罚法释义 [M]. 北京：中国法制出版社，2021：162.

（二）级别管辖

行政处罚级别管辖是指不同层级的行政机关在管辖和处理违法行为上的分工和权限，它解决的是整个行政机关系统内不同级别的行政机关分别管辖哪些违法行为。职能管辖是指不同的行政机关依据各自不同的职权对行政处罚权所作的分工，是根据行政机关的行政管理职能确定行政违法案件的管辖权。[①]

《行政处罚法》第 23 条规定了行政处罚级别管辖和职能管辖。根据《海关法》第 3 条规定，海关总署统一管理全国海关。在海关监管领域，各地海关直接归海关总署领导，与地方人民政府无隶属关系，不适用"县级以上地方人民政府具有行政处罚权的行政机关管辖"的原则，而是根据海关法确定管辖机关。[②]

目前，海关行政处罚的实施主体主要是直属海关和隶属海关，大多数案件由隶属海关办理，也有直属海关直接办理行政处罚案件的情况。根据《海关总署职能配置、内设机构和人员编制规定》，海关总署主要职责中包括"依法查处走私、违规案件"，但海关总署一般不直接办理行政处罚案件。

（三）最先立案管辖

《行政处罚法》第 25 条第 1 款确立共同管辖案件最先立案优先管辖的原则。新《行政处罚法》公布后，不少部门将规章进行了修改，按照新《行政处罚法》规定作出了新的调整。

《海关行政处罚实施条例》第 3 条第 2 款规定："2 个以上海关都有管辖权的案件，由最先发现违法行为的海关管辖。""最先发现"需要根据都有管辖权的海关的证据来判断，不利于管辖问题的解决。立案是行政处罚的启动程序，应通过一定的法律形式表现出来。[③] 根据《行政处罚法》第五章体例结构，立案是启动适用普通程序办理行政处罚案件的标志和开端，按照行政执法全过程记录要求，立案审批一般有文字记录，"最先立案"更加客观，容易举证。因此，先行立案原则有利于防止行政机关争夺或推诿管辖权，督促行政机关积极作为，提高行政管理效率。[④] 需要注意的是，"先立案"并不等于"先发现"，先发现行政违法行为的行政机关未必先立案。[⑤]

（四）协商解决

《行政处罚法》第 25 条第 2 款、《海警法》第 34 条第 2 款、《海关行政处罚实施条例》第 3 条第 3 款等都规定了协商解决。行政处罚案件管辖产生争议的，要求

[①] 许安标. 中华人民共和国行政处罚法释义 [M]. 北京：中国民主法制出版社，2021：86-87.
[②] 许安标. 中华人民共和国行政处罚法释义 [M]. 北京：中国民主法制出版社，2021：88.
[③] 莫于川. 行政法与行政诉讼法 [M]. 2 版. 北京：中国人民大学出版社 2015：188.
[④] 杨伟东. 中华人民共和国行政处罚法理解与适用 [M]. 北京：中国法制出版社，2021：95.
[⑤] 江必新. 行政处罚法条文精释与实例精解 [M]. 北京：人民法院出版社，2021：135.

争议行政机关进行沟通协调，先行协商解决，通过协商明晰分工，确定案件办理执法主体，从而激发办案机关的主动性，强化办案机关的责任心。凡是经协商即能解决的争议，无需报请指定管辖。

对实行垂直管理体制的海关而言，这种制度性安排的优越性更加突显。在一个直属海关关区内，不同隶属海关产生管辖争议，应当先协商解决；跨直属海关关区的管辖权争议，由直属海关之间进行协商解决，协商不成的再报请上一级指定管辖。

（五）指定管辖

世界各国解决行政权限争议的途径中，行政途径，即由上级行政机关作为中间人裁决权限争议。这种做法最普遍，为许多国家的行政程序法所确认。[①]《行政处罚法》第25条第2款规定了指定管辖。《国务院关于进一步贯彻实施〈中华人民共和国行政处罚法〉的通知》（国发〔2021〕26号）对指定管辖作出了规定。

1. 共同的上级机关。对海关而言，根据《海关法》第100条规定对"直属海关""隶属海关"的解释，同一直属关区的不同隶属海关之间，共同的上级机关是直属海关；不同直属海关共同的上级机关是海关总署，不同直属海关关区的不同隶属海关，共同的上级机关也是海关总署。

2. 上一级机关指定管辖。本条第3款规定了"也可以直接由共同的上一级海关指定管辖"，丰富了指定管辖方式。

3. 海关总署指定管辖。本条第4款援引了《海关行政处罚实施条例》第3条第4款规定。对于重大、复杂的案件，从案件本身的涉及面、难度、影响、办案力量等因素考虑，海关总署可以直接指定管辖。

五、本条应当注意的问题

（一）直属海关能否直接指定管辖

直属海关对本关区内的重大、复杂案件能否直接指定管辖？从本规章看并未赋予直属海关该项职权。直属海关只能在关区内不同隶属海关发生管辖争议协商不成时才能指定隶属海关管辖。

（二）指定管辖的上级机关

《南通市行政执法协调办法》（通政发〔2022〕1号）第2条第2款规定："地方行政执法机关与国家、省垂直管理的行政执法机关之间的行政执法协调，除法律、法规、规章或者上级机关另有规定的外，参照本办法处理。"理论上存在海关和地方管理部门产生行政处罚案件管辖争议，共同的上级机关为国务院的可能性。

[①] 胡建淼. 行政法学[M]. 北京：法律出版社，2003：162.

（三）网络案件的管辖

随着新业态新模式不断涌现，行政机关也面临着如何适应网络世界的特点和规律，确定行政处罚案件管辖问题，如跨境电子商务、市场采购贸易等。有观点认为，网络交易案件由第三方平台所在地查处可能更为合适。[1] 目前，已有部分规章明确了此类行政处罚案件的管辖。[2] 另外，在刑事执法领域，不少司法解释和司法解释性质文件[3] 对信息网络犯罪案件的管辖规则作了规定。上述规定为海关办理行政处罚案件提供了有益的借鉴。

案例

某公司与某海关行政处罚案[4]

裁判要点 二审法院认为，该直属海关作为我国进出关境监督管理机关，根据《海关法》第2条、《海关行政处罚实施条例》第3条的规定，具有对其辖区内发现的走私违法行为进行立案调查并作出行政处罚的法定职责。

案例

某公司与某市工商行政管理局某分局行政处罚案[5]

裁判要点 二审法院认为，该公司违反《工业产品生产许可证条例》的违法行为应当由工业产品生产许可证主管部门管辖。据此，某分局将该公司的违法行为，认定为实施了生产及销售未取得生产许可证的列入许可目录的产品的行为，并作出责令该公司改正违法行为的行政处罚，超越了《工业产品生产许可证条例》授予的职权范围。

第十一条 海关发现的依法应当由其他行政机关或者司法机关处理的违法行为，应当制作案件移送函，及时将案件移送有关行政机关或者司法机关处理。

条文对比

本条是关于案件移送的规定。

与《署令第159号》第6条相比，主要变化是将两处"刑事侦查部门"修改为"司法机关"。

---

[1] 李洪雷. 论我国行政处罚制度的完善——兼评《中华人民共和国行政处罚法（修订草案）》[J]. 法商研究，2020，37（6）：3-18.
[2] 如《互联网信息内容管理行政执法程序规定》第6条、《公安机关办理行政案件程序规定》第11条、《农业行政处罚程序规定》第14条、《市场监督管理行政处罚程序规定》第10条等。
[3] 如《最高人民法院 最高人民检察院 公安部关于办理电信网络诈骗等刑事案件适用法律若干问题的意见》（法发〔2016〕32号）；《最高人民法院 最高人民检察院 公安部关于办理电信网络诈骗等刑事案件适用法律若干问题的意见（二）》（法发〔2021〕22号）；《最高人民法院 最高人民检察院 公安部关于办理信息网络犯罪案件适用刑事诉讼程序若干问题的意见》（法发〔2022〕23号）等。
[4] 广东省高级人民法院（2016）粤行终1897号。
[5] 湖北省武汉市中级人民法院（2011）武行终字第84号。

理解与适用

一、相关政策文件

《国务院关于整顿和规范市场经济秩序的决定》(国发〔2001〕11号):"加强行政执法与刑事执法的衔接。"

《中共中央办公厅、国务院办公厅转发国务院法制办等部门〈关于加强行政执法与刑事司法衔接工作的意见〉的通知》(中办发〔2011〕8号):"做好行政执法与刑事司法衔接工作""行政执法机关和公安机关要严格依法履行职责,对涉嫌犯罪的案件,切实做到该移送的移送、该受理的受理、该立案的立案"。

《中共中央关于全面深化改革若干重大问题的决定》:"完善行政执法与刑事司法的衔接机制。"

《中共中央关于全面推进依法治国若干重大问题的决定》:"健全行政执法和刑事司法衔接机制,完善案件移送标准和程序……实现行政处罚和刑事处罚无缝对接。"

《法治政府建设实施纲要(2015—2020年)》:"健全行政执法和刑事司法衔接机制,完善案件移送标准和程序,建立健全行政执法机关、公安机关、检察机关、审判机关信息共享、案情通报、案件移送制度""完善行政执法权限协调机制,及时解决执法机关之间的权限争议"。

《法治中国建设规划(2020—2025年)》:"健全行政执法和刑事司法衔接机制。"

《法治政府建设实施纲要(2021—2025年)》:"完善行政执法与刑事司法衔接机制。"

《国务院关于进一步贯彻实施〈中华人民共和国行政处罚法〉的通知》(国发〔2021〕26号):"加强行政机关和司法机关协调配合""积极推进行政执法与刑事司法衔接信息平台建设。"

二、主要法律依据

《行政处罚法》第27条第1款:"违法行为涉嫌犯罪的,行政机关应当及时将案件移送司法机关,依法追究刑事责任。对依法不需要追究刑事责任或者免予刑事处罚,但应当给予行政处罚的,司法机关应当及时将案件移送有关行政机关。"第57条第1款:调查终结,行政机关负责人应当对调查结果进行审查,根据不同情况,分别作出决定,其中第4项规定,违法行为涉嫌犯罪的,移送司法机关。

《行政强制法》第21条:"违法行为涉嫌犯罪应当移送司法机关的,行政机关应当将查封、扣押、冻结的财物一并移送,并书面告知当事人。"

《海关行政处罚实施条例》第4条:"海关发现的依法应当由其他行政机关处理

的违法行为,应当移送有关行政机关处理;违法行为涉嫌犯罪的,应当移送海关侦查走私犯罪公安机构、地方公安机关依法办理。"

《行政执法机关移送涉嫌犯罪案件的规定》第3条:"行政执法机关在依法查处违法行为过程中,发现违法事实涉及的金额、违法事实的情节、违法事实造成的后果等,根据刑法关于破坏社会主义市场经济秩序罪、妨害社会管理秩序罪等罪的规定和最高人民法院、最高人民检察院关于破坏社会主义市场经济秩序罪、妨害社会管理秩序罪等罪的司法解释以及最高人民检察院、公安部关于经济犯罪案件的追诉标准等规定,涉嫌构成犯罪,依法需要追究刑事责任的,必须依照本规定向公安机关移送。 知识产权领域的违法案件,行政执法机关根据调查收集的证据和查明的案件事实,认为存在犯罪的合理嫌疑,需要公安机关采取措施进一步获取证据以判断是否达到刑事案件立案追诉标准的,应当向公安机关移送。"第11条第1款:"行政执法机关对应当向公安机关移送的涉嫌犯罪案件,不得以行政处罚代替移送。"

本条主要根据《行政处罚法》第27条规定,就海关将案件移送有关行政机关或者司法机关处理作出规定。

三、行政执法与刑事司法的衔接

行政执法与刑事司法的衔接,一般是指行政执法机关与公安机关、检察机关、审判机关、司法行政机关的执法司法信息共享、案情通报、案件移送制度,而体现在国家层面的相关政策文件中则更侧重于执法、司法机关之间工作如何衔接的程序性机制。[1] 我国法律、法规、规章中不乏违法行为涉嫌犯罪的,移送主管机关依法追究刑事责任的规定,司法机关加强了对行政机关移送涉嫌犯罪案件的监督,部分业务领域主管部门与司法机关联合印发了移送涉嫌犯罪案件的制度。[2] 包括《关于进一步加强国境卫生检疫工作依法惩治妨害国境卫生检疫违法犯罪的意见》(署法发〔2020〕50号)等。上述文件明确了各方责任,规范了移送和受理程序,完善了移送涉嫌犯罪案件制度,加强了监督。

(一)行政处罚与刑事处罚的相同点

应受行政处罚行为与犯罪行为具有密切的关联,二者都以妨害社会公共秩序为特征,是行政相对人需要对国家承担责任的两类不法行为。[3] 行政处罚和刑事处罚

---

[1] 王勇. 法秩序统一视野下行政法对刑法适用的制约 [J]. 中国刑事法杂志,2022(1): 124-138.
[2] 如《国土资源部 最高人民检察院 公安部关于国土资源行政主管部门移送涉嫌国土资源犯罪案件的若干意见》(国土资发〔2008〕203号)、《国家工商行政管理总局、公安部、最高人民检察院关于加强工商行政执法与刑事司法衔接配合工作若干问题的意见》(工商法字〔2012〕227号)、《食品药品行政执法与刑事司法衔接工作办法》(食药监稽〔2015〕271号)、《安全生产行政执法与刑事司法衔接工作办法》(应急〔2019〕54号)等。
[3] 方军. 论构成应受行政处罚行为的主观要件 [J]. 中国法律评论,2020(5): 2-9.

均是国家公权力对于违法行为的否定性评价。行政处罚和刑事处罚应有相同的目的：惩罚和预防。[①]

（二）行政执法与刑事司法的区别

行政执法与刑事司法是两种不同的执法体制，二者在执法主体、执法对象、执法程序、执法措施、处罚手段等几个方面都有着明显的区别。[②]刑罚与行政处罚存在着本质上的区别。这种区别是由行政与司法的不同定位所决定的。[③]二者显著区别在于权力归属不同、实施处罚的主体不同、实施处罚的对象不同、作出处罚决定的程序不同、处罚的种类不同等。[④]

（三）行政执法与刑事司法的联系

由于行政处罚与刑事处罚具有本质的不同，行政执法与刑事司法才有各自存在的价值基础，两者既不能互相取代，又不能越俎代庖。行政执法与刑事司法虽然各自独立运行，但两者之间也存在着必然的联系，并产生衔接关系。[⑤]无论是概念表述还是法条适用，法益保护还是立法宗旨，行政执法与刑事司法在实体法上都呈现出交织重叠、唇齿相依的关系。只有刑事法律和行政法律各司其职、各罚其道，才能实现行政处罚和刑事处罚的无缝衔接。[⑥]从理论上讲，刑事制裁与行政执法之间至少存在三种情形的衔接：互为替代、并列适用（同类制裁吸收，异类制裁并处）、附条件先后适用。[⑦]有观点认为，行政违法与刑事违法是包容与被包容的关系，即行政违法不一定是犯罪，但构成犯罪必定是行政违法行为，双方反映的是一种递进的关系，是一种从量变到质变的关系。[⑧]

推进行政执法与刑事司法有效衔接，有利于推动行政执法机关依法履行法定职责，有利于惩治犯罪、维护法律尊严，有利于维护社会主义市场经济秩序健康发展，促进社会和谐稳定。

四、海关移送涉嫌犯罪案件

《行政处罚法》第8条第2款规定："违法行为构成犯罪，应当依法追究刑事责

[①] 张红.让行政的归行政，司法的归司法：行政处罚与刑罚处罚的立法衔接[J].华东政法大学学报，2020，23（4）：57-66.
[②] 刘福谦.行政执法与刑事司法衔接工作的几个问题[J].国家检察官学院学报，2012：20（1）：38-44.
[③] 孙丽岩.论行政处罚决定公开的利益权衡：从与刑事制裁公开的对比角度[J].政法论坛，2021，39（6）：70-83.
[④] 莫于川.行政法与行政诉讼法[M].2版.北京：中国人民大学出版社，2015：183.
[⑤] 刘福谦.行政执法与刑事司法衔接工作的几个问题[J].国家检察官学院学报，2012：20（1）：38-44.
[⑥] 王勇.法秩序统一视野下行政法对刑法适用的制约[J].中国刑事法杂志，2022（1）：124-138.
[⑦] 刘艺.社会治理类检察建议的特征分析与体系完善[J].中国法律评论，2021（5）：177-193.
[⑧] 王红建.新《行政处罚法》疑难条款解读与适用，法律出版社2021年版，第182页

任的，不得以行政处罚代替刑事处罚。"第27条第1款、第57条第1款第4项先后规定违法行为涉嫌犯罪的应当移送司法机关，即"刑事优先原则"。所谓"刑事优先"原则，是指在一切调查处理程序中发现有犯罪事实存在时应当首先由有权管辖该案件的侦查或者司法机关依照刑事诉讼程序进行追究。[1] 对于涉嫌构成犯罪的，依法向公安、司法机关移送，追究行为人的刑事责任，不仅是惩治犯罪、维护法律尊严、保障社会主义市场经济秩序健康发展、促进社会和谐稳定的需要，更是行政执法机关的一项法定职责和义务。[2]

海关移交涉嫌犯罪案件的主要依据包括：

法律方面：除了《行政强制法》《行政处罚法》外，还有《刑法》分则，《刑事诉讼法》第19条，《海关法》第4条、第5条，《海警法》第12条，《反洗钱法》第13条，《反恐怖主义法》第26条、第40条等。

行政法规方面：《行政执法机关移送涉嫌犯罪案件的规定》《海关行政处罚实施条例》《知识产权海关保护条例》等。

司法解释或司法解释性质文件等方面：《最高人民法院、最高人民检察院、公安部、司法部、海关总署关于走私犯罪侦查机关办理走私犯罪案件适用刑事诉讼程序若干问题的通知》（署侦〔1998〕742号）、《关于在行政执法中及时移送涉嫌犯罪案件的意见》（高检会〔2006〕2号）、《关于海警机构办理海上案件管辖分工有关问题的通知》（海警〔2019〕20号）、《最高人民法院 最高人民检察院 中国海警局关于海上刑事案件管辖等有关问题的通知》（海警〔2020〕1号）、《公安部刑事案件管辖分工规定》（公通字〔2020〕9号）、《最高人民法院 最高人民检察院 公安部 司法部 海关总署印发〈关于进一步加强国境卫生检疫工作依法惩治妨害国境卫生检疫违法犯罪的意见〉的通知》（署法发〔2020〕50号）、《最高人民法院关于适用〈中华人民共和国刑事诉讼法〉的解释》（法释〔2021〕1号）等。

五、本条应当注意的问题

要严格区分行政执法和刑事执法的法律属性，区分犯罪与走私违规行为的界限，针对不同行为采取不同措施，及时转换办案程序和手续，严格执法，切实保护相对人的合法权益。

（一）立案转换

行政执法部门移送刑事部门前未作行政立案的，在刑事执法程序终结确有必要转入行政程序时，行政执法部门应当行政立案；在行政立案后又转入刑事立案的，

---

[1] 张智辉. 刑法改革的价值取向 [J]. 中国法学, 2002（6）: 10.
[2] 刘福谦. 行政执法与刑事司法衔接工作的几个问题 [J]. 国家检察官学院学报, 2012: 20（1）: 38-44.

应当视为行政程序中止，刑事部门立案后又转入行政处理程序的，行政执法部门可以不再重新立案，行政程序恢复（也有观点认为，行政案件移交刑事部门后，行政部门应当撤案，行政程序终止）。

（二）证据应用

刑事案件转为行政处理程序后，刑事案件办理过程中收集的证据材料，经依法收集、审查后，可以作为行政处罚案件定案的根据。而行政案件转入刑事程序后，根据《刑事诉讼法》第54条第2款、《最高人民法院关于适用〈中华人民共和国刑事诉讼法〉的解释》（法释〔2021〕1号）第75条第1款等规定，行政机关在行政执法和查办案件过程中收集的物证、书证、视听资料、电子数据等证据材料，在刑事诉讼中可以作为证据使用。一般来说，有条件的情况下，对于言词证据可以重新制作，依法调取的委托鉴定部门做的鉴定结论及其他物证、书证、视听资料、电子数据等，一般无须重新转换。

（三）强制措施转换

《行政强制法》第21条规定："违法行为涉嫌犯罪应当移送司法机关的，行政机关应当将查封、扣押、冻结的财物一并移送，并书面告知当事人。"行政案件转为刑事案件后，对当事人、货物、物品、运输工具等采取强制措施也应予以相应转换，该移送的一并移送。刑事案件转为行政案件时，对犯罪嫌疑人采取的各种刑事强制措施应当立即解除，对刑事扣押的货物、物品、运输工具等也应解除扣押，非涉案的予以发还；对于涉案需要扣留的，办理行政扣留手续。

案例

某公司、甲与某海关行政处罚案[①]

裁判要点 最高人民法院认为，刑事处罚与行政处罚的法律性质不同。前者由司法机关通过刑事诉讼程序作出，适用于违反刑法的犯罪行为；后者由行政机关通过行政执法程序作出，适用于违反行政法律规范的相关行为。行政机关对同一当事人未被检察机关或审判机关在刑事诉讼中追究刑事责任的行为，依法作出行政处罚决定，不属于重复性处罚，没有违背"一事不再罚"原则。本案中，人民检察院虽然认定某公司和甲实施了走私行为，但犯罪情节轻微，不需要判处刑罚，因此对某公司和甲作出了不起诉决定。海关调查后，对检察机关因某公司未达到走私犯罪偷逃应缴税额起刑点而不予起诉的行为作出行政处罚，有事实和法律依据。

第十二条 执法人员有下列情形之一的，应当自行回避，当事人及其代理人有权申请其回避：

---

① 最高人民法院（2017）最高法行申3110号。

（一）是案件的当事人或者当事人的近亲属；

（二）本人或者其近亲属与案件有直接利害关系；

（三）与案件有其他关系，可能影响案件公正处理的。

条文对比

本条是关于"回避情形"的规定。

与《署令第159号》第8条相比，主要变化：一是将第1、2、3项中的"本案"修改为"案件"；二是在第2项"利害关系"前增加"直接"；三是删除第3项中的"当事人"，强调与"案件"有其他关系，而不是与"案件的当事人"有其他关系，覆盖面更广。

理解与适用

一、相关政策文件

《国务院关于印发全面推进依法行政实施纲要的通知》（国发〔2004〕10号）："行政机关工作人员履行职责，与行政管理相对人存在利害关系时，应当回避。"

《行政执法类公务员管理规定（试行）》第26条："行政执法类公务员在执行公务中有应当回避情形的，本人应当申请回避，行政相对人可以提出回避申请，主管领导可以提出回避要求，由所在机关作出回避决定。"

二、主要法律依据

《行政处罚法》第43条第1款、第2款："执法人员与案件有直接利害关系或者有其他关系可能影响公正执法的，应当回避。""当事人认为执法人员与案件有直接利害关系或者有其他关系可能影响公正执法的，有权申请回避。"

《公务员法》第76条："公务员执行公务时，有下列情形之一的，应当回避：（一）涉及本人利害关系的；（二）涉及与本人有本法第七十四条第一款所列亲属关系人员的利害关系的；（三）其他可能影响公正执行公务的。"

《海关法》第81条："海关工作人员在调查处理违法案件时，遇有下列情形之一的，应当回避：（一）是本案的当事人或者是当事人的近亲属；（二）本人或其近亲属与本案有利害关系；（三）与本案当事人有其他关系，可能影响案件公正处理的。"

根据《行政处罚法》第43条、《海关法》第81条等规定，本规章本章从第12条到第17条对回避进行了细化。

三、回避

新《行政处罚法》细化了行政执法人员的回避制度，进一步保障公正执法：一是扩大了行政执法人员应当回避的范围；二是增加了当事人可以申请回避的权利；三是规定了行政机关应当依法审查当事人的回避申请并作出决定。

（一）回避制度

执法人员的回避是指执法人员同其处理的事务有利害关系时，应有相关负责机关另行指定其他执法人员处理该事务的制度。[①] 有观点认为，回避制度在中国具有悠久的历史，早在东汉桓帝时期，朝廷就已经制定颁布了《三互法》，这个法规可以说是中国在官员回避制度方面的开山之作。随着行政制度的规范化和程序化，行政回避进入行政程序成为必然。[②]《三互法》规定："婚姻之家，及两州人士不得对相监临。"[③]

现代回避制度源自正当程序原则。回避制度最早在司法程序中确立。行政程序制度的发展将回避制度从司法程序引入行政领域，在行政程序中也排除行政机关工作人员和相对人之间的特殊关系。[④] 我国三大诉讼法都有关于回避的规定，《民事诉讼法》《刑事诉讼法》专设"回避"一章。《公务员法》《监察法》《公职人员政务处分法》以及不少部门法也规定了回避。

回避是依法行政的基本要求，是行政程序的一项基本制度，是程序正当的一项重要内容。回避制度，能够防止偏私，确保公正。海关办理行政处罚案件过程中执法人员的回避，有利于全面客观公正地对案件依法进行调查和处理，既防止先入为主，预先设定，又避免权力寻租、公权私用等弊端。

（二）近亲属

本规章规定了当事人的"近亲属"。实践中近亲属包括哪些人，具体范围应如何确定？

《刑事诉讼法》第108条第6项规定："'近亲属'是指夫、妻、父、母、子、女、同胞兄弟姊妹。"《最高人民法院关于审判人员在诉讼活动中执行回避制度若干问题的规定》（法释〔2011〕12号）第1条第2款规定："本规定所称近亲属，包括与审判人员有夫妻、直系血亲、三代以内旁系血亲及近姻亲关系的亲属。"《最高人民法院关于适用〈中华人民共和国民事诉讼法〉的解释》（法释〔2022〕11号）第85条规定："根据民事诉讼法第六十一条第二款第二项规定，与当事人有夫妻、直系血亲、三代以内旁系血亲、近姻亲关系以及其他有抚养、赡养关系的亲属，可以当事人近亲属的名义作为诉讼代理人。"《最高人民法院关于适用〈中华人民共和国行政诉讼法〉的解释》（法释〔2018〕1号）第14条第1款规定："行政诉讼

---

① 江必新. 行政处罚法条文精释与实例精解[M]. 北京：人民法院出版社，2021：254.
② 钟琦. 中国行政回避制度的法律缺陷及完善[J]. 经济研究导刊，2012（16）：223-225.
③ 朱勇. 中国法律史[M]. 北京：中国政法大学出版社，2021：107.
④ 杨伟东. 中华人民共和国行政处罚法理解与适用[M]. 北京：中国法制出版社，2021：145.

法第二十五条第二款规定的'近亲属',包括配偶、父母、子女、兄弟姐妹、祖父母、外祖父母、孙子女、外孙子女和其他具有扶养、赡养关系的亲属。"

《公务员回避规定》第5条第1款规定了公务员亲属关系的4种情形。实践中,人民法院裁判文书[①]载明,亲属系人们基于婚姻、血缘和法律拟制而形成的社会关系。"案涉实施细则"近亲属特指同源于父母(含同父异母和同母异父)的兄弟姐妹,同源于祖父母的伯叔、姑母,同源于外祖父母的舅父、姨母。

《民法典》第1045条第2款规定:"配偶、父母、子女、兄弟姐妹、祖父母、外祖父母、孙子女、外孙子女为近亲属。"建议根据《民法典》规定对本条规定的"近亲属"理解和执行。

(三)直接利害关系或者其他关系

海关行政处罚在适用回避制度时,对利害关系的判断显得尤为关键。从关系的紧密性来看,利害关系有直接和间接之分。所谓"与案件有直接利害关系或者其他关系",是指执法人员本身是案件当事人或者与当事人有近亲属关系,执法人员或者其近亲属与本案有利害关系,或者有朋友关系、师生关系等其他可能影响案件的公正处理的关系。[②] 具体应当包括:"当事人中有其亲属的;与当事人的代理人有亲属关系的;与本案有关的程序中担任过证人、鉴定人的;与当事人之间有监护关系的;与当事人有公开敌意或者亲密友谊的;等等。"[③]

案例

某公司与A海关行政处罚案[④]

裁判要点 本院认为,被上诉人A隶属海关于2015年8月10日向上诉人送达听证告知单,该公司于同日提出听证申请,A海关于2015年8月18日作出行政处罚听证通知书并于8月21日送达。该公司于8月28日以"行政处罚机关系A海关,故担任听证的人员也应当由A海关人员进行调查并主持听证,不应由B隶属海关人员调查处理"为由提出听证回避申请,A海关在听证前对受案职权释明后,听证当天该公司并未再提出回避申请……因此,听证主持人、参加人员及相关程序并无违法之处。

第十三条 执法人员自行回避的,应当提出书面申请,并且说明理由,由海关负责人决定。

[①] 浙江省高级人民法院(2016)浙行终202号。
[②] 许安标. 中华人民共和国行政处罚法释义[M]. 北京:中国民主法制出版社,2021:128.
[③] 章剑生. 论行政回避制度[J]. 浙江大学学报(人文社会科学版),2002(6):9.
[④] 内蒙古自治区高级人民法院(2017)内行终132号。

条文对比

本条是关于"执法人员自行回避"的规定，对应《署令第 159 号》的第 9 条、第 10 条第 1 款。

与《署令第 159 号》相比，主要变化：一是将《署令第 159 号》第 10 条第 1 款中的"要求回避"修改为"自行回避"；二是将《署令第 159 号》第 9 条中的"由其所属的直属海关或者隶属海关关长决定"修改为"由海关负责人决定。"

理解与适用

一、相关政策文件

同本规章第十二条。

二、主要法律依据

同本规章第十二条，以及：

《公务员法》第 77 条第 1 款："公务员有应当回避情形的，本人应当申请回避。"根据上述规定，本条就海关执法人员自行回避作出规定。

三、海关执法人员自行回避

（一）书面申请

《行政处罚法》并未明确回避申请的形式。结合《署令第 159 号》第 10 条第 1 款规定和执法实践，本规章予以明确，更加规范，更具有可操作性。

（二）说明理由

《行政处罚法》也未明确回避申请的内容。《公安机关办理行政案件程序规定》第 18 条规定："公安机关负责人、办案人民警察提出回避申请的，应当说明理由。"

海关执法人员申请回避，也要阐明理由，便于海关负责人审批时予以考虑和判断。仅申请回避但毫无理由，将影响海关负责人作出决定，也影响行政执法的严肃性。

（三）由海关负责人决定

关于申请执法人员回避后由谁来决定的问题，法律规范规定大相径庭：一是由所属机关决定。如《治安管理处罚法》第 81 条第 2 款、《公安机关办理行政案件程序规定》第 19 条规定，办案人民警察的回避由其所属的公安机关决定。二是由机关主要负责人决定。如《山东省行政程序规定》第 22 条第 2 款规定。三是由机关负责人决定。如《市场监督管理行政处罚程序规定》第 4 条第 1 款规定，除主要负责人、其他负责人以外的其他有关人员的回避，由市场监督管理部门负责人决定。四是由机关主要负责人或者分管负责人决定。如《湖南省行政程序规定》第 18 条第 2 款规定："行政机关工作人员的回避由该行政机关主要负责人或者分管负责人决定。"

《署令第 159 号》规定的回避决定主体是"直属海关或者隶属海关关长"。根据《行政处罚法》第 43 条第 3 款"由行政机关负责人决定"的规定，本规章调整为"海关负责人"。对海关执法人员自行回避的申请，无论内部几级呈批，最后的决定权交由海关负责人行使。

四、海关负责人

"负责人"作为一个"法律用语"时常出现在法律规范中，如《民法典》多处规定了不同主体的"负责人"。《行政处罚法》中部分条文直接或间接涉及"行政机关负责人"。除了《行政处罚法》外，《行政诉讼法》《行政复议法》《行政强制法》《行政许可法》等法律都有"行政机关负责人"的概念。本规章中多个条款涉及"海关负责人"。

（一）行政机关负责人的范围

行政机关负责人如何定义，包括什么范围和哪些人员？《行政诉讼法》第 3 条第 3 款规定："被诉行政机关负责人应当出庭应诉。"《最高人民法院关于适用〈中华人民共和国行政诉讼法〉的解释》（法释〔2018〕1 号）第 128 条第 1 款规定："行政诉讼法第 3 条第 3 款规定的行政机关负责人，包括行政机关的正职、副职负责人以及其他参与分管的负责人。"有解读认为，"行政机关负责人"这个概念有别于行政机关首长、行政机关主要负责人、行政机关一把手、行政机关领导等，其范围包括被诉行政机关的法定代表人、主持工作的负责人、分管负责人。[①]《最高人民法院关于行政机关负责人出庭应诉若干问题的规定》（法释〔2020〕3 号）第 2 条第 1 款将范围界定为行政机关的正职、副职负责人、参与分管被诉行政行为实施工作的副职级别的负责人以及其他参与分管的负责人。为了进一步推进负责人出庭应诉工作，适度扩大了负责人范围；在行政诉讼法司法解释的基础上，增加了参与分管被诉行政行为实施工作的副职级别的负责人。[②] 该司法解释针对行政诉讼法领域，主要解决行政诉讼中负责人的出庭问题，不宜扩大到行政处罚或者其他行政执法领域。在中国的行政体制中，行政机关负责人通常指该行政机关的首长，以及分管相应工作的副职领导。[③] 一般认为，行政机关负责人是行政机关的负责行政事务的正职负责人和副职负责人。

[①] 江必新，邵长茂. 新行政诉讼法修改条文理解与适用 [M]. 北京：中国法制出版社，2015：39.
[②] 黄永维，梁凤云，章文英.《最高人民法院关于行政机关负责人出庭应诉若干问题的规定》的理解与适用 [J]. 人民司法（应用），2020（22）：31-34.
[③] 何海波. 内部行政程序的法律规制（上）[J]. 交大法学，2012（1）：127-139.

（二）主要负责人

我国《行政诉讼法》等法律中规定了行政机关"主要负责人"。党内法规《党政主要负责人履行推进法治建设第一责任人职责规定》（中办发〔2016〕71号）也使用了该用语。《国务院办公厅关于实施〈国家行政机关公文处理办法〉涉及的几个具体问题的处理意见》（国办函〔2001〕1号）规定："'主要负责人'指各级行政机关的正职或主持工作的负责人。"有的法律规范中使用"正职负责人"，如《行政执法机关移送涉嫌犯罪案件的规定》第5条。"行政机关主要负责人，即行政机关的首长。"[1] 主要负责人就是行政首长，用更加通俗的用语讲，是指行政机关的一把手。

（三）法定代表人

1982年《中华人民共和国民事诉讼法（试行）》规定："企业事业单位、机关、团体可以作为民事诉讼的当事人，由这些单位的主要负责人作为法定代表人。"此后最高人民法院《关于贯彻执行〈中华人民共和国行政诉讼法〉若干问题的意见（试行）》（已废止）把作为原告的法人、其他组织的主要负责人和作为被告的行政机关的主要负责人，均称为"法定代表人"。[2]

《最高人民法院关于适用〈中华人民共和国民事诉讼法〉的解释》（法释〔2022〕11号）第50条第1款规定："法人的法定代表人以依法登记的为准，但法律另有规定的除外。依法不需要办理登记的法人，以其正职负责人为法定代表人；没有正职负责人的，以其主持工作的副职负责人为法定代表人。"《民法典》第61条第1款规定，依照法律或者法人章程的规定，代表法人从事民事活动的负责人，为法人的法定代表人。

五、本条应当注意的问题

（一）执法人员范围

本条规定应当回避的是"海关执法人员"。有观点认为，回避的人员主要是办案人员，包括对案件作出处理决定的海关关长，具体承担案件调查、审理、执行等工作的海关工作人员等。[3] 作者同意上述观点中关于海关关长也应回避的意见，但认为执法人员不包括负责人：一是根据本规章第13条、第15条、第46条等规定，负责人与执法人员在同一条款中出现，各有各的职责；二者是领导与被领导的关系；二是结合本规章第8条规定，执法人员范围主要包括：案件的调查人员、法

---

[1] 何海波.内部行政程序的法律规制（上）[J].交大法学，2012（1）：127-139.
[2] 冯治良.行政被告诉讼人应称为"主要负责人"[J].现代法学，1995（5）：4.
[3] 海关总署缉私局.中华人民共和国海关办理行政处罚案件程序规定释义[M].北京：中国海关出版社，2007：38.

制审核人员、执行人员、听证主持人、记录员,以及参与行政处罚的海关其他工作人员;三是根据本规章第13条、第15条,如果执法人员包括负责人,则负责人的回避由负责人决定,显然不符合正当程序的要求和制度设计的初衷。虽然执法人员不包括负责人,但负责人符合回避情形的,同样应当按照相应程序回避。

(二)海关负责人回避

实践中可能存在海关负责人的回避情形,关键是作出决定的机制。《行政处罚法》《海关行政处罚实施条例》和本规章都未涉及主要负责人、负责人回避的决定问题。现行法律规范主要有三种模式:一是上一级机关决定。如《治安管理处罚法》第81条第2款、《公安机关办理行政案件程序规定》第19条;二是主要负责人的回避由负责人集体讨论决定,其他负责人的回避由主要负责人决定。如《农业行政处罚程序规定》第5条第2款、《市场监督管理行政处罚程序规定》第4条第1款、《医疗保障行政处罚程序暂行规定》第5条第3款等;三是由本级人民政府或者其上一级主管部门(行政机关)决定,主要是地方政府规章,如《湖南省行政程序规定》第18条第2款、《江苏省行政程序规定》第18条第2款、《浙江省行政程序办法》第42条第2款、《山东省行政程序规定》第22条第2款等。

有观点认为,直属海关或者隶属海关关长回避的,应当由上一级海关关(署)长决定。[1] 这的确是一种具有可行性的思路和方案。参考上述规章规定,比较而言,负责人集体讨论决定的模式更经济、富有效率,也更具可操作性。

案例

甲与某省教育厅行政行为案[2]

裁判要点 法院认为,行政程序正当是当代行政法的主要原则之一。行政公开、公民参与、回避等程序要求是正当程序的基本内容。教育厅在作出《回复》过程中严重忽略甲依法享有的申请回避和陈述申辩权利。并且,教育厅在原审时亦未能举证证明其所聘请的专家是否具备资质、所作结论是否具备事实依据及其权威性,聘请程序是否公开透明符合规范要求等。鉴于教育厅作出《回复》行政行为时严重违反行政程序正当原则,属严重违法,而原审仅将该行为认定为行政程序轻微违法,属于事实认定不清、法律适用错误。应予依法撤销被诉《回复》并判令教育厅重作具体行政行为。甲的上诉理由成立,本院依法予以采纳。

第十四条 当事人及其代理人要求执法人员回避的,应当提出申请,并且说明理由。当事人口头提出申请的,海关应当记录在案。

---

[1] 海关总署缉私局.中华人民共和国海关办理行政处罚案件程序规定释义[M].北京:中国海关出版社,2007:40.
[2] 浙江省高级人民法院(2018)浙行终539号。

海关应当依法审查当事人的回避申请，并在三个工作日内由海关负责人作出决定，并且书面通知申请人。

海关驳回回避申请的，当事人及其代理人可以在收到书面通知后的三个工作日内向作出决定的海关申请复核一次；作出决定的海关应当在三个工作日内作出复核决定并且书面通知申请人。

条文对比

本条是关于"当事人申请回避"的规定，对应《署令第 159 号》第 10 条第 3 款、第 11 条。

与《署令第 159 号》相比，本条第 2 款主要变化：一是删除了《署令第 159 号》第 11 条第 1 款中"当事人"之前的"对"、之后的"及其代理人提出"；二是将"海关应当"提前到本款之首，并增加了"依法审查"；三是在"三个工作日"之前增加"并"；四是在"作出决定"前增加了"由海关负责人"；五是在"决定"和"并且"之间增加"，"。

与《署令第 159 号》相比，本条第 3 款主要变化：一是删除《署令第 159 号》第 11 条第 2 款中"海关驳回回避申请"之前的"对"、之后的"有异议"。

理解与适用

一、相关政策文件

同本规章第十二条。

二、主要法律依据

同本规章第十二条，以及：

《行政处罚法》第 43 条第 2 款："当事人认为执法人员与案件有直接利害关系或者有其他关系可能影响公正执法的，有权申请回避。"第 3 款："当事人提出回避申请的，行政机关应当依法审查，由行政机关负责人决定。"

《公务员法》第 77 条第 1 款："利害关系人有权申请公务员回避。其他人员可以向机关提供公务员需要回避的情况。"

《海关行政处罚实施条例》第 48 条："当事人有权根据海关法的规定要求海关工作人员回避。"

三、当事人申请回避

在海关办理行政处罚案件过程中，要求海关执法人员回避是当事人的权利，应当切实予以保障。

（一）申请人

结合本规章第 9 条关于授权委托的规定，本条第 1 款规定申请海关执法人员回避的主体范围，包括当事人及其代理人。当事人既可以自行行使，也可以通过代理人向海关申请。

（二）申请形式

本条第 1 款基本延续了《署令第 159 号》第 10 条第 3 款的规定，当事人及其代理人要求海关执法人员回避的形式，既可以是书面形式，也可以是口头形式。以书面形式要求回避的，海关执法人员应当记录收到申请的时间和接收人。如果申请人不会书写，或者虽会书写但客观上不能书写，也可以口头申请。以口头形式提出回避申请的，海关执法人员应当做好记录。

（三）申请应当同时阐明理由

申请回避并说明理由，便于行政机关对申请进行全面客观公正的审查，并作出合理而准确的判断。不能只提申请，没有理由。

四、海关对申请人回避申请的处理

（一）依法审查

对于申请人的回避申请，海关应当依法审查，主要从申请的事实、理由等方面研判是否属于应当回避情形。

（二）审查决定期限

《行政诉讼法》《刑事诉讼法》未明确回避的有关期限，《民事诉讼法》规定的期限是"三日内"。

本条第 2 款延续《署令第 159 号》第 11 条第 2 款的规定，规定期限为"三个工作日内"。

（三）作出决定

具体审查决定由"海关负责人"作出。作出决定有两种情况：一是同意申请，海关经依法审查认为符合应当回避的情形，使用海关同意回避申请决定书；二是驳回申请，海关认为当事人及其代理人要求回避的申请，不符合法定的回避情形，对回避申请予以驳回，使用海关驳回申请回避决定书。

（四）书面通知当事人

《民事诉讼法》第 50 条规定："人民法院对当事人提出的回避申请，应当在申请提出的三日内，以口头或者书面形式作出决定。"《江苏省行政程序规定》第 60 条第 1 款、《浙江省行政程序办法》第 57 条第 1 款、《山东省行政程序规定》第 85 条第 1 款等均规定：行政执法决定应当以书面形式作出。但是法律、法规、规章另有规定的除外。

本规章仅规定了书面形式通知，不得以口头形式通知，从而更好地保障申请人的知情权和执法程序的合法性。书面通知可以使用《送达回证》，也可以做好记录。

（五）复核并书面通知当事人

对于申请人的复核申请，海关应当认真复核，作出是否采纳的决定，并以书面形式通知到申请人。

五、本条应当注意的问题

（一）当事人以口头形式申请的记录

申请人口头申请回避，海关应当记录在案。记录应当载明申请人、时间、地点、申请事项及理由、记录人等内容。海关执法人员记录完毕应当让当事人核对确定，需要修改之处当场修改并签字确认，或者重新打印并确认。当事人不能阅读的，海关执法人员当场宣读并配合音像记录进行核对，当事人无异议后由当事人确认，避免产生争议。记录人最后签名并记录时间。

（二）对驳回申请进行复核

《行政处罚法》《海关法》《海关行政处罚实施条例》等均未对复核作规定。《署令第 159 号》第 11 条第 2 款对此有规定，本规章予以保留，本条第 3 款规定了在海关驳回申请后当事人及其代理人有申请复核的权利。同时，借鉴《行政诉讼法》第 55 条第 4 款、《民事诉讼法》第 50 条、《刑事诉讼法》第 31 条第 3 款等规定，本条延续《署令第 159 号》第 11 条第 2 款只能"复核一次"的规定，避免在回避复核问题上来回反复，影响效率。

（三）申请复核和作出复核决定的期限

本条延续了《署令第 159 号》的规定，表述为"三个工作日内"。该期限对申请人和海关同样适用，更利于理解和执行，确保行政执法程序有序进行，避免案件拖延。

案例

某公司与某质量技术监督局行政处罚案[①]

裁判要点 原告与被告曾签署《安装工程施工合同》，原告负责以包工包料方式为被告施工安装局域网。被告经现场检查、抽样并委托鉴定，以安装材料为假冒伪劣产品为由对原告作出行政处罚。原告认为，被告与原告之间有民事合同，被告集民事主体与行政执法主体于一身，以执法主体身份进行质量监督，违反了《行政处罚法》规定的回避原则。被告认为行政处罚法规定的执法人员回避是自然人的回避，不是法人的回避。人民法院未表明态度，以缺少事实根据和法律依据判决撤销

---

① 江苏省连云港市新浦区人民法院（2002）新行初字第 23 号。

行政处罚决定。

第十五条 执法人员具有应当回避的情形，其本人没有申请回避，当事人及其代理人也没有申请其回避的，有权决定其回避的海关负责人可以指令其回避。

条文对比

本条是关于"指令回避"的规定，对应《署令第 159 号》第 10 条第 2 款。

与《署令第 159 号》相比，主要变化：一是删除了《署令第 159 号》中的"之一"；二是将"他们"修改为"其"；三是将"关长"修改为"负责人"；四是在"没有申请回避"之前增加"其本人"。

理解与适用

一、相关政策文件

同本规章第十二条。

二、主要法律依据

同本规章第十二条。

三、指令回避

指令回避在《行政处罚法》《海关法》《海关行政处罚实施条例》均无规定。《国家自然科学基金条例》（国务院令第 487 号）第 19 条第 2 款规定：基金管理机构根据基金管理机构工作人员、评审专家的申请，经审查作出是否回避的决定；也可以不经申请直接作出回避决定。"不经申请直接作出回避决定"可视为指令回避。全国首部行政程序方面的地方性法规《江苏省行政程序条例》第 32 条规定："行政机关工作人员不自行回避，当事人又未申请回避的，由该工作人员所属行政机关责令其回避。"《公安机关办理行政案件程序规定》第 22 条规定："公安机关负责人、办案人民警察具有应当回避的情形之一，本人没有申请回避，当事人及其法定代理人也没有申请其回避的，有权决定其回避的公安机关可以指令其回避。"

《署令第 159 号》第 10 条第 2 款规定："办案人员具有应当回避的情形之一，没有申请回避，当事人及其代理人也没有申请他们回避的，有权决定他们回避的海关关长可以指令他们回避。"

本规章保留了《署令第 159 号》的上述规定并作修改调整，明确了指令回避，丰富了回避情形，完善了回避制度，从而确保行政处罚更加公正。

> **案例**
>
> **甲与某县公安局治安行政处罚案**[①]
>
> **裁判要点** 本案抗诉机关认为，被诉行政处罚决定未经集体讨论决定，属程序违法；原审判决认定没有违反回避法定程序主要证据不足。再审法院认为，本案中办案人员乙在被甲控告而受到诫勉谈话后六个月内又担任甲治安行政处罚一案的经办人，参与案件调查、审核、报批等工作，存在可能影响案件公正处理的情形，依法应当回避而未回避，违反法定程序。

第十六条 在海关作出回避决定前，执法人员不停止办理行政处罚案件。在回避决定作出前，执法人员进行的与案件有关的活动是否有效，由作出回避决定的海关根据案件情况决定。

条文对比

本条是关于"回避的溯及力"的规定，对应《署令第 159 号》第 12 条。

与《署令第 159 号》相比，主要变化是删除了《署令第 159 号》中"以前"中的"以"，规范文字表述。

理解与适用

一、相关政策文件

同本规章第十二条。

二、主要法律依据

同本规章第十二条，以及：

《行政处罚法》第 43 条第 3 款："决定作出之前，不停止调查。"

三、回避的效力

海关作出回避决定之前，有两个问题要解决：一是海关执法人员是否继续参与执法活动；二是被决定回避的海关执法人员进行的与案件有关的执法活动是否有效。

（一）海关执法人员是否停止办理行政处罚案件

回避决定作出前，相关人员是否停止相关工作，法律规范规定并不完全一致，一般是不停止。如《刑事诉讼法》第 31 条第 2 款规定："对侦查人员的回避作出决定前，侦查人员不能停止对案件的侦查。"《民事诉讼法》第 48 条第 2 款规定：应当暂停参与本案的工作，但案件需要采取紧急措施的除外；第 50 条规定：复议期

---

① 福建省泉州市中级人民法院（2019）闽 05 行再 3 号。

间，被申请回避的人员，不停止参与本案的工作。《公安机关办理行政案件程序规定》第24条第1款、《市场监督管理行政处罚程序规定》第4条第2款均规定，在作出回避决定前，不停止案件调查。

根据《行政处罚法》第43条第3款"决定作出之前，不停止调查"的规定，本规章延续了《署令第159号》第12条的规定，明确了"执法人员不停止办理行政处罚案件"，不需要更换执法人员，从而确保行政处罚工作的连续性，避免中断或者受到不必要的影响。上述原则不限于调查人员。

（二）被决定回避的海关执法人员的执法活动是否有效

对于被决定回避的执法人员，之前的执法活动是否有效，《行政处罚法》未作规定。这既涉及行政执法公正性，也涉及行政执法成本和效率问题。对此不宜一概而论，或者搞"一刀切"，既不能全盘否定，也不能照单全收。应当坚持"以事实为基础，以法律为准绳"，综合判断执法人员在执法活动中的行为，按照证据规则审查证据的来源、内容、程序等，实事求是作出判断。如果海关最后作出同意回避申请的决定，该海关执法人员在决定作出之前与案件有关的行政处罚执法活动是否有效，《署令第159号》第12条明确了"由作出回避决定的海关根据案件情况决定"，体现了实事求是的态度。本规章延续了上述规定。

案例

某公司与某县自然资源局（原林业局）行政处罚案[①]

裁判要点 原林业局在涉嫌擅自改变林地用途一案立案调查后，确认案件的承办人是甲、乙；在聘请鉴定机构对涉案专业性问题进行鉴定时，聘请县森林保护工作站作为鉴定机构，鉴定人员也为甲、乙。从《林业行政处罚程序规定》第29条规定可以看出，在林业行政处罚案件中行政执法人员与具有专门知识的鉴定人应分别为不同人群主体。甲、乙在同一行政处罚案件中同时担任承办人和鉴定人，足以使行政相对人怀疑其作为鉴定人所出具鉴定意见的中立性和公正性，继而导致作出的行政处罚决定书主要证据不足。原林业局的上述行为已严重影响了行政机关作出行政行为的公信力，也背离了依法行政的理念，其作出的行政处罚决定书主要证据不足，明显不当，应当依法撤销。

第十七条 听证主持人、记录员、检测、检验、检疫、技术鉴定人和翻译人员的回避，适用本规定第十二条至第十六条的规定。

条文对比

本条是关于"其他人员回避"的规定，对应《署令第159号》第13条。

[①] 宁夏回族自治区中卫市中级人民法院（2020）宁05行终3号。

与《署令第 159 号》相比，主要变化：一是增加了"听证主持人、记录员、"；二是将"化验人、鉴定人"中的"化验人"删除，并修改为"检测、检验、检疫、技术鉴定人"；三是将"第八条至第十二条"修改为"第十二条至第十六条"。

理解与适用

一、相关政策文件

同本规章第十二条。

二、主要法律依据

同本规章第十二条，以及：

《行政强制法》第 25 条第 3 款："检测、检验、检疫或者技术鉴定的期间应当明确，并书面告知当事人。"

三、本条应当注意的问题

（一）除海关执法人员外的回避人员

《民事诉讼法》第 47 条第 4 款、《行政诉讼法》第 55 条第 3 款均规定：回避适用于书记员、翻译人员、鉴定人、勘验人。《刑事诉讼》第 32 条第 1 款规定：关于回避的规定适用于书记员、翻译人员和鉴定人。《公安机关办理行政案件程序规定》第 23 条规定："在行政案件调查过程中，鉴定人和翻译人员需要回避的，适用本章的规定。⋯⋯鉴定人、翻译人员的回避，由指派或者聘请的公安机关决定。"

《署令第 159 号》第 13 条规定："化验人、鉴定人和翻译人员的回避，适用本规定第八条至第十二条的规定。"《署令第 145 号》第 8 条第 1 款、第 2 款规定："听证主持人、听证员、记录员有下列情形之一的，应当自行回避，当事人及其代理人也有权申请其回避。⋯⋯前款规定，适用于翻译人员、鉴定人。"

根据《行政处罚法》《行政强制法》等规定，并结合《署令第 159 号》《署令第 145 号》的规定，本规章将听证主持人、记录员纳入回避范围，从而将"海关执法人员"扩大到"听证主持人、记录员、检测、检验、检疫、技术鉴定人和翻译人员"，进一步增强行政处罚的公正性和公信力。

（二）检测、检验、检疫、技术鉴定人

《海关行政处罚实施条例》第 45 条第 3 款、第 4 款分别规定："化验、鉴定应当交由海关化验鉴定机构或者委托国家认可的其他机构进行。""化验人、鉴定人进行化验、鉴定后，应当出具化验报告、鉴定结论，并签字或者盖章。"《署令第 159 号》第 13 条、第 42 条等也规定了"化验人、鉴定人"。

根据《行政强制法》第 25 条第 3 款规定，本规章将"化验、鉴定"修改为"检测、

检验、检疫、技术鉴定",将"化验人、鉴定人"修改为"检测、检验、检疫、技术鉴定人"。

案例

甲等不服某省卫生厅医疗卫生行政处理决定案[①]

裁判要点 一审法院认为,参加本起事件鉴定会的主任乙和委员丙分别就职于医院副院长丁(本起医疗事件的直接责任者)分管的肝胆外科和泌尿外科,都应属回避对象,却没有回避。但二审法院认为,原审法院认定鉴定委员会主任乙和委员丙属于回避对象依据不足。

第十八条 海关办理行政处罚案件的证据种类主要有:

(一)书证;

(二)物证;

(三)视听资料;

(四)电子数据;

(五)证人证言;

(六)当事人的陈述;

(七)鉴定意见;

(八)勘验笔录、现场笔录。

证据必须经查证属实,方可作为认定案件事实的根据。

以暴力、威胁、引诱、欺骗以及其他非法手段取得的证据,不得作为认定案件事实的根据。

条文对比

本条是关于"证据种类"及其要求的规定,主要对应《署令第159号》的第14条、第36条第2款。

与《署令第159号》相比,本条主要变化:一是将《署令第159号》中第14条第1款第3项"视听资料、电子数据"拆分为两项,作为第1款第3项、第4项;二是将第5项"化验报告、鉴定结论"修改为"鉴定意见",并作为第1款第7项;三是将第7项"查验、检查记录"修改为"勘验笔录、现场笔录",并作为第1款第8项;四是第2款中的"应当"修改为"必须","才能"修改为"方可",同时在"事实"之前增加"案件";五是将《署令第159号》第36条第2款中的"办案人员不得""获取陈述"予以删除,保留"以暴力、威胁、引诱、欺骗以及其他非法手段",并在其后增加"取得的证据,不得作为认定案件事实的根据"。

[①] 福建省福州市中级人民法院(1996)榕行终字第90号。

理解与适用

一、相关政策文件

《国务院关于印发全面推进依法行政实施纲要的通知》(国发〔2004〕10号)："对公民、法人和其他组织的有关监督检查记录、证据材料、执法文书应当立卷归档。"

《中共中央关于全面深化改革若干重大问题的决定》："严格实行非法证据排除规则。"

《法治政府建设实施纲要(2015—2020年)》："健全行政执法调查取证、告知、罚没收入管理等制度。"

二、主要法律依据

《行政处罚法》第46条："证据包括：(一)书证；(二)物证；(三)视听资料；(四)电子数据；(五)证人证言；(六)当事人的陈述；(七)鉴定意见；(八)勘验笔录、现场笔录。 证据必须经查证属实，方可作为认定案件事实的根据。 以非法手段取得的证据，不得作为认定案件事实的根据。"

《海关行政处罚实施条例》第43条第3款："严禁刑讯逼供或者以威胁、引诱、欺骗等非法手段收集证据。"

三、证据

(一)证据的定义

《牛津法律大辞典》对证据的解释为："事实、事实推论和陈述，这些事实、事实推论和陈述有助于法院或其他调查主体确信特定事实。"[1] 少数国家如印度在立法中给出了证据的定义，而多数国家和地区的立法则索性采取了回避的态度。[2]

关于证据的概念，在我国，主要存在事实说、反映说、信息说、根据说、材料说、原因说、事实材料与证明手段统一说、证据阶段说等不同观点。[3] 有观点认为，从我国立法和理论研究的实际情况看，主要有"事实说""材料说""信息说"，并主张"信息说"。[4] 也有观点认为，事实说、根据说、材料说影响较大，并基本赞同"材料说"的观点。[5]

---

[1] 戴维·M.沃克.牛津法律大辞典[M].李双元,等译.北京：法律出版社,2003：399.
[2] 何家弘,刘品新.证据法学[M].7版.北京：法律出版社,2022：118-120.
[3] 宋英辉,汤维建.证据法学研究述评[M].北京：中国人民公安大学出版社,2006：147-148.
[4] 张保生.证据法学[M].北京：中国政法大学出版社,2016：10-11.
[5] 卞建林.证据法学[M].北京：高等教育出版社,2020：137,139.

关于行政处罚的证据或者行政执法的证据，学界和实务界中"事实说""材料说"较有代表性。[①] 例如，所谓行政处罚证据是行政证据的一种，是指行政机关或法律授权的组织用来证明公民、法人或其他组织违法并应受到行政处罚的案件的一切客观事实。[②] 行政处罚证据，即行政机关或法律、法规授权的组织用来证明公民、法人或其他组织违法并应受到行政处罚的案件的一切材料。[③]

1979年新中国第一部《刑事诉讼法》首次在法律层面对"证据"一词作出明确解释，该法第三十一条规定："证明案件真实情况的一切事实都是证据。"1989年《行政诉讼法》和1991年《民事诉讼法》，以及1996年《刑事诉讼法》都明示或默示地接受了这一解释。[④]2013年1月1日生效的《刑事诉讼法》第48条第1款、新《刑事诉讼法》第50条第1款规定："可以用于证明案件事实的材料，都是证据。"据不完全统计，使用"证据材料"的表述，《最高人民法院关于适用〈中华人民共和国刑事诉讼法〉的解释》（法释〔2021〕1号）有69处，《最高人民法院关于适用〈中华人民共和国民事诉讼法〉的解释》（法释〔2022〕11号）有7处；《最高人民法院关于行政诉讼证据若干问题的规定》（法释〔2002〕21号）有24处；《最高人民法院关于适用〈中华人民共和国行政诉讼法〉的解释》（法释〔2018〕1号）仅在第43条有规定。

海关办理行政处罚案件过程中，无论是调查人员收集调取的证据材料，还是当事人或者第三方提供的证据材料，并非都是行政处罚最后定案的证据。只有按照证据规则经过审查并成为行政决定作出的证据，才是真正意义上的行政处罚的证据。

（二）证据的属性

对证据概念的不同界定，导致了在证据属性问题上的不同争论，形成了"二性说"（客观性与关联性）、"三性说"（客观性、关联性和合法性）和"四性说"（客观性、相关性、合法性、一贯性）等观点。有的教材提出"新四性说"（相关性、可采性、证明力和可信性）。[⑤]

尽管学界对于证据的属性存在诸多学说，一般认为"三性说"是通说。学界、实务界对"三性"的排序和表述并不相同，较多的称之为"客观性、关联性、合法

[①] 许安标. 中华人民共和国行政处罚法释义[M]. 北京：中国民主法制出版社，2021：153.
[②] 杨解君. 行政处罚证据及其规则探究[J]. 法商研究，1998（1）：47-52.
[③] 江国华，张彬. 证据的内涵与依法取证——以行政处罚证据的收集为分析视角[J]. 证据科学，2016，24（6）：645-655.
[④] 何家弘，刘品新. 证据法学[M].7版. 北京：法律出版社，2022：113.
[⑤] 张保生. 证据法学[M]. 北京：中国政法大学出版社，2016：14.

性"三性或者三个特征。① 有的称之为"真实性、合法性、关联性"三性。② 关于证据的客观性,有的学者称证据的真实性。③ 还有观点认为,证据审查四个标准,把真实性和客观性并列,关联性、合法性不变。④

从诉讼法看,三大诉讼法均未完整体现证据的三性,也无将证据三性相提并论的条款。诉讼法的司法解释中只有《最高人民法院关于适用〈中华人民共和国民事诉讼法〉的解释》(法释〔2022〕11号)第104第1款出现了"三性":"人民法院应当组织当事人围绕证据的真实性、合法性以及与待证事实的关联性进行质证,并针对证据有无证明力和证明力大小进行说明和辩论。"较早的《最高人民法院关于行政诉讼证据若干问题的规定》(法释〔2002〕21号)第39条第1款规定:"当事人应当围绕证据的关联性、合法性和真实性,针对证据有无证明效力以及证明效力大小,进行质证。"并在第54条、第55条、第56条对"三性"的审查予以阐释。同年的《最高人民法院关于审理反倾销行政案件应用法律若干问题的规定》(法释〔2002〕35号)第8条第1款、《最高人民法院关于审理反补贴行政案件应用法律若干问题的规定》(法释〔2002〕36号)第8条第1款也规定了"三性"。

(三)行政处罚证据的种类

我国刑事诉讼领域最早规定了证据的种类,民事诉讼领域也较早规定了证据的种类,相较而言,行政诉讼领域规定证据较晚。三大诉讼法规定的种类都经历了种类从少到多、表述调整优化的过程。在长期的司法实践中,最高人民法院针对适用三大诉讼法的司法解释都涉及证据问题,还专门就行政、民事诉讼证据作出司法解释。⑤ 最高人民法院、最高人民检察院就证据问题联合印发或者联合其他国家机关印发多份司法解释和司法解释性质文件,完善了证据适用的规则。

行政诉讼的证据是行政诉讼法律关系主体用以证明被诉行政行为是否合法和是否侵犯相对人合法权益的事实材料。⑥ "行政证据"即"行政执法证据"或"行政程序证据",属于"非诉讼证据",与"行政诉讼证据"分属两个不同的证据规则范畴,虽有密切联系但存在本质区别。相较而言,行政证据在本质上是一种形成性

---

① 许安标.中华人民共和国行政处罚法释义[M].北京:中国民主法制出版社,2021:153.江必新.行政处罚法条文精释与实例精解[M].人民法院出版社,2021:269.卞建林.证据法学[M].北京:高等教育出版社,2020:141.袁雪石.中华人民共和国行政处罚法释义[M].北京:中国法制出版社,2021:275.
② 李洪雷.中华人民共和国行政处罚法评注[M].北京:中国法制出版社,2021:315.
③ 卞建林.证据法学[M].北京:高等教育出版社,2020:141.
④ 关保英.行政程序法学(下册)[M].北京:北京大学出版社,2021:529-530.
⑤ 如《最高人民法院关于行政诉讼证据若干问题的规定》(法释〔2002〕21号)、《最高人民法院关于民事诉讼证据的若干规定》(法释〔2019〕19号)等。
⑥ 姜明安.行政诉讼法[M].3版.北京:北京大学出版社,2016:193.

的证据，行政诉讼证据则是一种审查性的证据。[1]

一个行政执法必须有相应的证据的支持，在一定意义上讲，证据是行政执法能否成立的关键点。[2] 作为重要行政执法活动的行政处罚，1996年《行政处罚法》并未规定证据种类，后来的两次修改都未涉及证据问题。《行政复议法》《行政复议法实施条例》也未规定行政行为的证据的种类。相较于诉讼证据规则，我国行政执法证据规则的理论研究和制度建构略显不足，无法完全满足严格规范公正文明执法的要求。从发展历程来看，证据规则本身是肇始于诉讼法并日臻发展完善的，而行政执法证据规则作为认定事实的规范，在技术上必然借鉴诉讼证据规则。[3] 2001年，我国加入世界贸易组织（WTO）。WTO的有关法律文件对证据问题作出了明确规定。2002年，《最高人民法院关于行政诉讼证据若干问题的规定》（法释〔2002〕21号）比较系统全面地规定了行政诉讼中的举证、调取证据、质证和认证等诉讼证据规则，在行政诉讼历史上创造了纪录。有观点认为，该证据规则是以人民法院主导适用的，而且它仅仅在行政诉讼中适用，行政主体在行政执法中并没有适用该证据规则的义务。[4] 也有观点认为，尽管只是从法院接受证据的角度对当事人提供证据提出了具体的规范化的要求，对行政机关在行政程序中如何收集和处理证据未作规定，但显然对行政机关在行政程序中如何收集证据具有直接的影响。这些规定将会大大推动行政机关收集证据的规范化。[5] 但事实上，该司法解释也成为较长一段时期包括行政处罚领域的行政执法活动收集证据的重要规范。由于行政处罚行为可能面临行政诉讼，行政处罚实施过程中的证据类型、来源和取得方式随时可能接受行政诉讼证据规则的检验，这就需要将行政诉讼证据规则运用到行政处罚实施中，便于行政机关掌握行政处罚的证据类型和取证标准，从而进一步完善行政处罚程序、规范行政处罚实施。[6]

在新《行政处罚法》之前，有些行政执法机关在制定的规章或者制度中对证据的调取、审查等作出了规定。[7] 2021年，《行政处罚法》才彻底改变了行政处罚领域没有证据种类规定的局面，填补了行政处罚证据的一项重大空白。该规定与《行政诉讼法》的规定完全一致，与《民事诉讼法》《刑事诉讼法》有差别。

---

[1] 郑琦.行政裁量基准适用技术的规范研究——以方林富炒货店"最"字广告用语行政处罚案为例[J].政治与法律，2019（3）：89-100.
[2] 关保英.违反法定程序收集行政证据研究[J].法学杂志，2014，35（5）：48-63.
[3] 张红哲.行政执法证据规则：理论重塑与体系展开[J].求索，2021（4）：156-163.
[4] 关保英.违反法定程序收集行政证据研究[J].法学杂志，2014，35（5）：48-63.
[5] 孔祥俊.行政诉讼证据规则通释——最高人民法院《关于行政诉讼证据若干问题的规定》的理解与适用[J].法律适用，2002（10）：11-18.
[6] 许安标.中华人民共和国行政处罚法释义[M].北京：中国民主法制出版社，2021：133.
[7] 如，国家税务总局《税务稽查工作规程》（国税发〔2009〕157号）、国家海事局《海事行政执法证据管理规定》（海政法〔2014〕141号）、公安部《公安机关鉴定规则》（公通字〔2017〕6号）、《公安机关办理行政案件程序规定》等

无论如何,"以事实为依据"是行政处罚的基本原则。而事实需要证据加以证明。①《江苏省行政程序条例》第 45 条第 1 款规定了证据材料不得作为行政决定的依据的 9 种情形。本条第 3 款根据《行政处罚法》第 46 条第 3 款、《海关行政处罚实施条例》第 43 条第 3 款等规定,并参考司法解释和有关文件的基础上,将《署令第 159 号》第 14 条、第 36 条第 2 款予以整合,增加了非法证据排除的规定,未使用《海关行政处罚实施条例》中的"刑讯逼供"的表述,列举了"暴力、威胁、引诱、欺骗"四种具体手段并以"其他非法手段"兜底,有助于提高办案质量,避免出现错案。

案例

某公司与某海关行政处罚案②

裁判要点　二审法院认为,行政机关对行政相对人违法行为的认定应有充分的证据。认定证据不仅有甲的多次供述和指证,还有乙、丙本人的陈述,相关鉴定意见,涉案货物报关单、报关发票、合同、成交价格资料、往来款记录、境外付汇单证、记账凭证、支付证明单等书证以及多位证人证言,相关证据充分并相互印证,也与市中级人民法院刑事判决认定的事实吻合。海关对该公司作出的涉案行政处罚决定证据确凿,适用法律法规正确,符合法定程序。

第十九条　海关收集的物证、书证应当是原物、原件。收集原物、原件确有困难的,可以拍摄、复制足以反映原物、原件内容或者外形的照片、录像、复制件,并且可以指定或者委托有关单位或者个人对原物、原件予以妥善保管。

海关收集物证、书证的原物、原件的,应当开列清单,注明收集的日期,由有关单位或者个人确认后盖章或者签字。

海关收集由有关单位或者个人保管书证原件的复制件、影印件或者抄录件的,应当注明出处和收集时间,经提供单位或者个人核对无异后盖章或者签字。

海关收集由有关单位或者个人保管物证原物的照片、录像的,应当附有关制作过程及原物存放处的文字说明,并且由提供单位或者个人在文字说明上盖章或者签字。

提供单位或者个人拒绝盖章或者签字的,执法人员应当注明。

条文对比

本条是关于物证、书证收集的规定,对应《署令第 159 号》第 15 条。

与《署令第 159 号》相比,主要变化是在第 2 款、第 3 款、第 4 款前增加"海关"。

---

① 莫于川,哈书菊. 新《行政处罚法》适用办案手册 [M]. 北京:中国法制出版社,2022:127.
② 广东省高级人民法院(2017)粤行终 1243 号。

理解与适用

一、相关政策文件

同本规章第十八条。

二、主要法律依据

《海关行政处罚实施条例》第 44 条第 1 款、第 2 款："海关收集的物证、书证应当是原物、原件。收集原物、原件确有困难的，可以拍摄、复制，并可以指定或者委托有关单位或者个人对原物、原件予以妥善保管。　海关收集物证、书证，应当开列清单，注明收集的日期，由有关单位或者个人确认后签字或者盖章。"

三、书证、物证

（一）定义

书证，是指以文字、符号、图案等所记录或者表达的思想内容来证明案件事实的材料。物证，是客观存在的痕迹和物品，其证明价值依赖于其中以不同方式存储的与案件事实或争议事实有关的信息。[①]

（二）书证、物证的要求

关于在诉讼程序中如何审查和运用证据，《民事诉讼法》《刑事诉讼法》及其司法解释，以及《最高人民法院关于民事诉讼证据的若干规定》（法释〔2019〕19号）等都有详细的规定。

《行政诉讼法》及其司法解释并不涉及证据审查要求。《最高人民法院关于行政诉讼证据若干问题的规定》（法释〔2002〕21号）第10条、第11条分别针对书证、物证作出规定。上述规定虽然是行政诉讼领域的要求，但同样也是较长一段时期行政机关实施行政处罚收集证据的要求。《公安机关办理行政案件程序规定》第29条、第30条、第31条，《市场监督管理行政处罚程序规定》第24条等对收集、调取书证、物证作出了规定。

本条第2款、第3款、第4款前增加"海关"，强调了证据的收集主体，其他与《署令第159号》相比，并无变化。

四、本条应当注意的问题

（一）书证为外文资料

《民事诉讼法》第73条第2款、《最高人民法院关于适用〈中华人民共和国民

[①] 何家弘，吕宏庆. 间接证据的证明方法初探[J]. 证据科学，2021，29（3）：261-273.

事诉讼法〉的解释》(法释〔2022〕11号)第525条第1款、《最高人民法院关于民事诉讼证据的若干规定》(法释〔2019〕19号)第17条等均规定,向人民法院提供外文书证或者外文说明资料,应当附有中文译本。《最高人民法院关于行政诉讼证据若干问题的规定》(法释〔2002〕21号)第17条规定:"当事人向人民法院提供外文书证或者外国语视听资料的,应当附有由具有翻译资质的机构翻译的或者其他翻译准确的中文译本,由翻译机构盖章或者翻译人员签名。"

海关办理行政处罚案件过程中,当事人提供外文书证或者外国语视听资料的,建议借鉴上述规定办理。

(二)当事人提供在中华人民共和国领域外形成的证据

《最高人民法院关于适用〈中华人民共和国刑事诉讼法〉的解释》(法释〔2021〕1号)第77条、《最高人民法院关于民事诉讼证据的若干规定》(法释〔2019〕19号)第16条第1款、《最高人民法院关于知识产权民事诉讼证据的若干规定》(法释〔2020〕12号)第8条、第9条,对当事人提供在中华人民共和国领域外形成的证据明确了要求。《最高人民法院关于行政诉讼证据若干问题的规定》(法释〔2002〕21号)第16条第1款则规定:当事人应当说明来源,经所在国公证机关证明,并经中华人民共和国驻该国使领馆认证,或者履行中华人民共和国与证据所在国订立的有关条约中规定的证明手续。

海关办理行政处罚案件过程中,当事人提供在中华人民共和国领域外形成的证据的,建议借鉴上述规定办理。海关签订的国际互助合作协定中有规定的,按照协定的规定办理。

(三)当事人提供的在中华人民共和国香港特别行政区、澳门特别行政区和台湾地区内形成的证据

《最高人民法院关于民事诉讼证据的若干规定》(法释〔2019〕19号)第16条第3款规定:"当事人向人民法院提供的证据是在香港、澳门、台湾地区形成的,应当履行相关的证明手续。"《最高人民法院关于行政诉讼证据若干问题的规定》(法释〔2002〕21号)第16条第2款规定:"当事人提供的在中华人民共和国香港特别行政区、澳门特别行政区和台湾地区内形成的证据,应当具有按照有关规定办理的证明手续。"

海关办理行政处罚案件过程中遇有上述情形的,建议按照上述规定办理。

案例

某公司与某海关行政处罚案[①]

裁判要点 被告作出《行政处罚决定书》,决定对该公司罚款X万元。被告向

---

① 福建省厦门市中级人民法院(2020)闽02行初101号。

《中华人民共和国海关办理行政处罚案件程序规定》
理解与适用

本院提交的证据包括中华人民共和国海关总署某原产地管理办公室关于反馈马来西亚原产地证书核查结果的函，证明原告进口该 18 票货物时提交的原产地证书不是马来西亚国际贸易和工业部签发的事实。本院认为，《中国—东盟全面经济合作框架协议货物贸易协定》规定，马来西亚政府指定的原产地证书签发机构为马来西亚国际贸易和工业部，只有该政府机构签发的原产地证书的货物才能享受东盟协定税率。本案中，该公司提交的报关单后附的原产地证书非马来西亚国际贸易和工业部出具，只能证明案涉 18 批货物来自马来西亚，但不能据此享有东盟协定税率，该公司上述 18 票货物申报进口时实际上享受了东盟协定税率，且据海关核查，其所提供的 18 份原产地证书并非真实有效。据此，海关认定该公司的上述行为构成申报不实，享受了原无权享受的东盟协定税率，进而影响了国家税款征收，事实认定清楚，证据充分。

第二十条 海关收集电子数据或者录音、录像等视听资料，应当收集原始载体。

收集原始载体确有困难的，可以采取打印、拍照或者录像等方式固定相关证据，并附有关过程等情况的文字说明，由执法人员、电子数据持有人签名，持有人无法或者拒绝签名的，应当在文字说明中予以注明；也可以收集复制件，注明制作方法、制作时间、制作人、证明对象以及原始载体持有人或者存放处等，并且由有关单位或者个人确认后盖章或者签字。

海关对收集的电子数据或者录音、录像等视听资料的复制件可以进行证据转换，电子数据能转换为纸质资料的应当及时打印，录音资料应当附有声音内容的文字记录，并且由有关单位或者个人确认后盖章或者签字。

条文对比

本条是关于"电子数据、视听资料的收集"的规定，对应《署令第 159 号》第 16 条。

与《署令第 159 号》相比，主要变化：一是在第 2 款中增加"可以采取打印、拍照或者录像等方式固定相关证据，并附有关过程等情况的文字说明，由执法人员、电子数据持有人签名，持有人无法或者拒绝签名的，应当在文字说明中予以注明；也"；二是在第 3 款中将《署令第 159 号》中的第一处"应当"修改为"可以"。

理解与适用

一、相关政策文件

同本规章第十八条。

二、主要法律依据

《海关行政处罚实施条例》第 44 条第 3 款："海关收集电子数据或者录音、录像等视听资料，应当收集原始载体。收集原始载体确有困难的，可以收集复制件，注明制作方法、制作时间、制作人等，并由有关单位或者个人确认后签字或者盖章。"

三、视听资料

（一）定义

视听资料是以录音、录像、电子计算机及其他电磁方式记录存储的音像信息证明案件事实的证据。[①] 北京市司法局于 2010 年 2 月印发的《视听资料司法鉴定操作规范（试行）》规定："视听资料：是指可以证明案件事实的以录音、录像、照相、计算机等科学技术手段记录、储存和再现的视听信息资料。"山东省司法厅印发的《新修订行政处罚法贯彻实施工作指引》中"28. 如何把握行政处罚法关于证据的规定？"规定：视听资料。是指以录音、录像、扫描等技术手段，将声音、图像、数据等转化为各种记录载体上的物理信号，证明案件事实的证据，如音像磁带、计算机数据信息等。

（二）类别

《最高人民法院关于适用〈中华人民共和国民事诉讼法〉的解释》（法释〔2022〕11 号）第 116 条第 1 款、《互联网信息内容管理行政执法程序规定》（国家互联网信息办公室令第 2 号）第 20 条第 3 款均规定："视听资料包括录音资料和影像资料。"山东省司法厅印发的《新修订行政处罚法贯彻实施工作指引》在两类视听资料的基础上增加了"无声视觉资料"，同时作出举例式规定：视听资料包括图片、幻灯片等无声视觉资料，唱片、录音带等录音资料，电影片、声像光盘等影音资料。

（三）视听资料作为证据的要求

《最高人民法院关于行政诉讼证据若干问题的规定》（法释〔2002〕21 号）第 12 条规定，当事人向人民法院提供计算机数据或者录音、录像等视听资料的，应当符合下列要求：（一）提供有关资料的原始载体。提供原始载体确有困难的，可以提供复制件；（二）注明制作方法、制作时间、制作人和证明对象等；（三）声音资料应当附有该声音内容的文字记录。该司法解释对计算机数据或者录音、录像等视听资料证据要求作出了规定，但相对简单。《公安机关办理行政案件程序规定》

[①] 何家弘，刘品新 . 证据法学 [M]. 北京：法律出版社，2022：120.

第 31 条、《市场监督管理行政处罚程序规定》第 25 条对收集、调取视听资料作出规定。

本条在《海关行政处罚实施条例》第 44 条第 3 款规定的基础上，借鉴有关司法解释和文件，对《署令第 159 号》第 16 条进行调整优化，并根据执法实践需要，增加固定方式。

四、电子数据

（一）定义

《最高人民法院关于适用〈中华人民共和国民事诉讼法〉的解释》（法释〔2022〕11 号）第 116 条第 2 款规定："电子数据是指通过电子邮件、电子数据交换、网上聊天记录、博客、微博客、手机短信、电子签名、域名等形成或者存储在电子介质中的信息。"最高人民法院、最高人民检察院、公安部联合下发的《关于办理刑事案件收集提取和审查判断电子数据若干问题的规定》（法发〔2016〕22 号）第 1 条第 1 款规定："电子数据是案件发生过程中形成的，以数字化形式存储、处理、传输的，能够证明案件事实的数据。"山东省司法厅印发的《新修订行政处罚法贯彻实施工作指引》中"28. 如何把握行政处罚法关于证据的规定？"规定：电子数据，是指通过电子邮件、电子数据交换、网聊记录、微博、微信、短信、电子签名等存储在服务器或者电子介质中的信息。

《互联网信息内容管理行政执法程序规定》第 20 条第 2 款规定："电子数据是指案件发生过程中形成的，以数字化形式存储、处理、传输的，能够证明案件事实的数据，包括但不限于网页、博客、微博客、即时通信工具、论坛、贴吧、网盘、电子邮件、网络后台等方式承载的电子信息或文件。电子数据主要存在于计算机设备、移动通信设备、互联网服务器、移动存储设备、云存储系统等电子设备或存储介质中。"该解释更为详细而具体。

实践中，还有"电子证据"的表述。有观点认为，电子数据即电子证据。所谓电子证据，就是在案件发生过程中生成的电子资料，这种电子资料本身能够反映某个事实的发生、发展。[1]电子证据在立法上，我国使用的法律术语是"电子数据"。电子证据还被称为"电子数据证据"。[2]《国家工商总局关于工商行政管理机关电子数据证据取证工作的指导意见》（工商市字〔2011〕248 号）第 2 条规定："电子证据是指以电子数据的形式存在于计算机存储器或外部存储介质中，能够证明案件真实情况的电子数据证明材料或与案件有关的其他电子数据材料。"

---

[1] 何培育. 电子商务法 [M]. 武汉：武汉大学出版社，2021：204-205.
[2] 何家弘，刘品新. 证据法学 [M]. 北京：法律出版社，2022：182.

（二）范围

最高人民法院、最高人民检察院、公安部联合下发的《关于办理刑事案件收集提取和审查判断电子数据若干问题的规定》（法发〔2016〕22号）规定，电子数据包括但不限于下列信息、电子文件：（一）网页、博客、微博客、朋友圈、贴吧、网盘等网络平台发布的信息；（二）手机短信、电子邮件、即时通信、通讯群组等网络应用服务的通信信息；（三）用户注册信息、身份认证信息、电子交易记录、通信记录、登录日志等信息；（四）文档、图片、音视频、数字证书、计算机程序等电子文件。

《最高人民法院关于民事诉讼证据的若干规定》（法释〔2019〕19号）第14条与上述规定比较，电子数据的范围第2、3、4项相同，第1项中未体现"朋友圈、贴吧、网盘"，并增加了兜底条款"其他以数字化形式存储、处理、传输的能够证明案件事实的信息"作为第5项。

（三）电子数据作为证据的要求

1968年，英国第一部涉及电子证据的成文法——《1968年民事证据法》出台。1996年，联合国国际贸易法委员会提出的《电子商务示范法》是世界上第一个关于电子商务的法律。2001年11月，26个欧盟成员国及美国、加拿大、日本和南非签署《网络犯罪公约》。一些国家已经将电子证据单列出来专门立法，如加拿大统一州法委员会1998年颁布了《统一电子证据法》，美国统一州法委员会1999年颁布了《统一电子交易法》，美国加利福尼亚州于2009年出台《电子证据开示法》等。我国最早与电子证据有关的立法是2004年通过的《电子签名法》。之后，我国《刑事诉讼法》《民事诉讼法》《行政诉讼法》正式确认了"电子数据"这种证据的法律地位。[1] 我国刑事诉讼领域关于电子数据的规范较多，[2] 而行政诉讼领域相对较少。

在行政执法方面，不少规章和文件对收集、调取电子数据作出了规定。[3]《互联网信息内容管理行政执法程序规定》第20条、第21条、第24条、第26条、第29条等对电子数据的收集、提取、固定、保全等作出了较为系统、翔实的规定，

---

[1] 汪振林.电子证据学[M].北京：中国政法大学出版社，2016：59，69，71.何家弘，刘品新.证据法学[M].北京：法律出版社，2022：182-183.
[2] 如《最高人民法院　最高人民检察院　海关总署关于办理走私刑事案件适用法律若干问题的意见》（法〔2002〕139号）、《最高人民法院　最高人民检察院　公安部关于办理刑事案件收集提取和审查判断电子数据若干问题的规定》（法发〔2016〕22号）、《最高人民法院　最高人民检察院　公安部关于刑事诉讼中应用电子签名和电子指纹捺印有关问题的意见》（公通字〔2019〕18号）、《最高人民法院关于适用〈中华人民共和国刑事诉讼法〉的解释》（法释〔2021〕1号）等。
[3] 如《公安机关办理行政案件程序规定》第32条、《农业行政处罚程序规定》第37条、《市场监督管理行政处罚程序规定》第26条、《国家工商总局关于工商行政管理机关电子数据证据取证工作的指导意见》（工商市字〔2011〕248号）、《安徽省行政执法证据收集与运用指引（试行）》（皖府法办领〔2021〕13号）等。

对海关办理行政处罚案件收集、固定电子数据具有重要的参考价值。

五、本条应当注意的问题

（一）存储在电子介质中的录音资料和影像资料

《最高人民法院关于民事诉讼证据的若干规定》（法释〔2019〕19号）第99条第2款规定："存储在电子计算机等电子介质中的视听资料，适用电子数据的规定。"《互联网信息内容管理行政执法程序规定》第20条第4款规定："存储在电子介质中的录音资料和影像资料，适用电子数据的规定。"

（二）电子数据原件的审核认定与转换

电子数据原件指最初生成的电子数据及首先固定所在的各种存储介质。有观点认为，综观当今世界范围内对电子证据原件的理论认知和立法例实践主要有：功能等同法、拟制原件说、混合标准说、复式原件说、结合打印说。这五种学说发端于不同类型的电子证据，在各自的领域都有恰当的切入点，但很难普适于当下全类别电子证据。[1]

《关于审理证券行政处罚案件证据若干问题的座谈会纪要》（法〔2011〕225号）规定：由于电子数据证据具有载体多样、复制简单、容易被删改和伪造等特点，对电子数据证据的证据形式要求和审核认定应较其他证据方法更为严格。《最高人民法院关于民事诉讼证据的若干规定》（法释〔2019〕19号）第15条第2款规定：电子数据的制作者制作的与原件一致的副本，或者直接来源于电子数据的打印件或其他可以显示、识别的输出介质，视为电子数据的原件。

由于电子数据是存储于电子介质中的电子数据信息，其在证明案件时，需要将数据编码转换为人们可以识别的形式。如《农业行政处罚程序规定》第37条第1款规定："收集电子数据原始载体确有困难的，可以采用拷贝复制、委托分析、书式固定、拍照录像等方式取证，并注明制作方法、制作时间、制作人等。"海关在办理行政处罚案件过程中，对于收集电子数据和视听资料原始载体确有困难的，本条第2款规定了可以采取打印、拍照或者录像等方式或者收集复制件方式，第3款规定了复制件的转换，同时又对证据的固定作出了规定，建议根据个案情况和办案需要采取相应方式，确保证据的有效性和证明力。

（三）区块链与电子数据

2018年施行的《最高人民法院关于互联网法院审理案件若干问题的规定》（法释〔2018〕16号）第11条首次确认了电子签名、可信时间戳、哈希值校验、区块链等可作为验证电子数据真实性的技术手段；《最高人民法院关于民事诉讼证据的

---

[1] 伊然. 区块链存证电子证据鉴真现状与规则完善[J]. 法律适用，2022（2）：106-117.

若干规定》（法释〔2019〕19号）第93、94条规定了判断电子证据真实性的条文；2021年，最高人民法院审判委员会审议通过的《人民法院在线诉讼规则》（法释〔2021〕12号）第16条再次明确区块链技术存储电子数据的效力。上述规定反映了司法实践对科技的拥抱热情和接纳力度，体现了司法机关对区块链证据的开放性和包容性态度、探索性和创新性精神。有观点认为，在对区块链技术尚未出台相应立法层面规范的情况下，区块链证据的司法审判规则探讨或许能够给我们带来技术与司法碰撞后的进一步推进与更深层次的融合。电子证据的区块链固定方法也成为电子证据最为常用的存证手段。[1] 随着互联网、大数据、人工智能等技术的不断探索与实践，法官、专家学者等的共同深入研究与探讨，对区块链技术存储电子证据的证据能力等前沿问题，将对接并贯通"科技+法律"，为行政执法注入启发式思考，带来变革性变化，值得期待。

案例

某质管中心与某市市场监督管理局行政处罚案[2]

裁判要点　原审法院查明，2018年5月8日，市监局向该质管中心送达《技术鉴定期间告知书》，并于次日委托某鉴定中心对查封的质管中心电脑进行鉴定，提取相关数据。2018年5月24日，某鉴定中心出具《司法鉴定书》。再审法院认为，本案中，市监局在接到投诉线索后，经过立案调查、委托鉴定，并进行了听证等工作，最终认定质管中心存在违反《反不正当竞争法》的行为，所作被诉处罚决定认定事实清楚、证据充分，处罚结果适当。

案例

甲与某海关行政处罚案[3]

裁判要点　被告认定原告的行为构成走私，决定没收原告超量携带的港币。法院在庭审中播放了原告2012年10月24日出境当日被海关截查及进入人身检查房的海关录音录像，未发现海关存在粗暴执法及威吓等违法行为……综上，被告作出被诉行政处罚决定的证据确凿，适用法律、法规正确，符合法定程序。

第二十一条　刑事案件转为行政处罚案件办理的，刑事案件办理过程中收集的证据材料，经依法收集、审查后，可以作为行政处罚案件定案的根据。

条文对比

本条是关于证据衔接的规定，系新增条款。

---

[1] 伊然.区块链存证电子证据鉴真现状与规则完善[J].法律适用，2022（2）：106-117.
[2] 北京市高级人民法院（2020）京行申837号。
[3] 广东省珠海市中级人民法院（2013）珠中法行初字第26号。

理解与适用

一、相关政策文件

《国务院关于印发全面推进依法行政实施纲要的通知》(国发〔2004〕10号)："对公民、法人和其他组织的有关监督检查记录、证据材料、执法文书应当立卷归档。"

《中共中央办公厅、国务院办公厅转发国务院法制办等部门〈关于加强行政执法与刑事司法衔接工作的意见〉的通知》(中办发〔2011〕8号)："公安机关立案后决定撤销案件的，应当书面通知行政执法机关，同时抄送人民检察院。公安机关作出不立案决定或者撤销案件的，应当将案卷材料退回行政执法机关，行政执法机关应当对案件作出处理。""人民检察院对作出不起诉决定的案件、人民法院对作出无罪判决或者免予刑事处罚的案件，认为依法应当给予行政处罚的，应当提出检察建议或者司法建议，移送有关行政执法机关处理。"

二、主要法律依据

《行政处罚法》第27条第2款："行政处罚实施机关与司法机关之间应当加强协调配合，建立健全案件移送制度，加强证据材料移交、接收衔接，完善案件处理信息通报机制。"

《行政执法机关移送涉嫌犯罪案件的规定》第8条："认为没有犯罪事实，或者犯罪事实显著轻微，不需要追究刑事责任，依法不予立案的，应当说明理由，并书面通知移送案件的行政执法机关，相应退回案卷材料。"第13条："公安机关对发现的违法行为，经审查，没有犯罪事实，或者立案侦查后认为犯罪事实显著轻微，不需要追究刑事责任，但依法应当追究行政责任的，应当及时将案件移送同级行政执法机关，有关行政执法机关应当依法作出处理。"

根据上述规定，结合海关行刑衔接实践经验，本条明确刑事转行政处罚案件证据的使用问题。

三、行刑衔接中的证据

《行政处罚法》第27条第2款就证据材料移交、接收衔接等作出规定，虽未直接明确证据的使用规则，但隐含了对证据的审查和使用问题，否则也就无必要规定证据材料移交和接收衔接。

做好行政执法与刑事司法的衔接，涉及行政执法或刑事执法收集调取证据的效力问题。尽管行政执法与刑事执法在执法属性、法律依据、执法措施等方面存在差异，但在收集、调取证据方面有一些共同之处。如果各自的执法证据仅限于本执法领域使用而在另一执法领域不能得到认可并使用,一方面会影响执法效率,增加执法成本,另一方面也会因为时过境迁,错失取证良机,行刑衔接也就失去了意义。所以,明确执法证据使用规则非常重要。

(一)行政执法证据在刑事诉讼中的使用

《刑事诉讼法》第 54 条第 2 款规定:"行政机关在行政执法和查办案件过程中收集的物证、书证、视听资料、电子数据等证据材料,在刑事诉讼中可以作为证据使用。"《最高人民法院关于适用〈中华人民共和国刑事诉讼法〉的解释》(法释〔2021〕1 号)第 75 条第 1 款规定:"行政机关在行政执法和查办案件过程中收集的物证、书证、视听资料、电子数据等证据材料,经法庭查证属实,且收集程序符合有关法律、行政法规规定的,可以作为定案的根据。"司法解释、规章、文件中也有不少对行政执法机关(部门)收集的证据材料,经审查确认程序,可以作为证据使用的规定。[1] 有观点认为,确立了行政证据在刑事诉讼中的合法地位,意味着行政机关在执法办案中所收集的部分证据无需再经过转化即可在刑事诉讼中使用,提高了行政执法与刑事司法两法衔接的办案效率,具有很高的证据价值和诉讼意义。[2]

因此,行政机关在行政执法和查办案件过程中依法收集的证据材料,经查证确认,作为刑事证据使用并不存在障碍。

(二)刑事执法证据在行政处罚中的使用

有观点认为,刑事诉讼程序中收集的证据可以在行政执法程序中直接使用,主要原因有三点:一是刑事诉讼证明标准比行政处罚证明标准高;二是司法机关获得证据的能力比行政机关强,手段更为先进;三是从节约成本的角度考虑。[3]

虽然《行政处罚法》未规定刑事案件退回做行政处罚刑事证据的使用问题,但刑事证据同样也可以作为行政处罚的证据,这在部分规章和文件中已有先例。如《公安机关办理行政案件程序规定》第 33 条规定:"刑事案件转为行政案件办理的,刑事案件办理过程中收集的证据材料,可以作为行政案件的证据使用。"《食品药品行政执法与刑事司法衔接工作办法》(食药监稽〔2015〕271 号)第 15 条第 2 款规定:"对于人民法院已经作出生效裁判的案件,依法还应当由食品药品监管部

---

[1] 如最高人民法院、最高人民检察院、公安部印发《关于办理侵犯知识产权刑事案件适用法律若干问题的意见》的通知(法发〔2011〕3 号)、《食品药品行政执法与刑事司法衔接工作办法》(食药监稽〔2015〕271 号)第 18 条、《人民检察院刑事诉讼规则》(高检发释字〔2019〕4 号)第 64 条、最高人民法院、最高人民检察院、公安部、司法部印发《关于依法惩治非法野生动物交易犯罪的指导意见》的通知(公通字〔2020〕19 号)、《公安机关办理刑事案件程序规定》第 63 条、《上海市食品安全监管部门行政执法与公安机关行政拘留处罚衔接工作指南》(沪食药安办〔2021〕9 号)第 13 条等。
[2] 董坤. 论行刑衔接中行政执法证据的使用[J]. 武汉大学学报(哲学社会科学版),2015,68(1):54.
[3] 张红. 行政处罚与刑罚处罚的双向衔接[J]. 中国法律评论,2020(5):27-33.

门作出吊销许可证等行政处罚的,食品药品监管部门可以依据人民法院生效裁判认定的事实和证据依法予以行政处罚。"

当然,刑事执法的证据作为行政处罚证据使用并非全部接收、直接使用。如同司法机关要审查确认行政证据一样,前提是经过行政机关收集、审查。"审查"的含义不言而喻,而"收集"的含义是按照证据收集固定的要求做相应的转换,根据证据的种类区别处理,如刑事执法阶段的讯问笔录、盘问记录、继续盘问记录等可以转化为查问笔录或者询问笔录。再如涉税案件的核税证明,刑事执法阶段使用《涉嫌走私的货物、物品偷逃税款海关核定证明书》,在刑事转行政处理后,如果案件不再定性为走私行为而是违规行为,则不能使用刑事执法阶段的《涉嫌走私的货物、物品偷逃税款海关核定证明书》,而使用《中华人民共和国海关办理违反海关监管规定案件货物、物品税款计核证明书》。

四、本条应当注意的问题

(一)刑事处罚与行政处罚是否同时进行

有观点认为,追究刑事责任是"两法"衔接目的,但不是为了"优先"追究刑事责任。[1] 有的学者则认为,行政处罚与刑事处罚之间并非完全相互排斥的关系,在有些情况下,行政处罚与刑事处罚可以并存。[2] 也有观点认为,在刑罚与行政处罚发生竞合时,可以同时适用刑罚与行政处罚,以吸收主义为原则,并处主义为例外。[3] 除移送前已作出行政处罚外,行政机关将涉嫌犯罪案件移送司法机关后,在司法机关作出明确认定和处理之前,原则上不应作出行政处罚决定。这是"刑事优先"原则的题中应有之义。不过,该原则应当允许存在例外。我国法律之所以没有一般性地禁止行政处罚与刑事处罚并处,主要原因在于二者的功能和种类存在显著差异。……仅适用刑事处罚在有些情况下不足以消除违法行为人犯罪的全部危害后果,也不足以彻底纠正违法行为,有必要通过行政处罚弥补刑事处罚的不足。[4] 还有观点从整体主义治理理念出发提出,处罚也可以由司法机关作出,在行刑衔接制度中创设检察罚、法院罚,制裁类行政处罚可改由检察院或者法院合并处理。[5]

(二)双向移送案件

行政执法和刑事执法的衔接,不是一个单向型、不可逆的,而是一个双向的、可回转的过程,不仅仅是行政机关向司法机关移送涉嫌犯罪案件,也包括司法机关向行

---

[1] 练育强."两法"衔接视野下的刑事优先原则反思[J].探索与争鸣,2015(11):75-79.
[2] 李洪雷.中华人民共和国行政处罚法评注[M].北京:中国法制出版社,2021:64-65.
[3] 胡学勇.浅谈"一事不再罚"原则的把握[J].现代商业,2017(1):247-248.
[4] 江必新.行政处罚法条文精释与实例精解[M].北京:人民法院出版社,2021:42,147.
[5] 袁雪石.整体主义、放管结合、高效便民:《行政处罚法》修改的"新原则"[J].华东政法大学学报,2020,23(4):17-30.

政机关移送案件，因为行政机关移送的涉嫌犯罪案件并不全部能够认定为犯罪并追究相应的刑事责任，有的案件还可以依法不起诉或者免予刑事处罚，但行政责任并非一律消除，仍然存在退回行政执法部门做行政处罚的可能性。此外，对于非由行政机关移送而是由司法机关自行立案的案件或者接收的线索也可能出现上述情形。

（三）司法机关向行政机关移送的依据

根据《刑法》第 37 条、《刑事诉讼法》第 177 条第 3 款、《行政执法机关移送涉嫌犯罪案件的规定》第 10 条和第 13 条、《中共中央办公厅、国务院办公厅转发国务院法制办等部门〈关于加强行政执法与刑事司法衔接工作的意见〉的通知》（中办发〔2011〕8 号）、《最高人民法院关于海关执法机关对刑事裁判未予处理的不属于罪犯本人的用于走私的运输工具能否作出行政处理的答复》（〔2015〕行他字第 10 号）、《最高人民法院关于在司法机关对当事人虚开增值税专用发票罪立案侦查之后刑事判决之前，税务机关又以同一事实以漏税为由对同一当事人能否作出行政处罚问题的答复》（〔2008〕行他字第 1 号）、《公安机关办理刑事案件程序规定》第 293 条、《公安机关办理行政案件程序规定》第 177 条、《最高人民检察院关于推进行政执法与刑事司法衔接工作的规定》（高检发释字〔2021〕4 号）第 8 条第 1 款等，公安机关、人民检察院、人民法院都有可能成为移送行政处罚的机关。实践中，公安机关、人民检察院移送行政处罚的情形较为常见，人民法院同样也有移送行政处罚的可能。法院审理后认为当事人的行为构成犯罪但不需要判处刑罚的、宣告无罪的或者构成犯罪已判刑罚，但依法应给予行政处罚。有观点认为，这种情形的程序衔接方式是，法院在结案后将案卷副本移送到有管辖权的行政机关，由行政机关依照法院提供的证据材料，依照行政处罚程序作出行政处罚。[①]

案例

某公司与某海关行政处罚案[②]

裁判要点 海关缉私部门对该公司刑事立案后进行了调查，依法收集了相关证据材料。当本案转为行政处理时，海关运用刑事侦查阶段依法收集的证据，并无不当。

案例

甲、乙与某海关行政处罚案[③]

裁判要点 甲、乙主张，本案刑事撤案转为行政案件处理时，不能直接将刑事案件中的相关证据材料作为海关作出处罚决定的事实证据使用。二审法院认为，海关总署署法发〔2008〕484 号《海关总署关于海关行政处罚若干执法问题的意见》

[①] 张红．行政处罚与刑罚处罚的双向衔接[J]．中国法律评论，2020（5）：27-33．
[②] 最高人民法院（2017）最高法行申 4273 号。
[③] 云南省高级人民法院（2020）云行终 777 号。

规定，以走私罪嫌疑立案的刑事案件，因刑事撤案转为海关行政处罚的，在刑事侦查阶段调取的物证、书证、证人证言（询问笔录）、鉴定结论、视听资料等证据材料可以作为行政处罚案件的证据直接使用。因此，该海关在进行行政处罚时直接运用了刑事侦查阶段依法收集的证据，并无不当。故甲、乙的上述主张亦不能成立。

第二十二条 期间以时、日、月、年计算。期间开始的时和日，不计算在期间内。期间届满的最后一日是节假日的，以其后的第一个工作日为期间届满日期。

期间不包括在途时间，法定期满前交付邮寄的，不视为逾期。

条文对比

本条是关于期间计算的规定，对应《署令第 159 号》第 18 条。

与《署令第 159 号》相比，主要变化是将《署令第 159 号》第 18 条第 1 款中"节假日"之前的"法定"和之后的"或者法定休息日"删除。

理解与适用

一、相关政策文件

《国务院关于全面推进依法行政的决定》（国发〔1999〕23 号）："既要保护公民的合法权益，又要提高行政效率。"

《国务院关于印发全面推进依法行政实施纲要的通知》（国发〔2004〕10 号）："必须把坚持依法行政与提高行政效率统一起来""高效便民。行政机关实施行政管理，应当遵守法定时限，积极履行法定职责，提高办事效率"。

《中共中央关于全面推进依法治国若干重大问题的决定》："提高执法效率和规范化水平。"

《中共中央关于坚持和完善中国特色社会主义制度　推进国家治理体系和治理能力现代化若干重大问题的决定》："创新行政方式，提高行政效能。"

《法治政府建设实施纲要（2021—2025 年）》："督促提高行政效能。"

二、主要法律依据

《民事诉讼法》第 85 条："期间包括法定期间和人民法院指定的期间。　期间以时、日、月、年计算。期间开始的时和日，不计算在期间内。　期间届满的最后一日是法定休假日的，以法定休假日后的第一日为期间届满的日期。　期间不包括在途时间，诉讼文书在期满前交邮的，不算过期。"

《行政处罚法》第 85 条："本法中'二日''三日''五日''七日'的规定是指工作日，不含法定节假日。"

根据《民事诉讼法》规定，本条对《署令第 159 号》第 18 条进行修改，调整表述。

三、期间的规定

《宪法》第 27 条第 1 款规定："一切国家机关……不断提高工作质量和工作效率。"期间是一个重要的程序问题，无论行政机关、司法机关还是当事人都受其约束和限制，否则案件久拖不决，不仅执法司法工作进度受到影响，当事人的权利也难以保障，社会秩序也难以恢复到稳定状态。有学者指出，我国澳门地区《行政程序法典》共 167 条，其中有时效、时限、期间规定的即有 40 条，可见时效时限制度在行政程序法中的重要地位。[1]

在民事诉讼和刑事诉讼领域，有专章规定期间和送达问题。《最高人民法院关于适用〈中华人民共和国民事诉讼法〉的解释》（法释〔2022〕11 号）、《最高人民法院关于适用〈中华人民共和国刑事诉讼法〉的解释》（法释〔2021〕1 号）作出了补充规定。《行政诉讼法》没有对期间、送达作出专章规定，而是规定准用条款。《行政诉讼法》第 101 条规定：人民法院审理行政案件，关于期间、送达……本法没有规定的，适用《中华人民共和国民事诉讼法》的相关规定。《最高人民法院关于适用〈中华人民共和国行政诉讼法〉的解释》（法释〔2018〕1 号）规定了"期间、送达"，共 5 条。

《行政处罚法》规定了送达，也规定了"期间"，但"期间"内容相对较少。本规章第 24 条规定："海关法律文书的送达程序，《中华人民共和国行政处罚法》《中华人民共和国行政强制法》和本规定均未明确的，适用《中华人民共和国民事诉讼法》的相关规定。"参考上述程序准用条款，《行政处罚法》中"期间"未明确的内容，应适用《民事诉讼法》的相关规定。事实上，本条根据《民事诉讼法》第 85 条第 2、3、4 款作出了相应规定。

四、期间的几个概念

（一）法定节假日

法定节假日是指根据国家、民族的风俗习惯或纪念要求，由国家法律统一规定的用以进行庆祝及度假的休息时间。[2]

根据《全国年节及纪念日放假办法》规定，法定节假日有的是全体公民放假的节日，有的只是部分公民放假的节日及纪念日，有的则是少数民族习惯的节日。

1. 全体公民放假的节日。《全国年节及纪念日放假办法》第 2 条规定，包括"新

---

[1] 姜明安. 行政法 [M]. 北京：北京大学出版社，2017：498.
[2] 许安标. 中华人民共和国行政处罚法释义 [M]. 北京：中国民主法制出版社，2021：201-202.

年""春节""清明节""劳动节""端午节""中秋节""国庆节"。

2.部分公民放假的节日及纪念日。《全国年节及纪念日放假办法》第3条规定,包括"妇女节""青年节""儿童节""中国人民解放军建军纪念日"。

3.少数民族习惯的节日。《全国年节及纪念日放假办法》第4条规定:"由各少数民族聚居地区的地方人民政府,按照各该民族习惯,规定放假日期。"如"壮族三月三"、古尔邦节等。

全体公民放假的假日,如果适逢周六、周日,应当在工作日补假。部分公民放假的假日,如果适逢周六、周日,则不补假。

(二)工作日

工作日也称劳动日,是指在一昼夜内职工进行工作时间的长度(小时数)。工作日是以日为计算单位的工作时间。[①]工作日,通俗地说就是上班、工作的日子,相对的概念是休息日。

《国务院关于职工工作时间的规定》第3条规定:"职工每日工作8小时、每周工作40小时。"实践中一般以周一到周五为工作日。

(三)休息日

《国务院关于职工工作时间的规定》第7条第1款规定:"国家机关、事业单位实行统一的工作时间,星期六和星期日为周休息日。"根据《国务院办公厅关于2022年部分节假日安排的通知》(国办发明电〔2021〕11号),2022年元旦、端午节、中秋节放假,而春节、清明节、劳动节和国庆节放假调休,有的星期六、星期日上班。

五、期间的计算

(一)期间计算单位

《立法技术规范(试行)(一)》(法工委发〔2009〕62号)"三、法律常用词语规范25.日,工作日"中规定:"日"和"工作日"在法律时限中的区别是:"日"包含节假日,"工作日"不包含节假日。对于限制公民人身自由或者行使权力可能严重影响公民、法人和其他组织的其他权利的,应当用"日",不用"工作日"。

期间以时、日、月、年计算,是《民事诉讼法》第85条第2款的规定。《行政复议法》第40条第2款、《行政强制法》第69条以及《行政许可法》第82条对不含节假日或法定节假日作出了规定。

(二)期间扣除

1.开始时、日。《民事诉讼法》第85条第2款规定,期间开始的时和日,不计

[①] 李洪雷.中华人民共和国行政处罚法评注[M].北京:中国法制出版社,2021:618.

算在期间内。《最高人民法院关于适用〈中华人民共和国民事诉讼法〉的解释》（法释〔2022〕11号）第125条规定，依照民事诉讼法（2012年）第82条第2款规定，民事诉讼中以时起算的期间从次时起算；以日、月、年计算的期间从次日起算。根据《民事诉讼法》规定，本规章作出了同样的规定。

2. 最后一日。《民事诉讼法》第85条第3款规定，期间届满的最后一日是法定休假日的，以法定休假日后的第一日为期间届满的日期。山东省司法厅印发的《新修订行政处罚法贯彻实施工作指引》中"43. 如何理解工作日和法定节假日？"规定："期限届满的最后一日是法定节假日的，以法定节假日后的第一个工作日为期限届满日期。"

本规章在立法过程中，新《民事诉讼法》尚未通过并公布，因此，根据2017年《民事诉讼法》第82条，将"法定节假日或者法定休息日"修改为"节假日"。但2022年1月1日起施行的《民事诉讼法》第85条已将"节假日"修改为"法定休假日"。对此，应当按照新《民事诉讼法》的规定执行。

3. 在途日。《民事诉讼法》第85条第4款规定，期间不包括在途时间，诉讼文书在期满前交邮的，不算过期。

六、本条应当注意的问题

（一）树立期限意识

《江苏省行政程序规定》第8条、《山东省行政程序规定》第10条等都规定：行政机关行使行政职权，应当遵守法定期限或者承诺期限，积极履行法定职责。海关及其执法人员应当树立期限意识，严格遵守法定时限，在法定的期限内办结，或者使实际办结的期限尽可能少于法定的期限，避免案件办理过程漫长。超出法定期限，不仅受到当事人的质疑，也会被行政复议机关或者司法机关给予否定性评价。

（二）指定期限

《民事诉讼法》第85条第1款规定："期间包括法定期间和人民法院指定的期间。"《最高人民法院关于适用〈中华人民共和国行政诉讼法〉的解释》（法释〔2018〕1号）第48条第1款也有此规定。《湖南省行政程序规定》第174条第1款则规定："期间包括法定期间和行政机关规定的期间。"

"以期限形成的原因为标准，可以将期限分为法定期限和指定期限。法定期限是指法律直接规定的期限，指定期限是指有权机关根据实际情况指定的期限。"[1]海关在办理行政处罚案件过程中，相关法律、行政法规及海关规章并不能确保完全覆盖行政处罚的相关期限，同样会面临指定期限问题。因此，没有法定期间的，应当

---

[1] 乔晓阳. 中华人民共和国行政强制法解读[M]. 北京：中国法制出版社，2011：86.

参考法定期限的要求，指定合理期间，既能保障当事人的合法权益，又能确保行政处罚工作顺利进行。

（三）承诺期限

实践中，法律规范对有些事项已经明确法定的期限，但有的行政机关主动自我加压，向社会公开承诺缩短办理期限，在比法定期限更短的期限内办结相关业务。《江苏省行政程序条例》第50条第2款、《山东省行政程序规定》第93条第5款均规定：行政机关对办理期限有明确承诺的，应当在承诺期限内办结。《最高人民法院关于印发〈行政审判办案指南（一）〉的通知》（法办〔2014〕17号）规定："关于行政机关自设义务可否归入法定职责的问题，行政机关在职权范围内以公告、允诺等形式为自己设定的义务，可以作为人民法院判断其是否对原告负有法定职责的依据。"

行政机关作出承诺后，从《全面推进依法行政实施纲要》关于"诚实守信"原则看，行政机关应该执行比法定期限更短的承诺期限，超出该承诺期限不能以尚未超出法定期限而辩解并免责，否则承诺变成形同虚设。在行政处罚中同样如此。对于海关具有自主决定权的事项的期限，如果海关承诺比法定期限更短，且不限缩当事人权利和不增加当事人义务，应当按照承诺期限履行。

案例

某公司与某海关行政处罚案[①]

裁判要点 该公司针对海关作出被诉处罚决定履行处罚程序所提起的唯一异议，即海关重新作出行政处罚超出复议决定确定的六十日期限的意见。法院认为，参照《海关办理行政处罚案件程序规定》第18条规定，海关于2016年11月8日收到复议决定，于2017年1月9日作出被诉处罚决定，并未超出复议决定确定应于六十日内重新作出行政行为的期限要求。该公司的上述异议意见不能成立，本院不予采纳。

案例

某公司与某市人民政府行政许可案[②]

裁判要点 人民法院在确定行政机关履行法定职责的期限时，虽然拥有一定的裁量权，但该权力的行使并非不受限制，应当遵循一定的原则。如法律规范未对履行期限作出明确规定的，人民法院应结合个案具体情况，考量相关因素后，根据《行政诉讼法》第47条的规定，确定行政机关的履责期限。一旦人民法院确定了行政机关的履责期限，即便该期限与法律、法规所规定的行政机关履责期限不一致，

[①] 北京市高级人民法院（2017）京行终2920号。
[②] 江苏省高级人民法院（2018）苏行终510号；《最高人民法院公报》2020年第12期。

也因人民法院具有司法裁判权,进而在案件审理中拥有最终确定行政机关履行法定职责期限的权力,故行政机关应依据人民法院确定的履责期限作出相关行政处理决定。除非存在正当事由或不可抗力,行政机关超过该期限作出行政决定的,构成程序违法。

第二十三条 当事人因不可抗拒的事由或者其他正当理由耽误期限的,在障碍消除后的十日内可以向海关申请顺延期限,是否准许,由海关决定。

条文对比

本条是关于"期限顺延"的规定,对应《署令第159号》中的第19条。

理解与适用

一、政策依据

同本规章第二十二条。

二、主要法律依据

《民事诉讼法》第86条:"当事人因不可抗拒的事由或者其他正当理由耽误期限的,在障碍消除后的十日内,可以申请顺延期限,是否准许,由人民法院决定。"

根据《民事诉讼法》第86条规定,本条保留《署令第159号》第19条规定,同时对《署令第145号》第18条第2款规定予以吸收,不再单独作出规定。

三、顺延期限的申请与处理

(一)期限顺延申请权

诉讼法中除了《民事诉讼法》第86条外,《刑事诉讼法》第106条也有规定。《浙江省行政程序办法》第65条第2款规定:"公民、法人和其他组织因不可抗力耽误期限的,被耽误的时间不计算在期限内;因其他特殊情况耽误期限的,在障碍消除后的10日内,可以申请顺延期限,是否准许由行政机关决定。"申请顺延期限是当事人的权利。

(二)当事人要求顺延期限应当具备的条件

1. 当事人有正当理由。本条规定的理由是"因不可抗拒的事由或者其他正当理由",与《民事诉讼法》等规定一致。从语义上分析,"因不可抗拒的事由"更多强调的不是当事人主观愿望和能力所能控制或避免的事由;"正当"通常指人的行为、要求、愿望等的合法性与合理性。[①]

[①] 中国社会科学院语言研究所词典编辑室. 现代汉语词典[M]. 北京: 商务印书馆, 2005: 1738.

2. 当事人在一定期限内申请。为了避免权利人成为"躺在权利上睡觉的人",诉讼法一般会设定障碍消除后申请期限顺延的期限,《民事诉讼法》规定的是"障碍消除后的十日内",《刑事诉讼法》规定的是"障碍消除后五日内"。根据《民事诉讼法》的规定,本规章本条确定为"障碍消除后的十日内"。

(三)海关审查决定

本条规定"是否准许,由海关决定",要求接收申请的海关及时审查。经查证属实的,应当准许,不属实的应当不予准许。

> 案例

某超市与某市场监督管理局行政处罚执行案[①]

裁判要点 该超市未在生效行政处罚决定规定的15日期限内履行义务,要求将履行期限延长一年。该局同意。法院认为,虽然该局依照《行政处罚法》规定有权决定延期履行义务,但其应当在不超出申请执行期限的情况下酌定准予延长的履行期限,否则既降低了行政效率,也不利于公共利益的维护。如果人民法院认可了该局这种任意延长当事人履行期限行为的合法性,那么,法定申请执行期限的规定将会被人为架空而形同虚设。因此,该局因延长当事人履行期限而导致超期申请执行系其自身原因所致,不属于耽误申请执行期限的正当理由,其以与被申请人就履行期限达成协议而主张申请执行期限重新计算的理由,是对法律规定的错误理解,本院依法不予采信。

第二十四条 海关法律文书的送达程序,《中华人民共和国行政处罚法》《中华人民共和国行政强制法》和本规定均未明确的,适用《中华人民共和国民事诉讼法》的相关规定。

> 条文对比

本条是关于"送达程序准用"的规定,系新增条款。

《署令第159号》第20条至第25条是关于送达的规定。其中第20条规定直接送达,第21条规定留置送达,第22条规定委托送达或者邮寄送达,第23条规定针对外国人、无国籍人、外国企业或者组织以及香港特别行政区、澳门特别行政区和台湾地区的送达,第24条规定转交送达,第25条规定公告送达。

上述规定均来源于《民事诉讼法》。考虑到《民事诉讼法》及其司法解释对送达制度不断调整完善,本规章第24条设置准用条款,未作重复性规定。因此,删除《署令第159号》第20条至第25条与《民事诉讼法》一致的内容,其中第20条、第21条、第23条、第24条整条删除,第22条删除第1款、第2款,第25

[①] 江苏省南通市中级人民法院(2019)苏06行审复1号。

条删除第 1 款、第 3 款、第 4 款。

理解与适用

一、相关政策文件

《国务院关于印发全面推进依法行政实施纲要的通知》（国发〔2004〕10号）："要严格遵循法定程序，依法保障行政管理相对人、利害关系人的知情权、参与权和救济权。"

《法治政府建设实施纲要（2015—2020年）》："健全行政执法调查取证、告知、罚没收入管理等制度。"

《法治政府建设实施纲要（2021—2025年）》："完善行政执法文书送达制度。"

二、主要法律依据

《行政处罚法》第61条第1款："行政处罚决定书应当在宣告后当场交付当事人；当事人不在场的，行政机关应当在七日内依照《中华人民共和国民事诉讼法》的有关规定，将行政处罚决定书送达当事人。"

《行政强制法》第38条："催告书、行政强制执行决定书应当直接送达当事人。当事人拒绝接收或者无法直接送达当事人的，应当依照《中华人民共和国民事诉讼法》的有关规定送达。"

《海关行政处罚实施条例》第55条第1款："行政处罚决定书应当依照有关法律规定送达当事人。"

本条根据《行政处罚法》第61条第1款规定，增加法律文书送达程序准用条款，明确了依据。

三、送达

行政主体只有将自己的意志通过语言、文字、符号或行动等行为形式表示出来，并告知行政相对人后，才能为外界所识别，才能成为一个具体行政行为。[①] 送达是行政处罚制度中的一项重要法律制度。一方面，使行政处罚的当事人对行政行为的内容知晓，并起算当事人"知道或者应当知道具体行政行为"的期限，以便保障其知情权、参与权、表达权和监督权；另一方面，送达是行政行为的生效要件，书面形式的行政决定自送达当事人时才能对其发生效力。可以说，送达是将行政机关与特定的相对人进行联结的桥梁和纽带，确定了行政机关与当事人之间的法律关系，同时也是行政处罚公开原则的具体体现，是推进依法行政的重要抓手。如《行

---

① 叶必丰．具体行政行为的法律效果要件[J]．东方法学，2013（2）：3-12．

政复议法实施条例》第15条第2款规定:"行政机关作出具体行政行为,依法应当向有关公民、法人或者其他组织送达法律文书而未送达的,视为该公民、法人或者其他组织不知道该具体行政行为。"人民法院裁判文书[①]载明,未予告知送达的行政行为属于无效的行政行为。

(一)行政决定送达模式

从目前各国行政程序立法的情况看,行政决定送达制度主要有两种模式:一种是在行政程序法中专门规定行政决定送达制度,如奥地利等;另一种是规定行政决定送达准用民事诉讼法的规定,如我国《行政处罚法》第40条的规定(我国是后一种模式)。[②]

(二)民事诉讼领域的送达

1982年试行民事诉讼法规定了直接送达、留置送达、委托送达、邮寄送达、转交送达和公告送达等方式,1991年民事诉讼法和2007年民事诉讼法袭之未变,2012年新民事诉讼法增加了传真和电子邮件送达,但同时规定通过传真和电子邮件送达须经受送达人同意。[③]《民事诉讼法》第一编"总则"中的第七章、《最高人民法院关于适用〈中华人民共和国民事诉讼法〉的解释》(法释〔2022〕11号)第130条至141条都有送达的规定。最高人民法院、最高人民检察院还规定了专递方式[④]。

(三)行政处罚法律文书的送达

有观点认为,我国行政诉讼法虽然规定了送达,但行政诉讼中的送达和行政法中的送达不可一概而论,原因在于行政诉讼中的送达仍然是司法上的送达。我国司法裁判的送达在相关的诉讼法理论中是较为完整的,而行政行为送达基本上没有形成相应的理论。[⑤]

海关行政处罚中的送达是有处罚权的海关向当事人交付、传输行政处罚法律文书的行为,实施主体是海关,送达对象是特定的相对人(一般是案件的当事人,也有可能是第三人),送达的内容包括海关执法依据、权力及措施、行政相对人权利和义务等决定或意向,送达的载体是行政处罚法律文书(纸质或电子),送达的方式是法定方式。海关行政处罚法律文书作出后,应当及时以法定方式送达,以便使相对人知晓相关内容,从而行使自己的权利或者履行相应的义务。同时,行政处罚

---

① 最高人民法院(2017)最高法行申5817号。
② 章剑生.论行政程序法上的行政公开原则[J].浙江大学学报,2000,30(6)100-106.郝卓然.略论行政公开原则[J].东岳论丛,2008(3):166-169.
③ 段厚省.程序法的内在张力[J].北方法学,2017(2):127-139.
④ 如《最高人民法院关于以法院专递方式邮寄送达民事诉讼文书的若干规定》(法释〔2004〕13号)、《最高人民检察院关于以检察专递方式邮寄送达有关检察法律文书的若干规定》(高检发释字〔2015〕1号)等。
⑤ 田瑶.论行政行为的送达[J].政法论坛,2011,29(5):182-191.

法律文书如果未送达，也不能产生法律效力，行政处罚程序也将无法进行下去。

四、行政处罚法律文书的送达方式

2021年12月6日，习近平总书记在十九届中央政治局第三十五次集体学习时的讲话中指出："维护国家法治统一是严肃的政治问题，各级立法机构和工作部门要遵循立法程序、严守立法权限，切实避免越权立法、重复立法、盲目立法，有效防止部门利益和地方保护主义影响。"[①]

立法中的准用性规则，是指没有直接规定某一行为规则的内容，但明确指出在这个问题上可以适用其他法律条文或规范性文件中某一规定的规则。[②]《行政处罚法》《行政强制法》既有明确的规定，同时又就采用准用性规则作出规定。本规章第77条对行政处罚决定书有规定，在此仅就送达的一般要求进行阐述。

（一）直接送达法律文书

《民事诉讼法》第88条第1款规定："送达诉讼文书，应当直接送交受送达人。"《最高人民法院关于适用〈中华人民共和国民事诉讼法〉的解释》（法释〔2022〕11号）第131条规定："人民法院直接送达诉讼文书的，可以通知当事人到人民法院领取。""人民法院可以在当事人住所地以外向当事人直接送达诉讼文书。"《行政强制法》第38条明确了"直接送达"，但《行政处罚法》并未使用"直接送达"，第52条第1款、第61条第1款规定的"当场交付"即为直接送达方式之一。海关在送达行政处罚法律文书时，建议根据《民事诉讼法》及其司法解释，优先选择直接送达。

（二）留置送达

"留置送达是指受送达人或其他法定签收人无理由拒绝接收行政处罚法律文书，行政机关依法将法律文书留置于受送达人住所等地并产生法律效力的送达方式。留置送达作为直接送达不能时的补充送达方式。"[③]

《民事诉讼法》第89条、《最高人民法院关于适用〈中华人民共和国民事诉讼法〉的解释》（法释〔2022〕11号）第130条第1款、第132条等规定了留置送达；《公安机关办理行政案件程序规定》《市场监督管理行政处罚程序规定》等规章也有相应的规定。海关留置送达法律文书，建议根据《民事诉讼法》及其司法解释，并参考有关规章规定执行。

---

① 习近平.坚持走中国特色社会主义法治道路　更好推进中国特色社会主义法治体系建设[J].求是，2022（4）.

② 朱力宇，叶传星.立法学[M].4版.北京：中国人民大学出版社，2015：252.

③ 李洪雷.中华人民共和国行政处罚法评注[M].北京：中国法制出版社，2021：437.

（三）邮寄送达

"邮寄送达是指作出行政处罚决定的行政机关直接送达有困难时，通过邮寄的方式将行政处罚决定书送达给当事人的行为。"[1]

《民事诉讼法》第 91 条规定："直接送达诉讼文书有困难的，可以委托其他人民法院代为送达，或者邮寄送达。"《公安机关办理行政案件程序规定》第 36 条第 3 款作出类似的规定。《市场监督管理行政处罚程序规定》第 82 条第 4 项则规定了邮寄送达、委托送达、转交送达。海关邮寄送达法律文书，建议根据《民事诉讼法》及其司法解释等规定，并参考有关规章执行。

（四）公告送达

"公告送达是指作出行政处罚决定的行政机关在当事人下落不明或法律规定的前述送达方式无法送达的情况下，采取公开宣告进行送达的方式。"[2]

《民事诉讼法》第 95 条第 1 款规定："受送达人下落不明，或者用本节规定的其他方式无法送达的，公告送达。"《最高人民法院关于适用〈中华人民共和国民事诉讼法〉的解释》（法释〔2022〕11 号）第 138 条、第 139 条等也有公告送达的规定。《公安机关办理行政案件程序规定》第 36 条第 4 款规定："经采取上述送达方式仍无法送达的，可以公告送达。"《市场监督管理行政处罚程序规定》第 82 条第 5 项规定："受送达人下落不明或者采取上述方式无法送达的，可以在……张贴公告。"海关送达行政处罚法律文书，不能邮寄或者邮寄退回且无法以其他方式送达，采取公告送达方式的，建议根据《民事诉讼法》及其司法解释，并参考有关规章规定执行。

五、本条应当注意的问题

（一）海关可否委托送达或者转交送达

《署令第 159 号》第 22 条规定了委托送达、第 24 条规定了转交送达。考虑到《民事诉讼法》、司法解释及司法解释性质文件关于送达的制度日臻完善，本规章第 24 条已设置准用条款，直接准用《民事诉讼法》相关规定，因此，将《署令第 159 号》第 22 条关于委托送达、第 24 条关于转交送达的条款均予以删除，但并不意味着本规章没有规定就不能适用，实践中符合《民事诉讼法》关于委托送达或者转交送达的，也可以委托送达或者转交送达。

（二）邮寄送达是否征求当事人同意

人民法院裁判文书[3]载明，对于直接送达有困难的，选择委托送达或邮寄送

---

[1] 李洪雷.中华人民共和国行政处罚法评注 [M].北京：中国法制出版社，2021：439.
[2] 李洪雷.中华人民共和国行政处罚法评注 [M].北京：中国法制出版社，2021：440.
[3] 北京市高级人民法院（2018）京行终 1977 号。

达，系行政机关裁量范畴。行政机关采取邮寄送达并不以事先征得受送达人同意及寄出后通知提醒为法定要件。

（三）送达程序违法

《行政诉讼法》第 74 条第 1 款第 2 项规定，行政行为程序轻微违法，但对原告权利不产生实际影响的，人民法院判决确认违法，但不撤销行政行为。《最高人民法院关于适用〈中华人民共和国行政诉讼法〉的解释》（法释〔2018〕1 号）第 96 条规定：通知、送达等程序轻微违法，且对原告依法享有的听证、陈述、申辩等重要程序性权利不产生实质损害的，属于行政诉讼法第 74 条第 1 款第 2 项规定的"程序轻微违法"。也就是说，"程序轻微违法"同时应当符合"对原告依法享有的听证、陈述、申辩等重要程序性权利不产生实质损害的"的条件，否则不构成"程序轻微违法"。

案例

某家具厂与市规划局某规划分局行政处理案[①]

裁判要点 本案中，根据原审法院查明的事实，能够证明 2015 年 4 月 22 日规划分局在进行送达时，因家具厂负责人拒不到场，在当地基层政府和村民自治组织工作人员的签字见证下，规划分局将《限期拆除违法建筑决定书》于当日在家具厂大门处进行张贴公示，并拍照留存，其送达程序符合法律规定。

第二十五条 经当事人或者其代理人书面同意，海关可以采用传真、电子邮件、移动通信、互联网通讯工具等方式送达行政处罚决定书等法律文书。

采取前款方式送达的，以传真、电子邮件、移动通信、互联网通讯工具等到达受送达人特定系统的日期为送达日期。

条文对比

本条是关于电子送达的规定，系新增条款。

理解与适用

一、相关政策文件

同本规章第二十四条，以及：

《中共中央关于坚持和完善中国特色社会主义制度 推进国家治理体系和治理能力现代化若干重大问题的决定》："建立健全运用互联网、大数据、人工智能等技术手段进行行政管理的制度规则。"

《国务院关于进一步贯彻实施〈中华人民共和国行政处罚法〉的通知》（国发

[①] 最高人民法院（2019）最高法行申 959 号。

〔2021〕26号）："要逐步提高送达地址确认书的利用率，细化电子送达工作流程。"

二、主要法律依据

《行政处罚法》第 61 条第 2 款："当事人同意并签订确认书的，行政机关可以采用传真、电子邮件等方式，将行政处罚决定书等送达当事人。"

2017 年《民事诉讼法》第 87 条："经受送达人同意，人民法院可以采用传真、电子邮件等能够确认其收悉的方式送达诉讼文书，但判决书、裁定书、调解书除外。采用前款方式送达的，以传真、电子邮件等到达受送达人特定系统的日期为送达日期。"

新《民事诉讼法》第 90 条："经受送达人同意，人民法院可以采用能够确认其收悉的电子方式送达诉讼文书。通过电子方式送达的判决书、裁定书、调解书，受送达人需要纸质文书的，人民法院应当提供。采用前款方式送达的，以送达信息到达受送达人特定系统的日期为送达日期。"

《行政强制法》第 38 条："催告书、行政强制执行决定书应当直接送达当事人。当事人拒绝接收或者无法直接送达当事人的，应当依照《中华人民共和国民事诉讼法》的有关规定送达。"

《海关行政处罚实施条例》第 55 条第 1 款："行政处罚决定书应当依照有关法律规定送达当事人。"

本规章根据《行政处罚法》第 61 条第 2 款、2017 年《民事诉讼法》第 87 条的规定，增加了电子送达方式。需要注意的是，本规章公布施行后，第十三届全国人民代表大会常务委员会第三十二次会议于 2021 年 12 月 24 日通过《全国人民代表大会常务委员会关于修改〈中华人民共和国民事诉讼法〉的决定》，将 2017 年《民事诉讼法》第 87 条修改为第 90 条，优化了送达方式，细化了生效标准，进一步拓展电子送达适用范围，丰富了送达渠道，提升了电子送达有效性，切实保障了当事人诉讼知情权。

三、诉讼领域电子送达

2012 年《民事诉讼法》第 87 条增加了电子送达方式后，诉讼领域不断探索和完善电子送达方式，并在相关司法解释和文件中予以规定，如《最高人民法院关于适用〈中华人民共和国民事诉讼法〉的解释》（法释〔2022〕11 号）第 135 条第 1 款规定："电子送达可以采用传真、电子邮件、移动通信等即时收悉的特定系统作为送达媒介。"《最高人民法院印发〈关于进一步加强民事送达工作的若干意见〉的通知》（法发〔2017〕19 号）第 10 条规定："在严格遵守民事诉讼法和民事诉讼法司法解释关于电子送达适用条件的前提下，积极主动探索电子送达及送达凭证保全的有效方式、方法，有条件的法院可以建立专门的电子送达平台，或以诉讼服务平台为依托进行电子送达，或者采取与大型门户网站、通信运营商合作的方式，通过专门的电子邮箱、特定的通信号码、信息公众号等方式进行送达。"《最高人民法院关于适用〈中华人民共和国刑事诉讼法〉的解释》（法释〔2021〕1号）第221条第1款第5项规定："通知有关人员出庭，也可以采取电话、短信、传真、电子邮件、即时通讯等能够确认对方收悉的方式。"

面对科技的迅猛发展和成果的广泛应用，在行政执法领域，根据信息化、数字化建设要求，部分国家机关和地方对电子送达法律文书积极回应，通过规章或者规范性文件等作出规定。如《公安机关办理行政案件程序规定》第36条第3款规定："经受送达人同意，可以采用传真、互联网通讯工具等能够确认其收悉的方式送达。"《市场监督管理行政处罚程序规定》第82条第3项规定："经受送达人同意并签订送达地址确认书，可以采用手机短信、传真、电子邮件、即时通讯账号等能够确认其收悉的电子方式送达执法文书，市场监督管理部门应当通过拍照、截屏、录音、录像等方式予以记录，手机短信、传真、电子邮件、即时通讯信息送到达受送达人特定系统的日期为送达日期。"《国家税务总局关于发布〈税务文书电子送达规定（试行）〉的公告》（国家税务总局公告2019年第39号）第3条第1款、第2款规定："经受送达人同意，税务机关可以采用电子送达方式送达税务文书。电子送达与其他送达方式具有同等法律效力。"[1]部分地方制度文件也有相关的规定。[2]

送达难是一直困扰行政执法的问题之一。借鉴民事诉讼领域建立电子送达制度司法实践经验，新《行政处罚法》规定了电子送达，推动行政处罚送达方式与信息化时代相适应，切实提高执法效率。根据《行政处罚法》第61条第2款规定，本规章增加了快捷又便捷的电子送达方式，将提高效率，节省成本，也减少相对人的负累，对海关和当事人而言是双赢的举措。随着电子签章、电子票据的广泛应用，执法实践中，当事人线上接受处罚、缴纳罚款后，行政处罚决定书、电子票据即可随案生成并电子送达，"线上执法"的合法性和便捷性得到了兼顾。[3]

四、电子送达的条件

（一）当事人或者其代理人书面同意

《最高人民法院关于适用〈中华人民共和国民事诉讼法〉的解释》（法释

---

[1] 但该公告在第8条规定，税务行政处罚决定书（不含简易程序处罚）、税收保全措施决定书、税收强制执行决定书、阻止出境决定书等暂不适用本规定。
[2] 如：《浙江省行政程序办法》第70条、《山东省高级人民法院、山东省市场监督管理局关于印发推进市场主体法律文书送达地址承诺确认工作的实施意见的通知》（鲁高法〔2020〕24号）、《山东省人民政府关于进一步贯彻实施〈中华人民共和国行政处罚法〉的通知》（鲁政发〔2022〕3号）等。
[3] 江必新.行政处罚法条文精释与实例精解[M].北京：人民法院出版社，2021：380.

〔2022〕11号）第136条规定："受送达人同意采用电子方式送达的，应当在送达地址确认书中予以确认。"有观点认为，认定"受送达人同意"，可从"明确同意""行为表示""事后认可"几个方面进行判断。"明确同意"即当事人主动提出适用电子送达或者填写送达地址确认书，或者行政处罚过程中当事人表示同意。①

根据《行政处罚法》第61条第2款规定，海关采用电子送达方式要在遵循当事人自愿原则的基础上进行，不能在当事人或者其代理人未提供书面同意的前提下即采取电子送达。结合本规章第26条规定，这里的"书面同意"是一种明确同意。

（二）电子送达的具体方式

《最高人民法院关于适用〈中华人民共和国民事诉讼法〉的解释》（法释〔2022〕11号）第135条第1款规定："电子送达可以采用传真、电子邮件、移动通信等即时收悉的特定系统作为送达媒介。"目前有的制度规范中还规定了电子送达的其他方式，如《市场监督管理行政处罚程序规定》第82条第3项、《南通市市场监管领域轻微违法首违不罚、免罚、轻罚和不予行政强制措施规定（试行）》（通市监规〔2022〕1号）第15条中的"即时通讯账号"等。

本规章本条在《行政处罚法》规定的"传真、电子邮件"的基础上增加"移动通信、互联网通讯工具等"方式。随着科技的发展，未来将会有其他新颖的方式，当前不可能预见，也无法把可能出现的所有方式全部列明。选择这些方式中的任何一种都可以完成送达，实现目标。如果全部使用，并无必要，既增加执法负担，也容易导致送达效力认定上的混乱。当然，为避免系统、网络、信号等受到影响而不能接收，可以考虑不限定于一种方式，在优先选择方式之外允许增加备选方式。

（三）电子送达必须提供准确信息

《最高人民法院印发〈关于进一步加强民事送达工作的若干意见〉的通知》（法发〔2017〕19号）第2条规定："同意电子送达的，应当提供并确认接收民事诉讼文书的传真号、电子信箱、微信号等电子送达地址。"《最高人民法院关于适用〈中华人民共和国行政诉讼法〉的解释》（法释〔2018〕1号）第51条第2款也规定："当事人同意电子送达的，应当提供并确认传真号、电子信箱等电子送达地址。"准确无误的电子送达地址信息是电子送达的前提，当事人提供准确无误的电子送达地址是其义务，否则电子送达不可能有的放矢，无法完成行政程序，导致"欲速则不达"。

---

① 袁雪石.《行政处罚法》实施中的重点难点问题简析[J].中国司法，2022（3）：61-66.

五、本条应当注意的问题

（一）电子送达的程序启动

当事人同意电子送达，来源有两个：一是当事人或者其代理人主动提出电子送达需求；二是海关主动询问，当事人希望电子送达。如果当事人及其代理人了解本规章的规定，在行政处罚过程中随时可以向海关申请相关法律文书以电子方式送达。如果当事人并不了解或者虽然了解但未申请，海关也可以主动提醒或者书面征求当事人及其代理人的意见。否则，该程序就无法启动，电子送达也将闲置、弃用，无用武之地。

（二）电子送达日期与收到日期不一致

实践中采用电子送达方式时，受不确定因素的影响，海关发送成功但受送达人并未及时收到，从而出现送达日期与收到日期不一致的情形，并引发双方关于送达日期及相关期间的争议。《电子签名法》第11条第1款规定："数据电文进入发件人控制之外的某个信息系统的时间，视为该数据电文的发送时间。"第2款规定："收件人指定特定系统接收数据电文的，数据电文进入该特定系统的时间，视为该数据电文的接收时间；未指定特定系统的，数据电文进入收件人的任何系统的首次时间，视为该数据电文的接收时间。"《民事诉讼法》第90条第2款规定："采用前款方式送达的，以送达信息到达受送达人特定系统的日期为送达日期。"《最高人民法院关于适用〈中华人民共和国民事诉讼法〉的解释》（法释〔2022〕11号）第135条第2款规定："受送达人证明到达其特定系统的日期与人民法院对应系统显示发送成功的日期不一致的，以受送达人证明到达其特定系统的日期为准。"《国家税务总局关于发布〈税务文书电子送达规定（试行）〉的公告》（国家税务总局公告2019年第39号）第5条规定："税务机关采用电子送达方式送达税务文书的，以电子版式税务文书到达特定系统受送达人端的日期为送达日期，特定系统自动记录送达情况。"在受送达人同意电子送达并主动提供或确认电子地址的情形下，一般适用"到达生效"规则，送达信息到达该电子地址即为有效送达。

（三）电子送达的记录

《最高人民法院印发〈关于进一步加强民事送达工作的若干意见〉的通知》（法发〔2017〕19号）第11条、第12条、第14条等规定，采用传真、电子邮件、短信、微信、电话等送达方式的，送达人员应当做好相关记录，存卷备查。

海关行政处罚法律文书采用电子送达方式的，执法人员要充分考虑受送达人是即时收到还是迟延收到，以避免因送达日期的起算产生关于期间的争议，不能简单以发送成功即履行完送达程序，应当通过拍照、截屏、录音、录像等方式予以记录，存卷备查。采取即时通讯工具送达的，应当通过海关官方账号发出，并在系中留痕确认,最好生成电子送达凭证。

案例

甲与某交警支队直属大队行政处罚案[1]

裁判要点 法院认为,《道路交通安全违法行为处理程序规定》第20条规定,交通技术监控设备记录的违法行为信息录入道路交通违法信息管理系统后三日内,公安机关交通管理部门应当向社会提供查询,并可以通过邮寄、发送手机短信、电子邮件等方式通知机动车所有人或者管理人。上诉人甲在注册、使用"交管12123"手机应用程序时已经被告知了相关的权利义务,该应用程序中业务须知已经明确告知了"如对违法事实有异议,请前往发生地公安机关交通管理部门办理"、"如需处罚决定书,用户申请邮政寄递或持驾驶证至处理机关打印,如需罚款凭据,请至缴款银行营业厅索取",上诉人"阅读并同意"后才能进行注册并使用交通违法业务功能。上诉人通过该手机应用程序缴纳罚款,应视为其对处罚事实和处罚程序无异议。如其有异议可以选择现场办理,可以现场进行陈述、申辩。上诉人通过手机缴纳罚款后还可以另行索取缴款凭据。所以,被上诉人在作出行政处罚时并没有剥夺上诉人享有的权利,其处罚程序并无不当。

第二十六条 海关可以要求当事人或者其代理人书面确认法律文书送达地址。

当事人及其代理人提供的送达地址,应当包括邮政编码、详细地址以及受送达人的联系电话或者其确认的电子送达地址等。

海关应当书面告知送达地址确认书的填写要求和注意事项以及提供虚假地址或者提供地址不准确的法律后果,并且由当事人或者其代理人确认。

当事人变更送达地址,应当以书面方式告知海关。当事人未书面变更的,以其确认的地址为送达地址。

因当事人提供的送达地址不准确、送达地址变更未书面告知海关,导致法律文书未能被受送达人实际接收的,直接送达的,法律文书留在该地址之日为送达之日;邮寄送达的,法律文书被退回之日为送达之日。

条文对比

本条是关于"送达地址确认"的规定,系新增条款。

理解与适用

一、相关政策文件

同本规章第二十五条。

---

[1] 江西省赣州市中级人民法(2020)赣07行终239号。

二、主要法律依据

同本规章第二十五条。

三、送达地址确认书

借鉴民事诉讼领域建立电子送达制度的司法实践经验，《行政处罚法》引入了司法实践中的送达地址确认书制度。根据《行政处罚法》本规章也作出了相应规定，将极大地方便相对人，也将大幅提高海关执法效率。

（一）确认文书

"送达地址确认书是当事人送达地址确认制度的基础。"[1]《最高人民法院关于适用〈中华人民共和国民事诉讼法〉的解释》（法释〔2022〕11号）第136条规定："受送达人同意采用电子方式送达的，应当在送达地址确认书中予以确认。"《最高人民法院关于适用〈中华人民共和国行政诉讼法〉的解释》（法释〔2018〕1号）第51条第1款规定："人民法院可以要求当事人签署送达地址确认书，当事人确认的送达地址为人民法院法律文书的送达地址。"《市场监督管理行政处罚程序规定》第83条第1款规定："市场监督管理部门可以要求受送达人签署送达地址确认书，送达至受送达人确认的地址，即视为送达。"《国家税务总局关于发布〈税务文书电子送达规定（试行）〉的公告》（国家税务总局公告2019年第39号）第4条第1款、《南通市市场监管领域轻微违法首违不罚、免罚、轻罚和不予行政强制措施规定（试行）》（通市监规〔2022〕1号）第15条等都有关于送达地址确认书的规定。

根据《行政处罚法》第61条第2款规定，本规章本条第1款规定："海关可以要求当事人或者其代理人书面确认法律文书送达地址。"第3款规定："海关应当书面告知送达地址确认书的填写要求和注意事项……"。借鉴《最高人民法院印发〈关于进一步加强民事送达工作的若干意见〉的通知》（法发〔2017〕19号）等规定，海关将送达地址确认书文书向当事人出示，并告知填写要求和注意事项，由当事人在该文书中填写并确认。

（二）送达地址确认文书列明事项

《最高人民法院印发〈关于进一步加强民事送达工作的若干意见〉的通知》（法发〔2017〕19号）第1条规定："送达地址确认书应当包括当事人提供的送达地址、人民法院告知事项、当事人对送达地址的确认、送达地址确认书的适用范围和变更方式等内容。"

---

[1]《最高人民法院印发〈关于进一步加强民事送达工作的若干意见〉的通知》（法发〔2017〕19号）第1条。

借鉴上述规定，结合本条第 3 款、第 4 款的规定，海关《送达地址确认书》应当列明海关告知事项、当事人对送达地址的确认、送达地址确认书的适用范围、变更地址告知方式、提供虚假地址或者提供地址不准确的法律后果、签字栏等内容。

（三）送达地址的主要内容

《最高人民法院印发〈关于进一步加强民事送达工作的若干意见〉的通知》（法发〔2017〕19 号）第 2 条规定："当事人提供的送达地址应当包括邮政编码、详细地址以及受送达人的联系电话等。同意电子送达的，应当提供并确认接收民事诉讼文书的传真号、电子信箱、微信号等电子送达地址。当事人委托诉讼代理人的，诉讼代理人确认的送达地址视为当事人的送达地址。"《住房和城乡建设行政处罚程序规定》第 37 条第 1 款则规定："当事人同意以电子方式送达的，应当签订确认书，准确提供用于接收行政处罚意见告知文书、行政处罚决定书和有关文书的传真号码、电子邮箱地址或者即时通讯账号，并提供特定系统发生故障时的备用联系方式。"

借鉴上述规定，本条第 2 款规定："当事人及其代理人提供的送达地址，应当包括邮政编码、详细地址以及受送达人的联系电话或者其确认的电子送达地址等。"

（四）变更地址的告知

《最高人民法院印发〈关于进一步加强民事送达工作的若干意见〉的通知》（法发〔2017〕19 号）第 6 条规定："当事人变更送达地址，应当以书面方式告知人民法院。当事人未书面变更的，以其确认的地址为送达地址。"《最高人民法院关于适用〈中华人民共和国行政诉讼法〉的解释》（法释〔2018〕1 号）第 51 条第 3 款规定："当事人送达地址发生变更的，应当及时书面告知受理案件的人民法院；未及时告知的，人民法院按原地址送达，视为依法送达。"《市场监督管理行政处罚程序规定》第 83 条第 1 款作出了类似的规定。《住房和城乡建设行政处罚程序规定》第 37 条第 1 款则规定："联系方式发生变更的，当事人应当在五日内书面告知执法机关。"

借鉴法发〔2017〕19 号的规定，本条第 4 款对此种情形也予以明确。

四、本条应当注意的问题

（一）海关书面告知事项

《最高人民法院印发〈关于进一步加强民事送达工作的若干意见〉的通知》（法发〔2017〕19 号）第 3 条规定："为保障当事人的诉讼权利，人民法院应当告知送达地址确认书的填写要求和注意事项以及拒绝提供送达地址、提供虚假地址或者提供地址不准确的法律后果。"

本条第 3 款参照上述规定，考虑到海关行政处罚的当事人及其代理人情况，删除了"拒绝提供送达地址"情形，并将告知形式明确为"书面告知"，进一步强化了告知的效力。

（二）要求当事人或者其代理人确认

《最高人民法院印发〈关于进一步加强民事送达工作的若干意见〉的通知》（法发〔2017〕19号）第4条规定："人民法院应当要求当事人对其填写的送达地址及法律后果等事项进行确认。当事人确认的内容应当包括当事人已知晓人民法院告知的事项及送达地址确认书的法律后果，保证送达地址准确、有效，同意人民法院通过其确认的地址送达诉讼文书等，并由当事人或者诉讼代理人签名、盖章或者捺印。"

本条第3款参照上述规定，要求当事人或者其代理人对海关告知事项予以确认。

（三）送达期限起算

《最高人民法院印发〈关于进一步加强民事送达工作的若干意见〉的通知》（法发〔2017〕19号）第7条规定："因当事人提供的送达地址不准确、拒不提供送达地址、送达地址变更未书面告知人民法院，导致民事诉讼文书未能被受送达人实际接收的，直接送达的，民事诉讼文书留在该地址之日为送达之日；邮寄送达的，文书被退回之日为送达之日。"《市场监督管理行政处罚程序规定》第83条第2款作出了类似的规定。

与法发〔2017〕19号文第7条规定相比，本条第5款仅将"海关"替换"人民法院"，将"法律文书"替换"民事诉讼文书"，在最后的"文书"前增加"法律"，删除"拒不提供送达地址、"，其他规定一致。

案例

某公司与某海关行政处罚案[1]

裁判要点 二审法院认为，该公司上诉称海关没有依法向其送达7号《处罚决定》。经查，海关作出7号《处罚决定》后，经按照该公司工商登记的住所地进行直接送达未果，再按该注册地址以邮寄方式向该公司进行送达，符合法律规定。之后，邮政部门将有"甲"签名的邮件回单交给海关，可以认定7号《处罚决定》已送达该公司。该公司以邮件回单上的"甲"非其法定代表人本人所签等为由主张海关没有依法向其送达7号《处罚决定》的意见不能成立。

第二十七条 海关邮寄送达法律文书的，应当附送达回证并且以送达回证上注明的收件日期为送达日期；送达回证没有寄回的，以挂号信回执、查询复单或者邮寄流程记录上注明的收件日期为送达日期。

条文对比

本条是关于"邮寄送达"的规定，对应《署令第159号》第22条第3款。

与《署令第159号》相比，主要变化：一是在"邮寄送达"之前增加"海关"，之后增加"法律文书"；二是在"挂号信回执""查询复单"的基础上增加"邮寄

---

[1] 海南省高级人民法院（2012）琼行终字第75号。

流程记录",并调整"或者"位置。

理解与适用

一、相关政策文件

同本规章第二十四条。

二、主要法律依据

同本规章第二十四条,以及:

《民事诉讼法》第 91 条:"直接送达诉讼文书有困难的,可以委托其他人民法院代为送达,或者邮寄送达。邮寄送达的,以回执上注明的收件日期为送达日期。"

三、海关行政处罚法律文书的性质

理解和执行"邮寄送达",有一个前提需要首先明确:海关行政处罚法律文书是否属于国家机关公文?这个问题直接影响到具体实施的邮寄主体。

《党政机关公文处理工作条例》(中办发〔2012〕14号)第 3 条规定:"党政机关公文是党政机关实施领导、履行职能、处理公务的具有特定效力和规范体式的文书,是传达贯彻党和国家方针政策,公布法规和规章,指导、布置和商洽工作,请示和答复问题,报告、通报和交流情况等的重要工具。"《国家邮政局关于切实加强国家机关公文寄递管理的通知》(国邮发〔2012〕204号)第 1 条规定:"国家机关公文的范围参照《党政机关公文处理工作条例》确定,但不宜直接援引作为执法依据。"《国家邮政局关于进一步加强国家机关公文寄递管理的通知》(国邮发〔2015〕1号)第 2 条"国家机关公文的认定"规定:"各级邮政管理部门在实际工作中要立足相关法律规定,从主体、内容、形式等多方面综合认定涉案材料是否属于国家机关公文。主体方面,制作主体包括各级中国共产党和民主党派的机关、人大机关、行政机关、政协机关、审判机关、检察机关、军事机关,以及工会、共青团、妇联等人民团体和参照公务员法管理的事业单位;内容方面,仅限国家机关基于联系事务、指导工作、处理问题等公务活动而制作的书面材料;形式方面,一般具有特定的文体与格式,加盖国家机关公章。寄件人不限于国家机关公文的制作主体,有关单位和个人均可作为寄件人。国家机关公文的复印件,在寄递管理上与原件具有同等地位。"

刑事司法实践中,有关于伪造国家机关公文罪的案例。关于"国家机关公文"的认定标准,通说认为,伪造国家机关公文罪侵犯的客体是国家机关的正常管理活动和公共信用。而国家机关的正常管理活动和公共信用主要通过公务活动来体现。

结合上述规定,参考有关案例,海关行政处罚法律文书具有法定效力和规范体式,是海关依法履行行政处罚职责的体现,符合国家机关公文的要件。因此,可以作为国家机关公文。

四、邮寄送达的具体实施主体

《党政机关公文处理工作条例》(中办发〔2012〕14号)对涉密公文的传递作出了规定。海关行政处罚法律文书作为非涉密的国家机关公文,由谁来具体实施邮寄送达?当前除了邮政企业,还有不少快递企业也从事寄送信函、文件等业务。这些快递企业能否寄送海关行政处罚法律文书?

《邮政法》第5条规定:"国务院规定范围的信件寄递业务,由邮政企业专营。"第55条规定:"快递企业不得经营由邮政企业专营的信件寄递业务,不得寄递国家机关公文。"该法第72条同时规定了法律责任条款。《国家邮政局关于切实加强国家机关公文寄递管理的通知》(国邮发〔2012〕204号)第1条规定:邮政企业以外的经营快递业务的企业不得寄递国家机关公文。《国家邮政局关于进一步加强国家机关公文寄递管理的通知》(国邮发〔2015〕1号)第1条规定:"国家机关公文寄递管理属于邮政管理部门的重要职责。"第3条规定:"邮政企业以外的单位或者个人不得寄递国家机关公文。"

《国务院办公厅政府信息与政务公开办公室关于政府信息公开处理决定送达问题的解释》(国办公开函〔2016〕235号)第2条规定:"采取邮寄送达方式送达的,根据《中华人民共和国邮政法》第五十五条规定,以及我国国家公文邮寄送达实际做法,应当通过邮政企业送达,不得通过不具有国家公文寄递资格的其他快递企业送达。"《江苏省行政程序条例》第54条第3款规定:"行政机关可以通过国家邮政机构以专递方式送达。"

国家机关公文是国家机关依法行政的重要凭证和处理公务活动的重要载体,关系到国家机关的正常运行、政务执行和国家安全。因此,根据《邮政法》等规定,海关行政处罚法律文书邮寄送达的,通过邮政企业寄递。

五、本条应当注意的问题

(一)送达回证

《民事诉讼法》第87条第1款规定:"送达诉讼文书必须有送达回证,由受送达人在送达回证上记明收到日期,签名或者盖章。"《中国保险监督管理委员会关于规范部分法律文书送达工作的指导意见》(保监发〔2007〕120号)第6条规定:"邮寄送达应当采用挂号信或者特快专递的方式送达。邮寄送达时应当附送达回证,并在信封封面写明法律文书的名称。"第3条规定:"送达法律文书应当填写统一格式的送达回证,由受送达人或者代收人在送达回证上记明收到日期,并签名或者盖章。"

本规章也规定了送达回证。送达回证是记载海关行政处罚法律文书送达的重要凭证，也是体现海关执法程序的重要证据。

1. 使用送达回证情形。海关送达行政处罚法律文书，不限于邮寄送达方式，直接送达、委托送达时也要使用该文书。

2. 不使用该文书的情形。包括：一是根据《行政处罚法》第52条第1款、本规章第102条第1款规定，适用简易程序作出的处罚决定书；二是公告送达时可以不使用该文书。

3. 留置送达时送达回证的确认。借鉴《最高人民法院关于适用〈中华人民共和国民事诉讼法〉的解释》(法释〔2022〕11号)第131条第2款规定，留置送达时，虽然受送达人不可能在送达回证上签名或者盖章，但海关执法人员应当采用拍照、录像等方式记录送达过程，在送达回证上注明送达情况并签名，同时由见证人签名或者盖章。

（二）邮寄送达期限计算

《民事诉讼法》第87条第2款规定："受送达人在送达回证上的签收日期为送达日期。"《国务院办公厅政府信息与政务公开办公室关于政府信息公开处理决定送达问题的解释》(国办公开函〔2016〕235号)第4条规定："采取邮寄送达方式送达的，以交邮之日当日为期限计算时点。"

《署令第145号》第18条规定："当事人应当在海关告知其听证权利之日起3日以内，以书面形式向海关提出听证申请。以邮寄方式提出申请的，以寄出的邮戳日期为申请日期。"

按照上述规定，海关行政处罚法律文书邮寄送达的，以寄出的邮戳日期作为时点，来计算海关是否在规定期限内履行了送达职责；以受送达人寄出的邮戳日期作为时点，来计算受送达人是否在法定期限内行使相关权利。

（三）送达回证未收到以及签收日期不一致处理

实践中，有的受送达人未寄回送达回证，如果海关行政处罚法律文书邮寄之后一段较长时间未收到受送达人寄回的送达回证，难以开展下一步的执法活动，则无形之中将办案期限延长。此外，还有受送达人交回送达回证上的签收日期与邮政部门回执上的签收日期不一致，应如何处理？

《中国保险监督管理委员会关于规范部分法律文书送达工作的指导意见》(保监发〔2007〕120号)第6条规定："如果自邮寄之日起两个星期内，未收到受送达人交回的送达回证，应当及时向邮政部门索要证明受送达人签收的邮政部门回执。回执上的签收日期和送达回证上的签收日期不一致的，或者送达回证没有寄回的，以邮政部门回执上的签收日期为送达日期。"

海关办理行政处罚案件过程中遇有上述情形的，建议借鉴上述指导意见处理。

> **案例**
>
> **某广告部与某区安全生产监督管理局行政处罚案**[①]
>
> **裁判要点** 二审法院认为，邮寄送达是法定的送达方式之一，区安全生产监督管理局（以下简称区安监局）选择邮寄送达行政处罚告知书并无不当，但该行政处罚告知书却被邮政局以原址查无此人和原写地址不详为由退回了区安监局，该广告部并没有收到行政处罚告知书，也不存在拒收的行为，该邮寄被退回的行为不能视为已送达，因此，也就不能视为区安监局在作出处罚决定前依照《行政处罚法》第 31 条的规定切实履行了告知义务。根据《行政处罚法》第 41 条的规定，区安监局作出的行政处罚决定不能成立。

第二十八条 海关依法公告送达法律文书的，应当将法律文书的正本张贴在海关公告栏内。行政处罚决定书公告送达的，还应当在报纸或者海关门户网站上刊登公告。

> **条文对比**

本条是关于公告送达的规定，对应《署令第 159 号》第 25 条第 2 款，《署令第 159 号》第 25 条第 1 款、第 3 款、第 4 款删除。

与《署令第 159 号》第 25 条第 2 款相比，主要变化：一是将"海关"位置调整到条款之首；二是删除了"予以""行政"；三是"依法公告送达"之后增加"法律文书"；四是"报纸"之后增加"或者海关门户网站"。

> **理解与适用**

一、相关政策文件

同本规章第二十四条。

二、主要法律依据

同本规章第二十四条，以及：

《民事诉讼法》第 95 条第 1 款："受送达人下落不明，或者用本节规定的其他方式无法送达的，公告送达。自发出公告之日起，经过三十日，即视为送达。"

---

① 最高人民法院行政审判庭. 中国行政审判案例：第 2 卷 [M]. 北京：中国法制出版社，2011：204-208.

三、海关行政处罚法律文书公告送达的条件

《最高人民法院印发〈关于进一步加强民事送达工作的若干意见〉的通知》(法发〔2017〕19号)第15条规定:"只有在受送达人下落不明,或者用民事诉讼法第一编第七章第二节规定的其他方式无法送达的,才能适用公告送达。"《市场监督管理行政处罚程序规定》第82条第5项规定:受送达人下落不明或者采取上述方式无法送达的,可以公告送达。

《署令第159号》第25条第1款规定:"经采取本规定第二十条至第二十四条规定的送达方式无法送达的,公告送达。"本规章未保留上述内容,不再明确公告送达的具体情形,准用民事诉讼法的有关规定。海关行政处罚法律文书公告送达的条件是:

一是受送达人下落不明。下落不明,一般是指通过多种方式无法取得联系。《深圳市市场和质量监督管理委员会执法案件办理程序若干规定》(深市质规〔2015〕2号)第39条规定:"当事人下落不明包括下列情形:(一)无照当事人搬离违法行为查处地点,住所地不明;(二)个体工商户、法人或其他组织搬离经营场所且无法查找的;(三)法人或其他组织处于停止生产经营状态,生产经营场所无相关人员生产经营和办公,且法定代表人、负责人或授权代理人均不知具体下落的;(四)无法确定涉案物品所有人的;(五)其他下落不明的情况。"

二是向受送达人直接送达、邮寄送达等其他方式无法送达。如直接送达未成功,邮寄送达被退回,等等。《公安机关办理行政案件程序规定》第36条第4款规定:"经采取上述送达方式仍无法送达的,可以公告送达。"

有的行政诉讼案例中,人民法院裁判文书[1]载明,未经过直接送达、留置送达等方式,径行采用公告方式送达有关文书,送达程序违法。民事判决中也有类似的案例。因此,不能在未穷尽相关送达方式之前就直接公告送达。

满足公告送达要求的上述两个条件,需要有相关证据予以证明。

四、公告送达的载体

《最高人民法院关于适用〈中华人民共和国民事诉讼法〉的解释》(法释〔2022〕11号)第138条第1款规定:"公告送达可以在法院的公告栏和受送达人住所地张贴公告,也可以在报纸、信息网络等媒体上刊登公告,发出公告日期以最后张贴或者刊登的日期为准。对公告送达方式有特殊要求的,应当按要求的方式进行。公告期满,即视为送达。"《江苏省行政程序条例》第59条第1款规定:"受送

---

[1] 最高人民法院(2019)最高法行申9398号。

达人下落不明或者采取本节规定的方式无法送达的，可以在行政机关公告栏和受送达人住所地张贴公告，也可以在报纸或者行政机关门户网站等刊登公告。"《公安机关办理行政案件程序规定》第36条第4款、《市场监督管理行政处罚程序规定》第82条第5项、《浙江省行政程序办法》第71条第1款、第2款分别对公告送达作出规定。

《署令第159号》援引了《海关行政处罚实施条例》第55条第2款规定，要求贴在公告栏内和登报同时具备才是有效送达，任选其一不能视为有效送达。

本规章未再完全照搬《海关行政处罚实施条例》和《署令第159号》的规定，而是根据民事诉讼法的规定作了调整：

一是除行政处罚决定书外，其他行政处罚法律文书将正本张贴在海关公告栏内即完成公告送达。人民法院裁判文书[①]指出："传统的张贴公告方式，对于相对封闭的农村传统社会，仍具有积极意义。行政机关在使用现代传媒方式进行公告的同时，应当继续采用张贴方式予以公告，以便于那些尚不习惯于接受现代传媒方式的极少数被征收人知晓公告内容。"与现代传媒方式相比，张贴是历史较为悠久的传统方式，对于保障相对人的知情权仍具有积极意义。因此，不能因社会发展而完全摒弃这种传统但又有效的公告方式，以方便不习惯于接受和适应现代传媒方式的当事人知晓公告内容。张贴公告的地点从便民的角度当然在当事人住所地张贴更为有利，但当事人住所地与行政机关所在地处于不同行政区域时也会增加行政机关的成本。因此，本规章规定延续了《海关行政处罚实施条例》《署令第159号》中"海关公告栏"的规定。《最高人民法院关于适用〈中华人民共和国民事诉讼法〉的解释》（法释〔2022〕11号）第138条第2款规定："人民法院在受送达人住所地张贴公告的，应当采取拍照、录像等方式记录张贴过程。"借鉴上述规定，在海关公告栏张贴行政处罚法律文书的，建议采取拍照、录像等方式记录张贴过程。

二是行政处罚决定书的公告送达必须同时符合公告栏内张贴和刊登公告两种形式。刊登公告要选择具体的载体：

1. 报纸。报纸是执法部门选择刊登公告的传统载体之一，随着时代的进步和阅读方式的转变，报纸也有了电子版。在报纸上刊登公告一般要考虑的重点因素包括：报纸的发行范围、类别和公告费用等。当然，也有观点认为，在报纸上刊登公告，无需考虑这些问题，因为法律规范没有禁止性规定或限制性要求。第一，是选择当事人所在地的报纸、海关所在地的报纸，还是全国性报纸。从送达的目的和效果看，全国性报纸发行范围广，影响大，自然效果最好，一般不会引发送达程序上的争议，尤其是作出行政处罚的海关与当事人不在同一省级行政区时。第二个因素

[①] 最高人民法院（2018）最高法行再198号。

是报纸类别，或者说业务领域。第三个是刊登公告的费用，前两个因素决定了费用的高低，这影响到行政执法成本。以往海关公告送达法律文书，既有在地方报纸刊登的，也有在《法治日报》等全国性报纸上刊登的。参考人民法院在《人民法院报》刊登公告的做法，建议在《中国国门时报》中开辟专栏，定期汇总各关要公告送达的法律文书后统一集中公告。

2.海关门户网站。顺应经济社会发展和信息化应用潮流，借鉴《最高人民法院关于适用〈中华人民共和国民事诉讼法〉的解释》（法释〔2022〕11号）第138条第1款规定的"信息网络"，本规章本条进一步明确为"海关门户网站"。目前，全国直属海关都有自己的门户网站，但有些隶属海关并没有自己的门户网站。以隶属海关名义作出的行政处罚决定书公告送达的，如果不在报纸上而在门户网站刊登公告时，可以在该隶属海关的上级直属海关门户网站刊登公告。建议由直属海关在门户网站开辟关区公告送达栏目，明确事项，统一要求，规范公告送达；同时便于社会了解，也方便当事人能够及时掌握公告内容。

五、本条应当注意的问题

（一）公告送达的期间

修改前《民事诉讼法》规定公告送达时间为六十日。适应经济社会发展变化，新《民事诉讼法》第95条第1款规定："自发出公告之日起，经过三十日，即视为送达。"该规定进一步压缩了案件审理周期，防止诉讼拖延，同时降低诉讼成本。

本规章未延续《署令第159号》第25条第4款规定，公告送达的期间按照送达程序准用规定，适用民事诉讼法的规定。自2022年1月1日起，海关公告送达行政处罚法律文书的期间根据新《民事诉讼法》"三十日"的规定执行。

（二）"报纸"和"海关门户网站"

《海关行政处罚实施条例》第55条第2款规定："……张贴在公告栏内，并在报纸上刊登公告。"

借鉴《最高人民法院关于适用〈中华人民共和国民事诉讼法〉的解释》（法释〔2022〕11号）第138条第1款的规定，参考规章等规定，本规章本条明确为"报纸或者海关门户网站"，"报纸"和"海关门户网站"二者不是同时具备、缺一不可的关系，选择其中一种载体即为有效送达。

（三）公告的内容

无论在公告栏内张贴、还是在报纸或者海关门户网站刊登公告，是否包括全文？在报纸上刊登公告，公告内容篇幅长短涉及费用和行政执法成本问题，当然通过在公告栏内张贴、海关门户网站全文刊登不存在技术问题，成本也低。鉴于根据《行政处罚法》第48条的规定，本规章第78条规定了"具有一定社会影响的行政处罚决定，海关应当依法公开"，而且考虑到《政府信息公开条例》等要求，在海关公告栏内张贴、在报纸或者海关门户网站刊登公告时，建议对公告文书的内容予以考虑。

案例

甲与某市公安局行政处罚案[①]

裁判要点 公安机关在已经获取相对人的联系方式、地址的情况下，且尚无有效证据证明其在无法履行告知义务的情况下，迳行以公告方式送达行政处罚告知；同时，在公告中告知相对人陈述权和申辩权，该权利告知未能通过更有效送达方式让相对人知晓，致使相对人不能及时行使陈述权和申辩权，不利于对行政被处罚人合法权益的保护。据此，被诉处罚决定不符合法定程序，应予撤销。

案例

某公司与某市工商局工商行政处罚案[②]

裁判要点 被告在庭审中提供其于2007年2月8日在《某某日报》及其办照大厅的触摸屏上刊登的公告，以证明其已以公告送达的方式将《行政处罚决定书》送达原告。根据被告提供的证据可以证实，其刊登在《某某日报》上的公告，没有载明被处罚当事人名称，虽然被告在《某某日报》上告知被吊销企业名单公布在其办照大厅的触摸屏上，但"触摸屏"只是被告单位内部设置的一种管理模式，目前尚无法律、法规对工商行政管理机关在单位内部设置的"触摸屏"上发布的文书可以作为公告送达的形式予以明确，因此，被告以单位内部设置的"触摸屏"上公布被吊销企业名单及处罚决定书作为公告送达的形式，无法律依据，不能视为被告已向原告送达了其对原告作出的本案被诉具体行政行为。由于被告在报刊上刊登被处罚的主体不明，没有载明原告的企业名称，故该公告不能视为被告已向原告送达了其对原告作出的本案被诉具体行政行为。

第三章 案件调查

章注

本规章第三章"案件调查"自第29条至第53条，共25条。《署令第159号》第三章"案件调查"自第27条至第55条，共29条。

---

① 最高人民法院（2019）最高法行申14170号。
② 广西壮族自治区南宁市中级人民法院（2008）南市行终字第27号。

《中华人民共和国海关办理行政处罚案件程序规定》
理解与适用

与《署令第 159 号》相比，主要变化：一是《署令第 159 号》第三章"案件调查"分为"立案""查问、询问""检查、查验""化验、鉴定""查询存款、汇款""扣留和担保""调查中止和终结"共 7 节，本规章本章不再分节；二是删除《署令第 159 号》第 28 条（不予立案），第 35 条（查问、询问时可以根据需要录音、录像），第 47 条（扣留期限），第 53 条（案件移送），第 54 条（中止调查），共 5 条；三是增加出示执法证件（本章第 30 条）、鉴定结果告知（本章第 44 条）、收取担保（本章第 49 条），共 3 条；四是保留《署令第 159 号》第 27 条、第 29 条至 34 条、第 37 条至第 41 条、第 44 条、第 45 条、第 48 条至第 52 条、第 55 条，部分内容保留的有第 36 条第 1 款、第 42 条第 2 款、第 43 条第 2 款、第 46 条第 3 款，共 24 条，整合为 22 条。其中《署令第 159 号》第 42 条第 2 款、第 43 条第 2 款对应本规章第 43 条，《署令第 159 号》第 44 条、第 45 条对应本规章第 45 条。

理解与适用

德国法学家毛雷尔教授指出："调查原则具有决定性的意义，因为拟作出的行政行为的合法性取决于对案件事实的合法的和深入的调查。"[1] 韩国《行政调查基本法》第 2 条规定："所谓'行政调查'，是指行政机关为了收集决定政策或者履行职务所必要的信息或资料，进行现场调查、阅览文书、抽样等或者责令被调查对象提交报告或要求提交资料以及责令出席、进行陈述等的活动。"

我国行政法学界早期对行政调查的性质认定主要有"事实行为说""程序行政行为说""中间行政行为说"等学说。近年来国内行政法学界有了新的认识。[2] 例如，有观点认为，行政调查是指行政主体在具体行使法律授予的权限时，为了确定是否存在符合该权限行使要件的事实，针对特定当事人进行的事实调查或资料收集活动。[3] 有些学者给"行政调查"的定义增加了时限要素，如"行政程序开启之后"[4] 或者"在行政程序开启之后、行政决定作出之前"。[5]

行政调查的实质是行政主体为了实现一定的行政目的，依照其职权对特定的行政相对人进行的了解有关信息、收集有关证据，或者认定处理有关行政事件所依据的行政活动。[6] 行政调查是行政主体启动行政程序后和作出决定前的重要活动，由许多调查方式或者手段组成。既是行政主体履行的职责，也可视为一种义务。调查是查明事实的基础，是法律实施的起点，是实现行政管理目标的手段。[7]

---

[1] [德]哈特穆特·毛雷尔.行政法学总论[M].高家伟，译.北京：法律出版社，2000：466.
[2] 黄学贤.行政调查及其程序原则[J].政治与法律，2015（6）：15.
[3] 宋华琳.行政调查程序的法治建构[J].吉林大学社会科学学报，2019，59（3）：139-149.
[4] 关保英.行政程序法学：下册[M].北京：北京大学出版社，2021：515.
[5] 章剑生.行政程序法学[M].北京：中国政法大学出版社，2004：138.
[6] 黄学贤.行政调查及其程序原则[J].政治与法律，2015（6）：15.
[7] 应松年，马怀德.中华人民共和国行政处罚法学习辅导[M].北京：人民出版社，1996：184.

行政处罚的调查，是指行使行政处罚权的行政机关依法查清相关事实而进行的收集信息和证据的一系列活动。需要注意的是：

一、先取证，后裁决

受"先取证，后裁决"规则的约束，行政诉讼中被告提供的旨在证明行政行为合法性的证据只能限于其在作出行政行为时已经收集的证据。行政处罚决定的作出一般经历"立案—调查取证—案件核审—听取当事人意见或听证—作出处罚决定"五个步骤。[1] 从《行政处罚法》的体例结构看，案件调查是行政决定全过程的一个环节，由行政机关主导，相对人参与，并有可能涉及其他执法机关或司法机关。有学者指出："'先调查取证，后作出决定'是行政程序法对行政主体的最起码的要求之一，行政程序已经终结之后的任何调查之举均违反了这一基本精神。"[2] 因此，行政处罚要遵循"先取证，后裁决"的规则，不能未经调查即作出行政处罚决定。

二、调审分离

王名扬先生认为，职能分离是指从事裁决和审判型听证的机构或者人员，不能从事与裁决和听证行为不相容的活动，以保证裁决的公平。[3] 有观点认为，职能分离制度源于美国的自然正义原则，该原则要求任何与争议有利害关系的人不得参与争议的裁决。[4] 我国《行政处罚法》集中规定的两种职能分离制度，都是内部职能分离。其一是行政案件的调查与行政处罚的决定相分离；其二是决定行政罚款的机关与收缴罚款的机关相分离。[5]

《海关法》第79条规定："海关内部负责审单、查验、放行、稽查和调查等主要岗位的职责权限应当明确，并相互分离、相互制约。"行政处罚案件的调查岗位与审理岗位职能分离，由不同的执法人员行使权力，这主要从公正原则出发，避免执法人员对一起案件从头到尾办到底，无法保持客观、中立的立场，导致结果不公正。调审分离或者查处分离在许多规章中已作出规定。[6] 本规章根据《海关法》《行政处罚法》《海关行政处罚实施条例》等法律、行政法规规定，严格落实调审分离原则要求。

第二十九条 除依法可以当场作出的行政处罚外，海关发现公民、法人或者其

---

[1] 张红，岳洋.行政处罚"首违不罚"制度及其完善[J].经贸法律评论，2021（3）：20-34.
[2] 章剑生.行政程序法学[M].北京：中国政法大学出版社，2004：139.
[3] 王名扬.美国行政法：上[M].北京：北京大学出版社，2016：327.
[4] 姜明安.行政法[M].北京：北京大学出版社，2017：493.
[5] 胡锦光.行政法与行政诉讼法[M].北京：国家开放大学出版社，2021：211-213.
[6] 如《环境行政处罚办法》第5条、第45条，《广州市规范行政执法自由裁量权规定》第22条等。

《中华人民共和国海关办理行政处罚案件程序规定》
理解与适用

他组织有依法应当由海关给予行政处罚的行为的，必须全面、客观、公正地调查，收集有关证据；必要时，依照法律、行政法规的规定，可以进行检查。符合立案标准的，海关应当及时立案。

<u>条文对比</u>

本条是关于立案的规定，对应《署令第159号》第27条。

与《署令第159号》第27条相比，主要变化：一是增加"除依法可以当场作出的行政处罚外，"；二是将《署令第159号》中的"立案调查"分别表述；三是在"调查"之前增加"必须全面、客观、公正地"，在"调查，"之后增加"收集有关证据；必要时，依照法律、行政法规的规定，可以进行检查。"；四是在"应当立案"之前增加"符合立案标准的，海关"，在"应当""立案"之间增加"及时。

<u>理解与适用</u>

一、相关政策文件

《国务院关于印发全面推进依法行政实施纲要的通知》（国发〔2004〕10号）："要完善群众举报违法行为的制度。"

《法治政府建设实施纲要（2015—2020年）》："建立对行政机关违法行政行为投诉举报登记制度。"

《法治政府建设实施纲要（2021—2025年）》："畅通违法行为投诉举报渠道。"

《国务院关于进一步贯彻实施〈中华人民共和国行政处罚法〉的通知》（国发〔2021〕26号）："要建立健全立案制度、完善立案标准，对违反行政管理秩序的行为，按规定及时立案并严格遵守办案时限要求，确保案件得到及时有效查处。"

二、主要法律依据

《行政处罚法》第54条："除本法第五十一条规定的可以当场作出的行政处罚外，行政机关发现公民、法人或者其他组织有依法应当给予行政处罚的行为的，必须全面、客观、公正地调查，收集有关证据；必要时，依照法律、法规的规定，可以进行检查。 符合立案标准的，行政机关应当及时立案。"

《海关法》第6条：海关有权调查违法嫌疑人的违法行为，调查走私案件。

《海关行政处罚实施条例》第33条："海关发现公民、法人或者其他组织有依法应当由海关给予行政处罚的行为的，应当立案调查。"第34条第1款、第2款："海关立案后，应当全面、客观、公正、及时地进行调查、收集证据。 海关调查、收集证据，应当按照法律、行政法规及其他有关规定的要求办理。"

根据《行政处罚法》第54条，本条对《署令第159号》第27条予以修改。

三、"海关发现"

2004年11月,《司法部关于提请明确对行政处罚追诉时效"二年未被发现"认定问题的函》(司发函〔2004〕212号)认为:"《行政处罚法》第29条规定的发现违法违纪行为的主体是处罚机关或有权处罚的机关,公安、检察、法院、纪检监察部门和司法行政机关都是行使社会公权力的机关……因此上述任何一个机关对……违法违纪行为只要启动调查、取证和立案程序,均可视为'发现';群众举报后被认定属实的,发现时效以举报时间为准。"2004年12月,《全国人民代表大会常务委员会法制工作委员会关于提请明确对行政处罚追诉时效"二年未被发现"认定问题的函的研究意见》(法工委复字〔2004〕27号)称"同意你部的意见"。人民法院裁判文书[1]载明,这里的"发现",是指有权处罚机关或行使社会公权力机关通过日常执法检查、相关部门移送、违法单位主动报送、群众举报等各种方式途径发现违法行为。

本条的"海关发现"并不是指所有案件均通过海关自行首先发现。实践中,海关发现违法行为的情形除了自行发现,也包括相关机关移送、群众举报、违法行为人主动投案等情形。

四、全面、客观、公正地调查

(一)全面

全面收集证据原则是行政法中禁止片面原则的基本要求和具体体现。[2] 全面调查义务的法理基础源于行政调查的职权调查主义,而行政调查采职权调查主义是依法行政原则对行政行为实质正确性内在要求的必然结果。[3] 德国《联邦行政程序法》第24条规定:"官署应斟酌一切对个别案件有意义的情况,对当事人有利的,也不例外。"全面收集证据原则,要求"行政机关在事实认定过程中,不得遗漏应调查的事实""不得事先对特定具有关联性的证据材料加以排除,不得对某些证据材料弃之如敝履"[4]。

海关在办理行政处罚案件过程中落实全面收集证据要求,要收集与案件事实有关的所有证据:一是从调查对象上,既要对涉嫌违法的相对人进行调查,也要对了解案件真实情况的证人或者利害关系人进行调查,调查对象既可以是相对人,也可

---

[1] 最高人民法院(2020)最高法行申9045号。
[2] 黄学贤.行政调查及其程序原则[J].政治与法律,2015(6):15-28.
[3] 徐庭祥.论行政机关的全面调查义务及其司法审查[M]// 章剑生.公法研究:第20卷[M].杭州:浙江大学出版社,2020:142-159.
[4] 李文姝.行政案件快速办理程序构造论[J].人大法律评论,2020(1):174-191.

以是单位。二是从证据的来源上，既可以是海关主动调查收集的证据，也可以是当事人、第三人等提供的证据。三是从证据的作用上，既要收集对当事人不利的证据，也要收集对当事人有利的证据，如当事人提供对其有利的证据，不能不予收集；如当事人请求海关调查自己不能提供但与案件事实有关的证据，海关一般应当采纳并取证。四是从证据的种类上看，要根据个案情况，注意收集直接证据与间接证据，原始证据与传来证据，保证不同形式的证据相互印证。

（二）客观

客观收集证据原则要求理性、中允，避免主观随意性，不掺杂个人感情色彩，不受主观爱憎所支配，不被不良情绪所左右；既不能随意夸大、牵强附会，也不能大事化小、小事化了；不能先入为主，抱有成见，不能先预设一个结论并围绕结论收集证据。

（三）公正

公正收集证据原则是行政处罚法公正原则的具体体现，要求海关在调查时公平、平等地对待所有当事人，不能厚此薄彼，不能有任何歧视和实施差别待遇；要落实回避等制度，不存在偏私或武断，确保行政处罚证据收集不受人为因素影响；要落实执法公开制度，保障相对人的参与，让当事人有机会说明情况，主张权利；要采取合法合理的措施，程序合法。

五、立案

立案是行政机关决定要追究行政违法行为人的法律责任而进行的一项法律活动。[1] 尽管学者在具体表述上略有差别，但普遍认为立案是行政处罚程序的开始。[2]

《关于〈中华人民共和国行政处罚法（修订草案）〉的说明》指出，除当场作出的行政处罚外，行政机关认为符合立案标准的，应当立案。

关于立案的条件，有观点认为，行政机关通过对有关材料的审查，认为有行政违法行为的发生，且属于本部门管辖，以及不属于适用简易程序的案件。[3] 海关行政处罚案件立案条件一般包括：发现违法行为的事实或线索；依法应当由海关给予行政处罚；在行政处罚追责期限内；符合立案标准。

关于立案标准问题，《行政处罚法》未作规定。《国务院关于进一步贯彻实施〈中华人民共和国行政处罚法〉的通知》（国发〔2021〕26号）提出："要建立健全立案制度、完善立案标准。"因此，行政机关应当制定立案标准。

---

[1] 应松年. 行政处罚法教程 [M]. 法律出版社，2012：193.
[2] 姜明安. 行政法 [M]. 北京：北京大学出版社，2017：353. 应松年. 行政处罚法教程. 法律出版社，2012：193. 胡建淼.《行政处罚法》通识十讲 [M]. 北京：法律出版社，2021：148.
[3] 胡锦光. 行政法与行政诉讼法 [M]. 北京：国家开放大学出版社，2021：155.

有观点认为，行政处罚立案的标准应当包括五个方面：一是存在违反行政管理法律、法规或规章且相关法条设定了行政处罚的行为，或者有存在前述违法行为的确切线索；二是办案机关具有管辖权；三是违法行为仍在行政处罚追究时效内；四是对同一违法行为，不得给予两次以上罚款；五是初步调查未发现存在其他依法应当不予处罚的情形。[1] 也有观点认为，立案的标准大致应包括以下三点：一是经初步调查，行为人有实施违法行为的事实；二是属于本部门管辖；三是在法定的追诉期内。[2] 上述立案标准与立案条件在构成要素上有一定的重合。

一般而言，立案标准既可以是总体性规定，也可以是详细的规定，还可以是两者的结合。针对某领域或者某类违法行为，立案标准可以综合考量违法行为性质、后果、案值、主观过错等因素作出规定。

六、本条应当注意的问题

（一）不启动全面、客观、公正调查的情形

《行政处罚法》第 54 条第 1 款规定排除情形是："除本法第五十一条规定的可以当场作出的行政处罚外"。《行政处罚法》第 51 条规定的当场处罚，从执法程序上看属于简易程序，无须通过调查—决定—执行的普通程序，也不涉及听证程序。因此，不需要启动全面、客观、公正地调查。对于普通程序案件，有观点认为，具有管辖权的行政机关该立案的不立案、该调查的不调查、该处罚的不处罚等，都构成本条意义上的不作为。不具有管辖权的行政机关对于正在发生的行政违法行为没有处罚的职责，但是有一定的制止义务。[3]

（二）调查与检查

《行政处罚法》除第 54 条第 1 款出现"调查""检查"外，第 55 条还出现了"调查或者进行检查""调查或者检查"。

关于"调查""检查"的含义，不同专家学者有不同的表述。[4] 立法机关在解读中指出："一、调查。行政机关对行政处罚案件的调查是收集证据并对证据进行审查核实的过程……三、检查措施。行政机关在调查、收取证据时，必要时，根据法律、行政法规或者地方性法规的规定，可以进行检查。"[5]

---

[1] 江必新.行政处罚法条文精释与实例精解[M].北京：人民法院出版社，2021：307-308.
[2] 李洪雷.中华人民共和国行政处罚法评注[M].北京：中国法制出版社2021：369-370.
[3] 袁雪石.中华人民共和国行政处罚法释义[M].北京：中国法制出版社，2021：401.
[4] 许安标.中华人民共和国行政处罚法释义[M].北京：中国民主法制出版社，2021：151.江必新.行政处罚法条文精释与实例精解[M].北京：人民法院出版社，2021：310-311.应松年，马怀德.中华人民共和国行政处罚法学习辅导[M].北京：人民出版社，1996：193-194.
[5] 全国人大常委会法制工作委员会国家法、行政法室.《中华人民共和国行政处罚法》讲话[M].北京：法律出版社，1996：143.

《中华人民共和国海关办理行政处罚案件程序规定》
理解与适用

《行政处罚法》第47条规定：对行政处罚的启动、调查取证、审核、决定、送达、执行等进行全过程记录，归档保存。"调查"和"检查"都是行政处罚"调查取证"的方式，简言之，"调查取证"包含了"调查""检查"等具体方式。《江苏省行政程序条例》第102条规定："本条例所称行政检查，是指行政机关依照法定职权和程序，对公民、法人或者其他组织遵守法律、法规、规章和执行行政命令、行政决定的情况进行了解、调查和监督的行政行为。"综观理论研究与客观实践，行政调查与行政检查作为两种不同的行为，确实不能完全等同，两者存在内涵与外延上的区别，但是这种区别又不是本质上的。① 无论如何，调查取证是行政处罚普通程序中的第一个步骤，调查、检查是查明当事人违法事实以作出行政处罚的两种手段。②

（三）立案前能否开展取证工作

立案并不意味着行政机关在立案前无所事事。有学者也提出，行政机关从发现违法行为到立案之间一般均有一定的时间距离，将立案作为发现的标准在法律解释的合理性上有所不足，解决这一问题须通过立（修）法途径。③

《医疗保障行政处罚程序暂行规定》第19条第2款、第3款规定："立案前核查或者监督检查过程中依法取得的证据材料，可以作为案件的证据使用。""对于移送的案件，移送机关依职权调查收集的证据材料，可以作为案件的证据使用。"司法观点也认为："一是法律对立案前的调查取证并无禁止性规定，不宜将立案作为划分是否可以开展调查取证的时间点。二是立案之前行政机关调查收集的证据可以作为其后作出行政处罚的证据，但认定违法行为的全部证据不能都是立案之前调查收集的。"④

海关在发现线索、接收举报或者接收其他机关移送材料后，是否立案，需要甄别和核查，可以进行一些调查取证活动。另一方面，立案之前可以调查取证，但不能走向另外一个极端——"不破不立"，"凡立不撤"，把所有证据全部收集固定后再立案。此举当然可以避免立案后因证据等问题最终撤案，但不能为了避免撤案而把先固定好证据后再立案作为办理行政处罚案件的模式。

案例

某公司与某市工商行政管理局某分局行政处罚案⑤

裁判要点　一、二审法院均认为，某分局在违法发布广告行为存在多个主体的

---

① 黄学贤.行政调查及其程序原则[J].政治与法律，2015（6）：17-30.
② 杨伟东.中华人民共和国行政处罚法理解与适用[M].北京：中国法制出版社，2021：176.
③ 李洪雷.论我国行政处罚制度的完善：兼评《中华人民共和国行政处罚法（修订草案）》[J].法商研究，2020（6）：3-18.
④ 江苏省高级人民法院行政庭课题组.行政处罚法修订后司法、执法如何应对[N].江苏法治报，2021-7-6（A7）.
⑤ 北京市第二中级人民法院（2006）二中行终字第490号.

情况下，未对涉案违法广告的全部责任主体进行立案、查处，仅以杂志的主办方之一的某公司为责任承受者给予处罚，认定事实不清、适用法律错误，判决撤销原处罚决定。

> **案例**
>
> **某公司与某海关行政处罚案**[①]
>
> **裁判要点**　法院认为，本案中，A 公司委托 B 公司进口的 1000 头牛中有 58 头脱离了海关监管。C 海关出具的《涉嫌走私、违规线索移交单》及 D 海关出具的《受理案件登记表》中，载明涉嫌违法单位是 B 公司。D 海关初步审查后出具的《立案审批表》载明涉嫌违法单位是 B 公司和 A 公司。通过立案调查，并依法审慎审查后，认定应受处罚的主体为 A 公司，是 D 海关依据既存事实和法定程序查明真相的结果。故本案所诉行政处罚行为的嫌疑主体和处罚主体不一致，并无不当。

第三十条　执法人员在调查或者进行检查时，应当主动向当事人或者有关人员出示执法证件。

当事人或者有关人员有权要求执法人员出示执法证件。执法人员不出示执法证件的，当事人或者有关人员有权拒绝接受调查或者检查。

当事人或者有关人员对海关调查或者检查应当予以协助和配合，不得拒绝或者阻挠。

> **条文对比**

本条是关于执法证件的规定，对应《署令第 159 号》第 7 条中"应当向当事人或者有关人员出示执法证件"。

与《署令第 159 号》第 7 条相比，主要变化：一是增加第 2 款、第 3 款；二是将《署令第 159 号》第 7 条中的"、收集证据"修改为"或者进行检查"；三是删除"海关""办理行政处罚案件的海关""（以下简称办案人员）不得少于 2 人，并且"。

> **理解与适用**

一、相关政策文件

《国务院关于印发全面推进依法行政实施纲要的通知》（国发〔2004〕10 号）："要严格遵循法定程序，依法保障行政管理相对人、利害关系人的知情权、参与权和救济权。"

[①] 甘肃省兰州市中级人民法院（2019）甘 01 行初 1 号。

《中共中央关于全面推进依法治国若干重大问题的决定》:"严格实行行政执法人员持证上岗和资格管理制度。"

《法治政府建设实施纲要（2015—2020年）》:"全面实行行政执法人员持证上岗和资格管理制度。"

《国务院办公厅关于全面推行行政执法公示制度执法全过程记录制度重大执法决定法制审核制度的指导意见》（国办发〔2018〕118号）:"行政执法人员在进行监督检查、调查取证、采取强制措施和强制执行、送达执法文书等执法活动时，必须主动出示执法证件，向当事人和相关人员表明身份。"

《法治中国建设规划（2020—2025年）》:"推进统一的行政执法人员资格和证件管理、行政执法文书基本标准、行政执法综合管理监督信息系统建设。"

《法治政府建设实施纲要（2021—2025年）》:"统一行政执法人员资格管理，除中央垂直管理部门外由省级政府统筹本地区行政执法人员资格考试、证件制发、在岗轮训等工作，国务院有关业务主管部门加强对本系统执法人员的专业培训，完善相关规范标准。""公民、法人和其他组织享有宪法和法律规定的权利，同时必须履行宪法和法律规定的义务。""推动形成全社会支持行政执法机关依法履职的氛围。"

二、主要法律依据

《行政处罚法》第55条:"执法人员在调查或者进行检查时，应当主动向当事人或者有关人员出示执法证件。当事人或者有关人员有权要求执法人员出示执法证件。执法人员不出示执法证件的，当事人或者有关人员有权拒绝接受调查或者检查。 当事人或者有关人员应当如实回答询问，并协助调查或者检查，不得拒绝或者阻挠。询问或者检查应当制作笔录。"

《海关法》第6条:海关可以检查进出境运输工具，查验进出境货物、物品；查问违反本法或者其他有关法律、行政法规的嫌疑人，调查其违法行为；在海关监管区和海关附近沿海沿边规定地区，检查有走私嫌疑的运输工具和有藏匿走私货物、物品嫌疑的场所，检查走私嫌疑人的身体；在海关监管区和海关附近沿海沿边规定地区以外，海关在调查走私案件时，对有走私嫌疑的运输工具和除公民住处以外的有藏匿走私货物、物品嫌疑的场所进行检查等。第12条第1款:"海关依法执行职务，有关单位和个人应当如实回答询问，并予以配合，任何单位和个人不得阻挠。"

《海关行政处罚实施条例》第34条第3款:"海关调查、收集证据时，海关工作人员不得少于2人，并应当向被调查人出示证件。"

根据《行政处罚法》第55条规定，并结合海关执法办案实践，在本条中增加相关内容。

三、执法证件

执法证件是证明从事行政执法活动的行政执法人员身份的证件，不同法律规范的表述有所不同。[①] 根据《行政处罚法》《国务院办公厅关于全面推行行政执法公示制度执法全过程记录制度重大执法决定法制审核制度的指导意见》（国办发〔2018〕118号）等规定，本规章也使用了"执法证件"的表述。

《国务院办公厅关于全面推行行政执法公示制度执法全过程记录制度重大执法决定法制审核制度的指导意见》（国办发〔2018〕118号）："加强行政执法人员资格管理，统一行政执法证件样式"。2020年，司法部办公厅印发《关于做好全国统一行政执法证件标准样式实施工作的通知》（国办发〔2020〕78号）后，不少地方也陆续下发换证通知。

在2018年机构改革之前，海关执法证有"查缉证""调查证""稽查证""核查证"等多种，2018年机构改革后统一为"海关执法证"。启东市行政执法监督委员会办公室印发的《关于进一步明确行政执法人员持证上岗亮证执法的函》（启执委函〔2022〕1号）规定："公安、税务、海关、海事等单位持国务院部门统一规定样式执法证件执法。"

海关执法人员应当主动出示执法证。出示证件分为两种情形：一种是海关执法人员主动出示；另一种是当事人或者有关人员要求执法人员出示执法证件。前者是海关执法人员的义务，后者是当事人或者有关人员的权利。

四、当事人或者有关人员的权利和义务

（一）当事人或者有关人员的权利

有观点认为，我国现行行政立法关于行政相对人介入行政行为仅有一些零散的规定，体现在个别立法中，并不适用于所有行政行为。如《行政处罚法》中的陈述、申辩和拒绝权。[②] 在我国行政法治中确立了行政相对人诸多行政程序权利，其中有三个程序权利应引起注意：第一个是陈述权，第二个是申辩权，第三个是拒绝权。[③]

根据《行政处罚法》第55条第1款，本条第2款规定了当事人或者有关人员对海关执法人员不出示执法证的拒绝权。

[①] 如《行政强制法》第18条第3项"执法身份证件"，《治安管理处罚法》第87条第1款"工作证件"，《银行业监督管理法》第34条第2款、第42条第2款"合法证件"等。
[②] 关保英.行政相对人介入行政行为的法治保障[J].法学，2018（12）：40-51.
[③] 关保英.违反法定程序收集行政证据研究[J].法学杂志，2014，35（5）：48-63.

（二）当事人或者有关人员协助和配合的义务

德国《联邦行政程序法》第 26 条规定："当事人应当参与调查。当事人尤其应当提出所知道的证据方法。至于当事人参与调查的其他义务，尤其是出席或者陈述的义务，仅以法律规定者为限。"有观点认为，"基于现代公法原理，个人因为享有权利而需随附一定的公共责任，这种公共责任本质上可以成为其承担协助国家机关执行公务之义务的法理基础。"[1]"在进行调查的过程中，行政机关尽管已经尽力调查，但未必能完全掌握所有证据材料，所以有赖于当事人的协助。"[2]

根据《行政处罚法》第 55 条的规定，本条第 3 款规定了当事人或者有关人员协助和配合、不得拒绝或阻挠的义务。

（三）当事人协助与配合是否改变调查取证职责

海关执法人员在调查或者检查时，当事人或者有关人员有应当予以协助和配合的义务。但这并不意味着调查取证的职权和责任在海关与当事人或者有关人员之间重新分配，调查取证的义务和责任也并未转移给当事人或者有关人员。海关仍然是调查取证的主体，要切实履行好调查取证职责。

案例

某公司与某区市场监督管理局行政处罚案[3]

裁判要点 法院认为，区市监局在进行检查时，2 名执法人员的执法证件超过原有效期，但相关部门已经认可仍具有执法资格，且并未影响上诉人进行陈述、申辩等合法权益，不足以导致撤销区市监局作出的涉案行政处罚决定。

第三十一条 执法人员查问违法嫌疑人、询问证人应当个别进行，并且告知其依法享有的权利和作伪证应当承担的法律责任。

违法嫌疑人、证人应当如实陈述、提供证据。

条文对比

本条是关于查问、询问的规定，对应《署令第 159 号》第 29 条。

理解与适用

一、相关政策文件

《国务院关于印发全面推进依法行政实施纲要的通知》（国发〔2004〕10 号）："公民、法人和其他组织合法的权利和利益得到切实保护""要严格遵循法定程序，依法保障行政管理相对人、利害关系人的知情权、参与权和救济权"。

---

[1] 章剑生. 论行政处罚中当事人之协助 [J]. 华东政法学院学报. 2006, 47（4）: 36.
[2] 宋华琳. 行政调查程序的法治建构 [J]. 吉林大学社会科学学报, 2019, 59（3）: 139-149.
[3] 山西省晋城市中级人民法院（2020）晋 05 行终 80 号。

《法治政府建设实施纲要（2015—2020年）》："健全行政执法调查取证、告知、罚没收入管理等制度。"

二、主要法律依据

《行政处罚法》第46条第5项：证据包括证人证言。第55条第2款："当事人或者有关人员应当如实回答询问。"

《海关法》第6条第2项：海关可以查问违反本法或者其他有关法律、行政法规的嫌疑人，调查其违法行为。第12条第1款："海关依法执行职务，有关单位和个人应当如实回答询问，并予以配合，任何单位和个人不得阻挠。"

《海关行政处罚实施条例》第43条第1款："海关查问违法嫌疑人或者询问证人，应当个别进行，并告知其权利和作伪证应当承担的法律责任。违法嫌疑人、证人必须如实陈述、提供证据。"

三、询问与查问

（一）询问

现有法律一般使用"询问"的表述，三大诉讼法中都有"询问"，《刑事诉讼法》除了"询问"外，还有"讯问"。《海警法》第68条第1款则规定了"询问、讯问、继续盘问"。行政法律大多使用"询问"，如《治安管理处罚法》第82条、第83条、第84条等。

2017年《行政处罚法》第37条第1款规定："当事人或者有关人员应当如实回答询问。"新《行政处罚法》第55条第2款予以保留。也就是说，无论针对的对象是谁，是行政违法嫌疑人，还是证人或者其他人员，都适用"询问"。

（二）查问

《行政处罚法》未就查问作出规定。《海关法》第12条第1款规定"询问"，但在第6条第2项规定了"查问"，针对的对象是"违反本法或者其他有关法律、行政法规的嫌疑人"，《中华人民共和国海关法释义》指出："海关法中的询问与查问是有区别的，询问的对象是知道案件情况的证人，被询问的人并非是参与走私犯罪活动的嫌疑人；而查问的对象是有违法行为的嫌疑人。"[①] 因此，在海关办理行政处罚案件过程中，根据对象的不同区分查问和询问。查问针对的是违法嫌疑人，询问是违法嫌疑人以外的人员；查问通过《查问笔录》予以记录，询问通过《询问笔录》予以记录。

---

① 卞耀武.中华人民共和国海关法释义[M].北京：法律出版社，2001.

（三）转换

在一定条件下，被查问对象和被询问对象在案件中有可能发生角色的变化，也带来执法程序和文书的变化。如，经海关对违法嫌疑人查问，并结合调取的证据，排除了其违法嫌疑，则被查问人不再是违法嫌疑人，有的则成为案件的证人，再次做笔录时应当使用《询问笔录》；经对被询问人询问后，结合调取的证据证明该人员为违法嫌疑人，再次做笔录时应当使用《查问笔录》。

总之，查问违法嫌疑人、询问证人是海关行政处罚过程中的调查措施，是查明案件事实、收集证据的重要活动方式之一。通过查问和询问，可以听取被查问人或者被询问人的陈述、违法嫌疑人的辩解，更好地明确调查方向，有助于全面掌握案件来龙去脉，准确界定违法嫌疑人的责任，或者是通过查问、询问深挖线索，查发其他违法事实，扩大调查成果。

四、证人证言

在行政执法中，证人证言是指证人以口头或者书面方式向行政机关所作的对案件事实的陈述。[1]

从证据种类看，证人证言属于直接、言词证据，在行政执法中出现的频率较高。有观点认为，按照"证言三角形理论"，证言可信性涉及证人的感知能力、记忆能力、诚实性、叙述能力这四种品质。事实认定者对这些证言品质进行推论，才能形成可信性判断。[2]

五、违法嫌疑人、证人的义务

（一）如实回答

在行政调查过程中，无论是违法嫌疑人还是证人，对于查问或者询问，应当"如实回答"，主要是：

1. 全部回答。一是对执法人员问的问题全部回答，而不是部分回答，部分不回答；二是对知道的相关情况全部叙述，不是只说一部分，留一部分，选择性回答、承认或者否认；三是涉案财物、违法所得等一般可以用数量、价值等予以量化的，在没有相关证据支持的情况下，不一定要求精确无误，但要留有余地。

2. 照实说。既不能捕风捉影、牵强附会，也不能添油加醋，妄加推断；既不能无中生有，也不能歪曲事实，把有的说成无；既不能甩锅转嫁责任，把自己的事推卸给别人，也不能大包大揽，把别人的责任揽到自己身上。

---

[1] 江必新. 行政处罚法条文精释与实例精解 [M]. 北京：人民法院出版社，2021：270.
[2] 张保生. 事实、证据与事实认定 [J]. 中国社会科学，2017（8）：110-130.

（二）提供证据

1. 提供证据的种类。提供证据主要围绕海关调查的事项，针对是否存在违法行为，是何种违法行为，以及涉及情节、危害后果等方面的证据，这些证据可能是对当事人不利的证据，也可能是对当事人有利的证据。结合《行政处罚法》第33条第2款、本规章第57条的规定，也可以包括当事人没有主观故意的证据。违法嫌疑人也可以主动交代海关未掌握的违法事实，并提供相关证据。

2. 提供证据的时机。实践中，受查问时间、地点、被查问人心理等主客观因素的影响，违法嫌疑人在海关调查期间可能未提供全部证据，或者无法提供其掌握的相关证据，如第三人掌握的证据，而有些证据对违法嫌疑人更加有利。这就影响到海关行政处罚证据的完整性、充分性、客观性，从而影响到行政处罚决定的公正性。结合《行政处罚法》关于告知、陈述、申辩、听证等规定，当事人提供证据的时机不能仅限于调查期间，可以适当延长。对于提供证据确有困难的当事人，延长其提供证据的期限，体现了原则性和灵活性，能够保障当事人的合法权益，同时有利于案件能够得以全面取得证据、审查证据以作出妥当处理。在行政处罚决定告知后或者听证时提供证据的，海关应当允许，从而更加客观公正地作出处理，不宜以错过提供证据的时机为由拒绝。

3. "证据突袭"。实践中，有的当事人在行政程序中不提供相关证据，而是在诉讼程序中提供。海关办理行政处罚案件过程中，有的当事人在行政处罚决定作出之前一直未向海关提供全部证据，而是在提起行政诉讼后向法院提供，借此来否定或者推翻行政处罚决定。

《行政诉讼法》第36条第2款规定："原告或者第三人提出了其在行政处理程序中没有提出的理由或者证据的，经人民法院准许，被告可以补充证据。"《最高人民法院关于行政诉讼证据若干问题的规定》（法释〔2002〕21号）第2条规定："原告或者第三人提出其在行政程序中没有提出的反驳理由或者证据的，经人民法院准许，被告可以在第一审程序中补充相应的证据。"此时人民法院准许原告或者第三人提出的行政处罚程序中未提出的证据，但行政机关往往很难针对上述证据再补充相应的证据，如果人民法院认可上述证据的证明效力，将会动摇行政机关行政处罚的基础，改变认定的违法事实，甚至推翻处罚的结论，行政机关败诉风险将大大增加。

在民事诉讼领域，《最高人民法院关于适用〈中华人民共和国民事诉讼法〉的解释》（法释〔2022〕11号）第101条、第102条，根据当事人逾期提供证据的不同情形，作出"视为未逾期""不予采纳""采纳与训诫"等不同处理。规定举证期限，可以增强当事人提供证据的责任心，防止当事人在提供证据上的无故拖延，有利于提高审判效率，也可以防止当事人无视第一审程序而在第二审程序中搞证据上的"突然袭击"("证据突袭"),实现第一审程序的应有价值。[1]

行政诉讼与民事诉讼不同的是,前者的举证责任一般由行政机关承担。原告在行政程序中未向被告提供但在诉讼中提供的证据,主要有三种情况。[2]"行政案卷制度作为程序制度,有利于防止恣意行政,保护行政相对人的合法权利,但其同时也规范行政相对人参与行政的行为。""应当根据客观原因或者原被告的过错,区分情形,分别作出应予采纳和不应采纳处理。"[3]

《最高人民法院关于行政诉讼证据若干问题的规定》(法释〔2002〕21号)第59条规定:"被告在行政程序中依照法定程序要求原告提供证据,原告依法应当提供而拒不提供,在诉讼程序中提供的证据,人民法院一般不予采纳。"《最高人民法院关于适用〈中华人民共和国行政诉讼法〉的解释》(法释〔2018〕1号)第45条规定:"被告有证据证明其在行政程序中依照法定程序要求原告或者第三人提供证据,原告或者第三人依法应当提供而没有提供,在诉讼程序中提供的证据,人民法院一般不予采纳。"人民法院裁判文书[4]载明,对行政行为合法性的评价,一般以该行政行为作出时的事实、证据和法律为标准,而不能以所依据的事实、证据或法律发生变更为由,认定原行政行为合法抑或违法。否则,将不利于法律秩序的稳定,有损行政行为的公定力。对行政行为的效力内容已于行为作出时确定并实现的,该行政行为的合法性要件就仅与处分时的事实、证据和法律有关,而不能以行政机关当时无法预见到的事实、证据和法律,作为认定原行政行为违法的依据。

上述规定和案例对行政机关依法履行职责是有利的支持,避免将行政机关置于措手不及、被动不利的境地。行政机关可以"吃一颗定心丸",但并不意味着高枕无忧,仍然要有相关证据证明。

六、本条应当注意的问题

(一)个别进行

虽然《行政处罚法》未规定询问要个别进行,也未强调其法律后果,但借鉴《刑事诉讼法》第124条第2款、《最高人民法院关于适用〈中华人民共和国刑事诉讼法〉的解释》(法释〔2021〕1号)第87条第4项、第89条第1项等规定,海关执法人员也要个别进行查问或询问,可以避免同时查问或询问带来的干扰,既能防止被查问人之间统一口径,建立攻守同盟,又能避免证人之间相互影响,附和他

---

[1] 孔祥俊.行政诉讼证据规则通释——最高人民法院《关于行政诉讼证据若干问题的规定》的理解与适用[J].法律适用,2002(10):11-18.
[2] 蔡小雪.案卷外证据排除规则的理论与适用[J].中国卫生法制,2003(5):4-8.
[3] 邱丹,刘德敏.行政案卷制度在行政处罚及其司法审查中的适用[J].法律适用,2011(3):37-41.
[4] 最高人民法院(2017)最高法行申121号。

人，还能打消证人的顾虑，使其畅所欲言，为其提供更有力的保护。

（二）海关执法人员告知有关事项

借鉴《最高人民法院关于适用〈中华人民共和国刑事诉讼法〉的解释》（法释〔2021〕1号）第87条第5项、第90条第3项等规定，海关执法人员向被查问人、被询问人告知事项主要是：一是其依法享有的权利；二是作伪证应当承担法律责任；三是如实陈述；四是提供证据；五是提供证据的期限。

（三）单位能否作为证人

执法实践中，经常有单位出具有关情况的说明，并加盖单位公章。上述情况说明从证据角度看属于书证还是证人证言？

《最高人民法院关于适用〈中华人民共和国民事诉讼法〉的解释》（法释〔2022〕11号）第115条第1款规定："单位向人民法院提出的证明材料，应当由单位负责人及制作证明材料的人员签名或者盖章，并加盖单位印章。人民法院就单位出具的证明材料，可以向单位及制作证明材料的人员进行调查核实。必要时，可以要求制作证明材料的人员出庭作证。"已有诉讼案例中，人民法院裁判文书[①]载明，原审法院认为消防部门出具的《证明》属于证人证言……符合《最高人民法院关于适用〈中华人民共和国民事诉讼法〉的解释》第115条规定的证据认证规则。申请人认为该《证明》属于书证的申请理由，本院不予支持。

单位能否作为证人，涉及证人范围问题。有观点认为，证人是指直接或者间接了解案件情况的单位和个人。但根据提供证人证言的要求写明证人的姓名、年龄、性别、职业、住址、签名、居民身份证复印件等来看，并不包括单位。[②] 证人是公民个人，单位不能作为证人。[③]

根据《民事诉讼法》第75条第2款、《刑事诉讼法》第62条第2款，并结合《最高人民法院关于行政诉讼证据若干问题的规定》（法释〔2002〕21号）第45条、第46条等规定，行政执法中的证人，不仅要了解案情情况，还应该是能辨别是非、正确表达意思的人，因此，证人自然而然地是指自然人，而非单位。所谓单位证人并非作为自然人亲身感知，不过是以单位的名义就某一事实存在与否作出的证明。[④] 综上，单位出具的证明材料不是证人证言，而归入书证。

（四）专家是否是证人

《民事诉讼法》第82条规定："当事人可以申请人民法院通知有专门知识的人出庭，就鉴定人作出的鉴定意见或者专业问题提出意见。"《最高人民检察院关于指

[①] 最高人民法院（2017）最高法民申1047号。
[②] 江必新. 行政处罚法条文精释与实例精解[M]. 北京：人民法院出版社，2021：270.
[③] 卞建林. 证据法学[M]. 北京：高等教育出版社，2020：169.
[④] 张卫平. 民事诉讼法[M]. 北京：法律出版社，2017：49.

派、聘请有专门知识的人参与办案若干问题的规定（试行）》（高检发释字〔2018〕1号）第2条对"有专门知识的人""专门知识"作出了解释。《国家知识产权局关于印发〈专利侵权行为认定指南（试行）〉〈专利行政执法证据规则（试行）〉〈专利纠纷行政调解指引（试行）〉的通知》（国知发管字〔2016〕31号）中的《专利行政执法证据规则（试行）》"4.3.6.2.3"规定："'有专门知识的人'，又称专家，是指在科学、技术以及其他专业知识方面具有特殊的专门知识或者经验的人。""所谓'专门知识'，是指不为一般人所掌握而只有一定范围的专家熟知的知识，不包括现行法律、法规的规定等法律知识。"

"有专门知识的人"在司法实践中一般被称为"专家""诉讼辅助人"或"专家辅助人"。专家是否是证人？

英美法系将证人分为外行证人和专家证人。专家证人是指因其知识、技能、经验、培训或教育而具备专家资格的证人。专家证人依据通过专业学习或特殊经历而获得的知识和经验，对事实认定者不明白的案件事实进行解释和说明，以专家意见的形式作证。美国《联邦证据规则》第702条规定了专家证人作证的条件及专家证言的可采性条件。[1]

《最高人民法院关于适用〈中华人民共和国民事诉讼法〉的解释》（法释〔2022〕11号）第122条第1款、第2款规定："当事人可以依照民事诉讼法第七十九条的规定，在举证期限届满前申请一至二名具有专门知识的人出庭，代表当事人对鉴定意见进行质证，或者对案件事实所涉及的专业问题提出意见。具有专门知识的人在法庭上就专业问题提出的意见，视为当事人的陈述"。有观点认为，"在证据法上将专门知识的人在法庭上就专业问题提出的意见，视为当事人的陈述，混淆了二者对'事实'与'意见'要求的本质区别。"[2]

2014年12月，最高人民法院发布《关于知识产权法院技术调查官参与诉讼活动若干问题的暂行规定》（法〔2014〕360号）；2019年3月，最高人民法院发布《最高人民法院关于技术调查官参与知识产权案件诉讼活动的若干规定》（法释〔2019〕2号）。按照上述规定，技术调查官属于司法辅助人员，就案件所涉技术问题履行一定职责。

《最高人民法院关于行政诉讼证据若干问题的规定》（法释〔2002〕21号）第47条第1款规定："当事人要求鉴定人出庭接受询问的，鉴定人应当出庭。鉴定人因正当事由不能出庭的，经法庭准许，可以不出庭，由当事人对其书面鉴定结论进行质证。"《关于审理证券行政处罚案件证据若干问题的座谈会纪要》（法〔2011〕

---

[1] 卞建林. 证据法学 [M]. 北京：高等教育出版社，2020：82-83.
[2] 卞建林. 证据法学 [M]. 北京：高等教育出版社，2020：84.

225号）规定："对被诉行政处罚决定涉及的专门性问题，当事人可以向人民法院提供其聘请的专业机构、特定行业专家出具的统计分析意见和规则解释意见；人民法院认为有必要的，也可以聘请相关专业机构、专家出具意见。"《最高人民检察院关于指派、聘请有专门知识的人参与办案若干问题的规定（试行）》（高检发释字〔2018〕1号）第3条第1款规定："人民检察院可以指派、聘请有鉴定资格的人员，或者经本院审查具备专业能力的其他人员，作为有专门知识的人参与办案。"

按照上述规定，鉴定人在行政诉讼中的意见是基于鉴定意见作出人这一身份，可以被视为鉴定意见的进一步说明和补充，因此不能被视为证人证言。在行政执法过程中，海关需要鉴定人出具鉴定意见相关说明的，也不适用关于证人证言的规定。

案例

某公司与某海关行政处罚案[①]

裁判要点 法院认为，《海关稽查方案审批表》是被上诉人某海关在内部审核审批稽查方案过程中形成的文件，可以证明有关稽查行为已经其海关关长批准，其稽查程序符合《海关稽查条例》第10条的规定。上诉人在行政程序中未就被上诉人的稽查程序提出异议，而在诉讼中质疑程序问题，经一审法院准许，被上诉人在一审程序中补充证据《海关稽查方案审批表》，符合上述法律规定，一审法院予以审查认定，并无不当。

案例

某公司与某市食品药品监督管理局行政处罚案[②]

裁判要点 法院认为，本案行政处罚过程中，该公司提出了饭庄的客人账单分两种，并证实2012年7月9日至7月16日期间，除了内部消费和使用免费券外还存在客人全额付款的消费情况，公司也向食药监局提供了相关的证据，用以证明食药监局认定的上述营业性收入中包含了内部消费和免费券。作为执法的行政机关，应认真审查该公司提出的关于内部消费和免费券的相关证据，并进行相应的调查取证，客观评价被上诉人的经营行为，而上诉人却未充分行使该项职责，致其所作处罚决定对违法所得认定中是否包含内部消费和免费券认定事实不清、主要证据不足。

第三十二条 执法人员查问违法嫌疑人，可以到其所在单位或者住所进行，也可以要求其到海关或者指定地点进行。

[①] 广东省高级人民法院（2016）粤行终301号。
[②] 山东省烟台市中级人民法院（2014）烟行终字第35号。

执法人员询问证人，可以到其所在单位、住所或者其提出的地点进行。必要时，也可以通知证人到海关或者指定地点进行。

条文对比

本条是关于查问、询问地点的要求，对应《署令第 159 号》第 30 条。

与《署令第 159 号》第 30 条相比，主要变化是询问证人的地点增加了"其提出的地点"，并相应调整"或者"的位置；删除《署令第 159 号》"指定的地点"中的"的"。

理解与适用

一、相关政策文件

同本规章第三十一条。

二、主要法律依据

《行政处罚法》第 46 条第 5 项：证据包括证人证言。第 55 条第 2 款规定："当事人或者有关人员应当如实回答询问。"

《海关法》第 6 条第 2 项：海关可以查问违反本法或者其他有关法律、行政法规的嫌疑人，调查其违法行为。第 12 条第 1 款："海关依法执行职务，有关单位和个人应当如实回答询问，并予以配合，任何单位和个人不得阻挠。"

《海关行政处罚实施条例》第 43 条第 4 款："海关查问违法嫌疑人，可以到违法嫌疑人的所在单位或者住处进行，也可以要求其到海关或者海关指定的地点进行。"

《署令第 159 号》第 30 条第 1 款援引了《海关行政处罚实施条例》第 43 条第 4 款的规定。本条在保留了《署令第 159 号》第 30 条规定的基础上，在第 2 款增加对询问证人的地点的规定。

三、海关查问、询问地点

《行政处罚法》未就查问、询问地点作出规定。《海关行政处罚实施条例》第 43 条第 4 款规定查问违法嫌疑人的地点，但未对询问证人的地点作出规定。按照本规章本条规定，海关行政处罚的查问、询问地点一般包括以下情形：

（一）单位

《现代汉语词典》对"单位"的定义是："机关、团体或属于一个机关、团体的各个部门。"当然，该定义是根据我国计划经济时期的社会生活情况归纳得出的结论。进入社会主义市场经济发展阶段后，"单位"的含义已经发生了很大的变化。"单位的外延仅仅包括各级机关单位、事业单位和国有企业。市场经济的发展不仅使传统的机关、事业和国有企业单位自主性、独立性得以增强，各类非国有企业、社会团体以及其他各类团体也被纳入单位的概念之中。"[1] 单位的范围有哪些?

《民法典》第1010条第1款规定了"机关、企业、学校等单位"。《刑法》第30条规定："公司、企业、事业单位、机关、团体实施的危害社会的行为，法律规定为单位犯罪的，应当负刑事责任。"《公安机关执行〈中华人民共和国治安管理处罚法〉有关问题的解释》（公通字〔2006〕12号）第4条"关于对单位违反治安管理的处罚问题"规定："参照刑法的规定，单位是指公司、企业、事业单位、机关、团体。"根据《国家安全法》第78条规定推断，单位包括机关、人民团体、企业事业组织和其他社会组织。

"单位"和"个人"在法律规范中一般同时出现、相提并论。"'个人'，或者称个体，一般指一个人或是一个群体中的特定的主体，以区别于'单位'。""目前立法上使用'单位'和'个人'的，通常除了'个人'，都视为'单位'。"[2] 在单位中，每个个体只是单位所有成员的组成部分之一，单位与个人之间一般存在管理与被管理的关系，有各自的权利义务，依靠法律规范和规章制度等来维系。"单位"的含义更具广泛性、包容性，基本涵盖了除个人以外的各种主体。

（二）住所

《民法典》第25条规定："自然人以户籍登记或者其他有效身份登记记载的居所为住所；经常居所与住所不一致的，经常居所视为住所。"第63条规定："法人以其主要办事机构所在地为住所。依法需要办理法人登记的，应当将主要办事机构所在地登记为住所。"在住所进行查问或者询问，更加方便被查问人和被询问人。实践中建议根据《民法典》等规定理解和执行。

（三）证人提出的地点

证人知晓案情，掌握案件事实，对于行政机关办理行政处罚案件具有重要的作用，尤其是违法嫌疑人矢口否认违法行为而且直接证据不足的情况下，证人的作用就更加关键。本条第2款从保密、安全等角度考虑，在上述地点的基础上增加了证人自己提出的地点，便于证人自由选择询问地点，以消除其后顾之忧，保障证人的权利。

（四）海关或者指定地点

按照本条规定，"到海关"是指到海关办公场所进行查问或者询问。但实践中，海关执法人员开展调查工作，受时间、场地、天气、交通、条件等因素限制或影响，有时候不能在海关办公场所进行查问或询问，有时候因考虑案情、相对人意愿等因

---

[1] 喻少如.论单位违法责任的处罚模式及其《行政处罚法》的完善[J].南京社会科学，2017（4）：93-102.
[2] 姚爱国.行政处罚法的修订解读与适用指引[M].长春：吉林大学出版社，2021：273-274.

素，不适合在所在单位或者住所以及证人提出的地点进行的，则在海关指定地点进行。海关指定地点应当具备笔录的记录、制作、打印、签字等条件，同时保证全过程记录不受干扰或影响。

四、本条应当注意的问题

（一）做好准备

首先是"在哪里"，也就是确定好查问、询问的地点。其次是"用什么"，要备好执法证件、设备、工具等，尤其是不在海关办公场所查问、询问的，要提前了解地点条件是否符合办案条件，并准备电脑、纸张、打印机、记录仪、录像设备、签字笔等设备和工具，是否有本规章第34条、第35条等规定情形以及如何联系。再次是"问什么"。在时间充裕的情形下，执法人员要根据已掌握的材料进行研判，提前制作查问、询问提纲，有一个总体规划，明确目的、方向、涉及哪些问题，重点是什么，顺序是什么，做到心中有数、心中有底。

（二）把握过程

在查问、询问过程中，执法人员要对流程过程有清醒的判断，具备把握好时机、掌控好过程的能力。要围绕主线循序渐进、按部就班进行，避免东一榔头，西一棒槌，前言不搭后语，颠倒反复，杂乱无章。要把握节奏，掌控过程，围绕主题，避免思路被带偏，离题万里，误入歧途。随着查问、询问的进展，可以根据掌握的信息及时调整补充查问或询问内容，推向深入，取得更大成果。

（三）提问内容

海关执法人员查问、询问时应当避免提问与案件无关的问题，应立足案件本身，围绕是否有违法行为、何种违法行为及被查问人、被询问人的主观态度、违法行为后果、有无特别情节等进行提问。实践中有的调查人员为了缓和紧张的气氛，消除被查问人的戒备心理，在查问开始会问一些与案件无关的问题，有的还记在笔录上，并不足取。

案例

甲与某市建设局行政处罚案[1]

裁判要点 被告向相对人发出到指定地点接受调查通知书，相对人拒不到指定地点接受调查，被告就作出缺席处罚决定。法官认为，法律法规对此未作明确规定，而行政机关参照民事诉讼法的缺席判决的规定，擅自做出处罚，这是"严重的违反程序"。

---

[1] 浙江省兰溪市人民法院（2003）兰行初字第7号。

第三十三条 查问、询问应当制作查问、询问笔录。

查问、询问笔录上所列项目，应当按照规定填写齐全，并且注明查问、询问开始和结束的时间；执法人员应当在查问、询问笔录上签字。

查问、询问笔录应当当场交给被查问人、被询问人核对或者向其宣读。被查问人、被询问人核对无误后，应当在查问、询问笔录上逐页签字或者捺指印，拒绝签字或者捺指印的，执法人员应当在查问、询问笔录上注明。如记录有误或者遗漏，应当允许被查问人、被询问人更正或者补充，并且在更正或者补充处签字或者捺指印。

条文对比

本条是关于查问、询问笔录的规定，对应《署令第 159 号》第 31 条。

理解与适用

一、相关政策文件

同本规章第三十一条。

二、主要法律依据

《行政处罚法》第 46 条第 5 项：证据包括证人证言。第 55 条第 2 款："询问或者检查应当制作笔录。"

《海关行政处罚实施条例》第 43 条第 2 款："海关查问违法嫌疑人或者询问证人应当制作笔录，并当场交其辨认，没有异议的，立即签字确认；有异议的，予以更正后签字确认。"

《署令第 159 号》第 31 条对查问、询问笔录作了详细的规定。本条予以保留，仅对个别用语修改。

三、本条应当注意的问题

笔录是指司法人员、执法人员或者法律工作者在办案活动中所作的各种记录。从字面上讲，笔录的主要形式是文字记录，但是也包括绘图、照相、录音、录像、录屏甚至自动语音识别等形式。[1]

根据《行政处罚法》第 55 条第 2 款的规定，询问应当制作询问笔录。《行政处罚法》未规定"查问"，自然也不可能规定"查问笔录"。笔录是海关查问或者询问记录的书面载体，也是行政处罚重要的证据类型之一。在制作查问或者询问笔录时，要围绕证据的属性严格把握，确保笔录的证明力，避免笔录前后矛盾或者与其

---

[1] 何家弘，刘品新. 证据法学 [M]. 北京：法律出版社，2022：212.

他证据不能相互印证。

（一）笔录确认要求

1. 核对或宣读。海关查问或者询问笔录记录完毕应当当场交给被查问人、被询问人核对或者向其宣读。一般情形下，被查问人、被询问人都会进行核对。对于没有阅读能力或者有不能阅读情形的，海关执法人员应当向其宣读，并在笔录末进行记录。

2. 笔录的更正或者补充。如记录有差错或者遗漏，应当允许违法嫌疑人、证人更正或者补充，有条件的重新打印笔录。如果不能当场重新打印的，要由更正人或者补充人在更正或者补充之处签字或者捺指印确认。

3. 笔录的确认主体。一般情况下，需要海关执法人员和被查问人或者被询问人确认。翻译人员亦需确认，本规章第34条第3款对此作出了规定。

（二）被查问人或被询问人确认

1. 签字或者捺指印。《民法典》使用"签名""按指印"等表述，按指印与签字、盖章签订合同的方式并列，也成为签订合同的法定方式之一。

《行政处罚法》并无捺指印的表述，也没规定询问笔录确认的具体方式；在第64条第8项中规定听证笔录应当交当事人或者其代理人核对无误后签字或者盖章。《治安管理处罚法》第84条第1款规定"签名或者盖章"。《海关行政处罚实施条例》第43条第2款规定查问或者询问笔录"签字确认"。《公安机关办理行政处罚案件程序规定》规定"签名或者捺指印"。

《署令第159号》规定的是"签字或者捺指印"，本规章保留了《署令第159号》的规定。

2. 在笔录最后加一段话，一般格式为"以上笔录我已核对（看过），与我所说一致（相符）"。如果属于由海关执法人员宣读的，则表述为"以上笔录海关执法人员已向我宣读，与我所说一致（相符）"。

3. 被查问人或者被询问人拒绝签字或者捺指印的，海关执法人员应当在查问、询问笔录上注明。

（三）海关执法人员的确认

海关执法人员应当同时在查问或者询问笔录上签名。海关2名以上执法人员进行查问或询问时要有分工，一人查问或询问，另一人记录，不能两者是同一个人。同一执法人员不能同时查问或询问2名以上的人，不能相同的时间段出现在不同笔录上，更不能出现在查问、询问笔录之外的检查、扣留等其他法律文书上。为确保笔录的证明力，尽可能采取音像记录方式对查问过程进行全过程记录。

（四）笔录格式

笔录有其固定的格式，列明了相关栏目，如开始时间、结束时间、查问人或询问人、记录人、查问或询问地点、被查问人或被询问人等。开始时间、结束时间一般具体到年、月、日、时、分。在首次查问或者询问时要告知被查问人、被询问人有关权利义务和法律责任等事项并记录下来。海关执法人员在查问或询问时应当全部填写，保证笔录的完整性，不能出现空缺或遗漏。

案例

某公司与某海关行政处罚案[①]

裁判要点 二审经审查，原审法院审理查明的事实，本院予以确认。经查，自该公司成立之日起，甲即为该公司的股东之一（占股50%）且经股东会决定，从2011年10月份以后由甲负责报关工作。2013年11月20日的《查问笔录》中，甲认可《计核证明书》的计核结论。2016年3月4日及4月12日的《查问笔录》中，甲承认低报进口价格的事实。因此，甲所作的陈述和提供的材料均是在其成为该公司的法定代表人之后以及曾作为该公司的股东从2011年底开始负责报关工作的事实基础上产生的，海关采纳案件调查阶段甲所作低报价格的相关陈述，具有事实依据。该公司的法定代表人甲在《查问笔录》中亦承认低报进口价格的事实，并承认明知付汇时因金额与报关单不符，在国内支付人民币。因此，根据上述规定，该公司在明知进口货物真实成交价格的情况下向海关提供低于实际成交价格的虚假发票、合同等伪报货物价格，可以认定该公司存在隐瞒实际成交价格故意低报进口货物价格、偷逃应纳税款的故意，已构成走私行为。

案例

某县劳动就业管理局与某县地方税务局税务行政处罚案[②]

裁判要点 法院认为，行政机关在作出行政处罚决定前，应当依照行政处罚法第31条规定，将作出行政处罚决定的事实、理由及法律依据告知当事人，并告知当事人依法享有陈述和申辩、申请行政复议和提起行政诉讼的权利；依照行政处罚法第36条规定，收集有关证据；依照第37条规定，制作调查笔录。这些工作，地方税务局都没有做。依照行政处罚法第41条规定，地方税务局违背该法规定的程序作出的行政处罚不能成立。依照《行政诉讼法》第54条第2项的规定，该决定应予撤销。

第三十四条 查问、询问聋、哑人时，应当有通晓聋、哑手语的人作为翻译人员参加，并且在笔录上注明被查问人、被询问人的聋、哑情况。

查问、询问不通晓中国语言文字的外国人、无国籍人，应当为其提供翻译人员；被查问人、被询问人通晓中国语言文字不需要提供翻译人员的，应当出具书面

---

① 广东省高级人民法院（2018）粤行终878号。
② 《最高人民法院公报》1997年第2期；最高人民法院编辑室.中华人民共和国最高人民法院公报全集：1995—1999 [M].北京：人民法院出版社，2000：683.

声明，执法人员应当在查问、询问笔录中注明。

翻译人员的姓名、工作单位和职业应当在查问、询问笔录中注明。翻译人员应当在查问、询问笔录上签字。

条文对比

本条是关于查问、询问特殊主体时翻译人员的规定，对应《署令第159号》第32条。

理解与适用

一、相关政策文件

同本规章第三十一条，以及：

《国务院关于贯彻实施〈中华人民共和国残疾人保障法〉的通知》（国发〔1991〕23号）："全面贯彻残疾人保障法。"《中共中央 国务院关于促进残疾人事业发展的意见》（中发〔2008〕7号）："要充分保障残疾人的平等权益。"

《国务院办公厅转发中国残联等部门和单位关于加快推进残疾人社会保障体系和服务体系建设指导意见的通知》（国办发〔2010〕19号）："维护残疾人合法权益。"

《国务院关于加快推进残疾人小康进程的意见》（国发〔2015〕7号）："强化残疾人权益保障机制。"

《"十四五"残疾人保障和发展规划》（国发〔2021〕10号）："推动残疾人保障法等法律法规有效实施。"

二、主要法律依据

《残疾人保障法》第3条："残疾人在政治、经济、文化、社会和家庭生活等方面享有同其他公民平等的权利。 残疾人的公民权利和人格尊严受法律保护。 禁止基于残疾的歧视。禁止侮辱、侵害残疾人。禁止通过大众传播媒介或者其他方式贬低损害残疾人人格。"

《国家通用语言文字法》第5条："国家通用语言文字的使用应当有利于维护国家主权和民族尊严，有利于国家统一和民族团结，有利于社会主义物质文明建设和精神文明建设。"

《行政处罚法》第46条第5项：证据包括证人证言。第84条："外国人、无国籍人、外国组织在中华人民共和国领域内有违法行为，应当给予行政处罚的，适用本法，法律另有规定的除外。"

三、聋、哑人

关心残疾人，是社会文明进步的一个重要标志。长期以来，党和政府高度重视残疾人事业，大力推动残疾人事业与经济社会协调发展，使得残疾人权益得到有效维护。我国残疾人事业发展在国际上赢得了广泛赞誉。

《宪法》第45条第3款规定："国家和社会帮助安排盲、聋、哑和其他有残疾的公民的劳动、生活和教育。"1990年12月，我国制定了《残疾人保障法》。之后国家修订《残疾人保障法》，加入联合国《残疾人权利公约》，制定实施《残疾人教育条例》《残疾人专用品免征进口税收暂行规定》《残疾人就业条例》《残疾预防和残疾人康复条例》等和残疾人社会保障、特殊教育、医疗康复等领域的一系列政策法规，为发展残疾人事业、保障残疾人权益奠定了法律制度基础。2021年7月8日，国务院印发《"十四五"残疾人保障和发展规划》（国发〔2021〕10号），明确了发展残疾人事业的总体要求、重点任务、实施机制。

《残疾人保障法》第2条第1款、第2款规定："残疾人是指在心理、生理、人体结构上，某种组织、功能丧失或者不正常，全部或者部分丧失以正常方式从事某种活动能力的人。　　残疾人包括视力残疾、听力残疾、言语残疾、肢体残疾、智力残疾、精神残疾、多重残疾和其他残疾的人。"《残疾人残疾分类和分级》（GB/T 26341—2010）中"3.2 残疾人 disabled person"规定：残疾人是在精神、生理、人体结构上，某种组织、功能丧失或障碍，全部或部分丧失从事某种活动能力的人。

《残疾人保障法》第7条第3款规定："国家机关、社会团体、企业事业单位和城乡基层群众性自治组织，应当做好所属范围内的残疾人工作。"《民法典》第128条规定："法律对未成年人、老年人、残疾人、妇女、消费者等的民事权利保护有特别规定的，依照其规定。"第1041条第3款规定："保护妇女、未成年人、老年人、残疾人的合法权益。"《刑事诉讼法》第121条规定："讯问聋、哑的犯罪嫌疑人，应当有通晓聋、哑手势的人参加，并且将这种情况记明笔录。"《治安管理处罚法》第86条第1款规定："询问聋哑的违反治安管理行为人、被侵害人或者其他证人，应当有通晓手语的人提供帮助，并在笔录上注明。"

尽管《行政处罚法》《海关行政处罚实施条例》对此都未作出规定，但《署令第159号》第32条对查问、询问聋、哑人作出了非常详细的规定。本规章本条保留了《署令第159号》第32条的规定，仅就个别用语进行了修改。

四、查问、询问外国人、无国籍人

《宪法》第32条第1款规定："中华人民共和国保护在中国境内的外国人的合法权利和利益，在中国境内的外国人必须遵守中华人民共和国的法律。"

根据《行政处罚法》第84条，本规章在"附则"第123条规定："海关对外国人、无国籍人、外国法人或者其他组织给予行政处罚的，适用本规定。"本条是查问、询问外国人、无国籍人的规定。

"国家通用语言文字的使用应当有利于维护国家主权和民族尊严"是《国家通用语言文字法》第 5 条的明确规定，该法第 9 条同时规定："国家机关以普通话和规范汉字为公务用语用字。法律另有规定的除外。"《公安机关办理行政案件程序规定》第 241 条第 1 款规定："办理涉外行政案件，应当使用中华人民共和国通用的语言文字。对不通晓我国语言文字的，公安机关应当为其提供翻译；当事人通晓我国语言文字，不需要他人翻译的，应当出具书面声明。"

《署令第 159 号》第 32 条较早对查问、询问外国人、无国籍人作出规定。执法实践中，一种情形是，外国人、无国籍人不通晓中国语言文字，海关执法人员应当为其提供翻译，这是海关执法人员应当履行的义务。根据已有诉讼案例看，外国人、无国籍人当然也可以自行提供翻译。另一种情形是，外国人、无国籍人通晓中国语言文字，与海关执法人员并无任何语言文字交流障碍，外国人、无国籍人表示不需要翻译，此种情形下，海关执法人员应当尊重其意愿，外国人、无国籍人应当出具书面声明，执法人员在笔录中注明。

五、本条应当注意的问题

（一）翻译人员

翻译人员一般是指具有翻译资质的人员。本条第 1 款规定的是聋、哑手语的翻译人员，本条第 2 款指的是外语翻译人员。在特殊情形下，虽然不具有翻译资质但能够履行翻译职责的人员，也可以作为查问、询问时的翻译人员。

（二）翻译人员的确认

按照本条第 3 款规定，一般在查问、询问开始之初，执法人员就将翻译人员的姓名、工作单位和职业等事项在查问、询问笔录中注明。在查问、询问完成后，翻译人员作为笔录确认主体之一，应在笔录上签字确认。

案例

甲与某市住房保障和房产管理局行政管理案[1]

裁判要点 人民法院审理涉及残疾人合法权益保障的案件，要秉持为残疾人提供公正、高效、便捷的司法服务理念，充分照顾残疾人权利的行使方式与实现途径，通过行政负责人积极出庭应诉、配合调解等举措，努力实现纠纷的实质性解决。本案系最高人民法院首次赴基层法院开庭审理残疾人权益案件，充分照顾到残疾人权利行使方式与实现途径。本案对健全残疾人权益司法保障制度，推进残疾人事业健康发展具有重要示范意义。

---

[1] 最高人民法院（2016）最高法行再 17 号；最高人民法院行政审判十大典型案例（第一批）之一。

> **案例**
>
> **甲（外国人）与某海关行政处罚案**[①]
>
> **裁判要点** 甲经无申报通道入境。经查验，海关认定其超量携带美元入境。海关工作人员向原告询问是否需要聘请翻译后，原告请其朋友乙为其翻译。海关工作人员向原告送达行政处罚告知单。原告在听取乙翻译并经考虑后，放弃陈述、申辩、听证的权利，并在送达回证以及当事人放弃陈述、申辩、听证声明上签字确认。法院认为，被告作出被诉《行政处罚决定书》程序合法。

> **案例**
>
> **甲（外国人）与某市公安局公安交通管理局某交通支队某大队行政强制案**[②]
>
> **裁判要点** 一审法院经审理认为，本案焦点之一是，甲不需要他人翻译时，交通大队未要求其出具书面申请是否违法。根据《道路交通事故处理程序规定》第 99 条的文本含义，对不通晓我国语言文字的当事人，提供翻译系交管部门的义务。与此相对，对当事人而言，要求交管部门提供翻译或自行聘请翻译则是其权利。对于权利的放弃，上述条文规定了严格的程式要件，即"出具书面声明"。本案中，根据在案证据执法记录仪视频内容显示，虽然事故处理过程中被告在得知甲是外籍人士后，第一时间询问其能否运用汉语正常交流，甲表示没问题，但未出具书面声明，执法人员仅凭口头询问即认为原告通晓我国语言文字而未为其提供翻译的执法行为，不符合上述规定要求。

第三十五条 海关首次查问违法嫌疑人、询问证人时，应当问明违法嫌疑人、证人的姓名、出生日期、户籍所在地、现住址、身份证件种类及号码、工作单位、文化程度、是否曾受过刑事处罚或者被行政机关给予行政处罚等情况；必要时，还应当问明家庭主要成员等情况。

违法嫌疑人或者证人不满十八周岁的，查问、询问时应当依法通知其法定代理人或者其成年家属、所在学校的代表等合适成年人到场，并且采取适当方式，在适当场所进行，保障未成年人的名誉权、隐私权和其他合法权益。

条文对比

本条是首次查问、询问以及查询问未成年人的规定，对应《署令第 159 号》第 33 条。

与《署令第 159 号》相比，主要变化在第 2 款：一是在"通知"之前增加"依法"；二是将《署令第 159 号》中的"父母或者其他监护人"修改为"法定代理人

[①] 广州铁路运输中级法院（2017）粤 71 行初 294 号。
[②] 北京市高级人民法院（2020）京行终 2281 号。

《中华人民共和国海关办理行政处罚案件程序规定》
理解与适用

或者其成年家属、所在学校的代表等合适成年人";三是在"到场"之后增加",并采取适当方式,在适当场所进行,保障未成年人的名誉权、隐私权和其他合法权益";四是删除《署令第 159 号》中的"确实无法通知或者通知后未到场的,应当记录在案。"

理解与适用

一、相关政策文件

同本规章第三十一条,以及:

《中共中央、国务院关于进一步加强和改进未成年人思想道德建设的若干意见》(中发〔2004〕8 号):"各级党委、政府和社会各界都要认真贯彻《中华人民共和国未成年人保护法》,切实维护未成年人的合法权益。"

《法治中国建设规划(2020—2025 年)》:"加强青少年宪法法律教育,增强青少年的规则意识、法治观念。"

《中国儿童发展纲要(2021—2030 年)》(国发〔2021〕16 号)规定了"儿童与法律保护"的 10 个主要目标和 14 项策略措施。

《中华人民共和国国民经济和社会发展第十四个五年规划和 2035 年远景目标纲要》:"深入实施儿童发展纲要""完善未成年人综合保护体系"。

二、主要法律依据

《行政处罚法》第 46 条第 5 项:证据包括证人证言。

《未成年人保护法》第 110 条第 1 款:"公安机关、人民检察院、人民法院讯问未成年犯罪嫌疑人、被告人,询问未成年被害人、证人,应当依法通知其法定代理人或者其成年亲属、所在学校的代表等合适成年人到场,并采取适当方式,在适当场所进行,保障未成年人的名誉权、隐私权和其他合法权益。"

根据《未成年人保护法》第 110 条第 1 款,本条对《署令第 159 号》第 33 条第 2 款进行修改后作为本条第 2 款。

三、首次查问、询问的内容要求

(一)被查问人、被询问人的基本信息

包括姓名、出生日期、户籍所在地、现住址、身份证件种类及号码、工作单位、文化程度等。

(二)是否曾受过刑事处罚或者被行政机关给予行政处罚等情况

(三)必要时,家庭主要成员情况

必要时要查问、询问被查问人、被询问人的家庭主要成员情况,以便于及时联

系。根据《行政强制法》第 20 条第 1 款规定，依照法律规定实施限制公民人身自由的行政强制措施，当场告知或者实施行政强制措施后立即通知当事人家属实施行政强制措施的行政机关、地点和期限。如对违法嫌疑人经查问后拟采取扣留措施的，应当查问其家庭主要成员情况，并依法通知。

四、未成年人保护

未成年人是祖国未来的建设者，是中国特色社会主义事业的接班人，是社会可持续发展的重要资源。高度重视对下一代的教育培养，努力提高未成年人思想道德素质，是我们党的优良传统，是党和国家事业后继有人的重要保证。

（一）未成年人

《宪法》第 46 条第 2 款规定："国家培养青年、少年、儿童在品德、智力、体质等方面全面发展。"《民法典》第 17 条规定："不满十八周岁的自然人为未成年人。"《未成年人保护法》第 2 条规定："本法所称未成年人是指未满十八周岁的公民。"《儿童个人信息网络保护规定》第 2 条规定：儿童是指不满十四周岁的未成年人。我国相关法律和文件中，一直存在"青年""少年""儿童""未成年人"等表述，如何区分？

联合国《儿童权利公约》第 1 条规定，为本公约之目的，儿童系指十八岁以下的任何人，除非对其适用之法律规定成年年龄低于十八岁。联合国《儿童权利公约》中译本虽然使用的是"儿童"，但对应英文是"children"，指的是十八岁以下的人，即公约的保护对象"children"对应我国法律中的"未成年人"。[1] 因此，本法（《未成年人保护法》，作者注）所称未成年人的年龄标准，与《儿童权利公约》中的儿童是一致的。[2]

《最高人民法院关于审理未成年人刑事案件具体应用法律若干问题的解释》（法释〔2006〕1号）第 2 条规定："刑法第十七条规定的'周岁'，按照公历的年、月、日计算，从周岁生日的第二天起算。"行政处罚责任年龄的计算可以参照上述规定。

（二）未成年人的保护

未成年人是身心发育尚未成熟的特殊群体，具有特殊的生理和心理特征，非常需要国家、社会、学校和家庭给予特别的关心和爱护。联合国《儿童权利公约》序言中指出："铭记如《儿童权利宣言》所示：'儿童因身心尚未成熟，在其出生以前和以后均需要特殊的保护和照料，包括法律上的适当保护。'"

我国非常重视未成年人权益的保护。立法方面，在参考地方立法经验的基础

---

[1] 宋应辉，苑宁宁. 中华人民共和国未成年人保护法释义[M]. 北京：中国法制出版社，2020：6.
[2] 郭林茂. 中华人民共和国未成年人保护法解读[M]. 北京：中国法制出版社，2020：6.

上，1991年9月，56条、4500余字的《未成年人保护法》审议通过。2021年"六一"儿童节，全国的未成年人收到一份来自国家立法机关的礼物，新修订的《未成年人保护法》自6月1日起施行。法律条文增加到132条，字数扩充到16000多字，几乎每个重要条文都进行了修改，目的就是为了全方位呵护"少年的你"。[1]我国还制定并实施《预防未成年人犯罪法》《家庭教育促进法》等法律，制定实施大量政策文件和司法制度，切实加强对未成年人的全面综合保护；国务院专门成立国务院未成年人保护工作领导小组[2]；最高人民法院、最高人民检察院多次发布保护未成年人权益的优秀案例、典型案例。

（三）办理案件中对未成年人的保护

联合国《儿童权利公约》确立了包括参与权在内的未成年人所享有的四项最为基本的权利。《未成年人保护法》第6条第1款规定："保护未成年人，是国家机关、武装力量、政党、人民团体、企业事业单位、城乡基层群众性自治组织、未成年人的监护人以及其他成年人的共同责任。"第113条第1款规定："对违法犯罪的未成年人，实行教育、感化、挽救的方针，坚持教育为主、惩罚为辅的原则。"《刑事诉讼法》第281条第1款就未成年人刑事案件讯问和审判时，法定代理人、合适成年人到场等作出规定，司法解释和文件作为重点内容予以着重审查或者排除。[3]合适成年人讯问时在场是未成年人的法定代理人不到场时的替代和补救措施，这一点不仅为我国刑事诉讼法明确规定，而且也符合联合国《儿童权利公约》以及相关少年司法国际文件的精神。[4]

在行政执法领域，《治安管理处罚法》第84条第3款规定："询问不满十六周岁的违反治安管理行为人，应当通知其父母或者其他监护人到场。"《公安机关执行〈中华人民共和国治安管理处罚法〉有关问题的解释》（公通字〔2006〕12号）第9条"关于询问不满16周岁的未成年人问题"作出更加详细的规定。

通过上述规定可以看出，本着未成年人利益最大化原则，我国法律对讯问或者询问未成年人有完善的制度和措施。根据上述法律并借鉴相关规定，海关执法人员在对未成年人进行查问或询问时不能完全照搬套用查问或询问成年人的方式，应当根据未成年人不同年龄、不同阶段的心理、生理等特点，采取适当的查问或者询问

---

[1] 朱宁宁.以良法促发展保善治：2021年全国人大及其常委会立法工作回顾[N].法治日报2021-12-29（4）.
[2]《国务院办公厅关于成立国务院未成年人保护工作领导小组的通知》（国办函〔2021〕41号）。
[3] 如《最高人民法院关于适用〈中华人民共和国刑事诉讼法〉的解释》（法释〔2021〕1号）第87条第6项、第90条第5项；《未成年人刑事检察工作指引（试行）》（高检发未检字〔2017〕1号）第53条等。
[4] 何挺.合适成年人讯问时在场：形式化背后的"无用论"反思[J].环球法律评论，2019，41（6）：121-133.

方式，从而依法保护未成年人的合法权益。

案例

甲等与某市公安局某区公安分局案[①]

裁判要点　法院认为，甲年龄幼小，其父母均被强制传唤至派出所接受调查，本市又无其他亲属暂时照顾甲，故分局出于人身安全考虑，将甲与其父母一并带回派出所安置，是符合实际情况的。但将甲带回派出所后，将其与家长一起安置在羁押场所长达 22 小时 30 分，该行为不符合未成年人保护法第五十条"公安机关、人民检察院、人民法院以及司法行政部门，应当依法履行职责，在司法活动中保护未成年人的合法权益"的法律规定，给甲的精神造成了一定损害，依法应予赔偿。

第三十六条　被查问人、被询问人要求自行提供书面陈述材料的，应当准许；必要时，执法人员也可以要求被查问人、被询问人自行书写陈述。

被查问人、被询问人自行提供书面陈述材料的，应当在陈述材料上签字并且注明书写陈述的时间、地点和陈述人等。执法人员收到书面陈述后，应当注明收到时间并且签字确认。

条文对比

本条是关于被查问人、被询问人陈述的规定，对应《署令第 159 号》第 34 条。

理解与适用

一、相关政策文件

同本规章第三十一条。

二、主要法律依据

《行政处罚法》第 46 条第 6 项：证据包括当事人的陈述。

《署令第 159 号》第 34 条对个人陈述作出了详细规定，本规章保留原内容。

三、个人陈述

（一）个人陈述的规定

《民事诉讼法》第 66 条、《行政诉讼法》第 33 条均规定了"当事人的陈述"是证据种类之一，与其不同的是，《刑事诉讼法》则有"被害人陈述"和"犯罪嫌疑人、被告人供述和辩解"的区分。民事、行政诉讼当事人陈述是指在民事、行政诉讼中，原告、被告等当事人就自己所知道的案件事实向司法机关所作的陈词与叙

[①] 广东省广州市中级人民法院（2013）穗中法少行终字第 46 号。

述。[1]

"当事人的陈述"是《行政处罚法》第46条规定的证据种类之一。有观点认为，当事人陈述是指当事人就自己所经历的案件事实，向行政机关所作的叙述、承认和陈词。[2] 当事人陈述是当事人向行政机关陈述有关违法行为的事实和理由所形成的证据材料，是证明案件事实的重要方式，也是保障当事人权利的重要措施。

考虑到本规章中"当事人"是个狭义上用语，指行政处罚的对象，而本条规定的陈述人既包括被查问人，也可以包括被询问人，因此，为避免与《行政处罚法》中的"当事人的陈述"混淆，本书表述为"个人陈述"，包括当事人的陈述和被询问人的陈述。

（二）个人陈述的情形

借鉴《治安管理处罚法》第84条第2款规定，海关办理行政处罚案件过程中有两种情形：一是被查问人、被询问人主动要求自行提供书面陈述材料的，海关执法人员应当准许；二是必要时，海关执法人员也可以要求被查问人、被询问人自行书写陈述。

（三）个人陈述的确认

本条第2款规定了"被查问人、被询问人自行提供书面陈述材料的"情形下个人陈述的确认：一是需要陈述人确认，在陈述材料上签字并且注明书写陈述的时间、地点和陈述人姓名等。除了本条明确的"时间、地点和陈述人"，还可以参考查问、询问笔录的要求，注明联系地址、联系方式等事项。二是需要海关执法人员确认，海关执法人员收到书面陈述后，在个人陈述上注明收到时间并且签字确认。

对于本条第1款海关执法人员要求被查问人、被询问人自行书写陈述的，建议也按照上述要求进行确认。

四、本条应当注意的问题

（一）个人陈述与查问、询问笔录

个人陈述与查问、询问笔录都是海关行政处罚的证据，二者不是非此即彼的对立关系。根据办案需要，有的案件中海关执法人员收到个人陈述后仍然可以继续通过查问、询问的方式进一步固定证据，也可以在查问、询问的同时要求被查问人、被询问人本人书写个人陈述。按照本规章第104条规定，对于适用快速办理程序的案件，有具备相关内容的当事人陈述并有查验、检查记录、鉴定意见等关键证据能够相互印证的，不需要再做查问、询问笔录。

---

[1] 何家弘，刘品新.证据法学[M].北京：法律出版社，2022：195.
[2] 江必新.行政处罚法条文精释与实例精解[M].北京：人民法院出版社，2021：270.

（二）个人陈述前后不一致的处理

陈述具有直接性、主观性的特点，同时也会存在不系统、不稳定等弱点，尤其是被查问人的陈述虚实结合、真假难辨时，这就需要结合其他证据予以审查。实践中，个人陈述可能不止一份，在存在两份以上陈述的情况下，陈述可能前后有出入、不一致。《最高人民法院关于民事诉讼证据的若干规定》（法释〔2019〕19号）第63条第2款规定："当事人的陈述与此前陈述不一致的，人民法院应当责令其说明理由，并结合当事人的诉讼能力、证据和案件具体情况进行审查认定。"借鉴上述规定，海关对前后陈述不一致的，可以要求陈述人说明理由，陈述人不说明理由或者说明理由不合理的，要综合整个案件的全部证据材料进行审查。

（三）仅有个人陈述的处理

《治安管理处罚法》第93条规定："只有本人陈述，没有其他证据证明的，不能作出治安管理处罚决定。"本规章第71条第2款、第3款规定："海关作出行政处罚决定，应当做到认定违法事实清楚，定案证据确凿充分……违法事实不清、证据不足的，不得给予行政处罚。"海关行政处罚应当按照上述要求办理，不能仅以个人陈述来认定事实，不能因为当事人自愿接受处罚就作出处罚。

> **案例**
>
> **甲与某海关行政处罚案**[①]
>
> **裁判要点** 被告向法院提交的证据5.是原告陈述书，证明案发当日原告被海关依法查获后，就涉案货币来源、用途、有无向海关申报、为何不向海关申报、是否清楚货币管理规定，所作出的个人陈述。法院认为，关于认定走私的事实和证据问题，被告收集并向法院提交的证据足以证明，从原告因违规携带港币出境被处罚的记录、当日携带超额的X万港币经无申报通道瞒报的事实、事后接受调查所作自相矛盾的陈述以及不能提供港币合法来源等多方面判断，足以认定原告具有以瞒报方式逃避海关监管携带限制出境的港币的走私故意和走私行为。

> **案例**
>
> **甲与某市公安局某分局行政处罚案**[②]
>
> **裁判要点** 法院认为，"以事实为基础，以法律为准绳"是宪法规定的一切执法机关应当遵循的基本原则，要求行政机关必须查清事实后，才能作出具体行政行为。只有当事人的陈述，没有其他证据补强，不能单独证明待证事实是办案的基本证明标准。

---

① 广东省深圳市中级人民法院（2018）粤03行初218号。
② 福建省莆田市秀屿区人民法院（2007）秀行初字第6号。

第三十七条 执法人员对违法嫌疑人、证人的陈述必须充分听取，并且如实记录。

条文对比

本条是关于听取、记录陈述的规定，对应《署令第 159 号》第 36 条第 1 款。

与《署令第 159 号》相比，将"应当认真"修改为"必须充分"。

理解与适用

一、相关政策文件

同本规章第三十一条，以及：

《法治政府建设实施纲要（2021—2025 年）》："全面严格落实告知制度，依法保障行政相对人陈述、申辩、提出听证申请等权利"。

二、主要法律依据

《行政处罚法》第 45 条第 1 款："当事人有权进行陈述和申辩。行政机关必须充分听取当事人的意见，对当事人提出的事实、理由和证据，应当进行复核；当事人提出的事实、理由或者证据成立的，行政机关应当采纳。"

参照《行政处罚法》第 45 条的规定，本条对《署令第 159 号》第 36 条第 1 款的内容予以修改。

三、本条应当注意的问题

（一）陈述的含义

本条虽然将《行政处罚法》第 45 条列为主要法律依据，并对《署令第 159 号》第 36 条第 1 款进行了部分修改，但本条的"陈述"与《行政处罚法》第 45 条的"陈述"并非同一含义：

1.《行政处罚法》规定的"陈述"与"申辩"一般是相提并论、组合出现的；本条仅是"陈述"独立使用。

2.《行政处罚法》规定的"陈述"是行政机关告知之后针对告知单陈述意见；本条的"陈述"是在海关调查过程中的陈述。

3.《行政处罚法》规定的"陈述"的主体仅指当事人；本条的"陈述"主体既包括违法嫌疑人，也包括证人。

4.《行政处罚法》规定的"陈述"后行政机关要复核；本条的"陈述"只需充分听取并如实记录即可。

因此，本条主要法律依据中未表述为"根据《行政处罚法》第 45 条的规定"，而是表述为"参照《行政处罚法》第 45 条的规定"。

（二）充分听取

查问或询问是了解案情、查明案件事实、区分法律责任的有效方式。在查问或询问过程中，被查问人或者被询问人主动向海关陈述案件有关情况，或者根据海关执法人员的查问或询问作出的陈述，海关执法人员都要充分听取。

（三）如实记录

海关执法人员不仅要听进去，而且要记下来。对陈述予以如实记录，不能有遗漏或者缺失。

案例

甲与某海关行政处罚案[1]

裁判要点 法院认为，原审查明，海关提供的《旅检现场查验记录》《陈述书》以及《查问笔录》等证据材料上均有甲的亲笔签名，并注明"情况属实无误"等。且经审查，上述证据均在原审庭审中出示，并由双方当事人互相质证，原判决据此认定上述证据载明的内容能够相互印证并确认其真实性、合法性，符合行政诉讼法第43条第1款和第2款的规定。

第三十八条 执法人员依法检查运输工具和场所，查验货物、物品，应当制作检查、查验记录。

检查、查验记录应当由执法人员、当事人或者其代理人签字或者盖章；当事人或者其代理人不在场或者拒绝签字或者盖章的，执法人员应当在检查、查验记录上注明，并且由见证人签字或者盖章。

条文对比

本条是关于检查、查验记录的规定，对应《署令第159号》第37条。

与《署令第159号》相比，主要变化：一是本条分两款表述，《署令第159号》第37条不分款；二是在"查验记录""由执法人员"之间增加"应当"。

理解与适用

一、相关政策文件

同本规章第三十一条。

二、主要法律依据

《行政处罚法》第54条第1款："除本法第五十一条规定的可以当场作出的行政处罚外，行政机关发现公民、法人或者其他组织有依法应当给予行政处罚的行为

---

[1] 最高人民法院（2015）行监字第1620号。

的，必须全面、客观、公正地调查，收集有关证据；必要时，依照法律、法规的规定，可以进行检查。"

《海关法》第6条：（一）检查进出境运输工具，查验进出境货物、物品；（四）在海关监管区和海关附近沿海沿边规定地区，检查有走私嫌疑的运输工具和有藏匿走私货物、物品嫌疑的场所，检查走私嫌疑人的身体。在海关监管区和海关附近沿海沿边规定地区以外，海关在调查走私案件时，对有走私嫌疑的运输工具和除公民住处以外的有藏匿走私货物、物品嫌疑的场所检查；当事人未到场的，在有见证人在场的情况下，可以径行检查。

《海关行政处罚实施条例》第36条："海关依法检查运输工具和场所，查验货物、物品，应当制作检查、查验记录。"

根据上述规定，本条延续了《署令第159号》第37条的规定，仅规范文字表述。

三、检查、查验

根据权责清单，行政检查是行政机关权力之一。《海关法》"总则"第六条中根据对象的不同对检查和查验作了区分。可以说，检查和查验都属于广义上行政检查的范畴。

（一）检查

海关法律规范中有大量关于"检查"的条款，但无定义。《海关法》中规定检查对象主要有：进出境运输工具；进出境物品；走私嫌疑人的身体；除公民住处以外的有藏匿走私货物、物品嫌疑的场所等。

（二）查验

《海关法》规定查验的对象是进出境货物、物品。《海关进出口货物查验管理办法》第2条对"进出口货物查验"作出了解释。这里的"查验"是海关日常监管中的查验，与办理行政处罚案件的查验并不是同一件事，但查验的操作要求并非另起炉灶、另行规定，日常监管中的有些规定具有普适性，对办理行政处罚案件也有规范和指导意义。

海关法律规范体系中，检查、查验多属于海关为履行监管职责而采取的常规监管措施和履责方式。海关在办理行政处罚案件中也可以采取检查、查验的方式，除办案另有要求的外，一般遵循常规监管中检查、查验的规范和要求。通过检查、查验，可以收集证据，核对单单是否相符、单货是否相符，认定有无违法事实、何种违法事实，或者提取样品送检或留存货样，为查明事实奠定基础，或者明确下一步调查方向和重点，以便进一步采取其他调查措施。

四、检查、查验记录

（一）检查、查验记录的形式

检查、查验记录要具备证明力并作为行政处罚的证据来运用，必须符合证据的要求。

1. 文字记录。检查、查验记录要有统一、固定的格式，载明执法机关、执法依据、具体时间、具体地点、具体对象、具体过程及结果、参与人及签名或盖章。上述栏目不能涵括的，可以在备注栏中予以注明。

2. 音像记录。检查、查验是行政执法过程中调查取证的重要环节，是后续作出处理决定的重要基础，也是容易引发行政争议的关键节点。要综合考虑检查、查验对象的复杂性等因素，根据实际情况进行音像记录，通过照相机、录音机、摄像机、执法记录仪、视频监控等记录设备，实时对检查、查验过程进行记录。音像记录要保持连贯性、无增删。

（二）检查、查验记录的确认

《最高人民法院关于行政诉讼证据若干问题的规定》（法释〔2002〕21号）第15条规定："根据行政诉讼法第三十一条第一款第（七）项的规定，被告向人民法院提供的现场笔录，应当载明时间、地点和事件等内容，并由执法人员和当事人签名。当事人拒绝签名或不能签名的，应当注明原因。有其他人在现场的，可由其他人签名。"

海关办理行政处罚案件过程中制作的检查、查验记录，需要由海关和当事人双方共同确认，双方在格式文书中签字或者盖章。

（三）见证人确认

按照本条第2款规定，由见证人签字或者盖章有两种情形：一是在当事人或者其代理人不到场；二是当事人或者其代理人虽然在场但拒绝确认。无论哪种情形，海关执法人员应当找见证人到场，在记录上注明上述情况。见证人应当具有民事行为能力，如场所物业管理人员、货物仓储单位人员等。

理论上，当事人或者其代理人不到场，以及其虽然在场但拒绝确认的情形下，见证人拒绝签字确认也有一定的可能性。《江苏省行政程序规定》第52条规定："当事人或者其代理人、见证人拒绝签字的，不影响调查结果的效力，但是应当在调查笔录中载明。"该规定从制度上破解了这一难题。

案例

某公司与某海关行政处罚案[①]

裁判要点 被告向法院提交的证据包括："证据六，检查记录、稽查结论；证

---

① 广东省高级人民法院（2018）粤行终1131号。

据八、下场取证工作记录等资料。"法院经审理查明：2013年5月29日，被告海关向原告发出稽查通知，决定对原告实施稽查。当天上午10时05分至下午15时10分，被告对原告存放主要保税料件场所进行了检查，并制作了检查记录，检查结果为库存保税料件为零。……综上，被告作出的被诉行政处罚决定，认定事实清楚、适用法律正确，程序合法。

第三十九条 执法人员依法检查走私嫌疑人的身体，应当在隐蔽的场所或者非检查人员视线之外，由两名以上与被检查人同性别的执法人员执行，并且制作人身检查记录。

检查走私嫌疑人身体可以由医生协助进行，必要时可以前往医疗机构检查。

人身检查记录应当由执法人员、被检查人签字或者盖章；被检查人拒绝签字或者盖章的，执法人员应当在人身检查记录上注明。

条文对比

本条是关于人身检查及记录的规定，对应《署令第159号》第38条。

与《署令第159号》相比，主要变化：一是在《署令第159号》2款的基础上增加1款，规定人身检查记录的签字盖章问题，作为本条第3款；二是在第1款增加"，并且制作人身检查记录"；三是删除《署令第159号》第2款中的"作专业"。

理解与适用

一、相关政策文件

同本规章第三十一条，以及：

《法治社会建设实施纲要（2020—2025年）》："保障人民权利"。"切实保障公民基本权利，有效维护各类社会主体合法权益。"

《法治中国建设规划（2020—2025年）》："加强人权法治保障，非因法定事由、非经法定程序不得限制、剥夺公民、法人和其他组织的财产和权利"。

《法治政府建设实施纲要（2021—2025年）》："着力实现人民群众权益受到公平对待、尊严获得应有尊重"。

二、主要法律依据

《海关法》第6条：海关可以行使下列权力……在海关监管区和海关附近沿海沿边规定地区，……检查走私嫌疑人的身体。

《海关行政处罚实施条例》第35条第1款："海关依法检查走私嫌疑人的身体，应当在隐蔽的场所或者非检查人员的视线之外，由2名以上与被检查人同性别的海关工作人员执行。"

根据上述规定，本规章延续了《署令第159号》第38条规定，并增加第3款规定人身检查记录确认，进一步规范执法程序。

三、人身检查

《宪法》第37条第1款规定："中华人民共和国公民的人身自由不受侵犯。"《民法典》第128条规定："法律对未成年人、老年人、残疾人、妇女、消费者等的民事权利保护有特别规定的，依照其规定。"第1041条第3款规定："保护妇女、未成年人、老年人、残疾人的合法权益。"

（一）人身检查对象

无论《海关法》《海关行政处罚实施条例》还是本规章，海关执法人员检查人身的对象仅限于"走私嫌疑人"。

（二）人身检查要求

《海关行政处罚实施条例》和本规章要求人身检查"在隐蔽的场所或者非检查人员视线之外"。由于人身检查涉及个人隐私、尊严，不能暴露在大庭广众之下，在旅检等现场需要单独设立人身检查室。对于不具备相应条件或者因其他特殊情形，现场无法检查的，可以前往医疗机构检查。

四、本条应当注意的问题

（一）海关执法人员人数

两名以上，其他无关人员不得在人身检查现场。

（二）海关执法人员与被检查人同性别

海关执法人员实施人身检查时，应当由与被检查人同性别的执法人员执行。被检查人是男性的，由男性执法人员实施检查；被检查人是女性的，由女性执法人员实施检查。

（三）可以由医生协助进行

《公安机关办理行政案件程序规定》第84条第3款规定了由医生检查的情形。

海关执法人员在检查人身过程中，可以由医生予以协助，必要时前往医疗机构检查。

案例

甲（女）与某海关行政处罚案[①]

裁判要点 被告向法院提供的12份证据中，证据3.《海关检查人身记录》、证据4.《照片》，共同证明被告安排女性工作人员对原告实施人身检查，在其身上

---

① 广东省深圳市中级人民法院（2019）粤03行初41号。

共查获人民币 X 元。原告在《海关检查人身记录》中书面确认"以上情况属实"。法院经审理查明，原告经某口岸出境，未向海关申报。海关工作人员对原告实施人身检查，认定原告超量携带人民币 Y 元。被告在对原告进行检查前已就申报问题向原告尽到了必要的提醒义务，并依法对原告进行检查，在充分保障原告的各项合法权利的情况下作出《行政处罚决定书》并向原告进行直接送达，被告的整个执法过程并未违反法定程序。

案例

甲与某海关行政处罚案[①]

裁判要点 被告在举证期限内向本院提交的证据包括：1.海关查验记录；2.海关检查人身记录，共同证明海关对原告依法进行查验及人身检查的过程，反映了其未向海关申报，携带澳门币出境的事实，并经其签字确认。法院查明：2019 年 2 月 21 日，原告经某口岸旅检现场无申报通道出境，未向海关申报，被海关关员查验。关员询问其是否有需要向海关申报的物品，其称无。随后海关工作人员将原告带入封闭区工作间进行人身检查，查出澳门币 X 元整。法院判决行政处罚决定合法、适当。

第四十条 为查清事实或者固定证据，海关或者海关依法委托的机构可以提取样品。

提取样品时，当事人或者其代理人应当到场；当事人或者其代理人未到场的，海关应当邀请见证人到场。海关认为必要时，可以径行提取货样。

提取的样品应当予以加封确认，并且填制提取样品记录，由执法人员或者海关依法委托的机构人员、当事人或者其代理人、见证人签字或者盖章。

条文对比

本条是关于提取样品的规定，对应《署令第 159 号》第 39 条。

与《署令第 159 号》相比，主要变化：一是将《署令第 159 号》第 39 条第 1 款分为本条的两款；二是删除《署令第 159 号》第 39 条第 1 款、第 2 款"化验、鉴定机构"中的"化验、鉴定"，第 1 款中的"由"以及第 3 款；三是本条第 1 款将《署令第 159 号》第 39 条第 1 款中的"在案件调查过程中，需要对有关货物、物品进行取样化验、鉴定的"修改为"为查清事实或者固定证据"，同时在"海关""委托的机构"之间增加"依法"，在"机构""提取样品"之间增加"可以"；四是本条第 2 款中增加"海关认为必要时，可以径行提取货样。"；五是本条第 3 款中在"海关""委托的机构"之间增加"依法"。

[①] 广东省珠海市中级人民法院（2019）粤 04 行初 58 号。

理解与适用

一、相关政策文件

同本规章第三十一条。

二、主要法律依据

《海关法》第 28 条第 1 款："海关认为必要时，可以径行开验、复验或者提取货样。"

《海关行政处罚实施条例》第 45 条第 1 款、第 2 款："根据案件调查需要，海关可以对有关货物、物品进行取样化验、鉴定。　海关提取样品时，当事人或者其代理人应当到场；当事人或者其代理人未到场的，海关应当邀请见证人到场。提取的样品，海关应当予以加封，并由海关工作人员及当事人或者其代理人、见证人确认后签字或者盖章。"

本规章根据《海关法》第 28 条第 1 款，增加海关径行提取货样的规定，删除《署令第 159 号》第 39 条第 3 款，并作其他修改。

三、提取样品

海关依法履行职责的过程中，提取样品是常见的日常监管活动之一，但海关法律行政法规有不同表述。[①]

海关在办理行政处罚案件过程中有时也需要提取样品，无论是《海关行政处罚实施条例》还是《署令第 159 号》，再到本规章，都表述为"提取样品"。但专家学者也有不同的表述，如"抽样取证"。所谓抽样取证，是从总体中取出部分个体进行分析判断，从而对总体的某些未知因素作出统计推断，取得执法的证据。[②] 抽样取证是指在原物较多的情形下，执法人员采取科学的方法，从种类物中抽取具有一定数量和代表性的样本作为证据，并以此作出统计判断，证明相关物品属性的证明方法。[③]

（一）提取样品的目的

本条在《署令第 159 号》的基础上修改表述为"为查清事实或者固定证据"，这是提取样品的主要目的。

1. 查清事实是样品提取的主要目的之一。由于货物、物品的多样性和复杂性，

[①] 如《食品安全法》第 15 条第 2 款 "采集样品"，《进出境动植物检疫法实施条例》第 20 条、第 22 条 "采取样品"，《进出口商品检验法实施条例》第 34 条 "抽取样品" 等。
[②] 许安标. 中华人民共和国行政处罚法释义 [M]. 北京：中国民主法制出版社，2021：153.
[③] 李洪雷. 中华人民共和国行政处罚法评注 [M]. 北京：中国法制出版社，2021：384-385.

有时执法人员无法直接判断其属性，还需要通过检测、鉴定等科学技术方式，确定其属性、成分、含量、结构、品质、规格等，以便准确归类，适用相应的管理规定，判断是否违法以及违反什么法律规范。

2.固定证据。样品本身属于行政处罚的证据范畴，是证据中的物证。物证与书证和其他证据相互印证，能够确保认定事实清楚，证据确凿充分。

（二）提取主体

提取主体主要有两种主体：一是海关执法人员；二是海关委托的专门机构人员。一般情形下，海关执法人员有能力提取样品，无需委托专门机构。但对于样品提取、封样、包装等有特殊要求的，往往需要专业人员操作。如海关执法人员不具备相应条件的，海关应当委托专门机构提取样品。

（三）配合主体

当事人或者其代理人。除径行取样外，海关执法人员在取样前应当通知当事人或者代理人取样的时间、地点并要求到场，在当事人或者其代理人在现场的情况下，提取合乎要求的样品，确保提取样品程序公正、公开。

（四）见证主体

在海关通知当事人或者其代理人到场但其未到场的情况下，海关不能等其到场才能提取样品，为继续开展取样工作，同时为保证取样程序的公正性，海关执法人员应当邀请见证人到场。

（五）提取文书

海关法律规范中，日常监管中提取样品的法律文书有不同规定：采样凭单（凭证）、抽/采样凭证、抽样单、取样记录单、取样收据等。《署令第159号》第39条第2款规定的是"提取样品记录"。本条延续了该表述，提取样品记录是有固定格式的法律文书。

四、本条应当注意的问题

（一）提取的样品应当予以加封确认

《市场监督管理行政处罚程序规定》第31条第1款规定："办案人员应当制作抽样记录，对样品加贴封条，开具清单，由办案人员、当事人在封条和相关记录上签名或者盖章。"

为保证样品的代表性、真实性，要采取相应的加封和防拆封措施，并避免在送检、运输过程中破损或者被调换。

（二）样品的保存期限

海关法律规范中对样品保存有不同规定。如《进口货物的固体废物属性鉴别程序》（生态环境部　海关总署联合公告2018年第70号）中"3.1采样要求"规定：

"（8）通常情况下，所采样品保留不少于1年，相关记录保留不少于3年，涉案样品和记录应保存至结案。如属于危险品、易腐烂/变质样品以及其他不能长期保留的样品，鉴别机构应告知委托方并进行无害化处理，保留相关记录。"

关于保存的期限，有规定的按照规定办理，对于没有规定期限的，可以根据案件办理进展，结合样品的属性、保存条件等因素确定适当的时间，防止案件进入行政复议、行政诉讼再次检测、鉴定时样品不复存在。有条件的，建议适当延长保存期限，直至行政诉讼期限届满。

案例

某公司与某县技术监督局行政处罚案[①]

裁判要点 该案同时是最高人民检察院抗诉案件。工商行政管理局组织取样，结论合格。技术监督局取样检测结论与工商行政管理局检测结论不一致。后经县某领导小组召集技术监督局、工商行政管理局等单位协调，确定以重新抽样检测的结论作为处理该批复混肥质量问题的依据。最高人民法院认为，工商行政管理局组织的抽样和检测，参加人员没有取得市场监督员的资格；进行抽样的人员不知道抽样公式，抽样后没有填写抽样联单，抽样检查结论不能作为合法证据。

案例

某公司与某市生态环境保护局行政处罚案[②]

裁判要点 法院认为，本案中，该局未能提供采样记录或采样过程等相关证据，无法证明其采样程序合法，进而无法证明送检样品的真实性，直接影响监测结果的真实性和合法性。因此，该局在没有收集确凿证据证实样品来源真实可靠的情况下，仅以某环境监测中心站出具的《监测报告》认定公司存在环境违法行为事实的主要证据不足，判决撤销处罚决定。

案例

某公司与某海关行政争议案[③]

裁判要点 海关认为，其抽样、送检、化验程序严格遵守规定，该公司也参与抽样、送检以及与化验人的沟通，在整个抽样化验以及稽查期间，该公司从未对取样程序和样品提出过质疑。

二审查明事实与原审基本一致，法院予以确认。另查明，海关对涉案货物进行取样送检时，该公司代理人、见证人、经办关员分别在提取样品记录单上签字，该公司在本案诉讼前对取样程序和样品未提出过异议，该公司在本案诉讼中要求海关

---

① 最高人民法院（1995）行再字第1号；最高人民检察院（1995）高检民行抗字第1号；《最高人民法院公报》1995年第4期。
② 海南省第二中级人民法院（2016）琼97行终34号。
③ 广东省高级人民法院（2013）粤高法行终字第281号。

提交抽样标本进行质证理据不足。

案例

某公司与 A 省 B 市 C 区市场监督管理局行政处罚案[①]

裁判要点 二审法院认为，本案核心争议在于定案主要证据的《检验报告》是否具有可采性。该份证据由 D 省 E 市质量技术监督局制作形成并移送 C 区市监局，作为作出被诉行政处罚决定的主要证据。本案中，E 市质量技术监督局于 2018 年 5 月 21 日进行现场检查并抽取样品时，没有（书面）通知被上诉人到场，违反相关规定，由此制作形成的《检验报告》不具有证据的合法性，应予排除，被诉行政处罚决定认定事实的主要证据不足，予以撤销。

第四十一条 海关或者海关依法委托的机构提取的样品应当一式两份以上；样品份数及每份样品数量以能够满足案件办理需要为限。

条文对比

本条是关于提取样品数量的规定，对应《署令第 159 号》第 40 条。

与《署令第 159 号》相比，除将"1"修改为"一"外，主要变化：一是删除《署令第 159 号》第 40 条中的"依法先行变卖或者经海关许可先行放行有关货物、物品的，"；二是在提取主体方面增加"或者海关依法委托的机构"，同时调整样品和份数的顺序；三是将《署令第 159 号》第 40 条中的"认定样品的品质特征"修改为"满足案件办理需要"。

理解与适用

一、相关政策文件

同本规章第三十一条。

二、主要法律依据

上位法无关于本条的具体规定。

本条延续《署令第 159 号》第 40 条规定，并予以修改。

三、海关办理行政处罚案件提取样品的数量要求

《行政处罚法》《海关行政处罚实施条例》均未对提取样品的数量作出规定。《最高人民法院关于行政诉讼证据若干问题的规定》（法释〔2002〕21 号）、《最高人民法院关于适用〈中华人民共和国行政诉讼法〉的解释》（法释〔2018〕1 号）等也

[①] 浙江省杭州市中级人民法院（2020）浙 01 行终 417 号。

未涉及。《公安机关办理行政案件程序规定》第 109 条第 2 款规定："抽样取证应当采取随机的方式，抽取样品的数量以能够认定本品的品质特征为限。"海关办理行政处罚案件提取样品数量的要求是：

（一）一式两份

1. "一式"。"一式"要求相同的式样，取样的方法、取样的程序等完全相同，或者被称为"平行样品"的样品才具有代表性。

2. "以上"。《行政处罚法》没有对"以上"进行法律解释。《海关行政处罚实施条例》第 64 条规定："'以上'、'以下'、'以内'、'届满'，均包括本数在内。"本规章也未对"以上"进行解释，可以根据《海关行政处罚实施条例》的规定执行。

3. "2 份以上"。每"份"应当平行取样至少 2 份，不少于 2 份，当然也包括 2 份。但并不意味着取 2 份就可以了，因为本条还有一个限定条件"以能够满足案件办理需要为限"。如《进口货物的固体废物属性鉴别程序》中"3.1 采样要求"规定："（6）已经转移到货场或堆场的大批量散货（200 吨以上，包括拆包后的散货）……但不应少于 3 份"。

（二）样品具体数量

"一式两份以上"解决了提取样品的份数问题，但每份的具体数量是多少，仍需明确。如《进口货物的固体废物属性鉴别程序》（生态环境部海关总署联合公告 2018 年第 70 号）中"3.1 采样要求"规定："（7）……固态样品推荐为 4~5kg，液态样品推荐为 2~2.5kg……"海关在办理行政处罚案件中，根据货物属性不同，有相关规范标准的按照所规定的样品量进行取样；没有相关规范标准的，可以参考类似货物的取样要求。

（三）能够满足案件办理需要

《最高人民法院关于行政诉讼证据若干问题的规定》（法释〔2002〕21 号）第 29 条规定："原告或者第三人有证据或者有正当理由表明被告据以认定案件事实的鉴定结论可能有错误，在举证期限内书面申请重新鉴定的，人民法院应予准许。"

考虑到法律、行政法规、规章、国家标准、行业标准对样品份数及数量可能有不同要求，根据商品属性、理化特性、潜在风险点等因素，本条概括表述为"满足案件办理需要为限"，避免因取样数量简单化、一刀切带来的执法风险。

如果相对人对行政处罚中提取样品的取样程序和鉴定结论有异议，按照不服鉴定结论申请复验、行政复议、行政诉讼全部流程设计，如果每个程序都允许启动样品的鉴定，除首次送检使用 1 份，则最多还需要复验 1 份、行政复议鉴定 1 份、行政诉讼一审 1 份、行政诉讼二审 1 份、再审 1 份，至少还需要 5 份。当然行政诉讼程序也许还要复杂，而事实上这种程序几乎不可能出现。但如果只取 2 份，送样后仅保留 1 份，到行政诉讼时已无样品；有的则不能妥善保管，再次鉴定时找不到样品。因此,"能够满足案件办理需要"看似宽松而有弹性,实际上也是硬性、刚性要求。

四、本条应当注意的问题

(一)规范取样、制样

取样是作出鉴定结论的基础和源头。实践中,对于行政处罚决定所依据的鉴定结论不服的切入点很多,取样程序往往首当其冲,争议聚焦在未按照取样标准规范操作和执行。由于取样的重要性,很多行业都对取样、制样方法作出了详细规定。这些标准和规范可能规范取样的方式方法、时间、地点、位置、采样频率等。如《商品煤样人工采取方法》(GB 475—2008)、《进出口石油及液体石油产品取样法(自动取样法)》(SN/T 0975—2020)等。对提取样品有制样要求的,应当按照有关标准制样。

海关在办理行政处罚案件过程中,需要提取样品的,应当严格按照相关标准执行,规范取样制样行为,保证程序的合法性。

(二)规范封样

封样是取样之后到送检前的重要步骤,对鉴定结论的合法性同样有着不可或缺的影响,但在实践中一般容易被忽视。为了避免因封样程序导致鉴定结论可能无效的后果,需要重视封样程序。如《地表水和污水监测技术规范》(HJ/T 91—2002)4.2.3.4、《工业污染源现场检查技术规范》(HJ 606—2011)5.2.3 就涉及封样、分装、标识、签名、标注等事项。

海关办理行政处罚案件中对提取的样品要按照有关标准和规范进行封样。要根据样品物理、化学特性,注意温度、湿度、包装物、避光等适当的保存条件,防止样品发生性质变化导致样品失效。要注明样品的封志号码编号、邮寄凭证号以及封志是否完好等要素,保证送检样品的一致性。

案例

某公司与某海关行政处罚案[1]

裁判要点 海关在举证期限内向原审法院提交的证据和依据包括:10. 海关进出口货物化验鉴定书;11. 取样及化验鉴定申请表等。原审判决认为,本案中,被告基于原告的原有资信,对其申报出口的货物在通关环节实施程序性审查,到 2010 年 10 月 15 日进行查验、组织化验,对其商品归类等申报内容进行实质性审核,并对查明的原告申报不实违法行为进行处罚,符合相关法律规定。二审法院经

---

[1] 福建省高级人民法院(2012)闽行终字第 142 号。

审查确认原审判决对证据的认证和采纳意见，并确认原审判决认定的事实。

案例

某公司与某市食品药品监督管理局行政处罚案[①]

裁判要点 二审法院认为，市食药监局在抽样过程中存在以下两点问题：（一）关于抽样人员的身份问题。（二）关于抽样数量的问题。依据《中国药典（2010 版）》规定，对蜂蜜抽样的原则为："总包件数 5~99 件，随机抽 5 件取样。"本案中，在待检蜂蜜数量为 7 件的情况下，抽样数量应为 5 件，市食药监局的抽样数量为 3 件，抽样数量不符合规定。综上，市食药监局在执法过程中存在程序违法的问题。

第四十二条 为查清事实，需要对案件中专门事项进行检测、检验、检疫、技术鉴定的，应当由海关或者海关依法委托的机构实施。

条文对比

本条是关于鉴定机构的规定，对应《署令第 159 号》第 41 条。

与《署令第 159 号》相比，主要变化：一是增加"为查清事实，需要对案件中专门事项进行"，"委托"之前增加"海关依法"，在"鉴定"之后增加"的"；二是将"化验、鉴定"修改为"检测、检验、检疫、技术鉴定的"，将"进行"修改为"实施"；三是删除《署令第 159 号》中"有关货物、物品持有人或者所有人应当根据化验、鉴定要求提供化验、鉴定所需的有关资料。"，同时删除"交由海关化验鉴定机构或者委托国家认可的其他机构"中的"交""化验鉴定机构""国家认可""其他"；四是对语序进行调整。

理解与适用

一、相关政策文件

同本规章第三十一条，以及：

《国务院办公厅关于政府向社会力量购买服务的指导意见》（国办发〔2013〕96 号）："在公共服务领域更多利用社会力量。"

二、主要法律依据

《行政处罚法》第 46 条第 1 款第 7 项：证据包括鉴定意见。

《行政强制法》第 25 条第 3 款："对物品需要进行检测、检验、检疫或者技术鉴定的，查封、扣押的期间不包括检测、检验、检疫或者技术鉴定的期间。检测、检验、检疫或者技术鉴定的期间应当明确，并书面告知当事人。"

[①] 吉林省吉林市中级人民法院（2017）吉 02 行终 19 号。

《固体废物污染环境防治法》第 25 条："海关发现进口货物疑似固体废物的，可以委托专业机构开展属性鉴别。"

《海关行政处罚实施条例》第 45 条第 3 款："化验、鉴定应当交由海关化验鉴定机构或者委托国家认可的其他机构进行。"

三、检测、检验、检疫、技术鉴定

鉴定是行政机关或者法院将行政程序或者诉讼程序中遇到的专门性问题，提交专业部门或者专业人员进行鉴别并得出结论。[1]

《行政处罚法》第 46 条第 1 款第 7 项、《行政诉讼法》第 33 条第 1 款第 7 项规定：证据包括鉴定意见。《治安管理处罚法》第 90 条规定："为了查明案情，需要解决案件中有争议的专门性问题的，应当指派或者聘请具有专门知识的人员进行鉴定"。《最高人民法院关于行政诉讼证据若干问题的规定》（法释〔2002〕21 号）、《最高人民法院关于适用〈中华人民共和国行政诉讼法〉的解释》（法释〔2018〕1 号）也使用了"鉴定"；《关于加强行政执法与刑事司法衔接工作的意见》（中办发〔2011〕8 号）使用了"检验、鉴定、认定"。有观点认为，行政调查过程中做出的鉴定结论，构成了行政程序的重要证据。在法律规范中，常以检验、检测、检疫等术语来指代此处讨论的"鉴定"。[2]

海关法律行政法规中，还出现"检测""检验""检疫"的不同表述，如《食品安全法》《食品安全法实施条例》中的"检测""检验"、《进出口商品检验法》及配套行政法规中的"检验"、《国境卫生检疫法》《进出境动植物检疫法》中的"检疫"等。根据《行政强制法》的规定，结合海关执行的法律依据，本规章统一表述为"检测、检验、检疫、技术鉴定"。

四、鉴定机构

（一）海关鉴定机构

《海关计核涉嫌走私的货物、物品偷逃税款暂行办法》第 9 条第 3 项规定"提留货样送海关化验机构或者其他法定或者国家授权的专业部门"。海关鉴定机构一般由海关总署通过公告或者其他方式发布名单，有时则与相关部门联合发布。如环保总局、海关总署、质检总局印发的《关于发布固体废物属性鉴别机构名单及鉴别程序的通知》（环发〔2008〕18 号，已失效），环境保护部、海关总署、质检总局印发的《关于推荐固体废物属性鉴别机构的通知》（环土壤函〔2017〕287 号）中

---

[1] 孔祥俊. 行政诉讼证据规则通释——最高人民法院《关于行政诉讼证据若干问题的规定》的理解与适用[J]. 法律适用，2002（10）：11-18.
[2] 宋华琳. 行政调查程序的法治建构[J]. 吉林大学社会科学学报，2019，59（3）：139-149.

都有海关鉴定机构。

（二）海关委托鉴定机构的情形

海关办理行政处罚案件过程中委托鉴定机构的情形主要有：

1. 价格。《中华人民共和国海关计核涉嫌走私的货物、物品偷逃税款暂行办法》第19条规定："涉嫌走私进口的黄金、白银和其他贵重金属及其制品、珠宝制品以及其他有价值的收藏品，应当按国家定价或者国家有关鉴定部门确定的价值核定其计税价格。"

2. 固体废物。如《关于发布固体废物属性鉴别机构名单及鉴别程序的通知》（环发〔2008〕18号，已失效）、《关于推荐固体废物属性鉴别机构的通知》（环土壤函〔2017〕287号）中的海关鉴定机构以外的鉴定机构。

3. 假币。如《中国人民银行假币收缴、鉴定管理办法》第10条第2款的规定。

4. 文物。《国家文物局关于指定北京市文物进出境鉴定所等13家机构开展涉案文物鉴定评估工作的通知》（文物博函〔2015〕3936号）、《国家文物局关于指定第二批涉案文物鉴定评估机构的通知》（文物博函〔2016〕1661号）、《司法部司法鉴定管理局关于提供文物司法鉴定机构名单的函》（司鉴定〔2016〕3号）、《国家文物局关于指定第三批涉案文物鉴定评估机构的通知》（文物博函〔2022〕653号）等，确定了一些博物馆、博物院、文物鉴定站、文物店、文物考古研究所等作为文物鉴定机构。

5. 珍贵动物、珍稀植物及其制品。鉴定机构主要有大学、动物研究所、水产研究所及司法鉴定中心等。如《最高人民法院　最高人民检察院　公安部　司法部关于依法惩治非法野生动物交易犯罪的指导意见》（公通字〔2020〕19号）第6条第2款的规定。

6. 非法出版物、违禁出版物。《出版管理行政处罚实施办法》第29条第1款规定："非法出版物的鉴定由省级以上新闻出版行政机关指定的鉴定机关和鉴定人员作出，违禁出版物的鉴定由省级以上新闻出版行政机关作出。"

7. 电子数据。《公安机关办理行政案件程序规定》第92条规定："对电子数据涉及的专门性问题难以确定的，由司法鉴定机构出具鉴定意见，或者由公安部指定的机构出具报告。"

海关办理行政处罚案件实践中，根据涉案标的情况，还会有其他鉴定机构，在此不再一一列举。

五、本条应当注意的问题

（一）专门事项

专门事项是指必须通过特殊技术手段或者专门方法才能确定相应的专门性问

题。专门事项一般从专门的鉴定机构、专门的鉴定程序、专门的鉴定方法等标准综合判断。

（二）鉴定机构的资质

《最高人民法院关于行政诉讼证据若干问题的规定》（法释〔2002〕21号）第14条对鉴定部门和鉴定人鉴定资格的说明作出了规定，并在第32条第1款第6项将其作为审查的内容之一。鉴定机构的资质问题对鉴定意见的证据效力有重要的影响。因此，无论作出鉴定的是海关鉴定机构还是海关委托的鉴定机构，都应当具备相应的资质要求。

（三）委托的鉴定机构能否转包、分包

海关办理行政处罚案件过程中，可能会遇到委托的鉴定机构因鉴定能力或者其他原因需要转包或者委托其他鉴定机构承担部分鉴定的情况。现有规章中有的明确规定检测机构不得转包、违规分包。[1] 如果海关与委托的鉴定机构签署的协议中未明确将转包、分包列为禁止或限制条款，而且重新委托其他鉴定机构客观上又延长办案期限，事实上很难拒绝。因此，应事先在协议中约定，一般不得转包，需要分包的也需征求送样海关的意见，并提供外部鉴定机构和鉴定人的资质证明。

案例

某公司与某海关行政处罚案[2]

裁判要点 上诉人主张涉案货物认定为固体废物是错误的。二审法院审查认为，本案中，涉案货物由A出入境检验检疫局检验检疫技术中心进行检验并出具检验报告，认定涉案货物为废碎玻璃，属于国家禁止进口的固体废物。A出入境检验检疫局检验检疫技术中心的检验行为符合《固体废物进口管理办法》的规定，海关按照检验结果就涉案货物进行处理，并无不当。上诉人关于检验程序及检验结论错误的理由，没有事实和法律依据。

案例

某公司与某市农业局行政处罚案[3]

裁判要点 法院认为，被告在诉讼过程中，没有向法庭提交市畜牧兽医局和市动物卫生监督所在行政执法过程中，制作询问笔录、现场检查（勘验）笔录，收集书证和委托检测的权力来源；且处罚决定书确认原告生产经营的饲料三聚氰胺含量超标，不符合饲料产品质量标准的产品为淡水鱼幼鱼1#配合饲料，但省中心检验所作出的《检测报告》的检验样品名称为海水鱼幼鱼1#配合饲料。因此，被告作出的《行政处罚决定书》事实不清，证据不足，程序违法，应予以撤销。

---

[1] 如《建设工程质量检测管理办法》第17条第1款、《公路水运工程试验检测管理办法》第36条等。
[2] 福建省高级人民法院（2016）闽行终198号。
[3] 福建省福州市台江区人民法院（2010）台行初字第16号。

第四十三条 检测、检验、检疫、技术鉴定结果应当载明委托人和委托事项、依据和结论，并且应当有检测、检验、检疫、技术鉴定人的签字和海关或者海关依法委托的机构的盖章。

检测、检验、检疫、技术鉴定的费用由海关承担。

<u>条文对比</u>

本条是对鉴定结果和费用的规定，对应《署令第 159 号》第 42 条第 2 款、第 43 条第 2 款。

与《署令第 159 号》相比，主要变化：一是删除《署令第 159 号》第 42 条第 1 款、第 43 条第 1 款；二是将《署令第 159 号》中的"化验报告、鉴定结论"修改为"检测、检验、检疫、技术鉴定结果"，"化验、鉴定人"修改为"检测、检验、检疫、技术鉴定人"，"化验、鉴定部门"修改为"海关或者海关依法委托的机构"；三是删除《署令第 159 号》中的"化验、鉴定的""向化验、鉴定部门提交的相关材料，化验、鉴定的""使用的科学技术手段""化验、鉴定部门和化验、鉴定人资格的说明，""通过分析获得的鉴定结论，应当说明分析过程。"；四是在"依据和"之后增加"结论"；五是将《署令第 159 号》第 43 条第 2 款规定的"化验、鉴定费用由海关承担。"修改为"检测、检验、检疫、技术鉴定的费用由海关承担。"并作为本条第 2 款。

<u>理解与适用</u>

一、相关政策文件

同本规章第四十二条。

二、主要法律依据

《行政处罚法》第 46 条第 1 款第 7 项：证据包括鉴定意见。

《行政强制法》第 25 条第 3 款："……检测、检验、检疫或者技术鉴定的期间应当明确，并书面告知当事人。……检测、检验、检疫或者技术鉴定的费用由行政机关承担。"

《海关行政处罚实施条例》第 45 条第 4 款："化验人、鉴定人进行化验、鉴定后，应当出具化验报告、鉴定结论，并签字或者盖章。"

三、鉴定意见

鉴定意见是运用科学方法得出的结论，具有较强的科学性和技术性。作为证据使用的鉴定意见，体现了技术与法律的贯通与结合。《最高人民法院关于行政诉讼证据若干问题的规定》（法释〔2002〕21 号）多个条款涉及"鉴定结论"，也是委托人、受委托人开展委托鉴定工作的重要指引。

（一）鉴定意见的定义

鉴定意见，是指鉴定人接受委托或者指派，运用专业知识和科学技术，对行政处罚实施中涉及的专门性的实施问题进行鉴别判断并出具的意见。[①] 也有学者使用"鉴定结论"的表述，例如，鉴定结论是指具有鉴定技术和资质的机关或鉴定人员，收到行政机关的指定、聘请或者当事人的申请，对案件中的一些特定的证据或者问题，以科技手段作出专业性的结论。[②]

（二）鉴定意见的主要内容或事项

作为海关办理行政处罚案件关键证据之一的鉴定意见，应当载明的内容或事项主要有：

1.鉴定意见的文书标题。《行政处罚法》《行政诉讼法》规定"鉴定意见"是证据种类之一，但实践中还有别的表述，即"鉴定结论""鉴定报告""鉴别报告"等，可被统称为"鉴定意见"。

2.鉴定意见的共同内容：（1）委托人。（2）委托事项。（3）鉴定依据。（4）鉴定结论，必须是清晰、明确、完整的结论，不能含糊其辞，模棱两可，更不能自相矛盾。

3.鉴定机构。一般要求加盖公章。本规章作出同样要求。

4.签字人。一般鉴定人签字即可，但有的规章还有其他要求，如《检验检测机构监督管理办法》第11条第1款规定："由授权签字人在其技术能力范围内签发。"以往固体废物鉴别报告有的只有"签发"1项，1名人员签字；有的分"拟制""签发"2项，2名人员签字；有的分"编写""审核""签发"3项，签字人员却有4名。需要统一规范。

5.时间。出具鉴定意见的时间，一般是签字人签发的时间。

（三）鉴定的其他事项

1.向鉴定机构提供的相关资料。《最高人民法院关于行政诉讼证据若干问题的规定》（法释〔2002〕21号）第14条有要求。

2.科技手段和分析过程。《最高人民法院关于行政诉讼证据若干问题的规定》（法释〔2002〕21号）第14条要求"使用的科学技术手段""通过分析获得的鉴定结论，应当说明分析过程"。许多鉴定意见中未列明鉴定的依据和使用的科学技术手段；通过分析获得的鉴定结果未说明分析过程。如一起行政处罚案件中，涉案货物先后经过两家鉴定机构鉴定，但其中一家有聚合物组成分析、溶胀特性分析，而

[①] 许安标.中华人民共和国行政处罚法释义[M].北京：中国民主法制出版社，2021：134.
[②] 关保英.行政程序法学：（上册）[M].北京：北京大学出版社，2021：527.

另一家没有相关分析。

3. 鉴定机构和鉴定人鉴定资格的说明。《最高人民法院关于行政诉讼证据若干问题的规定》(法释〔2002〕21号)第14条、第32条第1款第6项等均有要求。

四、本条应当注意的问题

(一)对鉴定人的要求

《公安机关办理行政案件程序规定》第87条第1款规定:"为了查明案情,需要对专门性技术问题进行鉴定的,应当指派或者聘请具有专门知识的人员进行。"《食品检验机构资质认定条件》第18条第3项规定:"检验人员应当具有食品、生物、化学等相关专业专科及以上学历并具有1年及以上食品检测工作经历,或者具有5年及以上食品检测工作经历。"海关办理行政处罚案件过程中,委托鉴定的事项对鉴定人有资质或相关要求的,应当要求鉴定机构确保鉴定人满足相应的条件。

(二)对鉴定人出庭作证义务的告知和明确

《最高人民法院关于行政诉讼证据若干问题的规定》(法释〔2002〕21号)第47条第1款规定:"当事人要求鉴定人出庭接受询问的,鉴定人应当出庭。鉴定人因正当事由不能出庭的,经法庭准许,可以不出庭,由当事人对其书面鉴定结论进行质证。"海关办理行政处罚案件过程中委托其他鉴定机构鉴定的,建议在委托协议中载明上述内容。

(三)鉴定意见格式

鉴定意见应当采用固定的格式,而不能采用函件、情况说明等形式。实践中,有的采用非表格式,有的部分采用表格式;有的有"样品描述"栏目,有的则无"样品描述"栏目。格式应当统一。

> **案例**
>
> **某公司与某海关行政处罚案**[①]
>
> **裁判要点** 二审法院补充查明,该公司对A鉴定机构出具的鉴定结论提出异议,向海关提出重新鉴定申请。海关重新委托B鉴定机构再次进行固体废物属性鉴别。两家鉴定机构的鉴定结论为:该批货物属于国家禁止进口的固体废物。根据环发〔2008〕18号的规定,两家均为法定固体废物属性鉴别机构。因此,进口货物的固体废物属性是由法定固体废物属性鉴别机构经过鉴定后作出的结论,且两家法定固体废物属性鉴别机构鉴定人员具有合法资质,鉴定程序合法。该公司主张涉案鉴定机构和鉴定人员不具备鉴定资格,缺乏事实与法律依据,本院亦不予采纳。

---

① 广东省高级人民法院(2016)粤行终1811号。

第四十四条 检测、检验、检疫、技术鉴定结果应当告知当事人。

<u>条文对比</u>

本条是关于鉴定结果告知的规定，系新增条款。

<u>理解与适用</u>

一、相关政策文件

同本规章第四十一条。

二、主要法律依据

《行政强制法》第 25 条第 3 款："检测、检验、检疫或者技术鉴定的期间应当明确，并书面告知当事人。"

根据《行政强制法》的上述规定，本规章增加本条。

三、本条应当注意的问题

鉴定结果告知当事人，是贯彻行政处罚公正、公开原则的必然要求，是确保当事人知情权、参与权、表达权、监督权的重要举措，也是当事人对鉴定结果不服依法行使权利计算的起点。

（一）结果必须告知

海关执法人员应当在取得鉴定意见后向当事人予以公开，告知结果。

（二）告知形式

本规章未明确告知的形式。目前，各地做法不一致，有的以书面方式告知，有的以口头方式告知；书面告知中，有的在笔录中告知并记录，有的制发单独的告知书。

口头告知又无证据证明的情况下，将来行政复议诉讼可能因举证困难或不力而产生程序问题。为避免相关证据缺失可能引发的争议和对海关的不利后果，有必要对检验结果告知形式予以规范，最好以书面方式。采取口头方式告知的，应当做好相关记录。

<u>案例</u>

某公司与某市生态环境局责令停产整治决定案[1]

裁判要点 法院认为，关于《监测报告》应否送达申请人并听取申请人意见的问题，根据《环境行政处罚办法》第 32 条规定，保障被检查人对《监测报告》的知情权、异议权不仅有利于行政机关对《监测报告》的效力作出准确判断，而且是

---

[1] 广东省高级人民法院（2020）粤行申 61 号。

正当程序的必然要求、应有之义。基于正当程序的要求，某市生态环境局不仅应该依职权对该《监测报告》进行严格审查，而且在决定是否采纳《监测报告》作为执法证据前应将《监测报告》送达给申请人并听取申请人相关意见，保障其充分行使陈述、申辩权利。市生态环境局获得该《监测报告》后未送达给申请人并听取申请人的意见，而直接采纳《监测报告》作为主要证据，程序违法。

第四十五条 在调查走私案件时，执法人员查询案件涉嫌单位和涉嫌人员在金融机构、邮政企业的存款、汇款，应当经直属海关关长或者其授权的隶属海关关长批准。

执法人员查询时，应当主动向当事人或者有关人员出示执法证件和海关协助查询通知书。

条文对比

本条是关于调查走私案件查询存汇款的规定，对应《署令第159号》第44条、第45条。

与《署令第159号》相比，主要变化：一是将《署令第159号》第44条中的"需要"修改为"应当"；二是将《署令第159号》第45条中的"出示"之前增加"主动向当事人或者有关人员"，之后增加"执法证件和"；三是删除《署令第159号》第45条中的"案件涉嫌单位和涉嫌人员在金融机构、邮政企业的存款、汇款""表明执法身份，"；四是在本条第2款"执法人员查询"后增加"时"。

理解与适用

一、相关政策文件

同本规章第三十一条。

二、主要法律依据

《海关法》第6条第5项："在调查走私案件时，经直属海关关长或者其授权的隶属海关关长批准，可以查询案件涉嫌单位和涉嫌人员在金融机构、邮政企业的存款、汇款。"

《海关行政处罚实施条例》第46条："根据海关法有关规定，海关可以查询案件涉嫌单位和涉嫌人员在金融机构、邮政企业的存款、汇款。　　海关查询案件涉嫌单位和涉嫌人员在金融机构、邮政企业的存款、汇款，应当出示海关协助查询通知书。"

根据上述规定，本规章对《署令第159号》第44条、第45条进行了整合，合并成一条。

三、查询涉嫌单位和人员在金融机构、邮政企业的存款、汇款

"查询在金融机构、邮政企业的存款、汇款,海关法明确三个相关的条件:一是在调查走私案件时才具有这项权力;二是查询需经批准,批准权力在直属海关关长或者其授权的隶属海关关长;三是查询的范围限于是涉嫌单位和涉嫌人员在金融机构、邮政企业的存款、汇款。以上三个方面都是法定事项,都要防止随意性,只有这样,才有利于保护存款者、汇款者的合法权益,也能保证调查走私案件的需要。"[①]

(一)走私案件

根据《海关法》《海关行政处罚实施条例》等规定,海关办理的行政处罚案件,按照违法行为的性质可以分为两类:一类是走私行为案件,逃避海关监管,偷逃国家税款或者许可证件管理;一类是违反海关监管规定行为案件,简称违规案件,如《海关行政处罚实施条例》第三章规定的案件、侵犯知识产权案件。机构改革后,出入境检验检疫案件也可以纳入违规案件范围。

海关查询涉案单位和涉案人员在金融机构、邮政企业的存、汇款仅限于走私案件,不包括违规案件。

(二)有权查询存汇款的单位

《商业银行法》第29条第2款规定:"对个人储蓄存款,商业银行有权拒绝任何单位或者个人查询、冻结、扣划,但法律另有规定的除外。"第30条规定:"对单位存款,商业银行有权拒绝任何单位或者个人查询,但法律、行政法规另有规定的除外。"

《金融机构协助查询、冻结、扣划工作管理规定》(银发〔2002〕第1号)第4条规定:"本规定所称有权机关是指依照法律、行政法规的明确规定,有权查询、冻结、扣划单位或个人在金融机构存款的司法机关、行政机关、军事机关及行使行政职能的事业单位(详见附表)。"在"附表:有权查询、冻结、扣划单位、个人存款的执法机关一览表"中,海关是有查询权、冻结权、扣划权的单位之一。

(三)金融机构

《反洗钱法》第34条规定:"本法所称金融机构,是指依法设立的从事金融业务的政策性银行、商业银行、信用合作社、邮政储汇机构、信托投资公司、证券公司、期货经纪公司、保险公司以及国务院反洗钱行政主管部门确定并公布的从事金

[①] 卞耀武.中华人民共和国海关法释义[M].北京:法律出版社,2001.

融业务的其他机构。"多部部门规章、文件都有对"金融机构"的解释[①],中国人民银行、中国证监会和中国银保监会对"金融机构"的定义并不一致。2014年9月,中国人民银行发布《金融机构编码规范》(JR/T 0124—2014,银发〔2014〕277号)。按照该规范,中国金融机构包括货币当局、监管当局、银行业存款类金融机构、银行业非存款类金融机构、证券业金融机构、保险业金融机构、交易及结算类金融机构、金融控股公司等类别。2022年3月23日,银保监会公布了新版银行业金融机构法人名单。

(四)海关调查走私案件要查询的金融机构

《海关法》《海关行政处罚实施条例》规定,海关调查走私案件可以到金融机构查询,但金融机构类别多、范围广,分为银行业金融机构和非银行业金融机构,而银行业金融机构又分为银行业存款类金融机构和银行业非存款类金融机构等等,因而海关不可能向所有的金融机构查询。

《金融机构协助查询、冻结、扣划工作管理规定》(银发〔2002〕第1号)第2条第2款规定:"协助查询是指金融机构依照有关法律或行政法规的规定以及有权机关查询的要求,将单位或个人存款的金额、币种以及其它存款信息告知有权机关的行为。"《最高人民法院 中国人民银行关于依法规范人民法院执行和金融机构协助执行的通知》(法发〔2000〕21号)规定:协助执行的金融机构为银行(含其分理处、营业所和储蓄所)以及其他办理存款业务的金融机构。海关调查走私案件向金融机构查询,建议借鉴上述规定。

(五)邮政企业

《邮政法》第3条第2款规定:"除法律另有规定外,任何组织或者个人不得检查、扣留邮件、汇款。"第14条第2项规定:邮政企业经营邮政汇兑、邮政储蓄业务。第84条对"邮政企业"解释为中国邮政集团公司及其提供邮政服务的全资企业、控股企业。海关调查走私案件向邮政企业查询,建议参考《邮政法》等相关规定。

四、本条应当注意的问题

(一)查询存款、汇款应当报经批准

根据《海关法》规定,直属海关执法人员查询的,需要经直属海关关长批准;隶属海关执法人员查问的,应当经直属海关关长授权的隶属海关关长批准,不能以其他分管关领导批准代替。

[①] 如《金融机构协助查询、冻结、扣划工作管理规定》(银发〔2002〕第1号)第3条第1款,《金融机构信贷资产证券化试点监督管理办法》(银监会令2005年第3号)第2条,《征信业务管理办法》(中国人民银行令〔2021〕第4号)第5条第2款等。

（二）出示执法证件

海关执法人员的执法证是执法人员身份的象征。实践中，为了增强执法的权威性和可信度，海关还可以通过出示介绍信方式，强化执法人员身份证明。

（三）出示专用执法文书

查询存汇款，需出示专用文书，如海关协助查询通知书。

（四）探索网络查询

近年来，最高人民法院单独或者联合有关部门制定了多项通过网络查询、冻结被执行人存款及其他财产的制度[1]，进一步提高了执行效率。受疫情防控等影响，通过网络的方式查询存、汇款具有必要性、紧迫性和可行性。参考上述规定，为保证查询工作的顺利开展，建议海关和金融机构、邮政企业或其主管部门建立网络查询存汇款联系配合机制，降低执法成本，提高执法效能。

案例

某公司与某市国家税务局稽查局行政处罚案[2]

裁判要点 原告对证据中的"《税务行政执法审批表》《检查存款帐户许可证明》"的合法性有异议，《税务行政执法审批表》没有明确涉案人员到底是谁，也没有列明账户；检查账户明显超范围查询。法院经审查，《税务行政执法审批表》中"纳税人名称"为"原告公司"，"税务执法行为"为"检查存款帐户（存款账户）"，"拟使用文书"为"检查存款帐户许可证明"，"申请理由"为"为查办案件需要，根据《税收征收管理法》第54条规定，特申请查询该企业在银行或者其他金融机构的存款账户和相关涉案人员的储蓄存款"。该《税务行政执法审批表》已经过市国家税务局局长审批，《账户查询》中载明的账户均未超出上述《税务行政执法审批表》审批的范围，故上述证据具备证据的关联性、真实性、合法性，本院予以确认。

第四十六条 海关实施扣留应当遵守下列规定：

（一）实施前须向海关负责人报告并经批准，但是根据《中华人民共和国海关法》第六条第四项实施的扣留，应当经直属海关关长或者其授权的隶属海关关长批准；

---

[1] 例如，《最高人民法院关于网络查询、冻结被执行人存款的规定》（法释〔2013〕20号）、《最高人民法院 中国银行业监督管理委员会关于人民法院与银行业金融机构开展网络执行查控和联合信用惩戒工作的意见》（法〔2014〕266号）、《人民法院 银行业金融机构网络执行查控工作规范》（法〔2015〕321号）、《最高人民法院 公安部关于建立快速查询信息共享及网络执行查控协作工作机制的意见》（法〔2016〕41号）、《最高人民法院 中国银行业监督管理委员会关于进一步推进网络执行查控工作的通知》（法〔2018〕64号）等。

[2] 福建省漳州市中级人民法院（2016）闽06行初90号。

（二）由两名以上执法人员实施；

（三）出示执法证件；

（四）通知当事人到场；

（五）当场告知当事人采取扣留的理由、依据以及当事人依法享有的权利、救济途径；

（六）听取当事人的陈述和申辩；

（七）制作现场笔录；

（八）现场笔录由当事人和执法人员签名或者盖章，当事人拒绝的，在笔录中予以注明；

（九）当事人不到场的，邀请见证人到场，由见证人和执法人员在现场笔录上签名或者盖章；

（十）法律、行政法规规定的其他程序。

海关依法扣留货物、物品、运输工具、其他财产及账册、单据等资料，可以加施海关封志。

条文对比

本条是关于扣留程序的规定，对应《署令第159号》第46条。

与《署令第159号》相比，主要变化：一是删除《署令第159号》第46条中的第1款、第2款（出示执法证件、文书确认仍在本条有体现）；二是新增加"海关实施扣留应当遵守下列规定"共10项内容作为本条第1款，其中"出示执法证件"作为第3项；三是将《署令第159号》第46条第3款中的"加施海关封志的，当事人或者其代理人、保管人应当妥善保管。"删除后作为本条第2款。

理解与适用

一、相关政策文件

同本规章第三十一条，以及：

《国务院关于印发全面推进依法行政实施纲要的通知》（国发〔2004〕10号）："行政机关作出对行政管理相对人、利害关系人不利的行政决定之前，应当告知行政管理相对人、利害关系人，并给予其陈述和申辩的机会。""所采取的措施和手段应当必要、适当；行政机关实施行政管理可以采用多种方式实现行政目的的，应当避免采用损害当事人权益的方式。"

《中共中央关于全面推进依法治国若干重大问题的决定》："保障公民人身权、财产权、基本政治权利等各项权利不受侵犯。"

《国务院办公厅关于全面推行行政执法公示制度执法全过程记录制度重大执法决定法制审核制度的指导意见》（国办发〔2018〕118号）："要出具行政执法文书，

主动告知当事人执法事由、执法依据、权利义务等内容。"

二、主要法律依据

《行政强制法》第18条:"行政机关实施行政强制措施应当遵守下列规定:(一)实施前须向行政机关负责人报告并经批准;(二)由两名以上行政执法人员实施;(三)出示执法身份证件;(四)通知当事人到场;(五)当场告知当事人采取行政强制措施的理由、依据以及当事人依法享有的权利、救济途径;(六)听取当事人的陈述和申辩;(七)制作现场笔录;(八)现场笔录由当事人和行政执法人员签名或者盖章,当事人拒绝的,在笔录中予以注明;(九)当事人不到场的,邀请见证人到场,由见证人和行政执法人员在现场笔录上签名或者盖章;(十)法律、法规规定的其他程序。"

《海关法》第6条:"对违反本法或者其他有关法律、行政法规的,可以扣留""对其中与违反本法或者其他有关法律、行政法规的进出境运输工具、货物、物品有牵连的,可以扣留""对有走私嫌疑的运输工具、货物、物品和走私犯罪嫌疑人,经直属海关关长或者其授权的隶属海关关长批准,可以扣留""对其中有证据证明有走私嫌疑的运输工具、货物、物品,可以扣留"。

《海关行政处罚实施条例》第38条:"下列货物、物品、运输工具及有关账册、单据等资料,海关可以依法扣留:(一)有走私嫌疑的货物、物品、运输工具;(二)违反海关法或者其他有关法律、行政法规的货物、物品、运输工具;(三)与违反海关法或者其他有关法律、行政法规的货物、物品、运输工具有牵连的账册、单据等资料;(四)法律、行政法规规定可以扣留的其他货物、物品、运输工具及有关账册、单据等资料。"第42条第1款:"海关依法扣留货物、物品、运输工具、其他财产以及账册、单据等资料,应当制发海关扣留凭单,由海关工作人员、当事人或者其代理人、保管人、见证人签字或者盖章,并可以加施海关封志。加施海关封志的,当事人或者其代理人、保管人应当妥善保管。"

根据《行政强制法》第18条规定,结合海关实际,本条对扣留程序予以修改。

三、扣押和扣留

行政执法和行政诉讼领域,多使用"扣押",而《海关法》《海关行政处罚实施条例》等法律行政法规及海关规章都使用"扣留",未使用"扣押"。《海关法》于1987年7月1日起施行,当时使用了"扣留"。1996年《行政处罚法》第51条、第59条等使用"扣押"。2000年7月8日,《海关法》修改,仍使用了"扣留"。《行政强制法》自2012年1月1日起施行后,《海关法》虽然也有几次修改,但都是微调,没有涉及与《行政强制法》中的"扣押"统一问题。因此,《海关法》始终使用"扣留",而且扣留的对象,既包括物,也包括走私犯罪嫌疑人。扣留财物即《行政强制法》规定的扣押,虽然用语不同,但实质是一样的。扣留走私犯罪嫌疑人对应《行政强制法》中限制公民人身自由的行政强制措施。

根据《立法法》第 4 条"从国家整体利益出发,维护社会主义法制的统一和尊严"要求,同属于行政执法的用语不能在不同法律有不同的表述,或者有不同的含义,可以借《海关法》修订之际,将对物的"扣留"替换为"扣押",与相关法律用语保持一致。

四、本规章本条规定中的扣留

(一)本条扣留范围限于"物",不包括人

《海关法》第 6 条中扣留的范围,既可以针对走私犯罪嫌疑人,也可以针对"物",包括货物、物品、运输工具,以及其他财产及账册、单据等资料。《海关行政处罚实施条例》第 38 条规定了扣留财物的范围。为了规范海关实施人身扣留措施,《海关实施人身扣留规定》对走私犯罪嫌疑人依法采取的限制人身自由的行政强制措施作出了规定。

根据《行政强制法》第 18 条、第 20 条等规定,以及本条第 2 款"可以加施海关封志"的规定,本条第 1 款规定的扣留是针对"物"的扣留,而不是针对"人"的扣留。

(二)扣留的批准人

《行政强制法》第 18 条第 1 项规定:"实施前须向行政机关负责人报告并经批准。"《海关法》第 6 条第 4 项规定,有的扣留情形应当经直属海关关长或者其授权的隶属海关关长批准。因此,本条明确规定,一般情形下应当经海关负责人批准,特殊情形下,如根据《海关法》第 6 条第 4 项实施的扣留,应当经直属海关关长或者其授权的隶属海关关长批准。

(三)海关扣留法律文书

《行政强制法》第 24 条第 1 款规定:"行政机关决定实施查封、扣押的,应当履行本法第十八条规定的程序,制作并当场交付查封、扣押决定书和清单。"因此,采取扣留行政强制措施制作的法律文书包括:扣留决定书、扣留清单、扣留笔录。

(四)扣留期限

《行政强制法》第 25 条第 1 款规定:查封、扣押的期限不得超过三十日,延长期限不得超过三十日,法律、行政法规另有规定的除外。《海关行政处罚实施条例》第 40 条规定的不是"三十日",而是"1 年",上述期限符合《行政强制法》关于"但法律、行政法规另有规定的除外"的要求。

《署令第 159 号》第 47 条完全援引了《海关行政处罚实施条例》第 40 条规定,

并在"运输工具"之后增加了"、其他财产"。考虑到本规章适用海关所有行政案件，而上位法对扣留时间已作规定，故删除《署令第 159 号》中关于扣留期限的规定。

五、本条应当注意的问题

（一）扣留的必要性

《行政强制法》第 5 条规定："行政强制的设定和实施，应当适当。采用非强制手段可以达到行政管理目的的，不得设定和实施行政强制。"适当原则是行政法领域中的一项普遍原则，在行政强制领域，也称比例原则。[①] 有观点认为，这一条款本身虽然只提及"适当"，但它区分行政强制与非强制手段的差别，并设置了手段选择的优先顺位，包含着"非强制手段优先适用于强制手段"的机理。[②]《行政强制法》第 6 条规定："实施行政强制，应当坚持教育与强制相结合。"第 16 条第 2 款规定："违法行为情节显著轻微或者没有明显社会危害的，可以不采取行政强制措施。"《优化营商环境条例》第 14 条第 2 款规定："严禁违反法定权限、条件、程序对市场主体的财产和企业经营者个人财产实施查封、冻结和扣押等行政强制措施；依法确需实施前述行政强制措施的，应当限定在所必需的范围内。"第 59 条第 1 款规定："行政执法中应当推广运用说服教育、劝导示范、行政指导等非强制性手段，依法慎重实施行政强制。采用非强制性手段能够达到行政管理目的的，不得实施行政强制；违法行为情节轻微或者社会危害较小的，可以不实施行政强制；确需实施行政强制的，应当尽可能减少对市场主体正常生产经营活动的影响。"《江苏省行政程序条例》第 6 条规定："行政机关行使裁量权应当符合立法目的，采取的措施或者手段应当必要、适当；行政机关为实现行政目的，选择行政管理措施或者手段，应当遵循最有利于保护公民、法人和其他组织合法权益的原则。"第 87 条第 1 款规定："采用非强制性手段可以达到行政管理目的的，不实施行政强制。"不少规章和文件都有相类似的规定[③]。

《最高人民法院关于印发〈行政审判办案指南（一）〉的通知》（法办〔2014〕17 号）附件《行政审判办案指南（一）》中"六、法律原则的运用"规定：23. 最小侵害原则的运用问题。行政机关未选择对相对人损害较小的执法方式达成执法目的，迳行作出被诉行政行为给相对人造成不必要的较大损害的，可以认定被诉行为

[①] 乔晓阳. 中华人民共和国行政强制法解读 [M]. 北京：中国法制出版社，2011：23.
[②] 蒋红珍. 比例原则适用的规范基础及其路径：行政法视角的观察 [J]. 法学评论，2021，39（1）：52-66.
[③] 例如，《规范农业行政处罚自由裁量权办法》第 5 条、《湖南省行政程序规定》第 4 条第 2 款、《湖南省规范行政裁量权办法》第 9 条第 2 款第 4 项、《江苏省行政程序规定》第 5 条第 2 款、《浙江省行政程序办法》第 4 条第 2 款、《山东省行政程序规定》第 5 条第 2 款、《辽宁省规范行政裁量权办法》第 31 条、《广州市规范行政执法自由裁量权规定》第 7 条等。

违法。但在损害较小的方式不能奏效时，行政机关作出被诉行政行为给相对人造成较大损害的，不宜认定违法。

在实践中，行政机关履行行政管理职责，并不意味着所有违法行为都要采取扣留措施，而要坚持教育与强制相结合和合法合理行政的原则，研判采取强制措施的必要性，采用非强制手段可以达到行政管理目的的，不得实施行政强制；决定采取强制措施的，要考虑适当性，能够采取较轻措施的不采取更加严厉的措施。

（二）扣留范围不包括生活必需品和其他专门款项财产

《行政强制法》第 23 条第 1 款规定：不得查封、扣押公民个人及其所扶养家属的生活必需品。但"生活必需品"的范围没有明确。《最高人民法院关于人民法院民事执行中查封、扣押、冻结财产的规定》第 3 条规定人民法院对被执行人的财产不得查封、扣押、冻结的范围，其中第 1 项至第 3 项分别为："（一）被执行人及其所扶养家属生活所必需的衣服、家具、炊具、餐具及其他家庭生活必需的物品；（二）被执行人及其所扶养家属所必需的生活费用。当地有最低生活保障标准的，必需的生活费用依照该标准确定；（三）被执行人及其所扶养家属完成义务教育所必需的物品。"

根据《行政强制法》规定，海关办理行政处罚案件过程中扣押财物时，建议借鉴上述文件的规定掌握对"生活必需品"范围。此外，司法实践中，还有一些针对专门款项财产的规定，[①] 对海关行政执法也具有借鉴意义。

（三）扣留数量范围

海关在办理行政处罚案件过程中，根据《海关法》《海关行政处罚实施条例》等规定，在违规案件中，除了《海关行政处罚实施条例》第 20 条规定对部分物品可以没收外，其他违反海关监管规定行为的行政处罚种类中并无没收货物、物品、运输工具，因此对这些违规案件，要根据行政合法合理的原则和法定最高罚款数额确定扣留数量。在一起超量携带外币的违规案件中，法院认为，按照《海关行政处罚实施条例》第 19 条规定，最高罚款数额为物品价值的 20%，对罚款 20% 以外的部分，要以最大限度保护当事人合法权益的原则，依法及时解除扣留。

[①] 例如，《最高人民法院关于强制执行中不应将企业党组织的党费作为企业财产予以冻结或划拨的通知》（法 [2005] 209 号）、《最高人民法院关于产业工会、基层工会是否具备社团法人资格和工会经费集中户可否冻结划拨问题的批复》（法复 [1997] 6 号，法释 [2020] 21 号修改）、《最高人民法院关于严禁冻结或划拨国有企业下岗职工基本生活保障资金的通知》（法 [1999] 228 号）、《最高人民法院关于在审理和执行民事、经济纠纷案件时不得查封、冻结和扣划社会保险基金的通知》（法 [2000] 19 号）等。

《中华人民共和国海关办理行政处罚案件程序规定》
理解与适用

案例

某公司与某海关行政处罚案[①]

裁判要点 原审法院经审理查明：原告公司向被告海关以一般贸易方式申报进口连接线，存在明显低报价格。海关对涉案货物作出扣留决定并向该公司出具扣留清单，同时制作了扣留现场笔录。原审法院认为，被诉行政处罚决定，证据确凿，适用法律、法规正确，符合法定程序。判决驳回原告诉讼请求。二审法院经审查后依法维持原审判决。

案例

某公司与某市技术监督局行政强制措施案[②]

裁判要点 再审法院认为，行政机关作出具体行政行为应事实清楚，证据充分，适用法律正确，程序合法。该公司被技术监督局以车辆运输假冒醇酒而将车辆予以扣留封存，于法无据，且适用法律错误，其中1993年4月25日封存车辆未依法定程序，其程序违法，因此技术监督局封存车辆的具体行政行为应予撤销。

第四十七条 海关依法扣留的货物、物品、运输工具，在人民法院判决或者海关行政处罚决定作出之前，不得处理。但是，危险品或者鲜活、易腐、易烂、易失效、易变质等不宜长期保存的货物、物品以及所有人申请先行变卖的货物、物品、运输工具，经直属海关关长或者其授权的隶属海关关长批准，可以先行依法变卖，变卖所得价款由海关保存；依照法律、行政法规的规定，应当采取退运、销毁、无害化处理等措施的货物、物品，可以依法先行处置。

海关在变卖前，应当通知先行变卖的货物、物品、运输工具的所有人。变卖前无法及时通知的，海关应当在货物、物品、运输工具变卖后，通知其所有人。

条文对比

本条是关于先行变卖处置的规定，对应《署令第159号》第48条。

与《署令第159号》相比，主要变化：一是删除《署令第159号》第48条第1款中的"对扣留的"、第2款中的"如果"；二是在第1款之首增加"海关依法扣留的货物、物品、运输工具，"，"作出之前，"之后增加"不得处理。但是，"；三是将《署令第159号》第48条第1款中的"需要依法先行变卖的，应当"修改为"可以先行依法变卖"，并调整语序；四是在"可以先行依法变卖"之后增加"，变卖所得价款由海关保存；依照法律、行政法规的规定，应当采取退运、销毁、无害化处理等措施的货物、物品，可以依法先行处置"。

---

① 广东省高级人民法院（2016）粤行终707号。
② 福建省高级人民法院（1997）闽行再字第2号。

理解与适用

一、相关政策文件

同本规章第四十六条。

二、主要法律依据

《行政强制法》第 27 条:"行政机关采取查封、扣押措施后……。对违法事实清楚,依法应当没收的非法财物予以没收;法律、行政法规规定应当销毁的,依法销毁;应当解除查封、扣押的,作出解除查封、扣押的决定。"

《海关法》第 92 条第 1 款:"海关依法扣留的货物、物品、运输工具,在人民法院判决或者海关处罚决定作出之前,不得处理。但是,危险品或者鲜活、易腐、易失效等不宜长期保存的货物、物品以及所有人申请先行变卖的货物、物品、运输工具,经直属海关关长或者其授权的隶属海关关长批准,可以先行依法变卖,变卖所得价款由海关保存,并通知其所有人。"

《海关行政处罚实施条例》第 47 条:"海关依法扣留的货物、物品、运输工具,在人民法院判决或者海关行政处罚决定作出之前,不得处理。但是,危险品或者鲜活、易腐、易烂、易失效、易变质等不宜长期保存的货物、物品以及所有人申请先行变卖的货物、物品、运输工具,经直属海关关长或者其授权的隶属海关关长批准,可以先行依法变卖,变卖所得价款由海关保存,并通知其所有人。"

根据《海关法》第 92 条第 1 款规定,本条对《署令第 159 号》第 48 条的规定予以修改并补充了内容。

三、先行变卖

(一)先行变卖的范围

无论司法程序还是行政执法程序,由于在扣财物的复杂多样性及其本身的特性,都面临对某些特定财物变卖处理的问题。《最高人民法院关于人民法院民事执行中拍卖、变卖财产的规定》第 31 条第 2 款规定:"金银及其制品、当地市场有公开交易价格的动产、易腐烂变质的物品、季节性商品、保管困难或者保管费用过高的物品,人民法院可以决定变卖。"但该司法解释未使用"先行变卖"。

海关办理行政处罚案件过程中,除了某些特定财物外,还有所有人要求先行处理等情形。本条规定先行变卖的范围包括"危险品或者鲜活、易腐、易烂、易失效、易变质等不宜长期保存的货物、物品以及所有人申请先行变卖的货物、物品、运输工具"。

（二）先行变卖的批准

先行变卖是对扣留财物进行处理的一种方式，一方面涉及当事人的财产权利，变卖价值与扣留时的价值可能存在差异；另一方面，体现海关执法的规范性和责任。因此，先行变卖应当慎重，本条规定了必须经过直属海关关长或者其授权的隶属海关关长批准，以便严格审查把关，谨慎行使权力。

（三）先行变卖的提前通知

本条第2款规定："海关在变卖前，应当通知先行变卖的货物、物品、运输工具的所有人。变卖前无法及时通知的，海关应当在货物、物品、运输工具变卖后，通知其所有人。"这是行政处罚公开原则的具体体现，又是保证扣留财物所有人知情权的重要举措，同时也是为了更好地监督海关依法履行职责。

四、本条应当注意的问题

（一）先行变卖价格不能明显低于市场价格

根据《行政强制法》第28条第2款规定，先行变卖把在扣财物变成价款，改变了涉案财物的在案形式，但本质上并没有改变涉案财物的归属。因此，如果后续解除扣留，为避免可能产生的补偿费用，建议海关在先行变卖前调研市场价格，尽量以不低于市场价格的价格成交。

（二）依法先行处置

《罚没财物管理办法》（财税〔2020〕54号）第14条规定了可以依法先行处置的范围。本条第一款除规定先行变卖外，还对其他可以依法先行处置的方式作出了规定。实践中，其他先行处置方式主要有退运、销毁、无害化处理等。"依法先行处置"强调，必须以法律、行政法规作为执法依据，规定了法律规范的位阶，防止执法的随意性。

案例

甲、乙与某县城市管理综合执法局行政处罚案[1]

裁判要点 根据《行政强制法》第24条、第27条的规定，为了保证行政相对人充分行使知情权、陈述权和申辩权，保障行政处罚决定的合法性和合理性，对本案涉及没收、销毁财物的行政处罚，应严格按照法律规定，出具扣押清单，在期限内作出处罚决定，告知当事人复议期限及救济权利。本案中，被告在没有作出任何处罚决定的情况下即销毁其没收的财物，没有法律依据，严重违反法定程序，依法应予撤销。

---

[1] 云南省昭通市中级人民法院（2016）云06行终95号。

第四十八条 海关依法解除对货物、物品、运输工具、其他财产及有关账册、单据等资料的扣留，应当制发解除扣留通知书送达当事人。解除扣留通知书由执法人员、当事人或者其代理人签字或者盖章；当事人或者其代理人不在场，或者当事人、代理人拒绝签字或者盖章的，执法人员应当在解除扣留通知书上注明，并且由见证人签字或者盖章。

条文对比

本条是关于解除扣留通知书的规定，对应《署令第 159 号》第 49 条。

与《署令第 159 号》相比，主要变化是删除《署令第 159 号》第 49 条中的"、保管人"。

理解与适用

一、相关政策文件

同本规章第四十六条。

二、主要法律依据

《行政强制法》第 27 条："……应当解除查封、扣押的，作出解除查封、扣押的决定。"第 28 条第 1 款："有下列情形之一的，行政机关应当及时作出解除查封、扣押决定：（一）当事人没有违法行为；（二）查封、扣押的场所、设施或者财物与违法行为无关；（三）行政机关对违法行为已经作出处理决定，不再需要查封、扣押；（四）查封、扣押期限已经届满；（五）其他不再需要采取查封、扣押措施的情形。"

《海关行政处罚实施条例》第 41 条："有下列情形之一的，海关应当及时解除扣留：（一）排除违法嫌疑的；（二）扣留期限、延长期限届满的；（三）已经履行海关行政处罚决定的；（四）法律、行政法规规定应当解除扣留的其他情形。"第 42 条第 2 款规定："海关解除对货物、物品、运输工具、其他财产以及账册、单据等资料的扣留，……，应当制发海关解除扣留通知书、……，并由海关工作人员、当事人或者其代理人、保管人、见证人签字或者盖章。"

根据《行政强制法》规定，并结合《海关行政处罚实施条例》的规定，本条对《署令第 159 号》第 49 条修改。

三、解除扣留的程序

（一）海关执法人员制发书面文书并送达当事人

根据《行政强制法》第 27 条、《海关行政处罚实施条例》第 42 条第 2 款等规定，海关解除对货物、物品、运输工具、其他财产以及账册、单据等资料的扣留，应当制发书面的海关解除扣留通知书,并送达当事人。

(二)有关人员签字

《行政强制法》第26条第1款、第2款规定:"对查封、扣押的场所、设施或者财物,行政机关应当妥善保管……。对查封的场所、设施或者财物,行政机关可以委托第三人保管……。"据此,对于扣留的财物保管义务应当由行政机关承担。因此,对外法律文书中不强调保管人签字或者盖章,本规章在签字或者盖章的主体中删除了"保管人"。

本规章规定,解除扣留通知书由海关执法人员、当事人或者其代理人签字或者盖章。如当事人或者其代理人不在场,或者当事人、代理人拒绝签字或者盖章的,执法人员应当在解除扣留通知书上注明,并且由见证人签字或者盖章。

四、本条应当注意的问题

(一)及时退还财物

根据《行政强制法》第28条第2款规定,海关解除扣留的,应当立即退还财物。在退还财物时,双方应当就财物进行检查,核对有无瑕疵、损毁或者短少,加施海关封志的要检查封志是否存在、撕毁等,数量较多的财物要仔细清点核对,并将上述情况在解除扣留通知书中完整记录。品种多、无法在一份解除扣留通知书中记载的,可以随附清单。

(二)退还款项

根据《行政强制法》第28条第2款规定,海关先行变卖扣留财物的,应当将先行变卖所得款项退还给当事人。这里的所得款项是指扣除相关拍卖佣金、合理支出费用后的实际剩余款项。此外,《人民检察院刑事诉讼涉案财物管理规定》(高检发〔2015〕6号)第28条规定:"查封、扣押、冻结的涉案财物应当依法上缴国库或者返还有关单位和个人的,如果有孳息,应当一并上缴或者返还。"借鉴上述规定,有关款项有孳息的,建议一并退还。

(三)无人认领时的处理

《人民检察院刑事诉讼涉案财物管理规定》(高检发〔2015〕6号)第26条规定:"对于应当返还被害人的查封、扣押、冻结涉案财物,无人认领的,应当公告通知。公告满六个月无人认领的,依法上缴国库。上缴国库后有人认领,经查证属实的,人民检察院应当向人民政府财政部门申请退库予以返还。原物已经拍卖、变卖的,应当退回价款。"海关解除扣留退还财物但无人认领时,建议借鉴上述规定办理,并适当确定公告时间。

案例

某公司与某海关行政强制措施案[1]

裁判要点 本案中，根据原审查明的事实，海关以涉嫌低报价格对该公司相关单据资料予以扣留，该案移送海关缉私局办理，已扣留的材料等证据均随案移交。刑事判决后，对于作为刑事案件证据的案涉被扣留材料如何处理、是否予以返还、应当如何返还等问题，均系海关缉私局在刑事侦查案件中依据《刑事诉讼法》等相关法律法规进行的处理，公司起诉请求返还相关材料的行为系该案在刑事侦查程序以及与之相关联的程序中的行为，该行为已不属于人民法院行政诉讼的审查范围。本案再审申请人的再审主张难以成立，本院不予支持。

案例

某公司诉某市盐务局行政强制措施案[2]

裁判要点 二审法院认为，本案中盐务局未能提供公司有违反相关食盐管理的事实证据，且对工业盐不具有封存、扣押的执法主体资格。盐务局作出扣押公司工业盐的行政强制措施，认定事实不清，适用法律、法规错误，该具体行政行为不合法。原审法院判决维持具体行政行为，属认定事实不清，适用法律、法规错误。公司的上诉请求，应予支持。

第四十九条 有违法嫌疑的货物、物品、运输工具应当或者已经被海关依法扣留的，当事人可以向海关提供担保，申请免予或者解除扣留。

有违法嫌疑的货物、物品、运输工具无法或者不便扣留的，当事人或者运输工具负责人应当向海关提供等值的担保。

条文对比

本条是当事人提供担保的规定，第 50 条是关于收取担保程序的规定，对应《署令第 159 号》第 50 条。

与《署令第 159 号》相比，主要变化是：一是增加"有违法嫌疑的货物、物品、运输工具应当或者已经被海关依法扣留的，当事人可以向海关提供担保，申请免予或者解除扣留。"作为本规章本条的第 1 款，同时规范文字表述；二是将《署令第 159 号》第 50 条第 1 款中的"有违法嫌疑的货物、物品、运输工具无法或者不便扣留的，当事人或者运输工具负责人向海关提供担保"，作为本条的第 2 款，在"向海关提供"之前增加"应当"、之后增加"等值的"，并删除"时"。

---

[1] 最高人民法院（2019）最高法行申 2751 号。
[2] 上海市第二中级人民法院（2002）沪二中行终字第 60 号；《最高人民法院公报》2003 年第 1 期。

《中华人民共和国海关办理行政处罚案件程序规定》
理解与适用

理解与适用

一、相关政策文件

同本规章第四十六条。

二、主要法律依据

《海关法》第 66 条第 1 款："在确定货物的商品归类、估价和提供有效报关单证或者办结其他海关手续前，收发货人要求放行货物的，海关应当在其提供与其依法应当履行的法律义务相适应的担保后放行。法律、行政法规规定可以免除担保的除外。"

《海关行政处罚实施条例》第 39 条："有违法嫌疑的货物、物品、运输工具无法或者不便扣留的，当事人或者运输工具负责人应当向海关提供等值的担保……"

《海关事务担保条例》第 7 条第 1 款、第 2 款："有违法嫌疑的货物、物品、运输工具应当或者已经被海关依法扣留、封存的，当事人可以向海关提供担保，申请免予或者解除扣留、封存。　有违法嫌疑的货物、物品、运输工具无法或者不便扣留的，当事人或者运输工具负责人应当向海关提供等值的担保……"

根据上述规定，本条对《署令第 159 号》第 50 条第 1 款予以修改，增加部分内容。

三、海关事务担保

"我国的海关事务担保制度是根据担保法律的一些基本原理，借鉴国外海关的先进经验而创新性地建立的海关事务法律制度，在公平合理与有效管理的基础上，将民事法律中的交易保障制度引进到行政法律的行政管理和执法保障制度中，它既有利于简化海关手续、促进贸易效率和经济发展，又保障国家财政收入和本法及贸易法等的贯彻实施。"[①]

我国《民法典》规定了"担保"，从制度的功能来看，它以保障权利的最终实现为根本目的。海关事务担保并不等同于《民法典》中的民事担保。根据《海关法》第 66 条第 2 款、第 70 条规定，国务院制定了《海关事务担保条例》，在第 7 条、第 8 条增加了涉及行政处罚案件的担保。

[①] 卞耀武. 中华人民共和国海关法释义 [M]. 北京：法律出版社，2001.

四、提供担保和不予办理担保的情形

（一）有违法嫌疑的货物、物品、运输工具应当或者已经被海关依法扣留

本条第 1 款规定，提供担保的情形之一是有违法嫌疑的货物、物品、运输工具应当或者已经被海关依法扣留。在此情形下，当事人是否提供担保具有自主决定权，根据自身意愿或者扣留财物属性等因素作出选择，既可以选择不提供担保，涉案财物由海关依法扣留；也可以向海关提供担保，海关不予扣留，已经扣留的，海关予以解除扣留。

（二）违法嫌疑货物、物品、运输工具无法或者不便扣留

本条第 2 款规定，提供担保的情形之一是有违法嫌疑的货物、物品、运输工具无法扣留或者不便扣留。前者如涉案货物本身是消耗品，在海关调查时已经与其他标的物混合或者融为一体，无法恢复原样，如作为建筑材料的涉案货物，已成为建筑物的一部分，已无扣留的现实可能性；后者如进口的减免税货物已安装在生产线上，成为流水线的组成部分，尽管有可以拆卸下来予以扣留的可能性，但一旦拆卸下来，会导致企业生产线停止运转，影响企业的生产经营，甚至造成巨大损失等等。不便扣留，一般指涉案财物仍在，甚至能够恢复原状，但缺乏扣留的现实必要性，对此认识上分歧相对较少。但实践中"无法扣留"是否意味着涉案货物已不复存在，如因火灾等原因灭失、因盗窃等原因下落不明等情形是否属于"无法扣留"，尚存在不同认识。

（三）排除情形

尽管海关事务担保有其重要意义，但并非所有海关手续都可以适用。同时，为了防止滥用担保措施，《海关法》《海关事务担保条例》还明确规定了不适用海关事务担保的情形。具体到办理行政处罚案件，《海关事务担保条例》第 7 条第 3 款规定："有违法嫌疑的货物、物品、运输工具属于禁止进出境，或者必须以原物作为证据，或者依法应当予以没收的，海关不予办理担保。"

五、本条应当注意的问题

（一）等值担保

等值的意思是等同于被扣留财物的价值，严格来说，既不得高于，也不得低于。《海关行政处罚实施条例》第 64 条、《海关计核违反海关监管规定案件货物、物品价值办法》第 29 条均涉及"货物价值"的确定问题。对于涉税案件来说，在税款计核证明文书制发之前，收取担保很难确定"等值"的具体数额，在以人民币、可自由兑换货币、保函等财产为担保的情形下，可能不存在问题，但以物且属于不可分物或者以权利等担保时，要做到"等值"就比较困难。因此，总体上根据

违法行为的性质，涉案货物、物品价值来确定等值的担保是原则，但有时可能无法做到分毫不差、精确无误。

（二）担保金额不得超过等值价款

《海关事务担保条例》第14条规定，当事人提供的担保应当与其需要履行的法律义务相当，除本条例第七条第二款规定的情形外，担保金额按照下列标准确定，其第4项为"为有关货物、物品、运输工具免予或者解除扣留、封存提供的担保，担保金额不得超过该货物、物品、运输工具的等值价款"。根据上述规定，有观点认为，在本条第1款情形下，当事人提供担保不得超过等值价款，也就是说既可以是等值价款，也可以小于等值价款。

案例

某公司与某海关行政管理案[①]

裁判要点 根据《海关法》第66条第1款规定，涉案进口冷冻鸡产品在未确定是否征收反倾销和反补贴税并办结海关手续前需要放行的，可以在提供足额税款担保后申请提前放行，设定征收保证金具有法律依据，且海关并未收到担保放行申请，亦未收取任何保证金。故公司认为海关违法设定征收保证金，与事实不符。

第五十条 当事人或者运输工具负责人向海关提供担保时，执法人员应当制作收取担保凭单并送达当事人或者运输工具负责人，执法人员、当事人、运输工具负责人或者其代理人应当在收取担保凭单上签字或者盖章。

收取担保后，可以对涉案货物、物品、运输工具进行拍照或者录像存档。

条文对比

本条是关于收取担保程序的规定，对应《署令第159号》第50条。

与《署令第159号》相比，主要变化是：将《署令第159号》第50条第1款中的"有违法嫌疑的货物、物品、运输工具无法或者不便扣留的，"删除，同时将"收取担保凭单由"修改为"应当在收取担保凭单上"，并调整语序，规范表述。

理解与适用

一、相关政策文件

同本规章第四十六条。

二、主要法律依据

上位法无关于本条的具体规定。

[①] 最高人民法院（2013）行监字第601号。

本条延续《署令第 159 号》第 50 条的规定，并予以修改。

三、本条应当注意的问题

（一）办理担保的程序

1. 当事人书面申请。《海关事务担保条例》第 15 条有明确规定。

2. 海关在规定期限内审核并作出决定。《海关事务担保条例》第 16 条第 1 款规定："海关应当自收到当事人提交的材料之日起 5 个工作日内对相关财产、权利等进行审核，并决定是否接受担保……"第 2 款规定："符合规定的担保，自海关决定接受之日起生效。对不符合规定的担保，海关应当书面通知当事人不予接受，并说明理由。"

（二）收取担保的法律文书

海关执法人员应当制作收取担保凭单，并送达当事人或者运输工具负责人。执法人员、当事人、运输工具负责人或者其代理人应当在收取担保凭单上签字或者盖章。

（三）固定证据、存档

在扣货物、物品、运输工具也是行政处罚的重要物证。考虑到收取担保后海关要放行，为了在下一步的行政程序中作为证据使用，同时也为了避免解除扣留退还后产生行政争议而无法提交物证，本条规定，收取担保后可以对涉案货物、物品、运输工具进行拍照或者录像存档。

案例

某公司与某海关行政管理案[①]

裁判要点 一审法院经审理查明，2010 年—2012 年，原告某公司委托 A 公司向海关申请开展加工贸易业务。海关先后向原告某公司收取两笔风险担保金，其中第一笔由原告某公司通过银行转账；第二笔由第三人 B 公司通过 A 公司为原告某公司缴纳。在办结相关核销结案手续后，原告某公司通过 A 公司向海关申请退还风险担保金，要求海关将这两笔风险担保金退至第三人 B 公司。海关当天办理了退款手续，并将担保金退还给原告某公司的指定收款方 B 公司。后原告某公司向法院提起诉讼，主张被告一直未予退还。法院认为，本案中，原告某公司通过 A 公司向海关申请退还风险担保金、并提供了退款联票据及盖有公司业务公章的"情况说明"，被告海关将这两笔风险担保金按"情况说明"中的要求退至其加工企业 B 公司，履行了行政退款的职能，且符合原告某公司的意思表示。二审法院驳回上诉，维持原裁定。

---

① 安徽省高级人民法院（2015）皖行终字第 00276 号。

《中华人民共和国海关办理行政处罚案件程序规定》
理解与适用

第五十一条 海关依法解除担保的，应当制发解除担保通知书送达当事人或者运输工具负责人。解除担保通知书由执法人员及当事人、运输工具负责人或者其代理人签字或者盖章；当事人、运输工具负责人或者其代理人不在场或者拒绝签字或者盖章的，执法人员应当在解除担保通知书上注明。

`条文对比`

本条是关于解除担保的规定，对应《署令第 159 号》第 51 条。

与《署令第 159 号》相比，主要变化是将《署令第 159 号》第 51 条中的"、保管人""，并且由见证人签字或者盖章"删除。

`理解与适用`

一、相关政策文件

同本规章第四十六条。

二、主要法律依据

《海关事务担保条例》第 20 条："有下列情形之一的，海关应当书面通知当事人办理担保财产、权利退还手续：（一）当事人已经履行有关法律义务的；（二）当事人不再从事特定海关业务的；（三）担保财产、权利被海关采取抵缴措施后仍有剩余的；（四）其他需要退还的情形。"

《海关行政处罚实施条例》第 42 条第 2 款："海关……发还等值的担保，应当制发……海关解除担保通知书，并由海关工作人员、当事人或者其代理人、保管人、见证人签字或者盖章。"

根据上述规定，本条延续《署令第 159 号》第 51 条的规定，并予以修改。

三、解除担保的程序

（一）制发法律文书

根据《海关行政处罚实施条例》第 42 条第 2 款规定，海关发还等值的担保，应当制发海关解除担保通知书。

（二）送达

本条规定解除担保通知书的送达对象是当事人或者运输工具负责人。结合本条的规定，当事人或者运输工具负责人指定代理人代收相关法律文书的，也可以向其代理人送达。

（三）有关人员确认

《海关行政处罚实施条例》第 42 条第 2 款规定，解除担保通知书的确认人员有海关工作人员、当事人或者其代理人、保管人、见证人。考虑到相关法律对解除担保未要求保管人、见证人签字或者盖章，故本条在签字或者盖章的主体中将其删除，由执法人员、当事人、运输工具负责人或者其代理人签字或者盖章。如当事人、运输工具负责人或者其代理人不在场，或者虽然在场但拒绝签字或者盖章的，执法人员应当在解除扣留通知书上注明，未要求见证人签字或者盖章。

案例

某公司与某海关行政强制案[1]

裁判要点 海关作出责令退运决定并向原告公司送达，责令其在收到该决定书后三十日内将未申报的PE废塑料予以退运，并收取公司缴纳的2万元罚款保证金。此后，市中院认定公司构成走私废物罪，判决对侦查机关扣押的PE等依法没收，上缴国库。省高院裁定维持市中院刑事判决。2019年3月1日，海关将公司缴纳的保证金2万元及利息257.83元，通过中国银行某支行转账到原告公司账号。二审法院认为，海关的行政行为并未对原告公司的合法权益造成实质损害，因此对公司的上诉请求不予支持。原审裁定认定事实清楚，裁判结果正确，予以维持。

第五十二条 海关依法对走私犯罪嫌疑人实施人身扣留，依照《中华人民共和国海关实施人身扣留规定》规定的程序办理。

条文对比

本条是关于人身扣留的规定，对应《署令第159号》第52条。

与《署令第159号》相比，主要变化：一是将《署令第159号》第52条中的"依法"之前增加"海关"；二是在"《中华人民共和国海关实施人身扣留规定》"之后增加"规定"；三是在"依照"之前增加"，"。

理解与适用

一、相关政策文件

同本规章第四十六条，以及：

《国务院办公厅关于全面推行行政执法公示制度执法全过程记录制度重大执法决定法制审核制度的指导意见》（国办发〔2018〕118号）："对查封扣押财产、强制拆除等直接涉及人身自由、生命健康、重大财产权益的现场执法活动和执法办案场所，要推行全程音像记录"。

《法治中国建设规划（2020—2025年）》："加强人权法治保障，非因法定事由、非经法定程序不得限制、剥夺公民、法人和其他组织的财产和权利"。

---

[1] 黑龙江高级人民法院（2019）黑行申594号。

二、主要法律依据

《行政强制法》第 9 条第 1 项：行政强制措施的种类包括限制公民人身自由。第 10 条第 1 款："行政强制措施由法律设定。"

《海关法》第 6 条第 4 项："在海关监管区和海关附近沿海沿边规定地区，……对……走私犯罪嫌疑人，经直属海关关长或者其授权的隶属海关关长批准，可以扣留；对走私犯罪嫌疑人，扣留时间不超过二十四小时，在特殊情况下可以延长至四十八小时。"

《海关行政处罚实施条例》第 37 条："海关依法扣留走私犯罪嫌疑人，应当制发扣留走私犯罪嫌疑人决定书。对走私犯罪嫌疑人，扣留时间不超过 24 小时，在特殊情况下可以延长至 48 小时。 海关应当在法定扣留期限内对被扣留人进行审查。排除犯罪嫌疑或者法定扣留期限届满的，应当立即解除扣留，并制发解除扣留决定书。"

三、海关扣留走私犯罪嫌疑人

《宪法》第 37 条第 1 款、第 3 款规定："中华人民共和国公民的人身自由不受侵犯。""禁止非法拘禁和以其他方法非法剥夺或者限制公民的人身自由，禁止非法搜查公民的身体。"《民法典》第 109 条规定："自然人的人身自由、人格尊严受法律保护。"第 1011 条规定："以非法拘禁等方式剥夺、限制他人的行动自由，或者非法搜查他人身体的，受害人有权依法请求行为人承担民事责任。"《行政处罚法》《行政强制法》等法律法规都对保护公民人身自由作出了规定。人身自由是宪法规定的公民基本权利。有学者指出，公民若没有人身自由，其他所有权利都无从谈起。[①]

根据《行政强制法》第 10 条第 1 款、《海关法》第 6 条第 4 项等规定，海关对走私犯罪嫌疑人采取扣留措施，属于采取限制人身自由的强制措施，应当严格依法行使。此外，为了规范海关实施人身扣留措施，海关总署制定了《海关实施人身扣留规定》。

四、本条应当注意的问题

（一）人身扣留的法律属性

海关依法实施的人身扣留不属于《行政处罚法》范畴，不是行政处罚种类中的行政拘留，而属于《行政强制法》范畴，是一种行政强制措施。

[①] 胡建淼. 论行政处罚的手段及其法治逻辑 [J]. 法治现代化研究，2022，6（1）：17-31.

（二）实施人身扣留的要求

《行政强制法》第 20 条规定，依照法律规定实施限制公民人身自由的行政强制措施，除应当履行本法第十八条规定的程序外，还应当遵守相关规定。

虽然《海关实施人身扣留规定》的实施时间早于《行政强制法》，但从位阶上看是海关规章。因此，《海关实施人身扣留规定》与《行政强制法》冲突的，应当按照《行政强制法》的规定办理。

（三）违法实施人身扣留的法律责任

《国家赔偿法》第 33 条规定："侵犯公民人身自由的，每日赔偿金按照国家上年度职工日平均工资计算。"《最高人民法院关于作出国家赔偿决定时适用 2021 年度全国职工日平均工资标准的通知》（法〔2022〕144 号）规定："各级人民法院自 2022 年 5 月 23 日起，作出国家赔偿决定时，对侵犯公民人身自由的，每日赔偿金应为 409.34 元。"

案例

甲与某市公安局某分局限制人身自由、扣押财产行政强制措施案[1]

裁判要点 人民法院认为，公安机关行政管理职能和刑事侦查职能有着本质区别。公安机关在履行职责时，应当严格依据法律授权的目的和授权范围行事。公安机关在行使国家权力对公民采取限制人身自由、扣押财产措施之前，应当根据有关规定加以论证、慎重行事，且行为目的必须符合法律授权的要求。本案被告限制原告人身自由、扣押其财产的行为，形式上似乎是依据《刑事诉讼法》的授权实施，然而限制原告人身自由、扣押其财产的全过程，并不符合刑事诉讼法授权的规定，其目的不是为了查清刑事犯罪，其行为性质实质上超越了刑事诉讼法的明确授权，应当认定为限制原告人身自由、扣押其财产的行政强制措施。原告提起行政诉讼，属于人民法院行政诉讼受案范围。

第五十三条 经调查，行政处罚案件有下列情形之一的，海关可以终结调查并提出处理意见：

（一）违法事实清楚、法律手续完备、据以定性处罚的证据充分的；

（二）违法事实不能成立的；

（三）作为当事人的自然人死亡的；

（四）作为当事人的法人或者其他组织终止，无法人或者其他组织承受其权利义务，又无其他关系人可以追查的；

（五）案件已经移送其他行政机关或者司法机关的；

---

[1] 江苏省南京市玄武区人民法院（2002）玄行初字第 76 号。

（六）其他依法应当终结调查的情形。

条文对比

本条是关于终结调查的规定，对应《署令第 159 号》第 55 条。

与《署令第 159 号》相比，主要变化：一是将《署令第 159 号》第 55 条"经调查后"中的"后"删除；二是在"可以终结调查"之前增加"海关"，之后增加"并提出处理意见"；三是将《署令第 159 号》第 55 条第 2 项"没有违法事实"修改为"违法事实不能成立"；四是将《署令第 159 号》第 55 条第 5 项"其他行政机关或者刑事侦查部门已作出处理的海关移送案件，不需要海关作出行政处罚"修改为"案件已经移送其他行政机关或者司法机关"。

理解与适用

一、相关政策文件

同本规章第三十一条。

二、主要法律依据

《行政处罚法》第 57 条第 1 款："调查终结，行政机关负责人应当对调查结果进行审查，根据不同情况，分别作出如下决定：（一）确有应受行政处罚的违法行为的，根据情节轻重及具体情况，作出行政处罚决定；（二）违法行为轻微，依法可以不予行政处罚的，不予行政处罚；（三）违法事实不能成立的，不予行政处罚；（四）违法行为涉嫌犯罪的，移送司法机关。"

《海关行政处罚实施条例》第 50 条第 1 款："案件调查终结，海关关长应当对调查结果进行审查，根据不同情况，依法作出决定。"

根据《行政处罚法》的上述规定，本条延续《署令第 159 号》第 55 条规定并予以修改。

三、调查终结的情形

调查终结是行政处罚调查人员根据法律规定，对涉嫌违法的事实进行一系列调查取证、完成调查取证任务、结束调查环节工作的一项活动。调查终结后调查部门应当根据不同情形提出相应处理意见，且与案件移送、法制审核等规定相衔接。调查终结的情形包括：

（一）违法事实清楚、法律手续完备、据以定性处罚的证据充分的

调查人员经过立案、调查等一系列执法活动后，根据收集的证据，认为违法事实、法律手续、证据上满足移交下一执法环节的要求，因此决定调查终结。当然，这种认识只是调查人员立足于其了解的执法程序、掌握的证据材料作出的判断，违法事实是否清楚、法律手续是否完备、据以定性处罚的证据是否充分等还有待于后续环节执法人员的意见以及负责人的最后决定。例如，本规章第65条第1款规定："经审核存在问题的，法制审核人员应当提出处理意见并退回调查部门。"

（二）违法事实不能成立的

根据《行政处罚法》第57条第1款第3项规定，本条第2项对《署令第159号》第55条第2项规定的"没有违法事实"进行了修改，表述为"违法事实不能成立"。有观点认为，"没有违法事实"不同于"违法事实不能成立"。前者是指现有证据能够证明违法事实根本不存在；后者是指证据不足，无法证明违法事实成立。对于前者，可以"终止调查"；对于后者，应当根据《行政处罚法》第57条第1款第3项作出"不予行政处罚"决定。[①]

"当事人的违法事实不能成立，也就是说，没有证据证明当事人有违法行为或者收集的证据不足以证明当事人有违法行为。"[②] 据此，违法事实不能成立包括以下情形：一是没有违法事实；二是虽有部分证据指向违法事实，但证据不足以认定违法事实。

（三）作为当事人的自然人死亡的

对于已经死亡的犯罪嫌疑人、被告人的责任问题，我国《刑事诉讼法》第16条第5项作出了规定。

本规章第71条第1款第4项规定，符合本规定第53条第3项规定的情形的，撤销案件。据此，行政处罚的当事人中不包括已死亡的自然人。

（四）作为当事人的法人或者其他组织终止，无法人或者其他组织承受其权利义务，又无其他关系人可以追查的

按照《民法典》规定，法人包括营利法人、非营利法人、特别法人。其中，营利法人包括有限责任公司、股份有限公司和其他企业法人等；非营利法人包括事业单位、社会团体、基金会、社会服务机构等。非法人组织包括个人独资企业、合伙企业、不具有法人资格的专业服务机构等。《最高人民法院关于适用〈中华人民共和国民事诉讼法〉的解释》（法释〔2022〕11号）第52条规定：民事诉讼法第五十一条规定的其他组织是指合法成立、有一定的组织机构和财产，但又不具备法人资格的组织。[③]

[①] 姚爱国.行政处罚法的修订解读与适用指引[M].长春：吉林大学出版社，2021：368.
[②] 许安标.中华人民共和国行政处罚法释义[M].北京：中国民主法制出版社，2021：157.
[③] 包括：（一）依法登记领取营业执照的个人独资企业；（二）依法登记领取营业执照的合伙企业；（三）依法登记领取我国营业执照的中外合作经营企业、外资企业；（四）依法成立的社会团体的分支机构、代表机构；（五）依法设立并领取营业执照的法人的分支机构；（六）依法设立并领取营业执照的商业银行、政策性银行和非银行金融机构的分支机构；（七）经依法登记领取营业执照的乡镇企业、街道企业；（八）其他符合本条规定条件的组织。

上述主体类型多，差异大，在此仅以公司为例说明：根据《公司法》第 179 条第 1 款、第 188 条，《市场主体登记管理条例》第 31 条以及《最高人民法院关于适用〈中华人民共和国公司法〉若干问题的规定（二）》第 20 条第 1 款等规定，市场主体终止要履行注销登记手续。

本规章第 71 条第 1 款第 4 项规定，符合本规定第 53 条第 4 项规定的情形的，撤销案件。对于在海关作出行政处罚决定前当事人已经终止，但又有依法应当没收的货物、物品、违法所得、走私运输工具、特制设备在扣的，海关执法人员应当同时调查该市场主体有无权利义务承受人后方可调查终结，以便决定是否根据《海关行政处罚实施条例》第 62 条第 3 项规定收缴；对于有相应担保等款项的，也应作出妥善处理。

四、调查终结报告的内容

《住房和城乡建设行政处罚程序规定》第 20 条第 2 款规定："案件调查终结报告的内容包括：当事人的基本情况、案件来源及调查经过、调查认定的事实及主要证据、行政处罚意见及依据、裁量基准的运用及理由等。"《市场监督管理行政处罚程序规定》第 48 条规定："案件调查终结，办案机构应当撰写调查终结报告。案件调查终结报告包括以下内容：（一）当事人的基本情况；（二）案件来源、调查经过及采取行政强制措施的情况；（三）调查认定的事实及主要证据；（四）违法行为性质；（五）处理意见及依据；（六）自由裁量的理由等其他需要说明的事项。"

海关《调查终结报告》除了文书名称、抬头、调查人员、时间等要素外，建议载明以下事项：

1. 当事人基本情况（公民、法人或者其他组织的基本信息）。

2. 涉案标的名称、规格、数量、价值、涉及税款、许可证件以及监管证件等情况。

3. 采取扣留强制措施或者收取保证金等情况。

4. 案发、立案及调查主要经过。

5. 当事人在调查过程中的申辩事实及理由。

6. 调查认定的违法事实及证据。

7. 不予行政处罚、减轻处罚、从轻处罚或者从重处罚等需要说明的问题。

8. 是否构成违法行为、违法行为性质及定性依据。

9. 处理意见及其依据和理由。

案例

甲与某市公安局某派出所治安其他行政行为案[1]

裁判要点 二审法院认为,设置兜底条款,作为一种立法技术,固然是为了避免法律的不周延性,以适应社会情势的变迁。但是,行政机关通过自由裁量适用兜底条款时,应与同条款中已经明确列举的情形相联系,参照同条款已经明确列举的情形所设置的标准,来确定能否适用兜底条款。适用兜底条款的情形,应与同条款中已经明确列举的情形具有相同或相似的价值,在性质、影响程度等方面具有一致性,且应符合该条款的立法目的。综上,一审法院以适用法律错误为由,判决撤销某派出所作出的终止调查决定,并责令其限期重新作出处理决定,认定事实清楚,适用法律正确,程序合法,结论恰当,应予维持。

第四章 行政处理决定

章注

本规章第四章"行政处理决定"自第 54 条至第 81 条,共 28 条,为本规章条款最多的一章。《署令第 159 号》第四章为"行政处罚的决定"自第 56 条至第 74 条,共 19 条。

与《署令第 159 号》相比,主要变化:

一是《署令第 159 号》第四章"行政处罚的决定"分"案件审查""告知、复核和听证""处理决定",共 3 节。本规章增加"行政处罚的适用"共 9 条(第 54 条至第 62 条),作为本章第一节,将原第一节"案件审查"修改为"法制审核",作为本章第二节,共 3 条(第 63 条至第 65 条);原第二节"告知、复核和听证"、第三节"处理决定"分别为本规章的第三节(第 66 条至第 70 条)、第四节(第 71 条至第 81 条),分别为 5 条、11 条。

二是新增不予处罚(第 56 条),无主观过错不罚(第 57 条),从轻或者减轻处罚情形(第 58 条),快速、从重处罚(第 59 条),法律适用(第 61 条),裁量基准(第 62 条),办案期限(第 76 条),处罚决定公开(第 78 条),共 8 条。

三是删除 1 条,即《署令第 159 号》第 65 条:"当事人申请举行听证的,依照《中华人民共和国海关行政处罚听证办法》规定办理。"

四是保留《署令第 159 号》第 56 条至第 64 条、第 66 条至第 74 条,共 18 条,

---

[1] 江苏省无锡市中级人民法院(2019)苏 02 行终 105 号;《最高人民法院公报》2020 年第 12 期。

并作相应修改，其中第 57 条第 1 款、第 2 款分别对应本规章第 64 条、第 65 条。

五是本章第一节中的第 60 条系《署令第 159 号》第二章第 17 条，并予以修改。

行政处罚决定程序是行政处罚程序的前奏程序，也是在行政处罚中"实现实体权利义务的合法方式和必要条件"[①]。本章具有承前启后的作用。

第一节 行政处罚的适用

第五十四条 不满十四周岁的未成年人有违法行为的，不予行政处罚，但是应当责令其监护人加以管教；已满十四周岁不满十八周岁的未成年人有违法行为的，应当从轻或者减轻行政处罚。

条文对比

本条是关于未成年人行政处罚的规定，对应《署令第 159 号》第 58 条。

与《署令第 159 号》相比，除将"14""18"修改为"十四""十八"，将"。"修改为"；"外，主要变化是增加"未成年"两处，其他无变化。

理解与适用

一、相关政策文件

同本规章第三十五条。

二、主要法律依据

《行政处罚法》第 30 条："不满十四周岁的未成年人有违法行为的，不予行政处罚，责令监护人加以管教；已满十四周岁不满十八周岁的未成年人有违法行为的，应当从轻或者减轻行政处罚。"

根据《行政处罚法》第 30 条规定，本条对《署令第 159 号》第 58 条予以修改。

三、责任年龄

所谓责任能力，也可以被称为"归责能力"或"过错能力"，是指行为人侵害他人民事权利时能够承担民事责任的资格，或者说是对自己的过失行为能够承担责任的能力。[②] 在文明国家，任何合理的制裁都必须考虑到行为人的责任能力。无论

[①] 孙笑侠. 法律对行政的控制 [M]. 北京：光明日报出版社，2018：205.
[②] 【德】卡尔·拉伦茨. 德国民法通论：上 [M]. 王晓晔、邵建东，等译. 北京：法律出版社，2003：156.

是刑事、民事制裁，还是行政制裁。①"责任能力是指行政相对人辨识和控制自己行为的能力。"②"责任能力是责任要件的要素之一，在应受行政处罚行为成立要件中，责任能力是有责性评价的重要内容，责任能力的有无，往往直接决定有责性是否成立，也进而影响到整个应受行政处罚行为的成立。"③

有观点认为，是否具有法定责任能力主要通过行为人是否具有辨认和控制能力来判断，包括行为人实施违法行为时的年龄、精神状况和智力状况。④而责任年龄，抑或是通常所称的责任能力，其本质是从法律上评价行为人是否具有辨识能力和控制能力，目的是要通过一系列的材料和证据，得出相对人有无辨识能力和控制能力的结论。⑤

行政处罚的责任年龄与刑事和民事不太一样。从比较法上看，奥地利14岁以下的人、俄罗斯16岁以下的人为无责任能力人，不负行政处罚之责；奥地利14岁至18岁的人、俄罗斯16至18岁的人为相对责任能力人，按规定负行政处罚之责；奥地利和俄罗斯满18岁的人为完全责任能力人，负完全的行政处罚之责。⑥

根据《行政处罚法》第30条规定，以14周岁为界限，未成年人的行政责任划分为无责任能力和有责任能力两种情形。

四、监护人管教

（一）监护人

1. 未成年人的监护人。《民法典》第27条第1款规定："父母是未成年子女的监护人。"第2款规定，未成年人的父母已经死亡或者没有监护能力的，由该款规定的有监护能力的人按顺序担任监护人。

2. 无民事行为能力、限制民事行为能力的成年人的监护人。《民法典》第28条规定，由该条规定的有监护能力的人按顺序担任监护人。

（二）管教

《刑法》第17条第5款、《预防未成年人犯罪法》第40条规定了责令管教或严加管教。《治安管理处罚法》第12条规定："不满十四周岁的人违反治安管理的，不予处罚，但是应当责令其监护人严加管教"。

《行政处罚法》第30条使用了"管教"，但与《刑法》规定的"管教"不是同一概念，在管教的主体、地点、内容等方面都有根本上的区别，简言之，就是指由

---

① 江必新.论应受行政处罚行为的构成要件[J].法律适用，1996（6）：3-6.
② 熊樟林.论《行政处罚法》修改的基本立场[J].当代法学，2019，33（1）：101-111.
③ 熊樟林.判断行政处罚责任能力的基本规则[J].江苏行政学院学报，2016（6）：129.
④ 江必新.行政处罚法条文精释与实例精解[M].北京：人民法院出版社，2021：171-172.
⑤ 尹培培.论新《行政处罚法》中的"主观过错"条款[J].经贸法律评论，2021（3）：50-62.
⑥ 汪永清.关于应受行政处罚行为的若干问题[J].中外法学，1994，32（2）：22.

监护人进行管理和教育。

（三）责令监护人加以管教的明示

《公安机关办理行政案件程序规定》第 157 条规定："不满十四周岁的人有违法行为的，不予行政处罚，但是应当责令其监护人严加管教，并在不予行政处罚决定书中载明。"

海关对不满十四周岁的未成年人不予处罚、责令其监护人加以管教的，建议借鉴上述规定办理。

> **案例**
>
> **甲与某市公安局某分局行政处罚案**[①]
>
> **裁判要点** 法院认为，本案事实清楚，证据充分确凿。公安机关以治安案件处理本案以及依据《治安管理处罚法》第 12 条的规定，对案发时不满十四岁的甲不予处罚，并责令甲的监护人严加管教并无不当。

第五十五条 精神病人、智力残疾人在不能辨认或者不能控制自己行为时有违法行为的，不予行政处罚，但是应当责令其监护人严加看管和治疗。间歇性精神病人在精神正常时有违法行为的，应当给予行政处罚。尚未完全丧失辨认或者控制自己行为能力的精神病人、智力残疾人有违法行为的，可以从轻或者减轻行政处罚。

> **条文对比**

本条是关于精神病人、智力残疾人行政处罚的规定，对应《署令第 159 号》第 59 条。

与《署令第 159 号》相比，主要变化：一是在《署令第 159 号》第 59 条"精神病人"之后增加"、智力残疾人"，在"但"之后增加"是"，在条款之尾增加"尚未完全丧失辨认或者控制自己行为能力的精神病人、智力残疾人有违法行为的，可以从轻或者减轻行政处罚。"二是将"监管人"修改为"监护人"。

> **理解与适用**

一、相关政策文件

同本规章第三十四条。

二、主要法律依据

《行政处罚法》第 31 条："精神病人、智力残疾人在不能辨认或者不能控制自

---

① 河南省高级人民法院（2020）豫行申 840 号。

己行为时有违法行为的，不予行政处罚，但应当责令其监护人严加看管和治疗。间歇性精神病人在精神正常时有违法行为的，应当给予行政处罚。尚未完全丧失辨认或者控制自己行为能力的精神病人、智力残疾人有违法行为的，可以从轻或者减轻行政处罚。"

《残疾人保障法》第 3 条："残疾人在政治、经济、文化、社会和家庭生活等方面享有同其他公民平等的权利。　　残疾人的公民权利和人格尊严受法律保护。　　禁止基于残疾的歧视。禁止侮辱、侵害残疾人。禁止通过大众传播媒介或者其他方式贬低损害残疾人人格。"

根据《行政处罚法》第 31 条规定，本条对《署令第 159 号》第 59 条予以修改。

三、精神病人

（一）精神病人的定义

《残疾人保障法》第 2 条第 2 款规定："残疾人包括视力残疾、听力残疾、言语残疾、肢体残疾、智力残疾、精神残疾、多重残疾和其他残疾的人。"司法部司法鉴定管理局发布的《精神障碍者刑事责任能力评定指南》（SF/ZJD 0104002—2016）规定了刑事责任能力判断标准等内容。《残疾人残疾分类和分级》（GB/T 26341—2010）"4.7 精神残疾"规定："各类精神障碍持续一年以上未痊愈，由于存在认知、情感和行为障碍，以致影响其日常生活和社会参与。""5.7.1 精神残疾分级原则"规定："18 岁及以上的精神障碍患者依据 WHO-DAS Ⅱ 分值和适应行为表现分级，18 岁以下精神障碍患者依据适应行为的表现分级。"该标准将精神残疾分为一、二、三、四级。

（二）精神病人的责任能力

有关精神病人的责任能力问题的规定，最先见于刑事法律。例如，日本刑法第 39 条、意大利刑法典第 89 条、荷兰刑法第 37 条、印度刑法典第 84 条。美国标准刑法典的规定也类似这种形式。[1] 我国《刑法》第 18 条就精神病人不负刑事责任、应当负刑事责任，以及应当负刑事责任但是可以从轻或者减轻处罚等作出了规定。

由于行政违法行为是尚未构成犯罪的违反行政管理秩序的行为，并且行政处罚在严厉程度和性质上均与刑罚具有一定的相似性，两者之间的差异也仅仅在于程度不同。因此，在行政处罚法中纳入精神病人的责任能力问题，实属现实之必要。[2] "精神病人"能否给予行政处罚，关键要看发生行政违法行为时，是否处于不能辨认或者不能控制自己行为的状态之下。如果处于这种状态之下，便意味着

---

[1] 胡泽卿.外国刑法关于精神病人责任能力的规定比较[J].中国法医学杂志，1989（4）：248.
[2] 江必新.行政处罚法条文精释与实例精解[M].北京：人民法院出版社，2021：179.

"精神病人"在主观上对其行政违法行为不存在故意或过失，因此并不具备承担行政处罚的责任能力。[①] 精神病人的行政法律责任有以下情形：

1. 不负法律责任。《德国违反秩序法》第12条第2款规定"其行为不应受谴责"。《奥地利行政罚法》第3条规定"其行为不罚。"我国《行政处罚法》第31条、《治安管理处罚法》第13条均规定，精神病人在不能辨认或者不能控制自己行为时有违法行为的，不予行政处罚。

2. 应当负法律责任。《行政处罚法》第31条、《治安管理处罚法》第13条均规定，间歇性精神病人在精神正常时有违法行为的，应当给予行政处罚。

3. 按特别情节量罚。《行政处罚法》第31条规定："尚未完全丧失辨认或者控制自己行为能力的精神病人……有违法行为的，可以从轻或者减轻行政处罚。"

四、智力残疾人

《残疾人残疾分类和分级》（GB/T 26341—2010）"4.6 智力残疾"规定："智力显著低于一般人水平，并伴有适应行为的障碍。此类残疾是由于神经系统结构、功能障碍，使个体活动和参与受到限制，需要环境提供全面、广泛、有限和间歇的支持。智力残疾包括在智力发育期间（18岁之前），由于各种有害因素导致的精神发育不全或智力迟滞；或者智力发育成熟以后，由于各种有害因素导致智力损害或智力明显衰退。"

《残疾人残疾分类和分级》（GB/T 26341—2010）"5.6 智力残疾分级"规定："按0~6岁和7岁及以上两个年龄段发育商、智商和适应行为分级。0~6岁儿童发育商小于72的直接按发育商分级，发育商在72~75之间的按适应行为分级。7岁及以上按智商、适应行为分级；当两者的分值不在同一级时，按适应行为分级。WHO-DAS II分值反映的是18岁及以上各级智力残疾的活动与参与情况。"该标准附有智力残疾分级表。

根据《行政处罚法》第31条规定，智力残疾人在不能辨认或者不能控制自己行为时有违法行为的，不予行政处罚。尚未完全丧失辨认或者控制自己行为能力的智力残疾人有违法行为的，可以从轻或者减轻行政处罚。

五、本条应当注意的问题

（一）责令监护人严加看管和治疗

《残疾人保障法》第9条第2款规定："残疾人的监护人必须履行监护职责，尊重被监护人的意愿，维护被监护人的合法权益。"《行政处罚法》第31条规定：

[①] 乔晓阳，张春生.《中华人民共和国行政处罚法》释义 [M]. 北京：法律出版社，1996：72-73.

"……但应当责令其监护人严加看管和治疗。""看管和治疗"是司法机关、行政机关对违法精神病人、智力残疾人的监护人科以的一项法定义务。[1]

与本规章第 54 条规定的"应当责令其监护人加以管教"有所不同的是，本条根据《行政处罚法》规定，责令监护人依法履行监护职责，对违法精神病人、智力残疾人监护人严加看管和治疗，更好地保护违法精神病人、智力残疾人，同时防止违法行为再次发生。

（二）严加看管和治疗的载明

《公安机关办理行政案件程序规定》第 158 条规定："精神病人在不能辨认或者不能控制自己行为时有违法行为的，不予行政处罚，但应当责令其监护人严加看管和治疗，并在不予行政处罚决定书中载明。"

结合本规章第 71 条第 1 款第 2 项规定，实践中遇有责令其监护人严加看管和治疗情形的，建议借鉴上述规章规定办理。

案例

甲与某市公安局某分局行政处罚案[2]

裁判要点 甲主张其有精神分裂病史，但在二审中提交的两份住院病历并非法定鉴定机构出具，不能证明其是精神病人。行政机关认为其意识清楚，不属于不予处罚情形，并无不当。

第五十六条 违法行为轻微并及时改正，没有造成危害后果的，不予行政处罚。初次违法且危害后果轻微并及时改正的，可以不予行政处罚。

对当事人的违法行为依法不予行政处罚的，海关应当对当事人进行教育。

条文对比

本条是关于不予行政处罚的规定，系新增条款。

理解与适用

一、相关政策文件

《国务院关于加强和规范事中事后监管的指导意见》（国发〔2019〕18 号）："落实和完善包容审慎监管。""统一执法标准和尺度"。

《国务院关于做好自由贸易试验区第六批改革试点经验复制推广工作的通知》（国函〔2020〕96 号）："对市场主体符合首次违法、非主观故意并及时纠正、违法行为轻微、没有造成危害后果的行政违法行为，制定并发布多个领域的包容免罚清

---

[1] 江必新. 行政处罚法条文精释与实例精解 [M]. 北京：人民法院出版社，2021：181.
[2] 河南省郑州铁路运输中级法院（2020）豫 71 行终 305 号。

单、明确免除罚款的行政处罚。在规定期限内,动态调整免罚清单"。

《法治中国建设规划(2020—2025年)》:"探索信用监管、大数据监管、包容审慎监管等新型监管方式,努力形成全覆盖、零容忍、更透明、重实效、保安全的事中事后监管体系。"

《法治政府建设实施纲要(2021—2025年)》:"全面推行轻微违法行为依法免予处罚清单。""全面落实'谁执法谁普法'普法责任制,加强以案释法。"

《国务院关于进一步贯彻实施〈中华人民共和国行政处罚法〉的通知》(国发〔2021〕26号):"各地区、各部门要按照国务院关于复制推广自由贸易试验区改革试点经验的要求,全面落实'初次违法且危害后果轻微并及时改正的,可以不予行政处罚'的规定,根据实际制定发布多个领域的包容免罚清单;对当事人违法行为依法免予行政处罚的,采取签订承诺书等方式教育、引导、督促其自觉守法。"

二、主要法律依据

《行政处罚法》第33条第1款:"违法行为轻微并及时改正,没有造成危害后果的,不予行政处罚。初次违法且危害后果轻微并及时改正的,可以不予行政处罚。"第3款:"对当事人的违法行为依法不予行政处罚的,行政机关应当对当事人进行教育。"

根据《行政处罚法》第33条第1款、第3款规定,增加本条。

三、不予行政处罚

(一)不予行政处罚的定义

不予行政处罚,是指当事人的违法行为轻微且没有造成危害后果及当事人未达到行政责任年龄的,不追究行政处罚责任。[①]《市场监管总局关于规范市场监督管理行政处罚裁量权的指导意见》(国市监法〔2019〕244号,被国市监法规〔2022〕2号废止)"三、行政处罚裁量权的适用规则(六)"、《江苏省药品监督管理行政处罚裁量权适用规则(试行)》(苏药监规〔2021〕1号)第4条第1项均规定:不予行政处罚是指因法定原因对特定违法行为不给予行政处罚。《浙江省市场监管领域轻微违法行为依法不予行政处罚和减轻行政处罚实施办法》(浙市监法〔2022〕4号)第2条第1款规定,不予行政处罚是指行政机关依据法律法规的规定,因有法定事由的存在,对本应给予行政处罚的违法行为人不给予行政处罚。

根据违法行为的事实、性质、情节以及社会危害程度等因素,违法行为理论上可以分为轻微违法行为和一般违法行为,如果无论违法行为情节是否轻微,也不考

---

① 应松年.行政处罚法教程[M].北京:法律出版社,2012:171.

量有无危害后果、当事人有无及时改正等因素,行政机关平均用力,按照一套标准、一套流程办理行政处罚案件,显然将增加行政机关的执法成本,不利于行政机关优化资源配置,集中精力解决突出问题,也不利于鼓励当事人及时发现并纠正违法行为,行政处罚的教育作用不能有效发挥,难以实现执法效果和社会效果的有机统一。对符合条件的情形不予行政处罚,是《行政处罚法》"公平公正原则""过罚相当原则""处罚与教育相结合原则"的具体体现,是进一步依法行政、优化营商环境、积极回应市场主体关切、最大程度释放市场主体活力的切实举措。

(二)不予行政处罚的实践

天津从 2004 年开始推行"三步式"执法模式,即"对一般违规者先教育规范,再限期整改,对拒不改正的最后依法处罚。"[①]2009 年,《浙江省道路交通安全轻微违法行为查处工作规范》(浙公通字〔2009〕105 号)第 3 条规定:对违法行为人发生轻微违法行为的,应向其口头警告,并记录在案。

2019 年 2 月,习近平总书记在中央全面依法治国委员会第二次会议上深刻阐述了"法治是最好的营商环境"的重要论断,强调法治对市场主体利益的保护。10 月,国务院颁布《优化营商环境条例》,免罚清单迎来了雨后春笋般的进发期。同年 3 月,上海市司法局、市场监督管理局、应急管理局联合印发全国首例省级《市场轻微违法违规经营行为免罚清单》(沪司规〔2019〕1 号)。之后扩大到文化市场、生态环境等领域。不少省市相继出台免罚清单,从市场监管领域扩大至税务、交通运输、环境生态、文化市场、安全生产、城管等其他领域。根据《国家税务总局关于进一步规范影视行业税收秩序有关工作的通知》(税总发〔2018〕153 号)规定,税收领域实施"自动报缴免罚制度"或称"自动申报免罚制度"。[②]2020 年,广州市在全国首创市场轻微违法经营行为双免清单(穗司〔2020〕7 号)。各地清单在数量上有较大差异,在"质"上也各有不同,有的地方对清单及时更新,动态调整。[③]

(三)不予行政处罚的情形

《行政处罚法》中应当或者可以不予行政处罚情形包括:第 29 条、第 30 条、

---

① 王继然、傅金超.谁说执法就是掏罚单 天津推行"三步式"执法:罚款前必须先教育再限期整改[J]. 法制日报,2007-8-13(2).
② 陈悦.行政处罚制度完善的便宜主义进路[J]. 苏州大学学报(哲学社会科学版),2020,41(2):94-103.
③ 例如,山东省司法厅将不予行政处罚与减轻处罚事项清单一并印发(鲁司〔2021〕39 号);济南市司法局将不予处罚、减轻处罚、从轻处罚和从重处罚清单一并印发(济司通〔2020〕20 号);武汉市市场监管局将不予处罚、减轻处罚、从轻处罚事项清单一并印发(武市监规〔2021〕2 号);广东省减免责清单包括免处清单,从轻、减轻处罚清单,免强制清单(粤府办〔2022〕7 号);南通市市场监督管理局将首违不罚、免罚、轻罚、不予行政强制一并印发(通市监规〔2022〕1 号)等。

第 31 条、第 33 条第 1 款（违法行为轻微并及时改正，没有造成危害后果的，不予行政处罚。初次违法且危害后果轻微并及时改正的，可以不予行政处罚。）、第 33 条第 2 款、第 36 第 1 款、第 40 条、第 57 条第 1 款第 3 项等。上海市法治政府建设工作领导小组办公室印发的《关于全面推行轻微违法行为依法不予行政处罚的指导意见》（沪法治政府办〔2022〕9 号）规定：违法行为危害国家安全，危害人民群众生命、健康或重大财产安全，危害市场经济或社会运行基本秩序的，不纳入不予处罚清单。

四、本条第 1 款规定的不予行政处罚

有观点认为，德国《秩序违反法》第 47 条第 1 款被称为便宜原则，是德国秩序罚裁量的原则之一。便宜原则被视为适用行政罚之重要法律原则。[①]"行政执法中的便宜主义，有以下依据：执法资源的有效配置、执法和规制理论的新发展、立法质量等。"[②] 大力推行"柔性执法"，对轻微违法者进行说服教育、进行劝诫，同样也能起到防止和减少严重违法行为、降低社会危害性的作用。这也是落实《行政处罚法》关于"处罚与教育相结合"原则的具体体现。[③] 本条第 1 款规定的不予行政处罚必须同时满足三个条件：

（一）违法行为轻微

"轻微"是"程度轻"和"数量微"两个方面，前者是定性判定，后者是定量判定，对违法行为是否轻微的判定必须综合运用定性和定量两种手段进行。[④] 认定"轻微"考量的因素，有的主张在司法实践中一般主要考量违法所得金额大小、行为人的行为仅违反程序性规定、行为人主观是否具有恶意。[⑤] 有的则主张数量（金额、违法行为次数等）、主观恶意、行为仅违反程序性规定等要素。[⑥] 正如一千个读者就有一千个哈姆雷特，对于违法行为轻微的标准，不同的执法领域、不同的执法人员可能都会有各自不同的理解，不同部门的制度也会作出不一致的规定。

（二）及时改正

违法行为人事后的悔过、补救以及配合执法的立功表现等，具有弥补损害、排除妨碍、恢复秩序、重塑道德等积极意义。[⑦] "及时""纠正"是两个重要的用语，

[①] 李晴.论过罚相当的判断[J].行政法学研究，2021（6）：28-38.
[②] 李洪雷.论我国行政处罚制度的完善：兼评《中华人民共和国行政处罚法》修订草案[J].法商研究，2020，37（6）：11.
[③] 赵振华.新修订的《行政处罚法》对行政执法的新要求[J].中国司法，2021（4）：72-76.
[④] 曾文远.食品行政处罚中减轻处罚规范的适用[J].财经法学，2019（2）：107-128.
[⑤] 江必新.行政处罚法条文精释与实例精解[M].北京：人民法院出版社，2021：192.
[⑥] 尹培培.不予行政处罚论：基于我国《行政处罚法》第 27 条第 2 款规定之展开[J].政治与法律，2015（11）：158.
[⑦] 方世荣，白云峰.行政执法和解的模式及其运用[J].法学研究，2019，41（5）：83-98.

从汉语词语和语法的角度，一个是形容词，一个是动词；一个是状语，一个是谓语；一个是时间节点，一个是行为动作。如果仅有"及时"的认知而没有改正的措施，或者虽然改正，但为时已晚，危害结果仍然发生，都不能构成不予行政处罚的要件，故这两者缺一不可。至于当事人的改正是主动、还是被动的，是自愿的还是被责令的，则不必细究。

参考有关规章和文件规定，海关办理行政处罚案件过程中，当事人在海关立案前主动改正违法行为，应当认定为及时改正；海关查发当事人的违法行为，当事人当场改正的，应当认定为"及时"；不能当场改正的，如果违法行为人能够在海关责令改正的合理期限内改正的，也可以视为"及时"改正。

（三）没有造成危害后果

危害结果是违法行为对法律所保护的客体造成的损害。[1] 有观点认为，"危害后果"是指行为人实施的违反行政法义务的行为给法律保护的客体利益造成的损害；或者指行为人的行为发生后所导致的事实性的客观损害以及主观的社会危害。[2] 从法律所保护的利益是否受到侵害的状况来看，法益受侵害，则造成危害后果；法益未受侵害，则没有造成危害后果。也有观点认为："该条中的'危害后果'，应被理解为包括'可能的危害结果'和'危险'两种情形。"[3] 没有造成危害后果是不予行政处罚的必不可少的条件之一，倘若是危害结果已经发生之后积极采取措施及时纠正的，虽然能够反映违法行为人的悔罪态度，但此时仅能将其作为一个量罚因素考虑。[4]

五、首违可不罚

新《行政处罚法》第 33 条第 1 款在保留 2017 年《行政处罚法》第 27 第 2 款规定的基础上，增加了"首违可不罚"的规定。这也是落实行政处罚法关于"处罚与教育相结合"原则的具体体现，也是"以人为本"的理念在行政处罚法中的落实。[5] 也有学者解读为，通过柔性缓和的处理方式规制初次违法、危害程度较小的行为，以一种和谐状态淡化"违法""制裁"的性质，促使相对人认知错误、预防再犯。[6]

---

[1] 汪永清.关于应受行政处罚行为的若干问题[J].中外法学，1994，32（2）：23.
[2] 王红建.新《行政处罚法》疑难条款解读与适用[M].北京：法律出版社，2021：191，226.
[3] 熊樟林.行政违法真的不需要危害结果吗？[J].行政法学研究，2017（3）：33-43.
[4] 尹培培.不予行政处论：基于我国《行政处罚法》第 27 条第 2 款规定之展开[J].政治与法律，2015（11）：151-162.
[5] 江必新.行政处罚法条文释义与实例精解[M].北京：人民法院出版社，2021：190-193.
[6] 江国华，孙中原.行政处罚法律制度融贯社会主义核心价值观研究[J].理论探索，2021（5）：121-128.

（一）首违可不罚的实践

首违可不罚发轫于何时何地何部门，一般认为，2008年2月昆明市交通执法部门推出了针对21项轻微交通违法行为前两次只警告、第三次才处罚的举措，是首违可不罚的开端；也有观点认为，最初源于十多年前天津市等地推行的"三步式"执法。[1] 根据报道和制度文件，实际上可以再往前追溯，最早可以到2003年，如《西安晚报》报道，从2003年1月起，市工商局碑林分局在全市工商系统首次推出了首违不罚制。[2] 2003年3月，厦门市工商行政管理局印发《关于对部分情节较轻的违法经营行为实施首次不罚的试行办法》（厦工商法〔2003〕1号）。此后，不少地方也纷纷印发相关规定，出台相关措施。[3]

2021年3月31日，国家税务总局发布《税务行政处罚"首违不罚"事项清单》（国家税务总局公告2021年第6号），"首违不罚"事项共10项。同年12月30日，国家税务总局发布《第二批税务行政处罚"首违不罚"事项清单》（国家税务总局公告2021年第33号），共4项。

2022年7月2日，《浙江省人民政府关于贯彻落实〈中华人民共和国行政处罚法〉推进法治政府升级版建设的若干意见》（浙政发〔2022〕17号）规定："健全轻微违法告知承诺制，推行首次违法预警提示、社会服务折抵罚款等方式，开展包容审慎执法。"其中"推行首次违法预警提示、社会服务折抵罚款等方式"也为做好行政处罚工作提供了新的视角和方案。

（二）首违可不罚的条件

"首违可不罚"是一项创新型执法举措，也体现以人为本的执法观念，同时也是对行政机关权力的约束。这里有三个条件，初次违法、危害后果轻微、违法行为

---

[1] 袁雪石.中华人民共和国行政处罚法释义[M].北京：中国法制出版社，2021：45.
[2] 西安工商碑林分局：七种违规行为初犯不罚款[N].西安晚报，2003-1-10.
[3] 例如，2004年，江苏省宿迁市沭阳质量技术监督局发布《沭阳质监局行政执法首次不罚规定》（沭质技监发〔2004〕3号，已废止）。吉林省地方税务局印发《关于加强税收服务工作的实施意见》（吉地税发〔2004〕9号）第4条第3项规定"试行首违不罚制"。2007年，中共河北省青县县委、青县人民政府《关于促进投资的暂行规定》第11条规定"实行'首次不罚'制度"。2008年，《泰安市人民政府印发关于在全市行政执法部门实行首次不罚教育警示制度行政处罚备案制度实施意见的通知》（泰政发〔2008〕47号）规定："建立首次不罚教育警示制度。"《宿州市人民政府办公室转发宿州市工商行政管理局关于进一步立足职能服务地方经济又好又快发展实施意见的通知》第7条规定：实行"行政约见制"和"首违不罚制"，指导、督促其规范，限期改正，逾期不改再予以处罚。《中共长沙市委、长沙市人民政府关于大力推动创业富民加快建设创业之都的若干意见》（长发〔2008〕23号）第9条规定：提倡轻微违法行为首错免究。2009年，《江苏省质量技术监督局"首违不罚"暂行规定》（苏质监稽发〔2009〕67号）印发；2010年，《大庆市工商行政管理局关于支持全民创业促进个体私营经济加快发展的若干意见》（庆工商发〔2010〕57号）（三十一）规定："对个体私营企业轻微违法行为实行'首次不罚'。2011年，石家庄市法制办、市监察局印发《关于建立企业"首次不罚制"审核备案制度的通知》（石法办〔2011〕8号）等。

人及时改正，缺一不可。① 有学者对"首""违"分别作出解读。② 以下结合三个条件逐一分析：

1. 初次违法。"初次违法"主要是指当事人在一定时间范围内，在同一领域、同一空间内第一次有某种违法行为。部门和地方在贯彻实施行政处罚法时，应根据一定时间、空间和领域等实际情况，合理确定"首违"。③ 初次违法，这里的初次既有时间的要求，也有领域的要求。④ "初次"是指一定期限内同一领域或者同一领域同一种类违法行为范围内，当事人第一次有该违法行为。有关部门和地方应当根据实际情况，合理确定一定期限和领域范围。⑤ 参考有关观点，对"初次违法"建议从五个维度综合考量：

一是周期。如果把"初次"放在自然人的一生或者单位存续期间，显然不具有操作性。因此，一般都会设定一个周期，即在违法行为发生后结合一定周期判断是否首次。根据《行政处罚法》第36条，除特殊情形外，建议一般情形以2年为周期判断首次。

二是地域。地方政府规章和文件一般从行政区域来作为"首违不罚"适用的空间效力范围。海关可以分两步走：第一步将"地域"限定在直属海关关区；第二步将"地域"设定为关境内。

三是领域属性。"首违不罚"主要适用于经济监管、税收征管、行政管理、城市治安管理、交通执法等领域。海关行政管理总体上只是一个领域，但根据海关法律依据、部门职责等不同，海关"首违不罚"可以细分违法行为具体的业务领域，至于分为几级、颗粒度如何有待深入研究，慎重决定。

四是行为属性。即违法行为是否为同一违法行为。"同一个违法行为，主要是指行政相对人在紧密连接的同一时间空间内，基于同一意思而实施的一次行为。"⑥ 也有观点认为，"同一个违法行为"是指当事人实施了一个违反行政法规规范的行为或者一个违反行政管理秩序的行为，当事人在客观上仅有一个独立完整的违法事实，违法行为的实施主体是同一违法行为人。⑦ 判断是否属于同一违法行为，一般从行为构成、违法手法、侵犯法益、适用法条等方面综合考虑。

五是同一发现机关。根据法律行政法规的规定，不同机关可能在管辖上有交叉

---

① 赵振华. 新修订的《行政处罚法》对行政执法的新要求[J]. 中国司法，2021（4）：72-76.
② 江国华，丁安然："首违不罚"的法理与适用——兼议新《行政处罚法》第33条第1款之价值取向[J]. 湖北社会科学，2021（3）：143-153.
③ 朱宁宁. 推行包容免罚清单模式加强执法痕迹化管理[J]. 法治日报，2021-7-15（3）.
④ 黄海华. 新《行政处罚法》制度创新的理论解析[J]. 行政法学研究，2021（6）：3-15.
⑤ 许安标. 中华人民共和国行政处罚法释义[M]. 北京：中国民主法制出版社，2021：110.
⑥ 莫于川，哈书菊. 新《行政处罚法》适用办案手册[M]. 北京：中国法制出版社，2022：76.
⑦ 陈文. 同一违法行为不得给予两次以上罚款的行政处罚[J]. 山东法官培训学院学报（山东审判），2014，30（1）54-55.

或重叠，如食品监管部门和海关都对食品安全有监管职责，环境保护部门和海关都对固体废物有监管职责。但实践中不同行政机关之间做到对当事人违法行为及处理信息实时共享尚需时日。因此，要求不同行政机关发现当事人同一违法行为是初次违法显然并不现实，建议界定为同一行政机关发现的首次为初次。

2. 危害后果轻微。"轻微"是"危害后果"的限定词。有观点认为，是否符合"轻微"的要求要综合考量，可以结合行为的次数、违法所得金额大小、是否属于程序性的可以补正的瑕疵以及行为人的主观是否具有过错等。[①]《江苏省市场监管领域轻微违法行为不予处罚和从轻减轻处罚规定》（苏市监规〔2021〕6号）第8条结合6项因素综合认定"危害后果轻微"。[②] 海关办理行政处罚过程中，建议借鉴上述规定并结合海关业务领域特点，进行危害后果轻微的判定。

3. 违法行为人及时改正。"及时改正"可见上一点论述。若在责令改正的合理期限内未能及时纠正导致危害后果持续或扩大的，则不满足"及时改正"的要求。[③]

（三）不罚的理解

"不罚"中的"罚"如何理解，实践中也有分歧。有的认为指全部行政处罚[④]；有的认为仅指罚款[⑤]；有观点认为，"不罚"适用的违法行为实际上未对行政法所保护的法益造成损害，也就不具备实质的行政违法性。由此可见，"不罚"与不予行政处罚的本质相契合，应当理解为不予行政处罚。[⑥]

（四）对"可"的理解

"首违可不罚"以"可以"作为限定，对于"可以"的理解，事关行政执法人员裁量权范围的处理与把握。有观点认为，"首违不罚"并没有消除执法者的自由裁量权。各地在对"可以不予处罚"进行判别时，应当结合各地、各领域制定的裁量规则和相关法律、法规、规章等规范性文件，综合考虑违法行为性质、情节及社会危害性等因素后确定，灵活把握。[⑦]

（五）首违可不罚的排除性适用

并非任何情形都可以适用首违可不罚。参考现有规章和文件规定，不适用首违可不罚的情形主要有：

---

① 江必新. 行政处罚法条文精释与实例精解 [M]. 北京：人民法院出版社，2021：191.
② （一）危害程度较轻，如对市场秩序的扰乱程度轻微，对消费者欺骗、误导作用较小等；（二）危害范围较小；（三）危害后果易于消除或者减轻；（四）主动消除或者减轻违法行为危害后果；（五）主动与违法行为对象达成和解；（六）其他能够反映危害后果轻微的因素。
③ 张红，岳洋. 行政处罚"首违不罚"制度及其完善 [J]. 经贸法律评论，2021（3）：20-34.
④ 例如，《重庆市市场监管领域轻微违法行为不予处罚清单》（渝市监发〔2021〕136号）、《长春市市场监督管理领域轻微违法行为不予处罚清单》（长市监〔2020〕60号）等。
⑤ 例如，《泰州市关于印发促进和扶持建筑业发展实施办法的通知》（泰政发〔2016〕94号）等。
⑥ 江国华，丁安然. "首违不罚"的法理与适用：兼议新《行政处罚法》第33条第1款之价值取向 [J]. 湖北社会科学，2021（3）：143-153.
⑦ 张红，岳洋. 行政处罚"首违不罚"制度及其完善 [J]. 经贸法律评论，2021（3）：20-34.

1. 同时有从重情节。①
2. 同时有应受追责的其他违法行为。②
3. 行政机关首次查发的当事人的违法行为有多次。"首次发现的多次违法行为"不属于初次违法。③
4. "再犯"。行为人在免予处罚后又实施该违法行为的，不再适用免予处罚，即"首违不罚"，但"再犯不免"。④
5. 突发事件。《行政处罚法》第 49 条规定了依法快速、从重处罚。在突发事件中实施违法行为的，不适用首违不罚。⑤

> [!案例]
> **某公司与某海关不予行政处罚决定案**⑥
>
> **裁判要点** 海关对某公司申报不实立案调查，拟对该公司科处罚款。该公司向海关提出陈述和申辩意见，海关复核后重新送达行政处罚告知单，拟对该公司不予处罚，并撤销原告知单。该公司当场声明放弃陈述、申辩权利。同日，海关作出不予行政处罚决定书并送达。公司对该不予行政处罚决定不服，提起行政诉讼。一审法院认为，本案中，虽然该公司在出口申报时存在违反海关监管规定的行为，但能积极配合海关调查，主动向海关提供相关资料，并缴纳担保金，可以认定该公司违法行为轻微，符合相关法律规定，依法可以不予行政处罚。海关所作《不予处罚决定》认定事实清楚，适用法律正确。二审驳回上诉，维持原判。

> [!案例]
> **某公司与市质量技术监督局某分局行政处罚案**⑦
>
> **裁判要点** 法院认为，上诉人的违法行为将要导致无法达到预期效果或者产成安全隐患的可能性，尽管危害后果的发生与否并不确定，但"该批管材大部分已经

---

① 例如，《江苏省市场监管领域轻微违法行为不予处罚和从轻减轻处罚规定》（苏市监规〔2021〕6 号）第 15 条、《宁夏回族自治区市场监管领域实施包容免罚清单（第一批）》（宁市监规发〔2020〕2 号）第 2 条第 3 项、《厦门市卫生健康领域首次或轻微违法行为不予行政处罚实施办法》（厦卫政法〔2021〕266 号）等。
② 例如，《宁夏回族自治区市场监管领域实施包容免罚清单（第一批）》（宁市监规发〔2020〕2 号）第 2 条第 3 项等。
③ 黄海华. 新《行政处罚法》制度创新的理论解析. 行政法学研究，2021（6）：3-15. 再如，《重庆市税务行政处罚裁量权基准制度（试行）》（国家税务总局重庆市税务局公告 2018 年第 32 号）第 12 条第 2 款等。
④ 例如，《2009 年永州市规划建设局优化经济环境和机关效能建设工作实施意见》（永规建函〔2009〕324 号）、《厦门市卫生健康领域首次或轻微违法行为不予行政处罚实施办法》（厦卫政法〔2021〕266 号）第 12 条等。
⑤ 例如，《江苏省药品监督管理行政处罚裁量权适用规则（试行）》（苏药监规〔2021〕1 号）第 9 条、《南通市市场监管领域轻微违法首违不罚、免罚、轻罚和不予行政强制措施规定（试行）》（通市监规〔2022〕1 号）第 18 条等。
⑥ 江苏省高级人民法院（2014）苏行终字第 0071 号。
⑦ 江苏省南京市中级人民法院（2014）宁行终字第 126 号。

被铺设于地下",现该批管材被检测出存在质量不合格,这将导致前期已完成的工程也同样存在着可能无法达到预期效果或产生安全隐患等问题。因此,本案不存在上诉人所称的违法行为轻微并及时纠正、没有造成危害后果的情节。被上诉人的行政处罚在法定的处罚幅度范围之内,没有滥用行政处罚自由裁量权的情形。

第五十七条 当事人有证据足以证明没有主观过错的,不予行政处罚。法律、行政法规另有规定的,从其规定。

条文对比

本条是关于无主观过错不罚的规定,系新增条款。

理解与适用

一、相关政策文件

同本规章第五十六条。

二、主要法律依据

《行政处罚法》第 33 条第 2 款:"当事人有证据足以证明没有主观过错的,不予行政处罚。法律、行政法规另有规定的,从其规定。"

根据《行政处罚法》第 33 条第 2 款规定,增加本条。

三、应受行政处罚行为的构成要件和行政处罚归责原则

(一)应受行政处罚行为的构成要件

应受行政处罚行为的构成要件,是指应当受到行政处罚的行为所必须具备的法定条件。确定某一行为是否具备行政处罚的法定条件,是行政机关实施行政处罚的前提,直接关系到行政处罚决定的合法性和有效性。行政机关实施行政处罚,必须讲究应受行政处罚行为的构成要件。[1] 受行政处罚行为的构成要件,是行政处罚理论研究中一个比较复杂的问题,不能简单地以刑法中有关犯罪构成的理论来套用受行政处罚行为的构成要件。[2] 有专家概括了学术界关于构成应受行政处罚行为要件是否包括主观要件较具代表性的三种主张:一是笼统套用犯罪行为构成的四要件说。二是原则上接受构成应受行政处罚行为需要符合四个要件,行为人的主观过错相对处于次要地位。三是引入欧洲一些国家的该当性、违法性、有责性的"新三要件"理论,把主观要件作为有责性中的责任条件加以描述。学术界还有一些不尽相

---

[1] 江必新.论应受行政处罚行为的构成要件[J].法律适用,1996(6):3-6.
[2] 孙秋楠.受行政处罚行为的构成要件[J].中国法学,1992(6):47-48.

同的见解，但总体上看，要么属于上述观点的变通，要么是上述观点的混合。[1] 在早年的一本行政法教科书中，行政处罚的适用要件包括：一是行政处罚的前提条件是行政违法行为的客观存在；二是适格的处罚主体；三是处罚对象要具备相应的责任能力；四是处罚须在法定时效内。[2]

尽管行政处罚法没有对应受行政处罚行为构成要件作出全面规定，但"由于行政违法行为在构成要件上与刑事犯罪有相似之处，有的只是违法严重程度不同，因而在执法过程中对行政违法行为或者犯罪的准确认定是正确适用法律的关键。如何认定违法行为的性质，应当从违法行为的主客观要件以及行为主体侵犯的社会关系的具体情节方面，进行分析"。[3]

（二）行政处罚的归责原则

归责原则就是给予处罚的标准和判定原则，是有关机关在查明案件事实后，确定法律依据以及衡量方式，进而对行为人进行处罚的一种规则。[4] 在比较法上有三种模式：过错责任原则、过错推定原则和严格责任原则。[5][6] 把主观过错作为行政处罚的归责要件是域外行政处罚立法的共同做法。[7]

长期以来，理论界和实务界对当事人受行政处罚的责任条件大致有三种观点：一是过错责任原则，即"有过错才担责"。二是无过错责任原则，"有行为即担责"。三是过错推定原则。[8] 对于作出行政处罚是否要求行为人具有主观上的过错，在学理上存在三种不同的观点：客观归责论、过错推定论、主观归责论。[9] 在三种观点中，持客观归责论或者无过错责任原则者居多。例如，行为人主观过错不是受处罚行为的必备条件。[10] 我国行政立法在规定法律责任构成时采取了与刑事立法和民事立法不尽相同的模式，即以当事人的行为客观上是否违法为主要根据，而一般不以当事人主观上是否有过错为主要依据。[11] 时至今日仍然有不少专家学者对此予

---

[1] 方军. 论构成应受行政处罚行为的主观要件 [J]. 中国法律评论, 2020(5):2-9.
[2] 罗豪才. 行政法学 [M]. 北京：北京大学出版社, 2000:188.
[3] 全国人大常委会法制工作委员会国家法、行政法室.《中华人民共和国行政处罚法》讲话 [M]. 北京：法律出版社, 1996:101.
[4] 姬亚平, 申泽宇. 行政处罚归责中的主观要件研究：兼谈《行政处罚法》的修改 [J]. 上海政法学院学报（法治论丛）, 2020, 35(3):68-77.
[5] 李洪雷. 论我国行政处罚制度的完善：兼评《中华人民共和国行政处罚法（修订草案）》[J]. 法商研究, 2020, 37 (6)：3-18.
[6] 吴卫星. 我国环保立法行政罚款制度之发展与反思：以新《固体废物污染环境防治法》为例的分析 [J]. 法学评论, 2021, 39（3）：163-172.
[7] 方军. 论构成应受行政处罚行为的主观要件 [J]. 中国法律评论, 2020（5）：2-9.
[8] 张晓莹. 行政处罚的理论发展与实践进步：《行政处罚法》修改要点评析 [J]. 经贸法律评论, 2021（3）:1-19.
[9] 成协中. 明确主观归责原则 提升行政处罚的法治维度 [J]. 中国司法, 2021（4）：85-87.
[10] 汪永清. 关于应受行政处罚行为的若干问题 [J]. 中外法学, 1994（2）:20-24.
[11] 袁曙宏. 论行政处罚的实施 [J]. 法学研究, 1993（4）:43-48.

以阐述。例如,《行政处罚法》原则上并无必要另外增加独立的主观要件,对于部分需要明确规定主观要件的违法行为,可以由单行立法予以明确规定。[1]原则上行政机关在实施行政处罚时,并不需要特别顾及行政违法行为人主观过错是否存在以及存在的具体类型。只要违法主体实施了违法行为,那么有权行政机关就可以依照相应法律规范实施行政处罚。单行法特别指明某一违法行为是以故意或者过失为前提的,仅是实施行政处罚的一种例外情形[2]等。

(三)《行政处罚法》的规定

1996年《行政处罚法》中客观归责的理念在当时的背景之下具有一定的合理性。[3]完全适用主观过错归责原则显然不符合行政执法实际,不利于行政效率提高,难以取得良好执法效果。[4]这次新法采用的不是"过错原则",而是"推定过错原则"。"推定过错原则"意味着,只要当事人作出了违法行为,原则上可以推定当事人是有主观过错的。主观过错包括主观上的故意和过失。但如果当事人能够证明自己是无过错的,那么就不可处罚。[5]新《行政处罚法》采纳了过错(推定)原则,兼顾了行政效率与行政相对人的行为自由保障。[6]采用过错推定原则,是兼顾法理、立法初衷、执法实践、行政违法行为特点、新时代中国特色社会主义法治发展要求等多方因素作出的合理选择:一是符合公平正义原则。二是符合《行政处罚法》立法初衷。三是符合行政执法实践。四是符合不同违法行为特点。五是符合新时代中国特色社会主义法治发展的要求。[7]当然也有观点认为,新法规定与不少学者期待的完全的责任主义还存在一定的距离。其既未明确应受行政处罚行为人应当存在主观上的故意的一般要求,也未明确行政机关作为制裁机关的证明责任。[8]

王名扬先生认为,就举证责任的观点而言,推定是指根据成文法或案例法的规则,由某种事实的存在,而推定另外一种事实的存在。推定的法律效果是转移举证责任。[9]行政处罚原则上实行过错推定,当事人有违法行为的,行政机关可以推定当事人有主观上的过错,没有必须主动查证当事人是否有主观过错的硬性规定,或

---

[1] 马怀德.《行政处罚法》修改中的几个争议问题[J].华东政法大学学报,2020,23(4):6-16.
[2] 方军.论构成应受行政处罚行为的主观要件[J].中国法律评论,2020(5):2-9.
[3] 江必新.行政处罚法条文精释与实例精解[M].北京:人民法院出版社,2021:190.
[4] 程琥.论行政处罚过错推定的司法审查[J].行政法学研究,2022(3):3-16.
[5] 胡建淼.《行政处罚法》通识十讲[M].北京:法律出版社,2021:39,137.
[6] 吴卫星.我国环保立法行政罚款制度之发展与反思:以新《固体废物污染环境防治法》为例的分析[J].法学评论,2021,39(3):163-172.
[7] 张晓莹.行政处罚的理论发展与实践进步:《行政处罚法》修改要点评析[J].经贸法律评论,2021(3):1-19.
[8] 成协中.明确主观归责原则 提升行政处罚的法治维度[J].中国司法,2021(4):85-87.
[9] 王名扬.《美国行政法》:上[M].北京:北京大学出版社,2016:352-353.

者不需要必须主动查明当事人有过失。[1][2]

(四)"足以证明"

该条还采纳了较为严格的证明标准,即当事人的证据必须"足以证明"其并无主观过错,以避免免责条款被滥用。[3]"足以证明"的标准是什么,涉及证据的审查和运用问题,法律未规定,需要执法人员结合证据规则进行审查和判断,可以参考已有的规章文件等规定。[4]

`案例`

某公司不服某市工商局商标侵权行政处罚案[5]

裁判要点 法院认为,工商行政机关依法对行政相对人的商标侵权行为实施行政处罚时,应遵循过罚相当原则行使自由裁量权;也就是说,在保证行政管理目标实现的同时,兼顾保护行政相对人的合法权益,行政处罚以达到行政执法目的和目标为限,并尽可能使相对人的权益遭受最小的损害。工商行政机关如果未考虑应当考虑的因素,违背过罚相当原则,导致行政处罚结果显失公正的,法院有权依法判决变更。

`案例`

某公司与某省工商行政管理局行政处罚案[6]

裁判要点 法院认为,虽然商标侵权行为的认定不以侵权人存在主观过错为必要条件,但侵权人的主观过错程度是判断商标侵权行为性质和情节的重要因素。工商行政机关在对侵权行为进行查处时,应当注意对被控侵权行为人是否存在主观故意以及是否造成实际损害后果加以甄别,突出行政执法的重点是制止恶意侵权和重复侵权。而对于那些没有主观故意且未造成实际损害后果,责令停止侵权行为即足以保护商标专用权并恢复商标管理秩序的,可以在责令立即停止侵权行为的同时,明确告知行政相对人自行去除侵权标识,无需加处罚款、没收等行政处罚,以体现商标法的立法目的以及商标行政执法的谦抑与平衡。

第五十八条 当事人有下列情形之一,应当从轻或者减轻行政处罚:

---

[1] 许安标.中华人民共和国行政处罚法释义[M].北京:中国民主法制出版社,2021:111.
[2] 黄海华.新《行政处罚法》制度创新的理论解析[J].行政法学研究,2021(6):3-15.
[3] 张晓莹.行政处罚的理论发展与实践进步:《行政处罚法》修改要点评析[J].经贸法律评论,2021(3):1-19.
[4] 例如,《江苏省市场监管领域轻微违法行为不予处罚和从轻减轻处罚规定》(苏市监规〔2021〕6号)第10条第2款规定:"当事人是否存在主观过错,可以结合下列因素综合认定:(一)当事人对违法行为是否明知或者应知;(二)当事人是否有能力控制违法行为及其后果;(三)当事人是否履行了法定的生产经营责任;(四)当事人是否通过合法途径取得商品或者相关授权;(五)其他能够反映当事人主观状态的因素。"
[5] 江苏省高级人民法院(2011)苏知行终字第0004号;《最高人民法院公报》2013年第10期;2012年中国法院知识产权司法保护十大案件。
[6] 江苏省高级人民法院(2013)苏知行终字第0004号。

（一）主动消除或者减轻违法行为危害后果的；

（二）受他人胁迫或者诱骗实施违法行为的；

（三）主动供述海关尚未掌握的违法行为的；

（四）配合海关查处违法行为有立功表现的；

（五）法律、行政法规、海关规章规定其他应当从轻或者减轻行政处罚的。

当事人积极配合海关调查且认错认罚的或者违法行为危害后果较轻的，可以从轻或者减轻处罚。

条文对比

本条是关于从轻或者减轻处罚的规定，系新增条款。

理解与适用

一、相关政策文件

《国务院关于印发全面推进依法行政实施纲要的通知》（国发〔2004〕10号）："所采取的措施和手段应当必要、适当"。

《国务院关于进一步贯彻实施〈中华人民共和国行政处罚法〉的通知》（国发〔2021〕26号）："当事人主动退赔，消除或者减轻违法行为危害后果的，依法予以从轻或者减轻行政处罚。"

二、主要法律依据

《行政处罚法》第32条："当事人有下列情形之一，应当从轻或者减轻行政处罚：（一）主动消除或者减轻违法行为危害后果的；（二）受他人胁迫或者诱骗实施违法行为的；（三）主动供述行政机关尚未掌握的违法行为的；（四）配合行政机关查处违法行为有立功表现的；（五）法律、法规、规章规定其他应当从轻或者减轻行政处罚的。"

根据《行政处罚法》第32条规定，明确了第1项至第5项情形作为本条第1款；结合执法实践需要，增加可以从轻或者减轻处罚的规定，作为本条第2款。

三、从轻或者减轻处罚

决定处罚的情节，亦称量罚情节，是指行政机关或者组织处罚违法行为人时，作为决定处罚轻重或者免予处罚根据的各种情况，包括从轻、减轻或者免予处罚情节和从重处罚情节。决定处罚的情节问题实际上涉及行政处罚与违法行为的性质和情节相适应的原则，是该原则在决定处罚中的具体落实。[①] 从轻和减轻处罚，有利

---

① 汪永清. 关于应受行政处罚行为的若干问题 [J]. 中外法学，1994(2):20-24.

于鼓励更多的违法行为人及时停止违法行为,并采取积极有效的措施消除减轻违法行为危害后果,防止风险蔓延,防止产生次生或者衍生危害。[1] 在第 32 条(新《行政处罚法》,作者注)增加了当事人被"诱骗实施违法行为、主动供述行政机关尚未掌握的违法行为"的从轻减轻情形,并删除了其他应当从轻减轻必须由法律法规规章规定的限制。这些规定为行政执法机关在执法实践中综合考虑违法行为的社会危害性等因素直接作出从轻减轻处罚提供了法律依据,为执法人员公正执法提供了法律保障。[2]

(一)从轻处罚

关于"从轻处罚"的定义,不同专家学者有不同的理解。例如,从轻处罚是指在法定的处罚种类(方式)和处罚幅度内,在几种处罚种类(方式)内选择一种较轻的处罚种类(方式),或者在一种处罚种类(方式)下在允许的幅度内选择一种较低的数额进行处罚(或者较低的处罚幅度)。[3][4] 从轻处罚,是在法定的处罚幅度之内按低限或靠近低限实施处罚。[5] 从轻行政处罚是指在依法可以选择的处罚种类和处罚幅度内,适用较轻、较少的处罚种类或者较低的处罚幅度。[6]《市场监管总局关于规范市场监督管理行政处罚裁量权的指导意见》(国市监法〔2019〕244 号,被国市监法规〔2022〕2 号废止)规定:"从轻行政处罚是指在依法可以选择的处罚种类和处罚幅度内,适用较轻、较少的处罚种类或者较低的处罚幅度。"不少地方制度文件中也有"从轻处罚"的解释,[7] 在此不再一一列举。此外,有的法院也在裁判文书中载明了对"从轻处罚"的理解。[8]

(二)减轻处罚

和"从轻处罚"的定义一样,不同专家学者对"减轻处罚"有不同的解读。例如,减轻处罚,是指行政机关在法定的处罚种类(方式)和处罚幅度的最低限度以下,对行政违法行为人实施行政处罚。[9][10] 减轻行政处罚是指适用法定行政处罚最

---

[1] 莫于川,哈书菊.新《行政处罚法》适用办案手册[M].北京:中国法制出版社,2022:82.
[2] 赵振华.新修订的《行政处罚法》对行政执法的新要求[J].中国司法,2021(4):72-76.
[3] 许安标.中华人民共和国行政处罚法释义[M].北京:中国民主法制出版社,2021:108.
[4] 杨伟东.中华人民共和国行政处罚法理解与适用[M].北京:中国法制出版社,2021:107.
[5] 胡建淼.《行政处罚法》通识十讲[M].法律出版社,2021:141.
[6] 袁雪石.中华人民共和国行政处罚法释义[M].北京:中国法制出版社,2021:215.
[7] 例如,《江苏省药品监督管理行政处罚裁量权适用规则(试行)》(苏药监规〔2021〕1 号)第 4 条第 3 项、山东省司法厅《新修订行政处罚法贯彻实施工作指引》"17."、《北京市知识产权局行政处罚裁量权适用规定(试行)》(京知局〔2020〕241 号)第 7 条第 3 款、《苏州市生态环境系统涉企轻微违法行为不予行政处罚和一般违法行为从轻减轻行政处罚指导意见(第一次修订)》(苏环办字〔2021〕50 号)、《武汉市市场监管涉企行政处罚不予处罚事项清单、减轻处罚事项清单、从轻处罚事项清单》(武市监规〔2021〕2 号)等。
[8] 北京市第一中级人民法院(2018)京 01 行终 763 号。
[9] 许安标.中华人民共和国行政处罚法释义[M].北京:中国民主法制出版社,2021:108.
[10] 杨伟东.中华人民共和国行政处罚法理解与适用[M].北京:中国法制出版社,2021:107.

低限度以下的处罚种类或处罚幅度，包括在违法行为应当受到的一种或者几种处罚种类之外选择更轻的处罚种类，或者在应当并处时不并处；也包括在法定最低罚款限值以下确定罚款数额。[1]

奥地利《行政罚法》第 21 条规定："官署认为行政逾越者之行政责任轻微，而其行政逾越行为之结果未具意义，且依案件情节即使处以最轻之自由罚仍绕过重者，得免除其自由罚或罚锾，而改予警告。"[2] 国家工商行政管理总局 2003 年 12 月 30 日《关于实施〈中华人民共和国行政处罚法〉第二十七条有关问题的答复》（工商法字〔2003〕第 148 号）称："减轻处罚，是指行政机关在法定的处罚种类以下和处罚幅度的最低限以下，对违法行为人适用行政处罚。"《市场监管总局关于规范市场监督管理行政处罚裁量权的指导意见》（国市监法〔2019〕244 号，被国市监法规〔2022〕2 号废止）规定："减轻行政处罚是指适用法定行政处罚最低限度以下的处罚种类或处罚幅度。包括在违法行为应当受到的一种或者几种处罚种类之外选择更轻的处罚种类，或者在应当并处时不并处；也包括在法定最低罚款限值以下确定罚款数额。"不少地方制度文件中也有大量的解释。[3] 在此不作一一介绍。此外，有的法院也在裁判文书[4]中载明了对"减轻处罚"的理解："减轻处罚"是指在法定幅度最低限以下予以处罚。

行政违法行为的形式和种类繁多，从轻或者减轻处罚的情节也很复杂，不可能在法条中罗列详尽，除上述适用情节外，还有其他依法可以从轻或者减轻的情节。[5]

四、多个量罚情节的适用

同一犯罪案件，往往存在两个以上的量刑情节，这就是所谓量刑情节的竞合。量刑情节的竞合有同向竞合与逆向竞合之分。我国刑法学界对如何在量刑情节逆向竞合的情况下选择适用法定刑提出了三种方案：综合判断说、优势情节适用说、抵销说。[6] 这些观点对办理行政处罚案件过程中量罚情节的适用具有参考价值。

实践中，海关行政处罚案件量罚情节适用的主要情形有：

1. 没有特别情节的适用。海关行政处罚没有特别情节的，按照一般情节，适用

---

[1] 袁雪石. 中华人民共和国行政处罚法释义[M]. 北京：中国法制出版社，2021:215.
[2] 袁曙宏. 行政处罚的创设、实施和救济[M]. 北京：中国法制出版社，1994:140-141.
[3] 例如，《浙江省市场监管领域轻微违法行为依法不予行政处罚和减轻行政处罚实施办法》浙市监法〔2022〕4 号）第 2 条第 2 款、《江苏省药品监督管理行政处罚裁量权适用规则（试行）》（苏药监规〔2021〕1 号）第 4 条第 2 项、山东省司法厅《新修订行政处罚法贯彻实施工作指引》、《北京市知识产权局行政处罚裁量权适用规定（试行）》〔京知局〔2020〕241 号）第 7 条第 2 款、《苏州市生态环境局关于发布苏州市生态环境系统涉企"免罚轻罚"清单 3.0 版和不予实施行政强制措施清单的通知》（苏环法字〔2022〕3 号）等。
[4] 北京市第一中级人民法院（2018）京 01 行终 763 号。
[5] 高志新. 中华人民共和国行政处罚法释义[M]. 红旗出版社，1996:75.
[6] 方熙红. 简论刑法上的"从轻处罚"[J]. 人民检察，2006（10 上）:49.

一般幅度。

2. 有 1 个特别情节的适用。仅有 1 个从轻、减轻、从重情节的，依法应当或者可以从轻、减轻、从重处罚，适用相应的处罚种类或者幅度，在一般幅度上下浮动适用。

3. 有 2 个特别情节的适用。《公安部关于实施公安行政处罚裁量基准制度的指导意见》（公通字〔2016〕17 号）第 4 条第 4 项规定："对具有多个裁量情节的，在调节处罚幅度时一般采取同向情节相叠加、逆向情节相抵减的方式，也可以将对整个案情影响较大的情节作为主要考虑因素。"

海关行政处罚案件中有 2 个情节的，建议按照以下标准处罚：

（1）案件有 2 个减轻处罚情节的，接近减轻情节的较低幅度处罚，不能降低为不予处罚；

（2）案件有 1 个减轻情节、1 个从轻情节的，在一般减轻处罚幅度基础上再向下浮动处罚；

（3）案件有 2 个从轻情节的，接近从轻处罚的较低幅度处罚，不能降低为减轻处罚；

（4）案件有 1 个减轻情节、1 个从重情节的，按照从轻情节处罚；

（5）案件有 1 个从轻情节、1 个从重情节的，按照一般情节处罚；

（6）案件有 2 个从重情节的，接近从重处罚的较高幅度处罚，不能升格为加重处罚。

4. 有 3 个以上情节的，按照上述标准作相应浮动予以处罚。

五、本条应当注意的问题

（一）本条可直接援引

《行政处罚法》在列举从轻或者减轻行政处罚情形时，将"应当依法从轻或者减轻"修改为"应当从轻或者减轻"。行政执法人员可以直接适用本条规定，对符合规定情形的当事人从轻或者减轻处罚。

（二）区分"应当"与"可以"

本条第 1 款是"应当"，第 2 款是"可以"。"可以"是否意味着海关也可以不从轻或者减轻处罚？有观点认为，尽管基于规范本意，可以减轻处罚情节并非"可以适用，也可以不予适用"的任意性情节类型，在通常情况下，其基本含义为"一般应当适用"。也就是，从有利于被告的适用原则，在通常情况下，对可以减轻处罚情节都应当充分考虑并尽可能予以适用。且一经适用，其与应当减轻处罚情节并无本质差别。[①] 上述观点尽管是针对刑罚而言，但对行政处罚同样具有启示意

---

① 蔡伟文. 减轻处罚情节的甄别提取：以体系建构为视角 [J]. 政治与法律，2012(8):144-154.

义。建议海关行政处罚也按照有利于当事人的原则，对可以减轻的情节一并考虑并适用。

（三）不知法有无法律责任

有观点认为，法律假定任何人都知道法律。如果当事人的确能证明其不知法的话，这说明其不是故意，主观过错程度较低，但知法也是其义务，不知法本身就表明有过失，不知法也不能免除责任。理论上，不知法也可以作为减轻处罚的事由。[①] 在一起行政诉讼案件中，法院认为，法律责任并不因不懂法不知法而豁免。换言之，不懂法不知法不能构成违法责任减轻或免除之法定理由。

案例

某公司与某管理委员会行政处罚案[②]

裁判要点 法院认为，公司虽然有配合进行调查的行为，但并无证据证明其立功表现的事实，不能适用《行政处罚法》规定的配合行政机关查处违法行为有立功表现，予以从轻或减轻行政处罚的情形。

案例

某店与某区市场监督管理局行政处罚案[③]

裁判要点 再审申请人实施的广告活动虽有社会危害性但并不严重，应当遵循行政处罚法规定的实施行政处罚应当与违法行为的事实、性质、情节以及社会危害程度相当，处罚与教育相结合原则，在依法给予行政处罚的同时，应当综合全案情形予以减轻处罚。市监局查明了本案基本事实，也查明了前述部分因素并将之纳入了裁量考虑范围，但对再审申请人违法行为之社会危害性、整改情况等具体问题缺乏深入调查，未能全面查明及综合考虑案涉全部因素，由此作出的行政处罚决定量罚明显不当。

第五十九条 发生重大传染病疫情等突发事件，为了控制、减轻和消除突发事件引起的社会危害，海关对违反突发事件应对措施的行为，依法快速、从重处罚。

条文对比

本条是关于快速、从重处罚的规定，系新增条款。

理解与适用

一、相关政策文件

《国务院关于印发全面推进依法行政实施纲要的通知》（国发〔2004〕10号）：

[①] 袁雪石. 中华人民共和国行政处罚法释义[M]. 北京：中国法制出版社，2021:216.
[②] 最高人民法院（2018）最高法行申4640号。
[③] 浙江省高级人民法院（2019）浙行申64号。

"建立健全各种预警和应急机制，提高政府应对突发事件和风险的能力，妥善处理各种突发事件，维持正常的社会秩序，保护国家、集体和个人利益不受侵犯。"

《国务院关于加强市县政府依法行政的决定》（国发〔2008〕17号）："有关突发事件应对的行政决策程序，适用突发事件应对法等有关法律、法规、规章的规定。"

《法治政府建设实施纲要（2015—2020年）》："提高公共突发事件防范处置和防灾救灾减灾能力。""强化依法应对和处置群体性事件机制和能力。"

《法治社会建设实施纲要（2020—2025年）》："强化突发事件应急体系建设，提升疫情防控、防灾减灾救灾能力。"

《法治中国建设规划（2020—2025年）》："依法实施应急处置措施，全面提高依法应对突发事件能力和水平。""健全有关工作机制，依法从严从快惩处妨碍突发事件应对的违法犯罪行为。"

《法治政府建设实施纲要（2021—2025年）》："坚持运用法治思维和法治方式应对突发事件，着力实现越是工作重要、事情紧急越要坚持依法行政，严格依法实施应急举措，在处置重大突发事件中推进法治政府建设。""加快推进突发事件行政手段应用的制度化规范化，规范行政权力边界。""提高突发事件依法处置能力。""强化突发事件依法分级分类施策，增强应急处置的针对性实效性。"

《国务院关于进一步贯彻实施〈中华人民共和国行政处罚法〉的通知》（国发〔2021〕26号）："发生重大传染病疫情等突发事件，行政机关对违反突发事件应对措施的行为依法快速、从重处罚时，也要依法合理保护当事人的合法权益。"

《关于加强社会主义法治文化建设的意见》："在法治轨道上应对突发事件。"

二、主要法律依据

《行政处罚法》第49条："发生重大传染病疫情等突发事件，为了控制、减轻和消除突发事件引起的社会危害，行政机关对违反突发事件应对措施的行为，依法快速、从重处罚。"

根据《行政处罚法》第49条规定，本规章增加本条。

三、本条应当注意的问题

2020年2月5日，习近平总书记在中央全面依法治国委员会第三次会议上的讲话中指出："疫情防控越是到最吃劲的时候，越要坚持依法防控，在法治轨道上统筹推进各项防控工作，保障疫情防控工作顺利开展。"[1]

---

[1] 习近平.全面提高依法防控依法治理能力　健全国家公共卫生应急管理体系[J].求是，2020(5).

为了强化公共卫生法治保障,确保在发生突发事件时行政机关能够依法采取相应的应对措施,及时有效实施管控,最大限度维护社会公共利益,新修订的行政处罚法对突发事件下的行政处罚实施作出了有针对性的制度安排。[1]"该规定首次在法律中规定了应急行政处罚程序,有利于在突发事件情况下在法治轨道上实施行政处罚,具有重要意义。"[2]

(一)发生重大传染病疫情等突发事件

《突发事件应对法》第 3 条第 1 款规定:"本法所称突发事件,是指突然发生,造成或者可能造成严重社会危害,需要采取应急处置措施予以应对的自然灾害、事故灾难、公共卫生事件和社会安全事件。"

《突发公共卫生事件应急条例》第 2 条规定:"突发公共卫生事件是指突然发生,造成或者可能造成社会公众健康严重损害的重大传染病疫情、群体性不明原因疾病、重大食物和职业中毒以及其他严重影响公众健康的事件。"

(二)违反突发事件应对措施的行为

《行政强制法》第 3 条第 2 款规定:"发生或者即将发生自然灾害、事故灾难、公共卫生事件或者社会安全事件等突发事件,行政机关采取应急措施或者临时措施,依照有关法律、行政法规的规定执行。"《传染病防治法》《突发事件应对法》《突发公共卫生事件应急条例》等法律行政法规规定了应急处置措施。例如,《突发公共卫生事件应急条例》第 38 条第 3 款规定:"涉及国境口岸和入出境的人员、交通工具、货物、集装箱、行李、邮包等需要采取传染病应急控制措施的,依照国境卫生检疫法律、行政法规的规定办理。"

针对违反突发事件应对措施的情形,包括违反控制、封锁、划定警戒区、交通管制等控制措施的行为,也包括囤积居奇、哄抬物价、制假售假、哄抢财物、干扰破坏应急处置工作等扰乱市场秩序、社会秩序的行为。[3]

(三)依法快速、从重处罚

有观点认为,突发事件应对中的法治,要义在于实现特殊状态下公、私权之间的再平衡,即为国家紧急权力拓展必要空间的同时施予约束,使其不被滥用和长期化;对私权予以必要克减以配合紧急措施的实施,又使其保持在适当程度。[4]"依法快速处罚"是指行政机关在法律、法规、规章规定的实施行政处罚的时限内,依照法定程序迅速高效作出行政处罚决定。快速处罚的前提仍然是以事实为依据,以

---

[1] 朱宁宁. 新修订的行政处罚法自 7 月 15 日起施行 全面体现严格规范公正文明执法要求 [N]. 法治日报,2021-7-15(3).
[2] 黄海华. 新行政处罚法的若干制度发展 [J]. 中国法律评论,2021(3):48-61.
[3] 朱宁宁. 新修订的行政处罚法自 7 月 15 日起施行 全面体现严格规范公正文明执法要求 [N]. 法治日报,2021-7-15(3).
[4] 林鸿潮. 重大突发事件应对中的政治动员与法治 [J]. 清华法学,2022,16(2):156-172.

法律为准绳，做到违法事实清楚、证据确实充分、程序合法。"依法从重处罚"是指行政机关在行政法律、法规、规章规定的处罚种类和幅度以内，对违法行为人适用较重处罚种类或者较高幅度的处罚。①

1. 依法。有观点认为，依法行政的"法"，包括宪法、法律、法规、规章。② 也有观点认为，"依法快速处罚"所依据的"法"包括法律、法规、规章以及规范性文件对行政处罚程序所作的规定。"依法从重处罚"所依据的"法"是行政法律、法规、规章对违法行为设定的处罚种类和幅度的规定，也包括行政机关制定并公示的裁量基准（标准）。③

2. 快速。贝卡利亚说："惩罚犯罪的刑法越是迅速和及时，就越是公正和有益。"④ 有观点认为，贝卡利亚的这句话同样适用于行政处罚。⑤⑥ 行政处罚立足稳定公共秩序，通过简化程序迅速制裁违法行为，发挥应急处置功能，实现危机治理。⑦ 快速处理的前提仍然是"依法"。"在此过程中并不能放弃法治原则，省略所有法定程序，违反正当程序要求。必要的程序规则和要求仍应当遵守，为提高紧急行政权的运用效能，应当更多地应用简易程序和特别程序。"⑧ "实施本条时要注意，告知、陈述、申辩等程序都不能省略。"⑨

3. 从重处罚。就整个行政处罚责任体系而言，承认从轻、减轻或者免予处罚，就必然要承认从重处罚，二者的并存与统一，才能达到行政处罚责任体系内部的平衡。⑩ 设置行政处罚从重情节有使立法更加规范、处罚适用周延、处罚制度均衡、处罚操作更为科学的重要的法律价值。⑪

从重处罚是指在法定行政处罚范围内对行为人适用较重的处罚种类或者较大数额的罚款。⑫ "行政法上的从重处罚作为一种选择裁量是指行政机关在法律、法规和规章规定的处罚方式和处罚幅度内进行方式从重或幅度从重的选择，既包括对违法相对人在数种处罚方式中适用较严厉的处罚方式，也包括在某一处罚方式允许的

---

① 江必新.行政处罚法条文精释与实例精解[M].北京：人民法院出版社，2021:281-282.
② 姜明安.行政法[M].北京：北京大学出版社，2017:118.
③ 江必新.行政处罚法条文精释与实例精解[M].北京：人民法院出版社，2021:281-282.
④ 【意】贝卡利亚.论犯罪与刑罚[M].黄风，译.北京：中国法制出版社，2005:69.
⑤ 袁雪石.整体主义、放管结合、高效便民：《行政处罚法》修改的"新原则"[J].华东政法大学学报，2020，23(4):17-30.
⑥ 袁雪石.中华人民共和国行政处罚法释义[M].北京：中国法制出版社，2021:425-426.
⑦ 韩大元，莫于川.应急法制论：突发事件应对机制的法律问题研究[M].北京：法律出版社，2005:5.
⑧ 黄海华.新《行政处罚法》制度创新的理论解析[J].行政法学研究，2021(6):3-15.
⑨ 赵振华.新修订的《行政处罚法》对行政执法的新要求[J].中国司法，2021(4):72-76.
⑩ 汪永清.关于应受行政处罚行为的若干问题[J].中外法学，1994(2):20-24.
⑪ 张淑芳.行政处罚应当设置"从重情节"[J].法学，2018(4):48-56.
⑫ 汪永清.关于应受行政处罚行为的若干问题[J].中外法学，1994(2):20-24.

幅度内适用接近于上限或上限的处罚。"[1]《市场监管总局关于规范市场监督管理行政处罚裁量权的指导意见》（国市监法〔2019〕244号，被国市监法规〔2022〕2号废止）规定："从重行政处罚是指在依法可以选择的处罚种类和处罚幅度内，适用较重、较多的处罚种类或者较高的处罚幅度。"结合上述规定，从重处罚可以分为两种情形：一是处罚方式从重，有多种处罚方式的，选择更严厉的处罚方式，或者多种方式同时适用；二是处罚幅度从重，在一般情节处罚幅度之上进行处罚。

案例

某公司与某市市场监督管理局行政处罚案[2]

裁判要点 新冠肺炎疫情防控期间，该公司购进大量冒充某集团有限公司生产的一次性使用医用口罩并销售给药店出售给消费者。市监局对销售侵犯注册商品专用权商品的违法行为从重处罚，认定事实清楚、程序合法、适用法律正确，依法驳回诉讼请求。

第六十条 违法行为在二年内未被发现的，不再给予行政处罚；涉及公民生命健康安全、金融安全且有危害后果的，上述期限延长至五年。法律另有规定的除外。

前款规定的期限，从违法行为发生之日起计算；违法行为有连续或者继续状态的，从行为终了之日起计算。

条文对比

本条是关于行政处罚追责期限的规定，对应《署令第159号》第17条。

本条与《署令第159号》第17条相比，主要变化是在"法律另有规定的除外。"之前增加："；涉及公民生命健康安全、金融安全且有危害后果的，上述期限延长至五年"。

理解与适用

一、相关政策文件

同本规章第二十二条规定，以及：

《国务院关于加强食品安全工作的决定》（国发〔2012〕20号）："始终保持严厉打击食品安全违法犯罪的高压态势，使严惩重处成为食品安全治理常态。"

《中共中央关于全面深化改革若干重大问题的决定》："建立最严格的覆盖全过程的监管制度……，保障食品药品安全。"

---

[1] 金成波. 从重处罚设立的必要性及其制度构造[J]. 行政法学研究，2022(4):27-37.
[2] 河北省承德市中级人民法院（2020）冀08行终207号。

《法治政府建设实施纲要（2015—2020年）》："加大关系群众切身利益的重点领域执法力度。""依法加强对影响或危害食品药品安全、安全生产、生态环境、网络安全、社会安全等方面重点问题的治理。"

《中共中央　国务院关于深化改革加强食品安全工作的意见》："大幅提高违法成本，实行食品行业从业禁止、终身禁业，对再犯从严从重进行处罚。""严厉打击食品走私行为。"

《法治中国建设规划（2020—2025年）》："加大食品药品、公共卫生、生态环境、安全生产、劳动保障、野生动物保护等关系群众切身利益的重点领域执法力度。"

《法治社会建设实施纲要（2020—2025年）》："促进食品药品、公共卫生、生态环境……关系群众切身利益的重点领域执法力度和执法效果不断提高。"

《法治政府建设实施纲要（2021—2025年）》：加大重点领域执法力度。加大食品药品、……生态环境……金融服务、教育培训等关系群众切身利益的重点领域执法力度。"

《国务院关于进一步贯彻实施〈中华人民共和国行政处罚法〉的通知》（国发〔2021〕26号）："要加大食品药品、公共卫生、自然资源、生态环境……关系群众切身利益的重点领域执法力度。"

二、主要法律依据

《行政处罚法》第36条："违法行为在二年内未被发现的，不再给予行政处罚；涉及公民生命健康安全、金融安全且有危害后果的，上述期限延长至五年。法律另有规定的除外。前款规定的期限，从违法行为发生之日起计算；违法行为有连续或者继续状态的，从行为终了之日起计算。"

三、行政处罚追责期限

在行政处罚方面，关于行政法律责任的时效问题有多种表述：追罚时效、追诉时效、追溯期、追责期限、追责时效、行政处罚时效、追究时效等，有的追诉时效和追责期限并用，本文使用"追责期限"，从字面上与"追诉时效"作区分。

受客观条件的制约，有些违法行为发生后并不能及时被查获，经过较长时间未被发现的违法行为，往往因时过境迁，证据灭失，难以准确定案；有的当事人在违法行为发生后通过反省，认识了自己的错误并加以改正，如果没有追责期限制度，可能一直处于惴惴不安、担惊受怕的状态，害怕总有一天会东窗事发而被绳之以法，背负沉重的心理负担和精神压力。另外，由于行政管理法律法规的变化，在一定时期内认为是违法行为，但在另一个时期可能不再认为是违法行为，因而可能不会再被处罚。如果无论之前多少年的案件都要查处，就会涉及当事人、行政机关及其执法人员等不同主体，关涉公共利益和社会秩序等多个方面，影响到行政处罚目的能否实现、法律效果与社会效果是否统一等。行政处罚追责期限的规定，更多体现了行政处罚教育、预防的功能作用。[1] 既是维护法的安定性，又是过罚相当理论的重要内容。[2]

四、追责期限的情形

有观点认为，1996年《行政处罚法》第二十九条存在的两大问题之一是，对违法行为不加区分，"一刀切"地规定时效均为两年，这可能放纵某些严重的违法行为。[3] 新《行政处罚法》第36条第1款增加规定涉及公民生命健康安全、金融安全且有危害后果的，行政处罚追责期限由两年延长至五年，体现了对人民群众生命健康和金融安全的保护。上述规定是对严格执法的新要求。[4]

1. 两年。违法行为发生后的两年内，有管辖权的行政机关发现该违法行为，都可以依法作出行政处罚；如果在违法行为发生两年后再发现，对违法行为人不再给予行政处罚。《国务院法制办公室对国家工商总局关于公司登记管理条例适用有关问题的复函》（国法函〔2006〕273号）重申了上述观点。

2. 五年。健康是促进人的全面发展的必然要求，是经济社会发展的基础条件。实现国民健康长寿是国家富强、民族振兴的重要标志，也是广大人民群众的共同追求。涉及公民生命健康安全的领域很多，包括食品药品、产品质量、生态环境等，重点是食品药品领域。全国人大常委会法工委起草的过程稿中，曾将生态环境和食品安全列举规定为涉及公民生命健康安全的两个领域。最后公布的法律中，没有具体列明。[5] 有观点认为，本条规定的涉及"生命健康安全""金融安全"的行为，在范围上应当做宽泛理解，即从产品与服务的供给角度而言，凡是与生命健康相关的产品或服务都应纳入；生产经营活动中凡是对生命健康安全会产生影响的，都应纳入。凡是会对国家金融安全、金融机构的运行安全、有关主体的金融财产安全产生影响的行为，都应当纳入。[6]

3. 法律另有规定的除外。有观点认为，所谓法律另有规定的除外，是指在法律

---

[1] 许安标. 中华人民共和国行政处罚法释义[M]. 北京：中国民主法制出版社，2021:116.
[2] 黄海华. 新《行政处罚法》制度创新的理论解析[J]. 行政法学研究，2021(6):3-15.
[3] 姜明安. 精雕细刻，打造良法：修改《行政处罚法》的十条建议[J]. 中国法律评论，2020(5):1-8.
[4] 赵振华. 新修订的《行政处罚法》对行政执法的新要求[J]. 中国司法，2021(4):72-76.
[5] 王炜. 通报批评是行政处罚吗？关于生态环境部门实施新《行政处罚法》的20个问题[J]. 中国生态文明，2021(1):49-52.
[6] 江必新. 行政处罚法条文精释与实例精解[M]. 北京：人民法院出版社，2021:214-215.

适用上，如果法律有其他特别规定，那就按其法律规定定性。[1] 考虑行政权力的规范行使和相对人合法权益的保护，这种期限规定的权限被严格限定在"法律"位阶，如《税收征收管理法》第 86 条规定"五年内未被发现的，不再给予行政处罚"；《治安管理处罚法》第 22 条第 1 款规定"在六个月内没有被公安机关发现的，不再处罚"。

五、本条应当注意的问题

（一）连续状态的追责期限

"所谓'连续'是指违法行为人连续实施同一行为，数个独立的违法行为基于同一行为目的反复出现。"[2] 连续状态，是指违法行为人基于同一个违法故意，实施数个同一种违法行为。[3] 2005 年 10 月 26 日，《国务院法制办公室对湖北省人民政府法制办公室〈关于如何确认违法行为连续或继续状态的请示〉的复函》（国法函〔2005〕442 号）认为："《中华人民共和国行政处罚法》第二十九条中规定的违法行为的连续状态，是指当事人基于同一个违法故意，连续实施数个独立的行政违法行为，并触犯同一个行政处罚规定的情形。"

对于连续状态行为，从最后一个违法行为实施完毕时起计算追责期限，对连续的违法行为予以行政处罚。至于两个独立的违法行为之间是否有时间间隔的要求，上述规定并未涉及。有观点认为，行为人的数个行为具有间隔性，即两个行为之间存在时间间隔，是连续状态的要素之一。[4]

海关行政处罚案件中，也有违法行为呈连续状态的类型。对连续实施的同一行为，以最后一次违法行为终了之日计算追责期限，最终一般作为一起行政处罚案件，作出一次行政处罚。

（二）继续状态的追责期限

"所谓'继续'是指违法行为人实施的某一个违法行为一直处于继续状态没有停止。"[5] 不同机关对继续状态的认定也有意见、函复、批复等不同形式。[6]

---

[1] 胡建淼，刘威. 行政机关协助司法的行为性质及其可诉性研究 [J]. 法学论坛，2020(5):46-60.
[2] 杨伟东. 中华人民共和国行政处罚法理解与适用 [M]. 北京：中国法制出版社，2021:118.
[3] 许安标. 中华人民共和国行政处罚法释义 [M]. 北京：中国民主法制出版社，2021:117.
[4] 江必新. 行政处罚法条文精释与实例精解 [M]. 北京：人民法院出版社，2021:216.
[5] 杨伟东. 中华人民共和国行政处罚法理解与适用 [M]. 北京：中国法制出版社，2021:118.
[6] 例如，《全国人大常委会法工委对关于违反规划许可、工程建设强制性标准建设、设计违法行为追诉时效有关问题的意见》（法工办发〔2012〕20 号）、《国务院法制办公室对国家工商总局关于公司登记管理条例适用有关问题的复函》（国法函〔2006〕273 号）、《最高人民法院行政审判庭关于如何计算土地违法行为追诉时效的答复》（〔1997〕法行字第 26 号）、公安部法制局《关于对交通技术监控记录的违法行为如何进行处罚的请示的批复》（公法〔2005〕66 号）、中国银行业监督管理委员会办公厅《关于违法贷款、违法代销保险产品行政处罚追究时效有关问题的意见》（银监办发〔2015〕192 号）等。

有观点认为，违法行为的继续状态有以下特点：（1）继续状态行为是以一个行为侵犯同一客体，即持续存在的违法行为自始至终侵犯的都是同一特定对象；（2）继续状态行为是在相当长时间内持续实行的行为且无时间间隔。[1]

海关行政处罚案件中，也有违法行为呈持续状态的类型，如擅自将海关特定减免税货物移作他用，这种违法行为可能经过的时间比较长，因此，按照继续状态终了之日计算追责期限，同时因为持续行为实质上只是一个行为，最终作出一次行政处罚。

案例

某养殖场与某区农业农村局行政处罚案[2]

裁判要点 因养殖场的案涉违法行为从 2010 年开始持续存在，故应适用《行政处罚法》第 29 条第 2 款"前款规定的期限，从违法行为发生之日起计算；违法行为有连续或者继续状态的，从行为终了之日起计算"之规定。一、二审法院适用《行政处罚法》第 29 条第 1 款之规定，认定处罚决定超过两年处罚期限属于适用法律错误。

案例

某公司与某海关行政处罚案[3]

裁判要点 2017 年 2 月 27 日，海关对该公司作出行政处罚决定。原告认为，从 2014 年 8 月 8 日原告的司机把货物运到港口码头监管仓库后，转关出口的核销手续未办理的事实至海关作出行政处罚时已超过 2 年，已超过行政处罚法第 29 条规定的处罚时效，不能再处罚。被告辩称，本案违法行为发生在 2014 年 8 月 8 日，被告于 2015 年 8 月 6 日登记受理，2015 年 8 月 10 日决定立案调查，未超过二年。法院认为，关于原告认为超过二年的处罚时效的问题，该项主张系以作出处罚决定的时间作为发现违法行为时间，明显不成立。

案例

某公司与某市住房和城乡建设规划局行政处罚案[4]

裁判要点 原告认为，对于 2013 年的行为，市住房和城乡建设规划局 2016 年 1 月 28 日再决定立案查处，并作出处罚。法院认为，《全国人大常委会法制工作委员会关于提请明确对行政处罚追诉时效"二年未被发现"认定问题的函的研究意见》对各行政监督机构具有普遍适用性。市住房和城乡建设规划局依照该答复意见，认定发现原告违法行为的时间为另一公司的投诉时间，即 2013 年 2 月 4 日，并适用《行政处罚法》第 29 条第 1 款的规定，给予原告行政处罚，适用法律准确。

---

[1] 江必新. 行政处罚法条文精释与实例精解[M]. 北京：人民法院出版社，2021:217.
[2] 最高人民法院（2019）最高法行申 9767 号。
[3] 湖南省长沙市中级人民法院（2017）湘 01 行初 207 号。
[4] 浙江省台州市中级人民法院（2017）浙 10 行终 218 号。

第六十一条 实施行政处罚，适用违法行为发生时的法律、行政法规、海关规章的规定。但是，作出行政处罚决定时，法律、行政法规、海关规章已被修改或者废止，且新的规定处罚较轻或者不认为是违法的，适用新的规定。

条文对比

本条是关于行政处罚法律适用的规定，系新增条款。

理解与适用

一、相关政策文件

《国务院关于印发全面推进依法行政实施纲要的通知》（国发〔2004〕10号）："加强对规章和规范性文件的监督。"

《中共中央关于全面深化改革若干重大问题的决定》："完善规范性文件、……合法性审查机制。"

《法治政府建设实施纲要（2015—2020年）》："规范性文件不得设定行政许可、行政处罚、行政强制等事项，不得减损公民、法人和其他组织合法权益或者增加其义务。"

《国务院办公厅关于加强行政规范性文件制定和监督管理工作的通知》（国办发〔2018〕37号）："行政规范性文件不得增加法律、法规规定之外的行政权力事项或者减少法定职责；不得设定行政许可、行政处罚、行政强制等事项。"

《法治中国建设规划（2020—2025年）》："全面推行行政规范性文件合法性审核机制，凡涉及公民、法人或其他组织权利和义务的行政规范性文件均应经过合法性审核。"

《法治政府建设实施纲要（2021—2025年）》："全面落实行政规范性文件合法性审核机制。""严格落实行政规范性文件备案审查制度。"

二、主要法律依据

《行政处罚法》第37条："实施行政处罚，适用违法行为发生时的法律、法规、规章的规定。但是，作出行政处罚决定时，法律、法规、规章已被修改或者废止，且新的规定处罚较轻或者不认为是违法的，适用新的规定。"

根据《行政处罚法》第37条规定，本规章增加本条。

三、法律适用

（一）法不溯及既往原则

古罗马法中的"法律对任何过去的事实都不能溯及既往"，是人类历史上第一次对"法不溯及既往原则"作出明确规定。[①]1804年《法国民法典》第二条载入古罗马法律格言:"法律仅仅适用于将来,没有溯及力。"[②]自近代以来,各国法律一般都奉行法不溯及既往,其成为法理上的一个原则。[③]

《立法法》第93条规定:"法律、行政法规、地方性法规、自治条例和单行条例、规章不溯及既往,但为了更好地保护公民、法人和其他组织的权利和利益而作的特别规定除外。"《中华人民共和国立法法释义》指出:"作为一项法制原则,法是不具有溯及既往的效力的。国外大多数国家都承认这一原则。"[④]"法的溯及力是关于法是否有溯及既往的效力的问题。即法对它生效前所发生的事件和行为是否适用的问题,如果适用,就是有溯及力,如果不适用,就是没有溯及力。法的溯及力是法的效力的一个重要方面。""'法不溯及既往'是一项基本的法治原则。这也是世界上大多数国家通行的原则。""在我国,'法无溯及力'同样适用于民法、刑法、行政法等方面。"[⑤]"法不溯及既往"是处理新旧法律适用问题的一项基本法治原则,意味着法律只能适用于相关规范颁布生效以后发生的行为和事件,而不可以适用于颁布生效之前所发生的行为和事件,以此限制国家权力的滥用,维护社会经济秩序的持续性与稳定性。[⑥]1995年1月29日,《最高人民法院关于〈中华人民共和国国家赔偿法〉溯及力和人民法院赔偿委员会受案范围问题的批复》(法复〔1995〕1号)第1条规定:"根据《国家赔偿法》第三十五条规定,《国家赔偿法》1995年1月1日起施行。《国家赔偿法》不溯及既往。"

法不溯及既往是指法律的规定仅适用于法律生效以后的事件和行为,对于法律生效以前的事件和行为不适用。一个行为是不是违法,该不该处罚,以及怎么处罚,只能依据行为发生时的法律来衡量,不能用行为发生之后的新法来衡量,否则社会公众无法预测其行为的后果,将无所适从。

(二)从旧兼从轻原则

"(法不溯及既往)这是一个原则,但是,任何原则都是相对的,都可能有例外。对于法不溯及既往这项原则来说,主要是从轻例外,即当新的法律规定减轻行为人的责任或者增加公民的权利时,作为法律不溯及既往原则的一种例外,新法可以溯及既往。""为了更好保护公民、法人和其他组织的权利和利益,法律规范可以

---

① 陈新民.德国公法学基础理论:下册[M].北京:法律出版社,2010:140.
② 姚爱国.行政处罚法的修订解读与适用指引[M].长春:吉林大学出版社,2021:249.
③ 皮纯协.行政处罚法释义[M].北京:中国书籍出版社,1996:242.
④ 中华人民共和国立法法释义"第五章 适用与备案"[EB/OL].(2001-08-01)[2022-11-12]. http://www.npc.gov.cn/zgrdw/npc/flsyywd/xianfa/2001-08/01/content_140410.htm.
⑤ 乔晓阳.《中华人民共和国立法法》导读与释义[M].北京:中国民主法制出版社,2015:291-292.
⑥ 李洪雷.中华人民共和国行政处罚法评注[M].北京:中国法制出版社,2021:255.

有溯及力。"① "对于法不溯及既往这项原则来说，如果法律的规定是减轻行为人的责任或增加公民的权利，也可以具有溯及力。"②

在行政法领域，从旧兼从轻一直是法律空白。《最高人民法院关于印发〈关于审理行政案件适用法律规范问题的座谈会纪要〉的通知》(法〔2004〕96号)对行政法领域从旧兼从轻原则进行了肯定，③起到一定的指导作用。但也有观点认为，该文件的法律效力不足，且缺乏明确具体统一的规定，在新旧法律适用问题上依赖单行法的事后解释，使得行政处罚中实体上的从旧兼从轻原则的适用会遭遇困境。④ 有观点认为，我国《立法法》确定了法不溯及既往、允许有利溯及的一般原则，《刑法》进一步明确了从旧兼从轻原则。《行政处罚法》也应遵循从旧兼从轻的基本原则，但在特定情形下也应结合具体情况考量。⑤

此次在《行政处罚法》新增第37条，明确规定了行政处罚领域的从旧兼从轻原则，解决了上述问题并保证了该原则在行政处罚领域适用的一致性。这主要是基于近年来我国法律法规修改比较频繁，管理对象、管理行为、违法行为的设定、社会危害性的考量等都在变化。规定从旧兼从轻的适用规则，有利于行政机关实施有效管理，也有利于现行法律法规的有效实施。⑥ "实体从旧、程序从新，是公认的行政法理论。2004年座谈会纪要明确，人民法院审查具体行政行为的合法性时，实体问题适用旧法规定，程序问题适用新法规定。因此，本条规定是针对行政处罚实体规则而言的。"⑦ "从旧，即禁止溯及既往，从时间维度上，体现了处罚法定理论。从轻，属于禁止溯及既往的例外情形，有利于保护当事人的合法权益，在指导思想上与处罚法定是完全契合的。从旧兼从轻，适合于'违责罚'诸环节，丰富了处罚法定理论。当然，对于行政处罚程序而言，应当适用程序从新原则，并不适用从旧兼从轻。"⑧

《最高人民法院关于印发〈行政审判办案指南（一）〉的通知》(法办〔2014〕17号)的附件《行政审判办案指南（一）》规定：行政处罚作出过程中法律规定发

---

① 乔晓阳.《中华人民共和国立法法》导读与释义[M].北京：中国民主法制出版社，2015:292.
② 中华人民共和国立法法释义"第五章 适用与备案"[EB/OL].(2001-08-01)[2022-11-12]. http://www.npc.gov.cn/zgrdw/npc/flsyywd/xianfa/2001-08/01/content_140410.htm.
③ "三、关于新旧法律规范的适用规则"：根据行政审判中的普遍认识和做法，行政相对人的行为发生在新法施行以前，具体行政行为作出在新法施行以后，人民法院审查具体行政行为的合法性时，实体问题适用旧法规定，程序总是适用新法规定，但下列情形除外：(一)法律、法规或规章另有规定的；(二)适用新法对保护行政相对人的合法权益更为有利的；(三)按照具体行政行为的性质应当适用新法的实体规定。
④ 江必新.行政处罚法条文释义与实例精解[M].北京：人民法院出版社，2021:222.
⑤ 周佑勇.行政法原论[M].北京：北京大学出版社，2018:17.
⑥ 赵振华.新修订的《行政处罚法》对行政执法的新要求[J].中国司法，2021(4):72-76.
⑦ 许安标.中华人民共和国行政处罚法释义[M].北京：中国民主法制出版社，2021:117-118.
⑧ 黄海华.新《行政处罚法》制度创新的理论解析[J].行政法学研究，2021(6):3-15.

生变化时的选择适用问题。被诉行政处罚决定作出过程中新法开始施行的，一般按照实体从旧、程序从新的原则作出处理，但新法对原告更有利的除外。

（三）法律适用规则

我国宪法强调了法律的统一性和国家行政组织的统一性。法律的统一性是依法行政的前提。[①] 法律适用规则是指，当法律之间发生冲突时，适法机关如何选择法律的基本要求。法律适用规则其实就是法律规范的选择规则。[②]

根据《立法法》，结合《最高人民法院关于印发〈关于审理行政案件适用法律规范问题的座谈会纪要〉的通知》（法〔2004〕96号）等规定，法律适用规则主要是：

一是上位法优于下位法。《立法法》第87条至第89条作出了明确的规定。这是针对不同位阶的法律规范而言的。

二是特别法优于一般法。有观点认为，"特别法优于一般法"，也称为"特别法优于普通法"，源自罗马法。[③]《立法法》第92条有明确的规定。该规定适用条件针对同一机关制定的同一位阶的法律规范而言，不同机关或不同法律位阶之间的法律冲突则不能适用。[④] 通常情况是：法律适用范围大的是一般法，法律适用范围小的，则属于特别法。或者说，当两个法之间在适用范围上构成了个别与一般的关系时，调整个别关系的法是特别法，调整一般关系的法是一般法。[⑤]

三是新法优于旧法。又称"后法优于前法"，源于《十二铜表法》后五表补充的第十二表第5条的规定："前后制定的法律有冲突时，后法取消前法。"《布莱克法律词典》对该原则的解释为：如果后制定的法律明确废止先前制定的法律，或者与先前制定的法律明显不一致，那么，后制定的法律否定了先前制定的法律的效力。[⑥]《立法法》第92条有明确的规定，该规定适用条件同特别法优于一般法。

除了上述三个主要规则外，还有观点提出了第四个规则：变通法优于被变通法。[⑦]

[①] 叶必丰.执法权下沉到底的法律回应[J].法学评论，2021，39(3):47-55.
[②] 胡建淼.发生"法律冲突"时如何适用法律？[N].学习时报，2020-10-28(2).
[③] 王锴，司楠楠：新的一般法与旧的特别法的冲突及其解决：以《突发事件应对法》与《传染病防治法》为例[J].首都师范大学学报（社会科学版），2020（3）：1-10.
[④] 乔晓阳.《中华人民共和国立法法》导读与释义[M].北京：中国民主法制出版社，2015:289-290.
[⑤] 胡建淼.发生"法律冲突"时如何适用法律？[N].学习时报，2020-10-28(2).
[⑥] 王锴，司楠楠：新的一般法与旧的特别法的冲突及其解决：以《突发事件应对法》与《传染病防治法》为例[J].首都师范大学学报（社会科学版），2020（3）：1-10.
[⑦] 胡建淼.发生"法律冲突"时如何适用法律？[N].学习时报，2020-10-28(2).

四、本条应当注意的问题

（一）适用多部法律依据

实践中，海关行政处罚适用的法律依据可能不止一部，其顺序应当如何排列呢？

《最高人民法院关于裁判文书引用法律、法规等规范性法律文件的规定》（法释〔2009〕14号）第2条规定："并列引用多个规范性法律文件的，引用顺序如下：法律及法律解释、行政法规、地方性法规、自治条例或者单行条例、司法解释。同时引用两部以上法律的，应当先引用基本法律，后引用其他法律。引用包括实体法和程序法的，先引用实体法，后引用程序法。"海关行政处罚适用多部法律依据时建议参考上述规定执行。

（二）能否援引《行政处罚法》

《国家食品药品监管总局办公厅关于食品安全行政处罚法律适用有关事项的通知》（食药监办法函〔2016〕668号）第3条规定，各级食品药品监督管理部门在行政执法中，可以按照《行政处罚法》从轻、减轻及不予处罚的规定执行。

海关行政处罚法律文书中也可以援引《行政处罚法》，例如，不予行政处罚、从轻、减轻或者从重处罚的，单行法律、行政法规没有规定的，应当援引《行政处罚法》；再如，没收违法所得，单行法律、行政法规没有规定的，应当援引《行政处罚法》。"没收违法所得"是有限度的普遍授权条款，性质为"漏洞补充"。单行法规定没收违法所得的，应当先适用单行法，单行法没有规定的，再适用本法，但是应遵从目的限制，行政违法行为与违法所得没有因果关系的，不应予以没收违法所得。[①]

案例

某公司诉某市环境局行政处罚案[②]

裁判要点 关于新旧《环境影响评价法》的适用。对比《环境影响评价法》（2002）第31条与《环境影响评价法》（2016）第31条规定，根据案涉项目的总投资额，适用旧法处罚较轻，适用新法处罚较重。根据环境保护部《关于建设项目"未批先建"违法行为法律适用问题的意见》（环政法函〔2018〕31号），案涉项目2016年9月1日之前是否已经开工建设并完成主体建设、之后是否仍然进行建设以及与之前开工建设的关系，既影响新旧《环境影响评价法》的选择适用问题，也可能影响行政处罚幅度裁量，必须予以查明。但市环境局对新法实施前后违法建设

[①] 袁雪石.《行政处罚法》实施中的重点难点问题简析[J]. 中国司法，2022(3):61-66.
[②] 最高人民法院（2021）最高法行再247号。

完成情况未予调查认定,并认定案涉项目在 2016 年 9 月 1 日之后开工建设,事实认定明显错误。综上,20 号处罚决定基本事实不清、主要证据不足,选择适用法律及确定处罚幅度未依法说明理由,依法应予撤销。

案例

某公司与某市质量技术监督局某分局行政处罚案[1]

裁判要点 二审法院认为,《食品安全法》是全国人大常委会制定的法律,并于 2009 年 6 月 1 日施行,较之前由国务院制定的《工业产品生产许可证管理条例》及国家质量监督检验检疫总局制定的部门规章《食品生产加工企业质量安全监督管理实施细则》,具有更高阶位的法律效力。按照上位法优于下位法的规定,对同一事项《食品安全法》有规定的,应当以《食品安全法》的规定为准。因此,上诉人的违法行为符合《食品安全法》规定的处罚情形,应适用上位法《食品安全法》的规定。

第六十二条 海关可以依法制定行政处罚裁量基准,规范行使行政处罚裁量权。行政处罚裁量基准应当向社会公布。

条文对比

本条是关于行政处罚裁量基准的规定,系新增条款。

理解与适用

一、相关政策文件

《国务院关于印发全面推进依法行政实施纲要的通知》(国发〔2004〕10 号):"行使自由裁量权应当符合法律目的,排除不相关因素的干扰。""行政机关行使自由裁量权的,应当在行政决定中说明理由。"

《关于预防和化解行政争议健全行政争议解决机制的意见》:"对行政机关的行政裁量权进行细化、量化和规范,防止滥用自由裁量权。"

《关于深化政务公开加强政务服务的意见》(中办发〔2011〕22 号):"严格规范行政裁量权行使,细化、量化裁量基准,公开裁量范围、种类和幅度。"

《中共中央关于全面深化改革若干重大问题的决定》:"规范执法自由裁量权。"

《国务院关于促进市场公平竞争维护市场正常秩序的若干意见》(国发〔2014〕20 号):"建立行政执法自由裁量基准制度,细化、量化行政裁量权,公开裁量范围、种类和幅度,严格限定和合理规范裁量权的行使。"

《中共中央关于全面推进依法治国若干重大问题的决定》:"建立健全行政裁量权基准制度,细化、量化行政裁量标准,规范裁量范围、种类、幅度。""涉及公

---

[1] 江苏省无锡市中级人民法院(2012)锡行终字 22 号;最高人民法院公报 2013 年第 7 期。

民、法人或其他组织权利和义务的规范性文件，按照政府信息公开要求和程序予以公布。"

《法治政府建设实施纲要（2015—2020年）》："建立健全行政裁量权基准制度，细化、量化行政裁量标准，规范裁量范围、种类、幅度。"

《关于全面推进政务公开工作的意见》（中办发〔2016〕8号）："推动执法部门公开职责权限、执法依据、裁量基准、执法流程、执法结果、救济途径等，规范行政裁量。"

《国务院办公厅关于聚焦企业关切进一步推动优化营商环境政策落实的通知》（国办发〔2018〕104号）："规范自由裁量权。"

《国务院办公厅关于全面推行行政执法公示制度执法全过程记录制度重大执法决定法制审核制度的指导意见》（国办发〔2018〕118号）："研究开发行政执法裁量智能辅助信息系统……有效约束规范行政自由裁量权，确保执法尺度统一。"

《中共中央关于坚持和完善中国特色社会主义制度 推进国家治理体系和治理能力现代化若干重大问题的决定》："规范执法自由裁量权。"

《法治中国建设规划（2020—2025年）》："全面推行行政裁量权基准制度，规范执法自由裁量权。"

《中华人民共和国国民经济和社会发展第十四个五年规划和2035年远景目标纲要》："规范执法自由裁量权。"

《国务院办公厅关于服务"六稳""六保"进一步做好"放管服"改革有关工作的意见》（国办发〔2021〕10号）："制定出台进一步规范行政裁量权基准制度的指导意见。"

《法治政府建设实施纲要（2021—2025年）》："全面落实行政裁量权基准制度，细化量化本地区各行政执法行为的裁量范围、种类、幅度等并对外公布。"

《国务院办公厅关于进一步规范行政裁量权基准制定和管理工作的意见》（国办发〔2022〕27号）："建立健全行政裁量权基准制度，规范行使行政裁量权，完善执法程序。"

二、主要法律依据

《行政处罚法》第34条："行政机关可以依法制定行政处罚裁量基准，规范行使行政处罚裁量权。行政处罚裁量基准应当向社会公布。"

根据《行政处罚法》第34条规定，本规章增加本条。

三、关于裁量和裁量权的用语表述

我国理论界和实务界对于"行政裁量"的概念尚未统一，呈现出混用"行政裁量""行政自由裁量""行政裁量权""行政自由裁量权"的局面。[1]

（一）自由裁量与行政裁量

王名扬先生认为："自由裁量是指行政机关对于作出何种决定有很大的自由，可以在各种可能采取的行动方针中进行选择，根据行政机关的判断采取某种行动，或不采取行动。行政机关自由选择的范围不限于决定的内容，也可能是执行任务的方法、时间、地点或侧重面，包括不采取行动的决定在内。"[2] 在我国，早在1983年，由王珉灿统编的中华人民共和国第一本行政法教材《行政法概要》就提出了自由裁量的概念，之后自由裁量概念在我国学界被广泛探讨。[3] 行政裁量由德国学者梅耶（Mayer）首创。[4] 行政裁量是行政主体根据立法授权，在法定的范围和幅度内，通过考察具体情形、权衡各方面利益，决定对某一具体事件是否作出以及如何作出一定行为。[5]

此外，还有"行政自由裁量"的表述，就是指在法律许可的情况下，对作为或不作为以及怎样作为进行选择的权利。[6]

（二）自由裁量权与行政裁量权

戴雪认为，行政裁量权是现代行政法理论和实践的核心问题和永恒课题。[7] 美国行政法学家施瓦茨在《行政法》一书关于裁量权的那句名言[8]，不同学者援引时有"自由裁量权""行政裁量权"版本，如，"行政法如果不是控制自由裁量权的法，那它是什么呢？"[9] "行政裁量是行政权的核心，行政法如果不是控制行政裁量权的法，那它就什么也不是。"[10][11]

2003年9月，《国务院办公厅转发国务院行政审批制度改革工作领导小组办公室〈关于进一步推进省级政府行政审批制度改革意见〉的通知》（国办发〔2003〕84号）使用了"自由裁量权"。《国务院关于印发全面推进依法行政实施纲要的通知》（国发〔2004〕10号）、《国务院关于印发"十四五"市场监管现代化规划的通知》（国发〔2021〕30号）、《中共中央关于坚持和完善中国特色社会主义制度 推进国家治理体系和治理能力现代化若干重大问题的决定》、《中共中央、国务院关

---

[1] 关保英.行政程序法学：上册[M].北京：北京大学出版社，2021:665.
[2] 王名扬.美国行政法：上[M].北京：北京大学出版社，2016:407.
[3] 刘权.行政裁量司法监督的法理变迁：从《自由裁量及其界限》谈起[J].中国法律评论，2020(4):144-152.
[4] 周佑勇，邓小兵.行政裁量概念的比较观察[J].环球法律评论，2006(4):431-439.
[5] 关保英.行政程序法学：上册[M].北京：北京大学出版社，2021:667.
[6] 余凌云.行政法讲义[M].北京：清华大学出版社，2010:157.
[7] 【英】戴雪.英宪精义[M].雷宾南，译.北京：中国法制出版社，2001:232.
[8] 【美】施瓦茨.行政法[M].徐炳，译.北京：群众出版社，1986:566.
[9] 周佑勇.行政裁量治理研究[M].北京：法律出版社，2008:1.
[10] 姜明安.行政法[M].北京：北京大学出版社，2017:413.
[11] 刘国乾.行政裁量控制的程序安排[J].行政法论丛，2012(15):176.

于加快建设全国统一大市场的意见》等文件中也使用了"自由裁量权"。《行政诉讼法》《行政复议法实施条例》《优化营商环境条例》等法律行政法规也使用了该表述，规章和文件使用"自由裁量权"的情况比比皆是。

2008 年，"行政裁量权"在《国务院关于加强市县政府依法行政的决定》（国发〔2008〕17 号）中被使用。《中共中央关于全面推进依法治国若干重大问题的决定》《法治政府建设实施纲要（2015—2020 年）》《法治政府建设实施纲要（2021—2025 年）》等文件中也使用了该表述。2022 年 7 月 29 日，国务院办公厅印发了《国务院办公厅关于进一步规范行政裁量权基准制定和管理工作的意见》（国办发〔2022〕27 号）。

从现行法律规范和文件看，"自由裁量权""行政裁量权"都被使用过，《法治中国建设规划（2020—2025 年）》提出"全面推行行政裁量权基准制度，规范执法自由裁量权"，两种表述同时出现、相提并论。除此之外，还有"行政自由裁量权"[1][2]"行政处罚裁量权"[3]"行政处罚自由裁量权"[4]等不同提法，有的地方文件同时使用"行政处罚裁量权"和"自由裁量权"，如《福建省食品药品监督管理局关于印发行政处罚裁量权适用规则的通知》（闽食药监稽〔2017〕1 号），标题使用"行政处罚裁量权"，但正文第 2 条却是对"自由裁量权"的解释。因此，不必过多纠结于表述上的不同，关键是看实质和内涵要求。

四、行政裁量基准

习近平总书记指出："要严格执法资质、完善执法程序，建立健全行政裁量权基准制度，确保法律公正、有效实施。"[5]

（一）裁量权控制

"所有的自由裁量权都可能被滥用，这仍是个至理名言。"[6]施瓦茨在《行政法》中也提出行政主体滥用行政裁量的六种情形。[7]毛雷尔在《行政法学总论》对裁量瑕疵进行了分析。[8]

对裁量权必须加以控制是学者的共识。"自由裁量权必须受到监督，任何权力

---

[1] 江必新. 行政处罚法条文精释与实例精解 [M]. 北京：人民法院出版社，2021:200.
[2] 叶勇，谭博文. 行政处罚权协商行使的作用向度与困境纾解 [J]. 太原理工大学学报（社会科学版），2020，38(1):59-66.
[3] 例如，《市场监管总局关于规范市场监督管理行政处罚裁量权的指导意见》（国市监法〔2019〕244 号，被国市监法规〔2022〕2 号废止）等。
[4] 例如，《湖北省司法行政机关行政处罚自由裁量权适用规则（试行）》（鄂司规〔2010〕1 号）等。
[5] 习近平. 加快建设社会主义法治国家 [J]. 求是，2015（1）.
[6] [英] 韦德. 行政法 [M]. 徐炳，等译. 北京：中国大百科全书出版社，1997:70.
[7] [美] 施瓦茨. 行政法 [M]. 徐炳，译. 北京：群众出版社，1986:571.
[8] [德] 毛雷尔. 行政法学总论 [M]. 高家伟，译. 北京：法律出版社，2000:129-132.

都必须受到监督与控制。"[1]"行政自由裁量权的存在是必要的,对其加以有效监控也是必需的。"[2]"法治的实现要求法律应当控制行政机关裁量权的行使。"[3]"从事物的性质来说,要防止滥用权力,就必须以权力约束权力。"[4]

有观点认为,面对"裁量权控制"这一行政法学领域的"哥德巴赫猜想",学术界大致形成了"消除不必要裁量权,对必要裁量权进行立法、行政与司法控制的三重控制论通说"。[5] 有观点认为,法律(软法和硬法)规范和控制行政裁量权有六种基本途径和方式。[6] 也有观点认为,行政法学者将裁量权控制模式总结为四种模式:通过规则的命令控制、通过原则的指导控制、通过程序的竞争控制和通过监督的审查控制[7]等。

(二)行政裁量基准

裁量基准通常就裁量事项中相同或类似的事项作一般性的规定,使得执法人员遇到相同或类似的事项作相同或类似的处理,从而有利于规范和控制行政裁量权,增加行政相对人对行政行为结果的可预期性。[8] 裁量基准就是关于裁量权行使的一系列具体的、细化的、可操作性约束性规则,其本质是试图对裁量权在给定幅度内进行"规则化",为裁量权的行使设定明细化的实体性操作标准。[9]

行政裁量基准就是要将行政法规范中的裁量规则予以具体化,以判断选择的标准化为个案中的裁量决定提供更为明确具体的指引。[10] 行政裁量基准的特性有灵活性、可问责性、可接受性和程序性。[11]

(三)行政裁量基准的实践

行政裁量的概念在我国是一个舶来品,但是,行政裁量基准的肇始和推广却是通过"自下而上"的路径。[12][13] 一般认为,我国的行政裁量基准实践始于2004年前后,最早可以追溯到浙江金华的执法实践中。2004年2月,浙江省金华市公安局

---

[1] 王名扬.美国行政法:上[M].北京:北京大学出版社,2016:409.
[2] 江必新.论行政程序的正当性及其监督[J].法治研究,2011(1):4-14.
[3] 孙丽岩.论行政处罚决定公开的利益权衡:从与刑事制裁公开的对比角度[J].政法论坛,2021,39(6):70-83.
[4] [法]孟德斯鸠.论法的精神:上册[M].北京:商务印书馆,1961:154.
[5] 王杰.论行政处罚裁量基准的逸脱适用[J].财经法学,2022(1):117-132.
[6] 姜明安.行政法[M].北京:北京大学出版社,2017:418-420页:1.通过法律程序规范.2.通过立法目的、立法精神.3.通过法的基本原则.4.通过行政管理.5.通过政策.6.通过裁量基准.
[7] 潘宁.反垄断罚款裁量权控制[J].财经法学,2021(3):111-126.
[8] [日]恒川隆生.审查基准、程序性义务与成文法化:有关裁量自我拘束的一则参考资料[M].朱芒,译//浙江大学公法与比较法研究所.公法研究:第三辑.北京:商务印书馆,2005:412.
[9] 王锡锌.自由裁量权基准:技术的创新还是误用[J].法学研究,2008,30(5):36-48.
[10] 王贵松.行政裁量基准的设定与适用[J].华东政法大学学报,2016,19(3):65-76.
[11] 郑雅方.行政裁量基准研究[M].北京:中国政法大学出版社,2013:40-45.
[12] 周佑勇.行政裁量基准研究[M].北京:中国人民大学出版社,2015:3.
[13] 陈文清.行政裁量基准适用的现实悖论、消解思路及其建构:以《行政处罚法》修改为背景[J].甘肃政法大学学报,2021(2):131-145.

率先在全国推出了《关于推行行政处罚自由裁量基准制度的意见》。[1][2][3] 经查询发现，2003年12月，广州市工商行政管理局就发布《广州市工商局规范行政处罚裁量权实施办法（试行）》，但未使用"裁量基准"。2008年，《国务院关于加强市县政府依法行政的决定》（国发〔2008〕17号）使用了"行政裁量标准"的表述。

五、行政处罚裁量基准

"新修订的《行政处罚法》第34条首次将行政处罚裁量基准纳入法治轨道，以中央立法形式对裁量基准的设定义务和公开义务作出明确规定，及时回应了理论与实务界的诸多争议，具有重大的理论与实践意义。"[4]

《国务院关于进一步贯彻实施〈中华人民共和国行政处罚法〉的通知》（国发〔2021〕26号）提出："各地区、各部门要全面推行行政裁量基准制度，规范行政处罚裁量权"。《国务院办公厅关于进一步规范行政裁量权基准制定和管理工作的意见》（国办发〔2022〕27号）提出：以行政规范性文件形式制定行政裁量权基准的，严格执行评估论证、公开征求意见、合法性审核、集体审议决定、公开发布等程序。有观点认为："没有发布的行政裁量基准就不能对公众产生约束力。"[5] "公开裁量基准也有助于遏制行政恣意，使得相对人对行政决定有更稳定的预期。"[6]

六、本条应当注意的问题

（一）是否说明理由

对于说明理由，多尔泽（Dolzer）认为具有四大功能：说服功能、权利保护功能、控制功能、说明或证明功能。这种四大功能的理解也获得多数学说的支持。[7] 通过说明裁量基准适用的理由，可以让裁量权行使的过程和裁量结果清晰起来，以说服相对人，实现个案正义。[8]

《国务院办公厅关于进一步规范行政裁量权基准制定和管理工作的意见》（国办

---

[1] 王天华.司法实践中的行政裁量基准[J].中外法学，2018，30（4）：955-975.
[2] 周佑勇.行政处罚裁量基准的法治化及其限度：评新修订的《行政处罚法》第34条[J].法律科学（西北政法大学学报），2021，39（5）：53-61.
[3] 曹鎏.论"基本法"定位下的我国《行政处罚法》修改：以2016年至2019年的行政处罚复议及应诉案件为视角[J].政治与法律，2020（6）：28-40.
[4] 周佑勇.行政处罚裁量基准的法治化及其限度：评新修订的《行政处罚法》第34条[J].法律科学，2021，39(5):53-61.
[5] 郑雅方.行政裁量基准创制模式研究[J].当代法学，2014，28(2):20-27.
[6] 宋华琳.功能主义视角下的行政裁量基准：评周佑勇教授《行政裁量基准研究》[J].法学评论，2016，34(3):192-196.
[7] 王贵松.论行政裁量理由的说明[J].现代法学，2016，38(5):37-48.
[8] 郑琦.行政裁量基准适用技术的规范研究——以方林富炒货店"最"字广告用语行政处罚案为例[J].政治与法律，2019(3):89-100.

发〔2022〕27号）提出："有行政裁量权基准的，要在行政执法决定书中对行政裁量权基准的适用情况予以明确。"根据上述规定，海关在行政处罚法律文书中涉及行政处罚裁量权适用时，要在处罚决定书中说明理由。

（二）行政处罚裁量基准的逸脱

行政处罚裁量基准一旦公布，即对行政机关有拘束力，没有法定事由和程序不能任意修改或废止，没有合理理由也不能束之高阁、弃之不用，当然也不能想用就用、随意变通。但如果滞后的裁量基准无法适用于新的情况，不能解决新的问题，其权威性和公信力也将受损。有观点认为，裁量基准的选择适用应该始终坚持以实现普遍规制与个案正义间的平衡为准则，既不应该机械适用，也不应该无故不予遵从。[1]"正确的做法允许执法者例外逸脱适用裁量基准的规定，重新探寻授权法的裁量原意，追求个案实质正义。"[2]也就是说，允许行政处罚裁量基准逸脱。所谓逸脱，就是行政机关基于逸脱权而不适用裁量基准。逸脱权是指行政机关在执法时根据个案情况而超越裁量基准的边界，选择不予适用或变更适用基准的决定权。[3]简言之，就是指行政机关在执法时根据个案情况而超越裁量基准的边界，选择不予适用或变更适用基准。"适用为原则、逸脱为例外"[4]。

《国务院办公厅关于进一步规范行政裁量权基准制定和管理工作的意见》（国办发〔2022〕27号）规定："适用本行政机关制定的行政裁量权基准可能出现明显不当、显失公平，或者行政裁量权基准适用的客观情况发生变化的，经本行政机关主要负责人批准或者集体讨论通过后可以调整适用，批准材料或者集体讨论记录应作为执法案卷的一部分归档保存。"海关行政处罚过程中出现上述情形的，建议按照上述文件严格执行。

（三）裁量辅助系统

近年来，不少地方充分利用新技术成果，探索开发应用行政处罚裁量辅助决策系统、案件管理系统或平台建设，提高了自动化水平。例如，2009年，南京市环保局开发了"环保行政处罚自由裁量辅助决策系统"，广州市工商行政管理局（现广州市市场监督管理局）开发了智能化行政处罚案件管理系统；[5]2014年南京市公安局建邺分局试点的辅助系统，南京市公安局申请了专利，专利名称为"基于警务综合应用平台的行政案件自动量罚方法"；[6]达州市公安局建成"达州市公安行政处

---

[1] 周佑勇，周乐军. 论裁量基准效力的相对性及其选择适用[J]. 行政法学研究，2018(2):13.
[2] 王杰. 论行政处罚裁量基准的逸脱适用[J]. 财经法学，2022(1):117-132.
[3] 熊樟林. 论裁量基准中的逸脱条款[J]. 法商研究，2019, 39(3):50-62.
[4] 陈文清. 行政裁量基准适用的现实悖论、消解思路及其建构：以《行政处罚法》修改为背景[J]. 甘肃政法大学学报，2021(2):131-145.
[5] 查云飞. 行政裁量自动化的学理基础与功能定位[J]. 行政法学研究，2021(3):114-124.
[6] 李晴. 自动化行政处罚何以公正[J]. 学习与探索，2022(2):72-81.

罚均衡量罚系统"，形成 722 项行政处罚自由裁量标准；[1]四川省成都市成华区积极推行行政处罚电子化平台建设等。有学者提出了"智慧处罚"说。[2]

《国务院办公厅关于进一步规范行政裁量权基准制定和管理工作的意见》（国办发〔2022〕27 号）就大力推进技术应用提出了要求。通过行政处罚的理论界和执法实务界的深入研究和积极探索，把多种科技手段应用于行政处罚的新型处罚模式将会不断涌现，行政处罚效能也将大幅提高。

案例

某公司与某市某区生态环境局行政处罚案[3]

裁判要点 二审法院认为，行政机关在作出行政处罚时，应根据立法目的和行政处罚的原则，在法律、行政法规和部门规章规定的行政处罚的种类和幅度内，综合考量违法的事实、性质、手段、后果、情节和改正措施等因素，正确、适当地确定行政处罚的种类、幅度。本市环境保护部门制定了环境保护行政处罚裁量基准规定，生态环境局在本案所涉违法行为有明确罚款幅度裁定表的情况下，应适用该裁量基准裁定表进行确定。但生态环境局未适用对应的裁定表，而是适用了其他环境保护违法行为的罚款幅度的兜底条款，显然属于适用裁量规定不当。

案例

某公司与某市某区环保水务局行政处罚案[4]

裁判要点 判断被诉行政处罚决定是否明显不当，关键在于审查被诉处罚决定是否与违法行为的性质、情节、危害后果相适应，是否符合裁量标准规定的幅度。如果当事人违法行为的社会危害性较小，行政机关作出顶格处罚，属于量罚过重，不符合合理行政原则和"处罚和教育相结合"原则。该处罚明显不当，依法应予撤销。

第二节 法制审核

第六十三条 海关对已经调查终结的行政处罚普通程序案件，应当由从事行政处罚决定法制审核的人员进行法制审核；未经法制审核或者审核未通过的，不得作出处理决定。但是依照本规定第六章第二节快速办理的案件除外。

---

[1] 李晴. 论过罚相当的判断 [J]. 行政法学研究，2021(6):28-38.
[2] 魏琼，徐俊晖. 人工智能应用于行政处罚的风险治理 [J]. 河南财经政法大学学报，2020, 35(5):84-93.
[3] 上海市第二中级人民法院（2020）沪 02 行终 185 号。
[4] 广东省高级人民法院（2019）粤行申 1508 号。

《中华人民共和国海关办理行政处罚案件程序规定》
理解与适用

海关初次从事行政处罚决定法制审核的人员,应当通过国家统一法律职业资格考试取得法律职业资格。

条文对比

本条是关于行政处罚法制审核的规定,对应《署令第159号》第56条。

与《署令第159号》相比,主要变化:一是增加"海关初次从事行政处罚决定法制审核的人员,应当通过国家统一法律职业资格考试取得法律职业资格。"作为本条第2款;二是在《署令第159号》第56条中的"行政处罚""案件"之间增加"普通程序",结尾增加"但是依照本规定第六章第二节快速办理的案件除外。";三是将《署令第159号》第56条中的"经过审查"修改为"由从事行政处罚决定法制审核的人员进行法制审核","审查程序"修改为"法制审核或者审核未通过的";四是删除《署令第159号》第56条中的"撤销案件、不予行政处罚、予以行政处罚等"。

理解与适用

一、相关政策文件

《国务院关于贯彻实施〈中华人民共和国行政处罚法〉的通知》(国发〔1996〕13号):"各地方、各部门都要认真执行……调查取证与处罚决定分开制度。""确定行政机关内部比较超脱的机构对调查结果进行初步审查"。

《中共中央关于全面推进依法治国若干重大问题的决定》:"严格执行重大执法决定法制审核制度。""完善法律职业准入制度,健全国家统一法律职业资格考试制度"。

《法治政府建设实施纲要(2015—2020年)》:"严格执行重大行政执法决定法制审核制度,未经法制审核或者审核未通过的,不得作出决定。"

《中共中央办公厅 国务院办公厅关于完善国家统一法律职业资格制度的意见》:"实行老人老办法、新人新办法,只对新进法律职业岗位人员实行考试和职前培训,促进新旧制度妥善对接。"

《国务院办公厅关于全面推行行政执法公示制度执法全过程记录制度重大执法决定法制审核制度的指导意见》(国办发〔2018〕118号):"行政执法机关作出重大执法决定前,要严格进行法制审核,未经法制审核或者审核未通过的,不得作出决定。"

《法治中国建设规划(2020—2025年)》:"坚持严格规范公正文明执法,全面推行行政执法公示制度、执法全过程记录制度、重大执法决定法制审核制度。"

《法治政府建设实施纲要(2021—2025年)》:"全面严格落实行政执法公示、执法全过程记录、重大执法决定法制审核制度。"

二、主要法律依据

《行政处罚法》第 58 条:"有下列情形之一,在行政机关负责人作出行政处罚的决定之前,应当由从事行政处罚决定法制审核的人员进行法制审核;未经法制审核或者审核未通过的,不得作出决定:(一)涉及重大公共利益的;(二)直接关系当事人或者第三人重大权益,经过听证程序的;(三)案件情况疑难复杂、涉及多个法律关系的;(四)法律、法规规定应当进行法制审核的其他情形。行政机关中初次从事行政处罚决定法制审核的人员,应当通过国家统一法律职业资格考试取得法律职业资格。"

《公务员法》第 25 条第 2 款:"国家对行政机关中初次从事行政处罚决定审核、行政复议、行政裁决、法律顾问的公务员实行统一法律职业资格考试制度,由国务院司法行政部门商有关部门组织实施。"

根据《行政处罚法》第 58 条规定,本条对《署令第 159 号》第 56 条予以修改,补充相关内容。

三、行政处罚法制审核的范围

重大执法决定法制审核适用范围不限于行政处罚领域。

行政处罚的法制审核是供行政机关负责人或集体讨论作决定时参考的内部审核程序,也是经过立案、调查取证、听取意见(听证)程序之后进行的独立审核程序,是处罚决定作出前的一项前置程序。[①]

《国务院办公厅关于全面推行行政执法公示制度执法全过程记录制度重大执法决定法制审核制度的指导意见》(国办发〔2018〕118 号)规定:"凡涉及重大公共利益,可能造成重大社会影响或引发社会风险,直接关系行政相对人或第三人重大权益,经过听证程序作出行政执法决定,以及案件情况疑难复杂、涉及多个法律关系的,都要进行法制审核。"《行政处罚法》第 58 条第 1 款明确纳入法制审核的行政处罚案件范围,与《国务院办公厅关于全面推行行政执法公示制度执法全过程记录制度重大执法决定法制审核制度的指导意见》中的规定基本一致。

本规章第 63 条第 1 款规定,法制审核的范围为:除本规定第六章第二节快速办理的案件外的行政处罚普通程序案件。上述规定关于海关行政处罚决定法制审核的范围比《行政处罚法》更加宽泛。"行政机关自行扩大审核范围,法律并不禁止。"[②] 在海关法制审核资源充裕、人员满足需求的条件下,上述规定更有助于提高

---

① 李洪雷. 中华人民共和国行政处罚法评注 [M]. 北京:中国法制出版社,2021:409.
② 姚爱国. 行政处罚法的修订解读与适用指引 [M]. 长春:吉林大学出版社,2021:384.

执法质量和水平。

四、法制审核人员的资格

《中共中央办公厅 国务院办公厅关于完善国家统一法律职业资格制度的意见》提出:"担任法官、检察官、律师、公证员、法律顾问、仲裁员(法律类)及政府部门中从事行政处罚决定审核、行政复议、行政裁决的人员,应当取得国家统一法律职业资格。"我国现行的法律职业资格考试制度经历了律师资格考试制度、国家统一司法考试制度以及国家统一法律职业资格考试制度三个阶段。[①] 根据《国家统一法律职业资格考试实施办法》(司法部令第140号),自2018年起实施国家统一法律职业资格考试制度。

行政处罚决定法制审核看似是执法人员的主体资格问题,实质上是影响到行政处罚决定合法性的问题。2017年《行政处罚法》第38条第3款中就规定:"行政机关中初次从事行政处罚决定审核的人员,应当通过国家统一法律职业资格考试取得法律职业资格。"新《行政处罚法》第58条第2款基本保留了2017年《行政处罚法》的规定,唯一的变化是在"审核"之前增加"法制"。《中共中央办公厅 国务院办公厅关于完善国家统一法律职业资格制度的意见》提出:"实行老人老办法、新人新办法、只对新进法律职业岗位人员实行考试和职前培训,促进新旧制度妥善对接。""区别对待新老人员。在政府部门从事行政处罚决定审核、行政复议、行政裁决工作且胜任现职务的,可继续从事现工作。"

根据上述规定,在2018年1月1日之后初次从事海关行政处罚法制审核工作的人员,必须通过国家统一法律职业资格考试取得法律职业资格。但在2018年1月1日之前,已经从事海关行政处罚法制审核工作的人员,可以不需要通过国家统一法律职业资格考试取得法律职业资格。建议参照上述原则,选配行政处罚决定法制审核人员。在行政复议、行政诉讼中,如当事人质疑法制审核人员身份时,要就该法制审核人员在2018年1月1日之前还是之后从事法制审核工作进行举证,予以证明。

五、本条应当注意的问题

(一)法制审核与案件审理

在推行重大执法决定法制审核制度之前,行政处罚案件调查终结后至作出处罚决定之前,一般都需要经过审理或者审核环节(《署令第159号》第56条规定的

[①] 廉玲维.试论我国法律职业资格考试准入制度的发展与完善[J].中国法律评论,2021(2):205-210.

是"案件审查")。推行重大执法决定法制审核制度之后,案件审理与法制审核是合二为一还是并行不悖,实践中并不相同。《市场监督管理行政处罚程序规定》第49条第1款、第2款规定:"办案机构应当将调查终结报告连同案件材料,交由市场监督管理部门审核机构进行审核。　　审核分为法制审核和案件审核。"该规定第51条第1款、第52第2款分别明确了法制审核与案件审核的实施机构。再如,《住房和城乡建设行政处罚程序规定》第23条规定:"在作出《中华人民共和国行政处罚法》第五十八条规定情形的行政处罚决定前,执法人员应当将案件调查终结报告连同案件材料,提交执法机关负责法制审核工作的机构,由法制审核人员进行重大执法决定法制审核。"本规章也只规定了"法制审核",未规定"案件审理"。可以在本规章运行一段时期后进行评估,再就法制审核与案件审理是否进行区分作出决定。

(二)法制审核意见的载体

法制审核意见以什么形式体现,《行政处罚法》和本规章都未作出规定。实践中,有的认为应当以独立的书面文书体现,有的则认为在内部呈批表格中增加"法制审核意见"栏目来体现。这两种形式并无本质的不同,不应加以限制,既可以设计《海关行政处罚法制审核意见》《海关行政处罚法制审核表》等文书予以体现,也可以在内部呈批表中予以体现。但有的法院认为,行政机关应将法制审核意见材料作为证据主动提交法院;人民法院应进行必要的审查,包括法制审核流程是否规范、送审材料是否符合报送要求等。[①]

法制审核是《行政处罚法》规定的一种重要的行政程序,纳入法制审核范围的行政处罚案件如果缺失该程序,将导致不利的法律后果。虽然法制审核意见的体现载体并无明确规定,但基于以下考虑,建议最好使用单独的法制审核意见文书:一是行政程序往往是行政争议的焦点,对证据的依赖性较强,需要相关证据予以证明;二是法制审核程序和案件处理的呈批程序有联系,但相对独立,不宜混为一体,合并在一张表中会弱化法制审核的地位;三是呈批表多被认定为内部报批材料,行政处罚案件结案后一般归入副卷而非正卷,而且呈批表中还有其他经办、审批等不宜对外的栏目信息。因此,根据《国务院办公厅关于全面推行行政执法公示制度执法全过程记录制度重大执法决定法制审核制度的指导意见》(国办发〔2018〕118号)和本规章第64条规定的审核内容,单独的文书更具有独立性、包容性和权威性。

---

① 江苏省高级人民法院行政庭课题组.行政处罚法修订后司法、执法如何应对[N].江苏法治报,2021-7-6.

（三）法制审核人员配备

《国务院办公厅关于全面推行行政执法公示制度执法全过程记录制度重大执法决定法制审核制度的指导意见》（国办发〔2018〕118号）提出："配强工作力量，使法制审核人员的配置与形势任务相适应，原则上各级行政执法机关的法制审核人员不少于本单位执法人员总数的5%。"《浙江省人民政府关于贯彻落实〈中华人民共和国行政处罚法〉推进法治政府升级版建设的若干意见》（浙政发〔2022〕17号）规定："探索建立重大行政处罚决定协同审核机制，整合共享有关行政执法机关法制审核力量。"《南通市人大常委会关于全面提高行政机关执法能力和水平的决定》规定："充实法制审核力量，保证行政执法单位至少有1名法制审核人员。"结合本条法制审核范围的要求，作出行政处罚的海关必须首先满足这个基本条件。建议作出行政处罚的海关统筹本关人力资源状况，合理配备资源。

（四）法律顾问与公职律师

《中共中央关于全面深化改革若干重大问题的决定》："普遍建立法律顾问制度。"《中共中央关于全面推进依法治国若干重大问题的决定》："积极推行政府法律顾问制度""各级党政机关和人民团体普遍设立公职律师"。《法治中国建设规划（2020—2025年）》《法治社会建设实施纲要（2020—2025年）》《法治政府建设实施纲要（2021—2025年）》均对发挥法律顾问、公职律师作用作出了部署。

以往海关总署和各直属海关聘请律师事务所作为本单位法律顾问，自2021年开始，总署开始建立内部法律顾问制度，确立内部法律顾问团队成员，他们牵头或者参与法治工作，发挥了应有的作用，作出了有益的探索。在公职律师方面，根据司法部统一部署，海关总署从2002年开始建立海关公职律师队伍，健全公职律师管理制度，已实现总署机关、广东分署和各直属海关全覆盖。针对基层法制审核专业人员数量不足、分布不均等问题，建议探索建立健全本系统内法律顾问、公职律师统筹调配使用机制，明确权利义务与责任，实现法律专业人才资源共享、人尽其才。

案例

某公司与某县市场监督管理局行政处罚案[1]

裁判要点 原告主张案件审核人员甲不具有审核资格。被告辩称，案件审核人员甲非初次从事案件审核工作，在A面包店、B蛋糕店、C食杂店等案件中，均有从事案件审核工作，县人民政府门户网站上均可查询到上述案件。根据《行政处罚法》第38条第3款、《市场监督管理行政处罚程序暂行规定》第46条规定，一审法院认为，本案在行政处罚决定作出之前，已由甲进行审核，且其在一审法院审

---

[1] 福建省泉州市中级人民法院（2020）闽05行终404号。

理的 A 面包店诉被告行政处罚等案件中均已从事案件审核工作，故原告主张的上述程序违法，不予采信。二审法院经审理查明，对一审判决查明的事实，双方当事人均无异议，本院予以确认。

第六十四条 海关对行政处罚案件进行法制审核时，应当重点审核以下内容，并提出审核意见：

（一）执法主体是否合法；
（二）执法人员是否具备执法资格；
（三）执法程序是否合法；
（四）案件事实是否清楚，证据是否合法充分；
（五）适用法律、行政法规、海关规章等依据是否准确；
（六）自由裁量权行使是否适当；
（七）是否超越法定权限；
（八）法律文书是否完备、规范；
（九）违法行为是否依法应当移送其他行政机关或者司法机关处理。

条文对比

本条是关于行政处罚法制审核内容的规定，对应《署令第 159 号》第 57 条第 1 款。

与《署令第 159 号》相比，本条主要变化非常大，在保留《署令第 159 号》规定的事实、证据、程序、适用法律等基础上，增加了执法主体、执法人员、自由裁量权、法定权限、法律文书等要求。

理解与适用

一、相关政策文件

同本规章第六十三条，以及：

《国务院办公厅关于全面推行行政执法公示制度执法全过程记录制度重大执法决定法制审核制度的指导意见》（国办发〔2018〕118 号）："明确审核内容。要严格审核行政执法主体是否合法，行政执法人员是否具备执法资格；行政执法程序是否合法；案件事实是否清楚，证据是否合法充分；适用法律、法规、规章是否准确，裁量基准运用是否适当；执法是否超越执法机关法定权限；行政执法文书是否完备、规范；违法行为是否涉嫌犯罪、需要移送司法机关等。法制审核机构完成审核后，要根据不同情形，提出同意或者存在问题的书面审核意见。行政执法承办机构要对法制审核机构的存在问题的审核意见进行研究，作出相应处理后再次报送法制审核。"

二、主要法律依据

上位法无关于本条的具体规定。

本条根据《国务院办公厅关于全面推行行政执法公示制度执法全过程记录制度重大执法决定法制审核制度的指导意见》（国办发〔2018〕118号）的规定，对《署令第159号》第57条第1款予以修改。

三、法制审核的重点

（一）执法主体是否合法

行政处罚由具有行政处罚权的行政机关在法定职权范围内实施。我国行政机关种类繁多，并非所有的行政机关都具有行政处罚权。[1]

关于行政机关执法主体资格问题，本书解释本规章第8条时在"三、行政处罚实施主体"中已作阐述。对于海关系统而言，行政处罚的执法主体主要是直属海关或者隶属海关，行政处罚过程中的对外法律文书必须以直属海关或者隶属海关名义出具，直属海关的内设部门、隶属海关设立的办事处均不是海关行政处罚执法主体。

（二）执法人员是否具备执法资格

关于海关执法人员资格问题，本书解释本规章第8条时在"四、行政处罚执法人员资格"已作阐述。

在法制审核环节，审核人员应当重点审核行政执法人员是否具有《行政执法资格证书》《海关执法证》。

（三）执法程序是否合法

"从法律学的角度来看，所谓法律程序一般应指按照一定的顺序、方式和手续来作出决定的相互关系。"[2] 行政程序是"法律程序的一种，行政机关行使行政权力、作出行政决定所遵循的方式、步骤、时间和顺序的总和。"[3] 行政程序在现代法治国家一般都以法律形式予以明确，即表现为法定程序。[4] 法定程序是保证执法行为公正、准确、及时进行和保护相对人合法权益不受侵犯的重要条件。[5]

本规章第71条第2款规定，海关作出行政处罚决定，应当做到办案程序合

---

[1] 莫于川，哈书菊. 新《行政处罚法》适用办案手册 [M]. 北京：中国法制出版社，2022:49.
[2] 湛中乐，王珉. 行政程序法的功能及其制度：兼评《行政处罚法》中程序性规定 [J]. 中外法学，1996（6）: 16-22.
[3] 中国社会科学院法学研究所法律辞典编委会. 法律辞典 [M]. 北京：法律出版社，2004: 749.
[4] 肖蔚云，姜明安. 北京大学法学百科全书：宪法学 行政法学 [M]. 北京：北京大学出版社，1999: 534.
[5] 姜明安. 行政诉讼法 [M]. 3版. 北京：北京大学出版社，2016: 280.

法。遵守法定程序是行政机关发现事实真相、实现实体公正的基本方法，也是行政机关的法定义务。海关办理行政处罚案件应当严格遵守程序要求，避免因程序违法而影响处罚决定效力。"不论结果的公正性如何，程序违法行为能产生一种在当事人和社会公众看来'不公正'的主观感觉，因而可能在社会心理学的层面上造成人们对法律程序制度的不满甚至抵制。"[1]

对执法程序的法制审核，建议把握以下方面：一是办案程序适用的是简易程序还是普通程序；二是具体到一个普通程序的案件，要审核包括立案、调查等移送审核之前的程序；三是既要审核对外执法程序，也要审核内部流转程序；四是既要审核义务性程序，又要审核权利性程序。

（四）案件事实是否清楚，证据是否合法充分

本规章第 71 条第 3 款对"违法事实不清、证据不足"的处理作出了规定，并在第 2 款规定："海关作出行政处罚决定，应当做到认定违法事实清楚，定案证据确凿充分"。

1. 行政处罚案件的事实。可从行为、主体、标的等方面认定。

从行为看，一是行为人的行为是否违法；二是违法行为的性质，是走私行为，还是违规行为，还是违反其他规定的行为；三是违法行为是一行为还是多行为，违反一个法律规范还是违反多个法律规范；四是实施违法行为的时间、地点，有无连续或者继续状态；五是有无危害后果、危害后果大小或者多少等；六是当事人有无主观故意；七是当事人是否具有从轻、减轻或者不予处罚情节，是否具有从重情节等。

从主体看，一是违法行为的当事人是单位还是个人；二是当事人是一个主体还是多个主体；三是当事人是否属于聋、哑人，外国人，无国籍人，未成年人，精神病人，智力残疾人等；四是当事人有没有其他身份。

从标的看，是货物、物品还是运输工具。以货物为例，包括涉案货物名称、数量、价值，是否影响税款征收、许可证件、出口退税、检验检疫等管理，违法货物是否在扣，是否收取担保等。

2. 证据方面。海关行政处罚对证据的要求是合法充分。首先"合法"，即具有合法性，以暴力、威胁、引诱、欺骗以及其他非法手段取得的证据，不得作为认定案件事实的根据。其次"充分"，证据具有真实性、关联性，具有证明力，多份证据的证明对象具有同一性，且证据之间相互印证，从而能准确认定案件事实。

（五）适用法律、行政法规、海关规章等依据是否准确

根据《行政处罚法》第 37 条规定，本规章在第 61 条就海关行政处罚适用的依据作出了规定；第 71 条第 2 款规定，海关作出行政处罚决定，应当做到适用法律

---

[1] 王锡锌. 行政过程中相对人程序性权利研究 [J]. 中国法学，2001（4）：86.

正确。最高人民法院指导案例第 41 号载明，被告在作出《通知》时，仅说明是依据《土地管理法》及省有关规定作出的，但并未引用具体的法律条款，故其作出的具体行政行为没有明确的法律依据，属于适用法律错误。《关于裁判文书引用法律、法规等规范性法律文件的规定》（法释〔2009〕14 号）对裁判文书应当依法引用相关法律、法规等规范性文件、司法解释等作出规定，具有借鉴意义。

在审核依据时，主要是：一要准确，应该适用具体哪一部法律、行政法规还是海关规章，要准确无误，涉及法律冲突时要按照法律冲突解决原则进行处理，不能张冠李戴、自相矛盾；二要全面，应当适用多部依据就同时适用，并根据依据的位阶和内在联系进行有序排列，不能以偏概全、杂乱无章；三要具体，援引的依据要具体列明"条""款""项""目"，不能笼统称有关规定，不能援引具体依据但不列明具体条款项目，不能含糊不清、模棱两可；四要合规，符合管理要求。作为规范指引海关内部执法的文件，一般不能作为对外法律文书的依据。《法治政府建设实施纲要（2021—2025 年）》强调："行政机关内部会议纪要不得作为行政执法依据。"人民法院裁判文书[①]载明，会议纪要作为行政机关通过会议方式就特定事项形成的内部意见或工作安排，通常情况下其效力限于行政机关内部，并不对行政相对人的权利和义务产生直接影响。只有当会议纪要的内容对相关当事人的权利义务作出具体规定且直接对外发生法律效力时，才可认定该会议纪要对当事人的合法权益已产生实际影响，具有可诉性。

（六）自由裁量权行使是否适当

关于行政处罚自由裁量问题，本规章第 62 条已作阐述。

本规章第 71 条第 2 款规定，海关作出行政处罚决定，应当处罚合理适当。根据《行政处罚法》，结合本规章关于可以依法制定行政处罚裁量基准并向社会公布等要求，依据不同行政违法行为的事实、性质、情节、危害程度、实际后果等因素，按照合法、科学、公正、合理的原则，对行政处罚行为种类和幅度进行逐条梳理、分类、细化，纳入行政处罚裁量基准管理，规范行政处罚裁量权行使，增强执法统一性和规范化。

（七）是否超越法定权限

关于海关行政处罚管辖问题，本规章第 10 条、第 11 条等已作阐述，对于调查取证、决定、执行等执法权限，在相关章节和条款中也已作阐述。

按照职权法定原则开展法制审核，一是界定案件管辖职责，坚持刑事优先原则，对涉嫌犯罪的违法行为移送司法机关；应当由其他行政执法机关管辖的，移送其他行政机关。二是明确内部管辖分工，对于属于海关管辖范围的案件，根据职权

---

① 最高人民法院（2021）最高法行申 2404 号。

法定原则确定有管辖权的海关，审核有无管辖争议，是否协商管辖、指定管辖等。三是理清行政处罚过程中的权限、程序，如采取强制措施是否超期、查询存汇款是否经过审批等。

（八）法律文书是否完备、规范

本规章第 74 条、第 75 条分别明确了行政处罚决定书、不予行政处罚决定书应当载明的内容。行政处罚法律文书是行政机关处罚执法活动的记录，是行政处罚行为的载体，也是当事人维护权利的保障。其制作主体是行政机关，内容和形式具有法定性，体例和结构具有固定性，语言具有精确性，同时通过加盖行政机关印章来区分执法主体和责任。

对海关行政处罚法律文书法制审核的内容主要是：首先，法律文书要完备，依法在相关执法环节、执法程序制发相应文书，每份文书都完备无缺；其次，法律文书要规范，不能遗漏应当具备的内容，不能出现不应当出现的内容，也不能用错文书种类，加盖的印章与执法主体要一致，更不能出现错别字、小数点错位等错误；最后，每份文书要及时制发并送达，法律文书要在规定期限内制作完成并送达，不能久拖不做、久拖不送，也不能在当事人未放弃陈述、申辩和要求听证权利的情形下把告知单和处罚决定文书一并送达，影响相对人的权利。

（九）违法行为是否依法应当移送其他行政机关或者司法机关处理

关于案件管辖问题，见本规章第 11 条。

案例

某家具店与某市生态环境局某分局行政处罚案[①]

裁判要点 关于从事行政处罚决定审核的人员资格是否符合《行政处罚法》第 38 条第 3 款规定的问题。该理由系家具店在二审上诉中才提出的。对此二审法院经专门调查并准许由该分局补充举证，证明审核人员甲自 2017 年 2 月至今担任该局法规科科长职务并从事行政处罚审核工作。"法不溯及既往"即新法对其实施前的行为不具有溯及力是一项基本的法律适用的原则和法治的原则。不能用 2018 年 1 月 1 日起实施的《行政处罚法》第 38 条第 3 款来否定之前已经依法从事行政处罚决定审核的人员的审核资格。上诉主张涉案行政行为违反法定程序故而处罚无效不成立。

案例

某餐饮店与某县市场监督管理局行政处罚案[②]

裁判要点 县市场监督管理局对餐饮店作出行政处罚，后向法院申请强制执

[①] 山东省淄博市中级人民法院（2019）鲁 03 行终 85 号。
[②] 贵州省铜仁市中级人民法院（2020）黔 06 行审复 1 号。

行。受理法院认为,"本案申请执行人向本院申请执行其作出的行政处罚决定,但未向本院提供其对被执行人作出的处罚决定经过了本单位领导集体讨论决定的证据,也未提交审核人员资质证明及审核情况,不符合法定程序,损害了被执行人的合法权益。综上所述,申请执行人申请执行的行政处罚决定,不符合法定程序,认定事实不清,处罚结果缺乏事实依据,依法应当不准予执行"。

第六十五条 经审核存在问题的,法制审核人员应当提出处理意见并退回调查部门。

仅存在本规定第六十四条第五项、第六项规定问题的,法制审核人员也可以直接提出处理意见,依照本章第三节、第四节规定作出处理决定。

条文对比

本条是关于行政处罚法制审核人员审核意见的规定,本条第 1 款对应《署令第 159 号》第 57 条第 2 款。

与《署令第 159 号》相比,主要变化:一是将《署令第 159 号》第 57 条第 2 款应当退回补充调查的情形"有关案件违法事实不清、证据不充分或者调查程序违法的,"修改为"经审核存在问题的,"作为本条第 1 款,同时增加第 2 款明确排除情形;二是将《署令第 159 号》中的"退回补充调查"修改为"退回调查部门";三是原退回无主体,本条增加"法制审核人员",同时在"退回调查部门"之前增加"提出处理意见并"。

理解与适用

一、相关政策文件

同本规章第六十三条,以及:

《国务院办公厅关于全面推行行政执法公示制度执法全过程记录制度重大执法决定法制审核制度的指导意见》(国办发〔2018〕118 号):"法制审核机构完成审核后,要根据不同情形,提出同意或者存在问题的书面审核意见。行政执法承办机构要对法制审核机构提出的存在问题的审核意见进行研究,作出相应处理后再次报送法制审核。"

二、主要法律依据

上位法无关于本条的具体规定。

本条根据《国务院办公厅关于全面推行行政执法公示制度执法全过程记录制度重大执法决定法制审核制度的指导意见》(国办发〔2018〕118 号)作出规定。

三、本条应当注意的问题

（一）退回调查部门的情形

经法制审核，对存在问题的行政处罚案件退回调查部门进行补充调查取证，是为了保证行政处罚案件质量的需要，也是调查与审理相分离原则的体现，有助于督促调查部门执法人员从法制审核的角度审视案件事实、证据、程序等事项。如《消防救援机构办理行政案件程序规定》（应急〔2021〕77号）第85条第1款第2项、第3项分别规定："（二）事实不清、证据不足、文书不完备或者需要查清、补充有关事项的，提出工作建议或者意见，退回承办部门或者承办人补充办理；（三）定性不准、处理意见不适当或者严重违反法定程序的，提出处理意见，退回承办部门或者承办人依法处理。"

本规章第64条规定的9种情形并非一律退回调查部门，本条增加第2款的规定："仅存在本规定第六十四条第五项、第六项规定问题的，法制审核人员也可以直接提出处理意见，依照本章第三节、第四节规定作出处理决定。"即，对于仅涉及法律适用和裁量权的变更问题，法制审核可以直接提出处理意见，以提高执法效率，避免办案周期延长、效率降低。

（二）退回调查部门的手续

本规章未明确退回调查部门的手续。建议通过规范性文件或者内部文件作出规定，同时明确交接文书和要求，书面记录双方交接的时间、人员、案卷材料的卷数、页数等，双方经办人签字，1式2份。

（三）法制审核的时限

《行政处罚法》未明确法制审核的时限。实践中，一般留给行政机关通过规章或规范性文件确定。确定法制审核时限具有必要性，建议结合办案期限，通过规范性文件或者内部制度予以明确。同时，对于退回补充调查的案件，应当自案件再次移交审核之日起重新计算审核期限。

> 案例

某公司与某市人力资源和社会保障局行政处罚案[1]

裁判要点 一审法院认为，根据《行政处罚法》第38条规定，初次参与审核的人员需要具备法律职业资格从业证。本案中，原告诉称该案中的审核人员均未通过国家统一法律职业资格，其送达人员和送达回执人员签名不一致，其行为违反法律规定。一审法院认为，审核审批程序系行政机关内部管理程序，并不对外，对原告的权力义务并不产生实质影响，关于审核人员是否初次审核，送达人员和送达回

---

[1] 河南省郑州市中级人民法院（2020）豫01行终49号。

执人员签名是否一致问题，原告并未出示有效证据予以证明，本院不予支持。二审法院认为一审判决认定事实清楚，适用法律、法规正确。

第三节　告知、复核和听证

第六十六条　海关在作出行政处罚决定或者不予行政处罚决定前，应当告知当事人拟作出的行政处罚或者不予行政处罚内容及事实、理由、依据，并且告知当事人依法享有的陈述、申辩、要求听证等权利。

海关未依照前款规定履行告知义务，或者拒绝听取当事人的陈述、申辩，不得作出行政处罚决定或者不予行政处罚决定。

在履行告知义务时，海关应当制发行政处罚告知单或者不予行政处罚告知单，送达当事人。

条文对比

本条是关于行政处罚告知的规定，对应《署令第159号》第60条。

与《署令第159号》相比，主要变化：一是未保留《署令第159号》第60条第2款关于告知听证权利的情形（调整到本规章第82条），增加禁止性要求，作为本条第2款；二是本条第1款中除"行政处罚决定"情形又增加"不予行政处罚决定"情形，告知的权利中增加"陈述、申辩、要求听证等"，"事实、理由、依据"之前增加"内容及"，并在"作出"之前增加"拟"，同时调整"的"的位置；三是在"制发行政处罚告知单"之后增加"或者不予行政处罚告知单"。

理解与适用

一、相关政策文件

同本规章第三十七条，以及：

《国务院关于印发全面推进依法行政实施纲要的通知》（国发〔2004〕10号）："行政机关作出对行政管理相对人、利害关系人不利的行政决定之前，应当告知行政管理相对人、利害关系人，并给予其陈述和申辩的机会。""对重大事项，行政管理相对人、利害关系人依法要求听证的，行政机关应当组织听证。"

二、主要法律依据

《行政处罚法》第7条第1款："公民、法人或者其他组织对行政机关所给予的行政处罚，享有陈述权、申辩权。"第44条："行政机关在作出行政处罚决定之前，应当告知当事人拟作出的行政处罚内容及事实、理由、依据，并告知当事人依法享有的陈述、申辩、要求听证等权利。"第 62 条："行政机关及其执法人员在作出行政处罚决定之前，未依照本法第四十四条、第四十五条的规定向当事人告知拟作出的行政处罚内容及事实、理由、依据，或者拒绝听取当事人的陈述、申辩，不得作出行政处罚决定；当事人明确放弃陈述或者申辩权利的除外。"

根据《行政处罚法》规定，本条增加第 2 款，在第 1 款增加了"不予行政处罚决定"，第 3 款增加"不予行政处罚告知单"，并作其他调整。

三、海关行政处罚告知的事项

行政处罚的告知是行政处罚公开、公正原则的具体体现，也是当事人权利保护的有效举措。无论是普通程序还是简易程序，行政机关都有告知的法定义务。"告知是一项重要程序制度。告知程序是行政处罚的必经程序，对行政机关而言，是一项法定义务，必须履行；对当事人而言，是对其知情权的保护。"[1]"事先告知使得当事人能够了解行政主体对其作出的不利决定及依据，找到反驳的对象，当事人得以有针对性地发表陈述和申辩意见。"[2]

海关行政处罚告知的事项主要是：

（一）案件本身有关事项

1. 事实。有观点认为，案件事实要素可以简称为"七何"（英文中称七个"W"），即何事（What matter）、何时（When）、何地（Where）、何情（How）、何故（Why）、何物（What thing）、何人（Who）。[3] 行政处罚认定的事实是一种法律事实，这种法律事实不等同于客观事实。作为定案根据的事实，必须建立在证据调查和认定的基础上，结果是肯定或否定某一特定事实。[4] 本书在解释本规章第 64 条第 4 项时已对"事实"进行了分析。

2. 理由。王名扬先生认为，行政裁决作出的决定，不仅要对案件中所争论的事实问题作出裁决，而且要对法律的、政策的、自由裁量权的争论，作出结论，说明理由。不能仅仅重述法律的规定，而没有任何解释。[5] 行政决定必须说明理由，已成为现代法治国家公认的一项原则。[6]"所谓说明理由，是指行政机关在作出某种（不利于相对人的）行政行为时应当说明其理由，而且其理由应当记录在决定

---

[1] 许安标. 中华人民共和国行政处罚法释义 [M]. 北京：中国民主法制出版社，2021：44 页、第 129.
[2] 宋华琳，郑琛. 行政法上听取陈述和申辩程序的制度建构 [J]. 地方立法研究，2021，6（3）：52-68.
[3] 何家弘，刘品新. 证据法学 [M]. 北京：法律出版社，2022：243.
[4] 高鸿，殷勤. 论明显不当标准对行政裁量权的控制 [J]. 人民司法（应用），2017（19）107-112.
[5] 王名扬. 美国行政法：上 [M]. 北京：北京大学出版社，2016：386.
[6] 王青斌. 行政法中的没收违法所得 [J]. 法学评论，2019，37（6）：160-170.

书上，以告知相对人。"[1] 关于说明理由包括的内容，有的认为包括事实认定与证据采信、法律依据的适用和自由裁量三个方面。[2] 有的认为既包括行政行为合法性理由，也包括行政行为合理性理由。[3]《湖南省行政程序规定》第 78 条、《山东省行政程序规定》第 86 条、《宁夏回族自治区行政程序规定》第 47 条等均规定：行政执法决定文书应当说明决定的理由，说明理由包括证据采信理由、依据选择理由和决定裁量理由。人民法院裁判文书[4] 载明："不说明裁量过程和没有充分说明理由的决定，既不能说服行政相对人，也难以有效控制行政裁量权，还会给嗣后司法审查带来障碍。"

有观点认为，将理由区别于事实和法律，有助于突出理由的独立价值，并且明确显示出说明理由的应有内容。[5] 意味着三者有不同的功能和作用。理由是事实和处罚依据之间的桥梁，是违法事实与法律依据一一对应的说理过程。[6]

3. 依据。即适用的法律规范。本书在解释本规章第 64 条第 5 项时已对"适用法律、行政法规、海关规章等依据"进行了分析。

4. 拟作出的行政处罚或者不予行政处罚内容。拟作出行政处罚，应当告知拟处罚的种类，要明确且具体，避免笼统模糊。拟罚款或者没收违法所得的，应当明确具体数额；拟没收货物的，应当有具体名称和数量等。

（二）当事人权利

当事人在行政处罚过程中，应当享有的权利可以分为程序性权利与救济性权利。当事人被告知的权利，从法律规定的行政处罚程序来看，它贯穿于行政处罚的全过程。这是保障当事人的合法权益所必须的。[7] 根据《行政处罚法》规定，申请回避、要求出示执法证件、陈述、申辩和要求听证、申请行政复议、提起行政诉讼、提出国家赔偿要求等等，都是当事人的权利，但在行政处罚告知环节，当事人的权利主要是陈述、申辩和要求听证。《最高人民法院关于适用〈中华人民共和国行政诉讼法〉的解释》（法释〔2018〕1 号）第 96 条规定：有下列情形之一，且对原告依法享有的听证、陈述、申辩等重要程序性权利不产生实质损害的，属于行政诉讼法第七十四条第一款第二项规定的"程序轻微违法"，这也印证了陈述、申辩和听证权利为"重要程序性权利"。

---

[1] 【日】盐野宏. 行政法总论 [M]. 杨建顺，译. 北京：北京大学出版社，2008：178-179.
[2] 李洪雷，中华人民共和国行政处罚法评注 [M]. 北京：中国法制出版社，2021：448.
[3] 袁钢. 行政执法文书中的瑕疵问题研究：基于 468 份律师行政处罚决定书的分析 [J]. 行政法学研究，2022（1）：77-91.
[4] 最高人民法院（2018）最高法行再 6 号。
[5] 王贵松. 论行政裁量理由的说明 [J]. 现代法学，2016，38（5）：37-48.
[6] 冯健. 论证券行政违法行为的成立要件 [J]. 行政法学研究，2021（1）：167-176.
[7] 江必新主编：《行政处罚法条文精释与实例精解》，人民法院出版社 2021 年版，第 258 页

1. 陈述、申辩的权利。奥地利《行政程序法》第 37 条规定:"调查程序的目的在于认真处理行政案件所需要的事实,并且给当事人提供主张其权利或者法律利益的机会。"

"陈述"是指当事人有条有理地说出自己的认知。[①] "申辩"是指当事人对受人指责的事情申述理由加以辩解。[②] 从行政处罚的意义上理解,"陈述,是指当事人为自己的行为进行客观描述和说明。申辩,是指当事人为自己的行为申述理由和辩解。"[③] "陈述,主要是陈述事实和理由,自己的主张和证据;申辩,主要是解释、辩解,反驳对自己不利的意见和证据。"[④]

2. 要求听证的权利。根据《行政处罚法》第 62 条的规定,海关拟作出行政处罚决定,符合本规章第 82 条规定情形的,应当告知当事人有要求听证的权利。

(三)陈述、申辩和要求听证的形式、期限以及逾期不提出的法律效果

一般在文书中载明"收到本告知单之日起五日内""以书面形式""逾期未提出的,视为放弃陈述、申辩和要求听证的权利"。

(四)其他必要的事项

其他必要的事项。但不包括申请行政复议或者提起行政诉讼的权利,这些权利要在行政处罚决定书或者不予行政处罚决定书中载明。

四、本条应当注意的问题

(一)无论是行政处罚还是不予行政处罚均需告知

司法实践中,人民法院裁判文书[⑤] 载明:"被告认为被诉处罚决定不属行政处罚范畴,无需给原告陈述与申辩的权利,与法相悖,违反法定程序。"

本条增加不予行政处罚的告知义务,无论作出行政处罚决定还是作出不予行政处罚决定,海关都要履行告知义务。实践中不予行政处罚也会对当事人的权利义务造成影响,应当告知并赋予其陈述、申辩的权利。而且虽然海关作出不予行政处罚决定,但有的案件当事人并不认同海关认定的事实、理由和依据,也需要通过告知程序让当事人能够充分表达自己的意见和主张,从而体现海关执法的公正性和程序的严谨性。

(二)告知的形式和载体

有观点认为,事先告知应以书面方式为原则,包括信函、电报、电传、传真、

---

① 中国社会科学院语言研究所词典编辑室.现代汉语词典[M].北京:商务印书馆,1978:132.
② 中国社会科学院语言研究所词典编辑室.现代汉语词典[M].北京:商务印书馆,1978:1006.
③ 许安标.中华人民共和国行政处罚法释义[M].北京:中国民主法制出版社,2021:44.
④ 许安标.中华人民共和国行政处罚法释义[M].北京:中国民主法制出版社,2021:131.
⑤ 上海市虹口区人民法院(2015)虹行初字第 171 号。

电子数据交换和电子邮件等形式。也可以口头方式告知，为了确保告知内容的明确性以及避免争议，需做成记录并由当事人签字确认，或录音录像。[1]

从形式看，告知有书面形式，有口头形式，如《湖南省行政程序规定》第62条第2款、《江苏省行政程序规定》第46条第2款规定：行政执法的告知应当采用书面形式。情况紧急时，可以采用口头等其他方式。但法律、法规、规章规定必须采取书面形式告知的除外。海关行政处罚实践中一般以书面形式告知。

从载体看，《公安机关办理行政案件程序规定》第167条第2款规定的是书面形式或者笔录形式。有的规定为处罚告知书，如《浙江省司法行政机关行政处罚听证程序规则》（浙司〔2021〕103号）规定，告知当事人听证权利，须填写《司法行政机关行政处罚案件当事人听证权利告知书》。本规章规定海关告知的载体是告知单。文书名称并不重要，关键是文书内容要素是否齐全，当事人权利是否清楚。根据是否拟作出处罚可以分为行政处罚告知单、不予行政处罚告知单。

（三）符合听证条件的案件中陈述、申辩权的告知

无论听取陈述和申辩程序抑或听证程序，都是为了保障当事人听取意见权利的程序设计。二者均旨在保护当事人的权利和利益，都是听取意见程序的表现形式，而且启动听证程序，实际上是以较高程度的程序保障取代较低程度的程序保障。考察我国司法实践，行政主体既应告知当事人享有要求听证的权利，也有义务告知当事人享有陈述和申辩权。[2] 在一起行政处罚案件中，人民法院认为，根据《行政处罚法》的规定，事先告知程序和听证程序是互相独立的两项程序，应当分别进行。被告无法提供相应的法律依据证明其可以将事先告知程序和听证程序两项独立的法定程序合并进行，应认定为程序违法。[3] 对此，有观点认为，适用听证程序的案件，陈述、申辩权利与听证权利可以一并告知。而且，从效率原则，也不应当分别告知。[4] 作者赞同该观点。海关在长期的行政处罚实践中，根据是否属于听证范围，分为陈述、申辩的告知单和听证告知单，听证告知单中听证权利之前是陈述、申辩权利。

（四）简易程序是否告知陈述、申辩权

行政过程中的简易程序不构成适用听取陈述和申辩程序的例外事由。简易程序只是程序形式的简化，仍需捍卫"最低限度的程序公正"，不能以此为由剥夺当事

---

[1] 宋华琳，郑琛.行政法上听取陈述和申辩程序的制度建构[J].地方立法研究，2021，6（3）：62-68.
[2] 宋华琳，郑琛.行政法上听取陈述和申辩程序的制度建构[J].地方立法研究，2021，6（3）：62-68.
[3] 上海市浦东新区人民法院（2011）浦行初字第293号.
[4] 姚爱国.行政处罚法的修订解读与适用指引[M].长春：吉林大学出版社，2021：391.

人陈述和申辩权。[1]山东省司法厅印发的《新修订行政处罚法贯彻实施工作指引》规定，实施行政处罚，即使是简易程序，行政机关也应当依法履行告知程序。海关在适用简易程序办理行政处罚案件时应当告知当事人事实、依据和理由，以及当事人陈述、申辩的权利，可以以口头方式告知，并做好文字记录或者音像记录。

案例

甲与某区交通运输局行政处罚案[2]

裁判要点 再审申请人在收到《行政处罚事前告知书》当日曾到区交通运输局进行陈述与申辩，该局工作人员以工作繁忙为由未安排。后申请人多次电话联系该局工作人员欲进行陈述与申辩未果。区交通运输局对申请人作出处罚决定前未听取申请人的陈述与申辩即作出处罚决定，违反了《行政处罚法》的相关规定，其作出的处罚决定程序违法。

第六十七条 当事人有权进行陈述和申辩。

除因不可抗力或者海关认可的其他正当理由外，当事人应当在收到行政处罚或者不予行政处罚告知单之日起五个工作日内提出书面陈述、申辩和要求听证。逾期视为放弃陈述、申辩和要求听证的权利。

当事人当场口头提出陈述、申辩或者要求听证的，海关应当制作书面记录，并且由当事人签字或者盖章确认。

当事人明确放弃陈述、申辩和听证权利的，海关可以直接作出行政处罚或者不予行政处罚决定。当事人放弃陈述、申辩和听证权利应当有书面记载，并且由当事人或者其代理人签字或者盖章确认。

条文对比

本条是关于行政处罚当事人权利行使与放弃的规定，对应《署令第 159 号》第 61 条。

与《署令第 159 号》相比，主要变化：一是增加"当事人有权进行陈述和申辩。"作为本条第 1 款，《署令第 159 号》第 61 条第 1 款、第 2 款、第 3 款依次为本条的第 2 款、第 3 款、第 4 款；二是本条第 2 款在"告知单"之前增加"或者不予行政处罚"，将"3"修改为"五"，"的"修改为"之日起"，"听证申请"修改为"要求听证"；三是第 3 款"申辩"之后增加"或者要求听证"；四是第 4 款第一个"放弃"之前增加"明确"，"作出行政处罚"之后增加"或者不予行政处罚决定"。

---

[1] 宋华琳，郑琛.行政法上听取陈述和申辩程序的制度建构[J].地方立法研究，2021，6（3）：62-68.
[2] 湖南省高级人民法院（2020）湘行再 8 号。

《中华人民共和国海关办理行政处罚案件程序规定》
理解与适用

理解与适用

一、相关政策文件

同本规章第六十六条。

二、主要法律依据

《行政处罚法》第7条第1款:"公民、法人或者其他组织对行政机关所给予的行政处罚,享有陈述权、申辩权。"第45条第1款:"当事人有权进行陈述和申辩。"第62条:"行政机关及其执法人员在作出行政处罚决定之前,未依照本法第四十四条、第四十五条的规定向当事人告知拟作出的行政处罚内容及事实、理由、依据,或者拒绝听取当事人的陈述、申辩,不得作出行政处罚决定。"第64条第1项:"当事人要求听证的,应当在行政机关告知后五日内提出。"

三、当事人有权进行陈述和申辩

有观点认为,听取相对人意见是行政参与原则的核心要求,也是行政相对人参与权的具体体现。[1]

"当事人有权进行陈述和申辩",是指当事人对行政机关拟给予的行政处罚所认定的违法事实及证据、适用的法律以及行政机关实施行政处罚的主体资格和程序均可以提出反驳或质疑意见,陈述自己对事实认定以及法律适用的看法、意见,同时也可以提出自己的主张及事实、理由和证据。[2]

听取当事人的陈述和申辩的理由有:第一,听取当事人的辩解,能够帮助行政机关全面弄清案情,正确处罚;第二,听取当事人的辩解,也是当事人维护自身合法权益的表现;第三,听取当事人的辩解,有助于积极吸纳相对人参与行政,形成行政机关与相对人之间的互动合作关系,能够充分体现良好行政的要求。[3]听取陈述和申辩制度的主要价值在于保证行政决定的正确性,保护相对人的权益,尊重相对人的人格尊严。[4]

关于要求听证的期限,新《行政处罚法》第64条第1项将"三日"修改为"五日",更加有利于保护当事人的权利。本条根据《行政处罚法》规定的"五日"对期限也作出了调整。

关于陈述、申辩的期限。1996年《行政处罚法》和新《行政处罚法》均未规

---

[1] 王青斌.行政法中的没收违法所得[J].法学评论,2019,37(6):160-170.
[2] 江必新.行政处罚法条文精释与实例精解.人民法院出版社,2021:263.
[3] 余凌云著.行政法讲义:第三版[M].北京:清华大学出版社,2019:340.
[4] 姜明安.行政执法研究[M].北京:北京大学出版社,2014:200.

定当事人陈述、申辩的期限。《国家环境保护总局关于实施行政处罚时听取陈述申辩时限问题的复函》（环函〔2006〕262号）规定自接到事先告知书之日起7日。《农业行政处罚程序规定》第23条第2款、《浙江省行政程序办法》第52条第2款等规定为"收到告知书之日起3日内"。

海关在办理行政处罚案件实践中，根据原《行政处罚法》关于要求听证的期限为"三日"的规定，在《署令第159号》第61条第1款将上述期限适用于"陈述、申辩"。根据新《行政处罚法》"五日"期限的规定，将陈述、申辩的期限调整为"五个工作日"。

四、不可抗力或者海关认可的其他正当理由

（一）法律规范中的"不可抗力"

我国《民法典》《海关法》等多部法律都有"不可抗力"的规定。不可抗力源于罗马法。何谓不可抗力，各国解释不尽一致，鲜见立法明定其含义者。根据《法学词典》解释，"不可抗力"即"不可抗拒的力量"，指人力所无法抗拒的强制力。《牛津法律大辞典》中关于不可抗力的解释就有四处。[①]《联合国国际货物销售合同公约》、英国《国际金融术语手册》都有其解释或定义。

《民法典》第180条第2款规定："不可抗力是不能预见、不能避免且不能克服的客观情况。"我国行政法领域引入"不可抗力"法律术语，并无另行作出术语解释。如何理解"不可抗力"，除另有规定外，一般适用民事法律规范的规定。《最高人民法院关于审理与低温雨雪冰冻灾害有关的行政案件若干问题座谈会纪要》（法〔2008〕139号），《最高人民法院关于依法妥善审理新冠肺炎民事案件若干问题的指导意见（一）》（法发〔2020〕12号）、《最高人民法院关于依法妥善审理新冠肺炎民事案件若干问题的指导意见（三）》（法发〔2020〕20号）等，都涉及不可抗力规则的适用。《财政部 海关总署 税务总局关于因新冠肺炎疫情不可抗力出口退运货物税收规定的公告》（财政部 海关总署 税务总局公告2020年第41号）把新冠肺炎疫情认定为不可抗力。

（二）海关认可的其他"正当理由"

《海关法》第86条第9项、第12项有"正当理由"的规定，但未明确具体包括哪些情形。

《民事诉讼法》第76条规定4项不能出庭的理由："（一）因健康原因不能出庭的；（二）因路途遥远，交通不便不能出庭的；（三）因自然灾害等不可抗力不能出庭的；（四）其他有正当理由不能出庭的。"《最高人民法院关于适用〈中华人

---

① 沃克．牛津法律大辞典[M]．李双元，等译．北京：法律出版社，2003：13，432，560，1159.

民共和国民法典〉总则编若干问题的解释》（法释〔2022〕6号）第26条规定，由于急病、通讯联络中断、疫情防控等特殊原因，应当认定为民法典第169条规定的紧急情况。《行政诉讼法》第48条规定："公民、法人或者其他组织因不可抗力或者其他不属于其自身的原因耽误起诉期限的，被耽误的时间不计算在起诉期限内。　　公民、法人或者其他组织因前款规定以外的其他特殊情况耽误起诉期限的，在障碍消除后十日内，可以申请延长期限，是否准许由人民法院决定。"所谓"其他特殊情况"，指行政相对人突然发病、受伤、人身自由受到限制、受到威胁等，使相对人不能在法定期限内到法院起诉的各种情况。[1]

根据《民事诉讼法》《行政诉讼法》等规定，参考有关司法解释和文件，因健康原因，因路途遥远、交通不便不能提出书面陈述、申辩和要求听证等可以按正当理由处理。因为疫情防控需要，或者由于网络、信号等原因导致系统不能正常运行、通讯中断等，也可以视为正当理由。

五、本条应当注意的问题

（一）不可抗力或其他正当理由的证明材料

如果当事人以发生不可抗力或者有其他正当理由为由申请延期，建议要求其提供相应的证明材料。

（二）当事人放弃权利的记载与确认

本条第4款规定，当事人有放弃陈述、申辩和听证的权利。当事人放弃陈述、申辩和听证权利应当有书面记载，既可以以当事人说明的方式，也可以使用固定模板的文书，并且由当事人或者其代理人签字或者盖章确认。

（三）当事人明确放弃权利后能否直接作出处罚决定

当事人明确放弃听证权的，行政机关是迳行作出行政处罚，还是必须待5个工作日期限届满后方可作出行政处罚？一种观点主张迳行作出处罚，另一种观点主张法定期限届满后再作出处罚。有观点认为，当事人自愿放弃陈述、申辩权的，行政机关可以不经当事人的陈述、申辩而作出行政处罚决定；[2] 为提高行政效率，促进行政相对人就听证事项进行理性选择，同时促进当事人遵守诚实信用原则，采用第一种观点为宜。但行政机关自愿等法定期限届满后再作出处罚决定的亦应允许。[3] 行政处罚法赋予了当事人依法申请听证的权利，该权利的实施前提是"当事人要求听证"，如当事人明确放弃听证的，该权利即归于消灭，行政机关不受上述规定所

---

[1] 姜明安. 行政诉讼法[M]. 3版. 北京：北京大学出版社，2016：227.
[2] 许安标. 中华人民共和国行政处罚法释义[M]. 北京：中国民主制出版社，2021：132.
[3] 江必新，夏道虎. 中华人民共和国行政处罚法条文解读与法律适用[M]. 北京：中国法制出版社，2021：217.

限。这也符合繁简分流的原则。[1]

当事人放弃陈述、申辩和听证权利且有书面记载的，海关可以直接作出行政处罚决定或者不予行政处罚决定，无须等到 5 个工作日届满。

案例

某运输队与某市交通运输局行政处罚案[2]

裁判要点　二审法院认为，行政相对人明确放弃陈述和申辩，行政机关是否可以在 3 日内下达正式处罚决定，对此，《行政处罚法》没有明确规定。本案中，被上诉人在收到告知后，当场书面签字确认放弃陈述、申辩权，是其在违法事实真实存在的前提下，以最大限度减少损失承担相应法律后果的最佳选择。此时其有权对自己应享有的陈述、申辩作出处置，任何人均无权干涉。被上诉人作出放弃陈述、申辩权的处置决定后，其应遵守诚实信用原则而不能事后反悔，放弃权利的后果就是接受行政处罚，对此被上诉人应当是明知的。二审法院认为，上诉人在被上诉人放弃陈述、申辩权后所作出的涉案处罚决定，事实清楚、程序适当、适用法律正确。

案例

某公司与某区地方税务局行政处罚案[3]

裁判要点　法院认为，被告虽在税务行政处罚事项告知书中写明原告公司有陈述、申辩、要求举行听证的权利，但该公司在同一时间签收税务行政处罚事项告知书、税务行政处罚决定书，说明被告未给予该公司充分行使陈述、申辩及要求举行听证权利的时间。被告违反了《税收征收管理法》第 8 条、《行政处罚法》第 31 条、第 32 条的规定，被诉行政处罚决定无效。

第六十八条　海关必须充分听取当事人的陈述、申辩和听证意见，对当事人提出的事实、理由和证据，应当进行复核；当事人提出的事实、理由、证据或者意见成立的，海关应当采纳。

条文对比

本条是关于意见复核的规定，对应《署令第 159 号》第 62 条。

与《署令第 159 号》相比，主要变化：一是将《署令第 159 号》第 62 条中的"在收到当事人的书面陈述、申辩意见后"修改为"必须充分听取当事人的陈述、申辩和听证意见，对当事人的事实、理由和证据"；二是在《署令第 159 号》第 62 条"证据"之后增加"意见"，并相应调整"或者"的位置。

---

[1] 黄海华. 新《行政处罚法》制度创新的理论解析 [J]. 行政法学研究，2021（6）：3-15.
[2] 山东省临沂市中级人民法院（2016）鲁 13 行终 90 号.
[3] 黑龙江省哈尔滨市香坊区人民法院（2016）黑 0110 行初 20 号.

一、相关政策文件

同本规章第六十六条。

二、主要法律依据

同本规章第六十七条。

三、听取陈述、申辩和听证意见

听取意见制度发源于英美国家，二战后又延续至大陆法系国家。最初主要出现在司法领域，逐步发展到适用于立法以及行政领域，成为现代国家公权力行使的基本程序规则。[①] 听取陈述和申辩制度是与告知紧密相衔接的一项行政程序制度。许多国家行政程序法或其他行政管理法均规定了这一制度。如德国《行政程序法》第58条、日本《行政程序法》第13条[②] 等。

当事人陈述、申辩的内容包括违法事实的存在与否、主观状态、情节轻重、处罚是否适当等，以说明或者证明没有违法事实的存在，或者不应受到某一种类或某种程度的处罚。[③] 当事人意见既可以针对拟处罚内容，也可以针对告知单中载明的事实、理由、依据，例如：全部推翻事实，或者承认部分事实、否认部分事实；不认可载明的依据，主张适用其他依据；不认可载明的理由，主张其他理由；不认可处罚内容，认为应当不予处罚、减轻处罚、从轻处罚，或者不应该适用较重的处罚种类，而应适用较轻的处罚种类等。

当事人提出陈述、申辩意见的同时，可以围绕意见叙述事实，阐明理由，提出证据。

对于属于听证范围的案件，当事人提出的听证意见既可以如同陈述、申辩意见，也可以不提出具体的意见，而是只要求听证，具体的意见在听证程序中提出。

四、本条应当注意的问题

（一）出具复核意见

参考《湖南省行政程序规定》第73条第2款、第3款规定，海关审核人员经复核后，在作下一步的处理时，建议出具复核意见，详细说明是否采纳、采纳全部还是部分及理由，在呈批文书上体现，或者作为随附材料上报，并在行政处罚决定

[①] 李洪雷. 中华人民共和国行政处罚法评注[M]. 北京：中国法制出版社，2021：449.

[②] 姜明安. 行政法[M]. 北京：北京大学出版社，2017：496.

[③] 许安标. 中华人民共和国行政处罚法释义[M]. 北京：中国民主法制出版社，2021：44.

书或者不予行政处罚决定书中载明。

（二）不予采纳是否告知

海关审核人员经复核后，不予采纳当事人的事实、理由、证据和意见的，是否告知，本规章未作要求。从行政效率和执法惯例看，无论采纳还是不采纳都在行政处罚决定书或者不予行政处罚决定书文书上载明，无需单独告知。

（三）当事人能否查阅案卷

当事人收到海关行政处罚告知单或者不予行政处罚告知单后要求查阅案卷，是否准许？本规章没有规定。《证券期货违法行为行政处罚办法》第33条、《山东省行政程序规定》第6条第2款对当事人查阅案卷材料作出了规定。

阅览卷宗具有确保听取陈述和申辩程序发挥实质作用的功能。在当事人向行政主体申请查阅、摘抄、复制卷宗时，行政主体有提供相应服务的义务。[1] 早在2004年，海关总署制定并发布《海关关于当事人查阅行政处罚案件材料的暂行规定》（海关总署公告2004年第1号），为当事人查阅案卷提供了方便和依据，更好地保障了行政处罚案件当事人的合法权益。

> 案例
>
> **某调味品厂与某市人民政府行政决定案**[2]
>
> **裁判要点** 法院认为，市政府作出的4号决定虽有法律上的授权为依据，但以被诉行政行为合法性审查的标准来衡量，一个明显问题是有违正当程序。按照正当程序的基本要求，行政机关作出对行政管理相对人、利害关系人不利的行政决定之前，应当告知并给予其陈述和申辩的机会。4号决定剥夺了调味品厂继续使用涉案土地的权利，对其重大财产权益产生不利影响，市政府既未事前告知调味品厂，亦未给予其陈述和申辩的机会，程序明显不当。虽然市政府相关工作人员在2006年9月22日对调味品厂负责人进行了口头询问并制作了调查笔录，但从该笔录内容看，不足以使该厂在4号决定作出前进行充分的、有针对性的陈述和申辩，显然不能满足正当程序的要求。因此，市政府作出的4号决定事实认定有误、程序明显不当，被诉行政行为构成违法。

第六十九条 海关不得因当事人陈述、申辩、要求听证而给予更重的处罚，但是海关发现新的违法事实的除外。

条文对比

本条是关于不加重行政处罚的规定，对应《署令第159号》第63条。

---

[1] 宋华琳，郑琛. 行政法上听取陈述和申辩程序的制度建构 [J]. 地方立法研究，2021，6（3）：52-68.
[2] 最高人民法院（2014）行提字第21号；最高人民法院行政审判十大典型案例（第一批）之五。

《中华人民共和国海关办理行政处罚案件程序规定》
理解与适用

与《署令第 159 号》相比，主要变化：一是在《署令第 159 号》第 63 条规定"申辩"的基础上增加"陈述、""、要求听证"；二是将"加重"修改为"给予更重的"。

理解与适用

一、相关政策文件

同本规章第六十六条。

二、主要法律依据

《行政处罚法》第 45 条第 2 款规定："行政机关不得因当事人陈述、申辩而给予更重的处罚。"

三、申辩禁止不利变更原则

我国刑事诉讼有上诉不加刑的规定。《行政诉讼法》第 77 条第 2 款规定："人民法院判决变更，不得加重原告的义务或者减损原告的权益。但利害关系人同为原告，且诉讼请求相反的除外。"《全国人民代表大会常务委员会法制工作委员会关于行政复议机关能否加重对申请人处罚问题的答复意见》（法工委复字〔2001〕21号）、《行政复议法实施条例》第 51 条等规定了行政复议不加重。

申辩不加重处罚是指在行政处罚过程中行政主体不得因当事人对被处罚行为提出异议而改变行政处罚和幅度的情形。[①] 本次修订还进一步拓展了不因当事人陈述、申辩而给予更重处罚的规定，增加了"陈述"。[②] 这一条款的立法精神在于保障当事人在处罚程序中的陈述权和申辩权，其功能在于防止行政机关恶意加重处罚，因而可以扩张适用于对行政机关重作行政处罚决定的限制。[③] 申辩不加重处罚要求行政处罚实施主体不能仅因当事人的陈述和申辩，而对当事人做出更为不利的行政行为。如果因为申辩而加重处罚，则必然使当事人心存顾虑，不能正确表达真实想法，甚至放弃陈述、申辩和要求听证，从而丧失主张权利以及与行政机关沟通的机会，申辩制度也就没有存在的意义和必要。

四、本条应当注意的问题

（一）更重的处罚

当事人提出陈述、申辩意见，但行政机关在违法事实、情节、证据、依据等

---

① 关保英. 申辩不加重处罚论析 [J]. 政治与法律，2010（10）：68-78.
② 赵振华. 新修订的《行政处罚法》对行政执法的新要求 [J]. 中国司法，2021（4）：72-76.
③ 刘连泰. 行政处罚中择一重罚规则的体系化阐释 [J]. 法学研究，2022，44（1）：38-51.

不变的情况下，不得给予更重的处罚。"更重的处罚"既包括从重处罚，也包括加重处罚。[1][2] 主要包括：在处罚幅度上，提高了处罚的力度，如提高了罚款的数额；在处罚种类上，改变了原处罚种类，如将警告等申诫罚提高到罚款等财产罚；在保留原处罚种类的基础上，增加了新的处罚种类等。

（二）新的违法事实

不给予更重行政处罚的前提是基于原有的事实和证据。对于在陈述、申辩中发现新的事实的，行政机关可以给予更重的行政处罚。[3] 新的违法事实是指与告知的违法事实不同的事实。新的违法事实可能与原告知单认定的违法事实有关，但是涉案货物范围扩大，引起行政处罚基数上升；也可能是与原告知单认定的违法事实无关，是全新的违法事实。

案例

甲与某市公安局某区公安分局行政处罚案[4]

裁判要点　二审法院认为，"法律规定不得因当事人申辩而加重处罚，就是对当事人申辩进行鼓励的手段"。"无论是行政处罚程序还是行政复议程序，都不得因为当事人进行申辩而加重对其处罚"；"不得因当事人申辩而加重处罚"不适用于行政复议程序，是对法律的误解。

案例

某公司与某市食品药品监督管理局行政处罚案[5]

裁判要点　二审法院认为，虽然被上诉人食药监局在依据上诉人该公司申请举行了听证会后，对案件事实的认定又发生了变化，但是对依据新的认定事实拟作出的行政处罚决定，其再次发送了《行政处罚事先告知书》与《听证告知书》，给予了上诉人公司陈述、申辩以及申请听证的权利和机会，但上诉人公司没有再次依法主张。因此，不能认定被上诉人食药监局是因上诉人公司的陈述、申辩而加重其处罚。

第七十条　经复核后，变更原告知的行政处罚或者不予行政处罚内容及事实、理由、依据的，应当重新制发海关行政处罚告知单或者不予行政处罚告知单，并且依照本规定第六十六条至第六十九条的规定办理。

经复核后，维持原告知的行政处罚或者不予行政处罚内容及事实、理由、依据

---

[1] 莫于川，哈书菊. 新《行政处罚法》适用办案手册[M]. 北京：中国法制出版社，2022：123.
[2] 袁雪石. 中华人民共和国行政处罚法释义[M]. 北京：中国法制出版社，2021：273.
[3] 袁雪石.《行政处罚法》实施中的重点难点问题简析[J]. 中国司法，2022（3）：61-66.
[4]《最高人民法院公报》2006年第10期。
[5] 山东省德州市中级人民法院（2016）鲁14行终85号。

的，依照本章第四节的规定作出处理决定。

`条文对比`

本条是关于重新告知的规定，对应《署令第 159 号》第 64 条。

与《署令第 159 号》相比，主要变化：一是增加复核后维持的情形作为本条第 2 款；二是删除《署令第 159 号》第 64 条"处罚告知"中的"处罚""、处罚幅度"；二是在"事实"之前增加"的行政处罚或者不予行政处罚内容及"；三是在"海关行政处罚告知单"之后增加"或者不予行政处罚告知单"；四是将"依据"修改为"依照"，将"六十""六十三"相应修改为"六十六""六十九"。

`理解与适用`

一、相关政策文件

同本规章第六十六条。

二、主要法律依据

《行政处罚法》第 75 条第 2 款："行政机关实施行政处罚应当接受社会监督。公民、法人或者其他组织对行政机关实施行政处罚的行为，有权申诉或者检举；行政机关应当认真审查，发现有错误的，应当主动改正。"

三、行政处罚告知变更

《行政处罚法》规定行政处罚的"告知""陈述、申辩""听证"等程序，是为了保障当事人合法权益，是行政处罚公正、公开原则的体现，实质上也是赋予海关听取当事人意见并决定是否补正或者完善行政处罚的一次机会。海关对当事人陈述、申辩意见复核后，认为行政处罚告知单或者不予行政处罚告知单赖以存在的事实、理由和依据等基础发生变化，且损害或可能损害当事人的合法权益时，需依法及时改正。

变更事项包括原告知的行政处罚或者不予行政处罚的内容、事实、理由、依据。

变更原告知的行政处罚或者不予行政处罚内容及事实、理由、依据的，一要制发行政处罚告知单或者不予行政处罚告知单；二要重新告知并送达；三要在法律文书中注明"撤销原 XX 号行政处罚告知单或者不予行政处罚告知单"。

四、本条应当注意的问题

（一）重新告知后当事人能否继续陈述、申辩和要求听证

本条规定"依照本规定第六十六条至第六十九条的规定办理"，也就是说，告

知单送达当事人后，当事人可以继续针对新告知单提出陈述、申辩意见；符合听证条件的，当事人可以要求听证。

（二）重新告知的次数有无限制

经重新告知，当事人再次提出陈述、申辩意见，海关经复核，当事人的事实、理由和证据成立的，海关应当采纳。如果采纳第二次的陈述申辩意见，海关再次变更新告知单的内容，变更行政处罚，是否再次告知？本规章并未规定。

当然出现这种情形的可能性较小，但理论上是存在的。如果每次重新告知后，当事人都陈述、申辩，海关经复核采纳新的意见再变更告知内容，虽然陈述、申辩权利得以保障，但将有损行政执法的严肃性，严重影响行政执法的效率。建议海关要求当事人一次性提出全部意见以及事实、理由和证据，并且认真复核当事人的意见以及事实、理由和证据，慎重作出行政决定，避免如此周而复始、循环往复。

（三）降低罚款是否也要告知

按照本条规定，变更原告知的内容及事实、理由、依据应当重新告知。变更原告知的行政处罚或者不予行政处罚的内容，即便是从处罚到不予处罚或者降低罚款，也要告知。有的规章或文件规定，对当事人有利变更或从轻调整处罚的，可以不再告知。[1]这对海关办理行政处罚案件过程中的变更告知有借鉴意义。

案例

甲与某委员会某监管局行政处罚案[2]

裁判要点 法院认为，某监管局作出两次《行政处罚事先告知书》，并未侵害原告所享有的陈述、申辩、要求听证等程序权利，因减轻了对原告拟作出的处罚，故亦未对原告的实体权益产生损害。原告仅因某监管局作出了两次行政处罚事先告知而提出行政程序违法的主张，缺乏法律依据。

案例

某公司与某区食品药品监督管理局行政处罚案[3]

裁判要点 法院认为，案涉行政处罚决定书罚款数额由行政处罚事先告知书确定的 X 万元变更为 X/2 万元，是食药监局听取公司的陈述、申辩之后，经过自由裁量，作出较之前更轻的行政处罚，陈述、申辩权利的意义已经实现，且该处罚决定书中认定的违法事实、采信的证据、处罚的种类和幅度以及法律适用均没有改变，因此食药监局无须再次告知并听取陈述和申辩。

---

[1]《证券期货违法行为行政处罚办法》第 32 条、《浙江省市场监督管理行政处罚程序若干规定（试行）》第 25 条第 2 款等。
[2] 北京市第二中级人民法院（2018）京 02 行终 1755 号。
[3] 山东省济南市槐荫区人民法院（2018）鲁 0104 行初 10 号。

第四节　处理决定

第七十一条　海关负责人应当对行政处罚案件进行审查，根据不同情况，分别作出以下决定：

（一）确有应受行政处罚的违法行为的，根据情节轻重及具体情况，作出行政处罚决定；

（二）符合本规定第五十四条至第五十六条规定的不予行政处罚情形之一的，作出不予行政处罚决定；

（三）符合本规定第五十三条第二项规定的情形的，不予行政处罚，撤销案件；

（四）符合本规定第五十三条第三项、第四项规定的情形之一的，撤销案件；

（五）符合法定收缴条件的，予以收缴；

（六）应当由其他行政机关或者司法机关处理的，移送有关行政机关或者司法机关依法办理。

海关作出行政处罚决定，应当做到认定违法事实清楚，定案证据确凿充分，违法行为定性准确，适用法律正确，办案程序合法，处罚合理适当。

违法事实不清、证据不足的，不得给予行政处罚。

条文对比

本条是关于行政处理决定种类的规定，对应《署令第 159 号》第 66 条。

与《署令第 159 号》第 66 条相比，主要变化：一是增加"违法事实不清、证据不足的，不得给予行政处罚。"作为本条第 3 款；二是将《署令第 159 号》第 66 条第 1 款中的"关长"修改为"负责人"，删除"的"，"审查"之前增加"进行"，将"根据"调整到"不同"之前，"结果"修改为"情况"，"依法"修改为"分别"；三是将《署令第 159 号》第 66 条第 1 款第 1 项"应当给予"中的"当"删除，"给予"修改为"应受"，并调整"违法行为"的位置，删除"其""和危害后果的"，增加"及具体情况"；四是将《署令第 159 号》第 66 条第 1 款第 2 项中的"依法"修改为"符合本规定第五十四条至第五十六条规定的"，在"行政处罚"之后增加"情形之一"；五是将《署令第 159 号》第 66 条第 1 款第 3 项拆分为 2 项作为本条的第 3 项、第 4 项，将原第 3 项中的"有"修改为"符合"，"五十五"修改为"五十三"，"第（二）至（四）项"分别修改为"第二项""第三项、第四项"，在"情形"之前均增加"规定的"，本条第 3 项不保留"之一"，"撤销案件"前增加"不予行政处罚"；六是将《署令第 159 号》第 66 条第 1 款第 4 项中的"海关行政处罚实施条例第六十二条第（三）、（四）、（五）项规定的"修改为"法定"，调整为本条第 5 项；七是将《署令第 159 号》第 66 条第 1 款第 5 项中的"违法行为涉嫌犯罪"修改为"应当由其他行政机关或者司法机关处理"，将"刑事侦查部门"修改为"有关行政机关或者司法机关"，调整为本条第 6 项。

理解与适用

一、相关政策文件

《国务院关于印发全面推进依法行政实施纲要的通知》（国发〔2004〕10号）规定依法行政的基本要求：合法行政、合理行政、程序正当、高效便民、诚实守信、权责统一。

二、主要法律依据

《行政处罚法》第 40 条："违法事实不清、证据不足的，不得给予行政处罚。"第 57 条第 1 款："调查终结，行政机关负责人应当对调查结果进行审查，根据不同情况，分别作出如下决定：（一）确有应受行政处罚的违法行为的，根据情节轻重及具体情况，作出行政处罚决定；（二）违法行为轻微，依法可以不予行政处罚的，不予行政处罚；（三）违法事实不能成立的，不予行政处罚；（四）违法行为涉嫌犯罪的，移送司法机关。"

《海关行政处罚实施条例》第 50 条第 1 款："案件调查终结，海关关长应当对调查结果进行审查，根据不同情况，依法作出决定。"

根据《行政处罚法》第 40 条、第 57 条第 1 款规定，本条对《署令第 159 号》第 66 条予以修改，作出补充规定。

三、海关行政处罚决定的标准

行政处罚决定程序"是一般程序的终结阶段，是一个'求是'的环节，关系到行政机关能否合理行使处罚权，制裁违法，保护公民、法人和其他组织合法权益。"[①]《行政复议法》第 28 条第 1 款、《行政诉讼法》第 69 条、第 70 条等明确了对行政行为的审查标准。本条规定，海关根据不同情况分别作出不同决定。

海关行政处罚决定标准包括以下几点。

（一）认定违法事实清楚

本规章第 64 条对"事实"进行了阐释；本条第 3 款还规定了"违法事实不清"。违法事实，是指公民、法人或者其他组织违反行政管理秩序的行为事实，包括行为主体（责任主体），违法行为发生的时间、地点，违法行为的性质、情节和

---

① 曹康泰. 行政处罚法教程 [M]. 北京：中国法制出版社，2011：145.

社会危害程度等方面的重要事实。[1]"清楚"的意思是清晰、明确、不模糊、不含混。

（二）定案证据确凿充分

确凿充分要求证据无论量上还是质上都满足定案的需要。有观点认为，证据确凿应当包含四个方面的要求：一是证据必须真实；二是证据必须与案件有内在的联系；三是证据必须充分，得出的结论是唯一的；四是证据之间不能有矛盾，如有矛盾，必须得到合理排除。[2]

确凿充分的反义词是"不足"。"不足"则是指行政行为认定的事实不能确定，或者存在合理疑点，无法达到证据确凿的证明标准，无论是行政复议还是行政诉讼，都难以适应审查后维持的标准和要求。本条第3款还规定了"证据不足"，认定证据不足的标准主要包括：第一，证据不具备客观性、关联性和合法性，不能够作为认定案件事实的确实可靠的标准。第二，案件事实中的主要要素，包括主体、时间、地点、行为方式、行为过程以及行为后果等，其中的某一个或某几个要素的事实，没有必要的证据加以证明。第三，据以认定案件事实的全部证据，无法排除矛盾和疑点，不能形成结论。若无法符合上述标准的一项或几项，都属于证据不足。[3]"证据短缺所引发的疑点有两种解决途径：增加证据份量澄清疑点和求助合情推理解释疑点。两者均以获致一个理性的结论为目标，但采取的路径有别。"[4]

（三）违法行为定性准确

从性质上区分，是走私行为、违规行为还是违反其他法律、行政法规的违法行为。定性走私行为的，具体违法方式是伪报还是绕关走私或者其他违法方式；同理，定性为违规的，具体违法方式是申报不实还是未按照规定办理海关手续等等。

（四）适用法律正确

法律适用问题已在解释本规章第61条时作了阐述，要做到适用法律正确，建议注意把握此法与彼法、一法与多法等关系。

（五）办案程序合法

本书在解释本规章第64条时对"执法程序"进行了阐述。在办案程序上要关注两个方面：一方面是海关严格遵守程序要求，如回避、出示执法证件、先调查、后裁决等等；另一方面是当事人权利方面的程序得以保障，如当事人陈述、申辩、听证等程序。

（六）处罚合理适当

处罚幅度主要涉及裁量问题，已在解释本规章时第64条进行了详细阐述，在

---

[1] 江必新.行政处罚法条文精释与实例精解[M].北京：人民法院出版社，2021：244.
[2] 江必新.行政处罚法条文精释与实例精解[M].北京：人民法院出版社，2021：291.
[3] 杨伟东.中华人民共和国行政处罚法理解与适用[M].北京：中国法制出版社，2021：95.
[4] 李昌盛.证据确实充分等于排除合理怀疑吗？[J].国家检察官学院学报，2020，28（2）：101-117.

此不再重复。

四、本条应当注意的问题

（一）海关负责人审查

行政处罚以海关名义作出，无论内部如何分工，最终都要经过负责人审查。立足海关特点，《海关行政处罚实施条例》规定的是"关长"。本规章根据《行政处罚法》的规定调整为负责人。

（二）不予行政处罚是否还包括本规章第 57 条

本规章第 57 条规定："当事人有证据足以证明没有主观过错的，不予行政处罚。法律、行政法规另有规定的，从其规定。"而本条第 1 款第 2 项规定："符合本规定第五十四条至第五十六条规定的不予行政处罚情形之一的，作出不予行政处罚决定。"并未包括本规章第 57 条。根据立法协调一致原则，对于本规章第 57 条规定情形的，建议参照本条第 1 款第 2 项处理。

（三）第 1 款第 3 项"不予行政处罚，撤销案件"的执行

本条第 1 款第 3 项规定"不予行政处罚，撤销案件"，就是对原来的立案做撤销处理，这一点非常清晰，但有一个疑问，即海关是否同时作出不予行政处罚决定？

作者建议同时作出不予行政处罚决定。一是根据前后项的表述来看，都使用"不予行政处罚"，在无特指或者特别说明的情况下，同一法律规范中同一用语一般不应该有不同含义。二是对于已经立案的行政处罚案件，经过调查认定违法事实不能成立，如果仅仅撤销案件且未向被调查人反馈信息，对被调查人而言，始终处于结果不定、惴惴不安的状态，不利于平抚其心绪，也不利于管理秩序恢复。因此，以"违法事实不成立"为由，以不予行政处罚决定书送达，是对被调查人的一次回应，同时也是对被调查人负责任的一种表现。《治安管理处罚法》第 95 条第 2 项规定，治安案件调查结束后，依法不予处罚的，或者违法事实不能成立的，作出不予处罚决定。该法为此种情形的处理提供了先例。

（四）第 2 款行政处罚决定的标准适用范围

本条第 2 款规定的海关行政处罚决定的标准，既适用于作出行政处罚决定的案件，也适用于作出不予行政处罚的案件。

案例

甲与某县公安局行政处罚案[①]

裁判要点 再审法院认为，《行政处罚法》等法律明确规定"违法事实不清的，

---

① 福建省宁德市中级人民法院（2006）宁行再终字第 1 号。

不得给予行政处罚"。人民法院依法审理行政案件，以事实为根据，以法律为准绳，针对具体行政行为的合法性进行审查，对于主要证据不足的具体行政行为，依法应当判决予以撤销。甲两次调查笔录中均陈述不在案发现场，并提供了证人，且两位证人在询问笔录中也反映了甲不在现场，公安局未对上述辩解和证人证言作出合理排除的前提下，仅依照第三人指控陈述和一位证人及其他传来证据认定甲违法并给予处罚，属于事实不清，证据不足。

第七十二条 对情节复杂或者重大违法行为给予行政处罚，应当由海关负责人集体讨论决定。

条文对比

本条是关于行政处罚集体讨论的规定，对应《署令第 159 号》第 67 条。

与《署令第 159 号》相比，主要变化：一是删除《署令第 159 号》第 67 条中的"较重的"；二是将"案件审理委员会"修改为"负责人"。

理解与适用

一、相关政策文件

《法治政府建设实施纲要（2015—2020 年）》："重大行政决策……，由行政首长在集体讨论基础上作出决定。行政首长拟作出的决定与会议组成人员多数人的意见不一致的，应当在会上说明理由。""明确听证、集体讨论决定的适用条件"。

《法治政府建设实施纲要（2021—2025 年）》："各级行政机关负责人要牢固树立依法决策意识，严格遵循法定权限和程序作出决策，确保决策内容符合法律法规规定。"

二、主要法律依据

《行政处罚法》第 57 条第 2 款："对情节复杂或者重大违法行为给予行政处罚，行政机关负责人应当集体讨论决定。"

《海关行政处罚实施条例》第 50 条第 2 款："对情节复杂或者重大违法行为给予较重的行政处罚，应当由海关案件审理委员会集体讨论决定。"

三、负责人集体讨论决定的意义

集体讨论决定是行政处罚合法的重要程序之一，集体讨论决定旨在保证依法实施行政处罚。对于案情复杂的案件或者重大违法行为案件，在作出处罚决定前经过负责人集体讨论决定：一是更加严谨慎重，规范约束自由裁量权，防止决策失误；二是更加集思广益，充分集聚负责人的群体智慧；三是更加客观公允，确保结果公正合理。"集体讨论决定是重大或者复杂行政处罚案件作出程序中的法定环节，具有一定的外部性，对当事人的实体权益具有重要意义。"[1]

四、负责人集体讨论决定的人数

行政机关负责人集体讨论决定，言下之意负责人不止一名。如果仅仅有一名行政机关负责人参加或者组织会议研究行政处罚意见，尽管会有非负责人范围的其他人员参加，但并不符合法律规定的初衷和本意。实践中，只有一名负责人参加的行政处罚案件讨论被认定程序违法。因此，既然称之为"集体讨论"，应该2人以上，至少2人。

从"集体"字面解释看，似乎是指全部负责人。一个行政机关的负责人全部参加讨论，自然符合法律规定。如果法律规定是负责人"全体讨论"，则负责人必须全部参加。但实践中因负责人分工、工作安排等因素，要求所有负责人全部参加并不现实，而且从行政效率和成本考虑也无必要。因此，为避免负责人未全部出席参加讨论引发不必要的争议，行政机关可以通过一定方式对参加集体讨论决定的人数予以明确。

有观点认为，新修订的《行政处罚法》第57条所规定"行政机关负责人"更应当指向行政机关的正职负责人。事实上，将"行政机关负责人"理解为行政机关的正职负责人更助于责任归属。[2] 主要负责人参加负责人集体讨论之后，由行政首长在考虑不同意见的基础上做出最终决定，这是民主集中制的根本体现，与行政首长负责制的基本内涵一致。否则若经过行政机关负责人多数决定而由行政机关首长来承担责任，则是不科学、不合理的。[3] 当然，主要负责人根据分工和工作需要，也可以不参加，而是委托一位负责人牵头或主持集体讨论决定。

实践中有三种决议方式，分别是一致决定制、首长决定制和多数决定制。[4] 集体讨论并不等于集体决定。[5] 如果集体讨论实行多数决定制，在参加人数为2名以上负责人且为双数时，可能会出现意见不一致的情形，即便是3个以上的单数负责人参加，也可能会有3种以上不同的处理意见。如在此情形下无法形成处理意见，或者另行研究，必然造成行政效率降低和行政成本增加。"这里所说的集体讨论，

---

[1] 江苏省高级人民法院行政庭课题组.行政处罚法修订后司法、执法如何应对[N].江苏法治报，2021-7-6.
[2] 徐信贵，张琳.论行政处罚中的"行政机关负责人决定"规范化[J].时代法学，2021，19（5）：25-31.
[3] 李洪雷.中华人民共和国行政处罚法评注[M].北京：中国法制出版社，2021：402.
[4] 焦勇.完善案件集体讨论制度需要重点把握的几个环节[J].中国工商管理研究，2009（5）：41-42.
[5] 关保英.行政决策集体讨论决定质疑[J].求是学刊，2017，44（6）：69-77.

作出决定,并非就如何处罚予以表决。"① 因此,应当准确把握集体讨论决定的内涵并对决定规则予以明确。

五、集体讨论决定的时间节点

有观点认为:"集体讨论程序应当在处罚决定前进行。如果被处罚人在书面告知后提出了有实质意义的陈述申辩意见,或者参加了听证程序,但集体讨论程序在告知程序之前进行的,应当认定违反法定程序,并判决撤销该处罚决定;违法事实客观存在的,还应同时责令行政机关重新调查处理。"② 参考上述观点,如负责人集体讨论决定只限一次的情形下,建议在告知后进行,符合听证程序的在听证后进行。实践中,也有规定告知前后两次集体讨论决定的,如《浙江省市场监督管理行政处罚程序若干规定(试行)》第 33 条规定:"重大、复杂或给予较重处罚的案件在告知当事人拟给予行政处罚决定前,应当经市场监督管理部门负责人集体讨论决定。告知后,当事人未提出陈述、申辩意见或者陈述、申辩依据的事实、理由、证据明显不成立的,再次组织部门负责人集体讨论决定时可以简化程序或形式。"

六、集体讨论决定的载体

行政处罚案件负责人集体讨论的载体以何种形式存在,法律、行政法规并未规定,也无特别要求,多数规章也采取模糊处理,有"记录""书面记录""讨论记录"等不同表述。有观点认为:"行政处罚审批表并非证明集体讨论的合适载体。集体讨论的证明载体应当是该机关正式的会议纪要或者讨论记录等,内容应当包含时间、地点、参加人员、主持人、讨论内容、意见等。司法实践中,单纯提交行政处罚审批表以代替集体讨论记录的,人民法院应不予认可。"③ "行政机关应当在行政诉讼中将集体讨论笔录作为证据依法提交法院审查。为平衡讨论参加人发表意见的充分自由,行政机关可以在向法院提交讨论笔录时,对相应姓名职务信息进行技术处理。"④

海关现有规定并未明确集体讨论的载体。参考上述观点,海关负责人集体讨论一般以集体讨论笔录、会议纪要等载体记录,不宜使用《重大事项集体会审(签)

---

① 全国人大常委会法制工作委员会国家法、行政法室.《中华人民共和国行政处罚法》释义[M]. 北京:法律出版社,1996:112.
② 江苏省高级人民法院行政庭课题组. 行政处罚法修订后司法、执法如何应对[N]. 江苏法治报,2021-7-6.
③ 焦炜华,陈希国. 应经而未经集体讨论的行政处罚决定应予撤销[J]. 人民司法(案例),2016(5):101-103.
④ 江苏省高级人民法院行政庭课题组. 行政处罚法修订后司法、执法如何应对[N]. 江苏法治报,2021-7-6.

表》《行政处罚有关事项审批表》《案件核审表》等书面形式。

> **案例**
>
> **甲与某市人民政府收回国有土地使用权案**[1]
>
> **裁判要点** 法院认为，本案中，市政府提交市国土局《重大事项集体会审（签）表》，拟证明处罚决定作出前已经过集体讨论。但是如前所述，该证据不属于新证据，本院不予确认。而且，行政机关下属职能部门负责人不能等同于行政机关负责人，即使前述证据符合行政诉讼证据规则的要求并在举证期限内依法提交，市国土局的会签讨论情况亦不能作为处罚决定经过市政府负责人集体讨论的相关证据。因此，在案证据不能证明作出处罚决定前，已经机关负责人集体会议讨论通过，违反法定程序。

> **案例**
>
> **某公司与某市文化和旅游局行政处罚案**[2]
>
> **裁判要点** 法院认为，行政机关进行行政处罚应当遵守法定程序，该局于 2020 年 4 月 22 日集体讨论作出决定后，于 5 月 14 日举行听证会，先决定后听证的处罚行为违反了《行政处罚法》有关听证程序的规定，属于违反法定程序构成重大且明显违法，应依法撤销。

第七十三条 海关依法作出行政处罚决定或者不予行政处罚决定的，应当制发行政处罚决定书或者不予行政处罚决定书。

条文对比

本条是关于行政处罚决定文书制发的规定，对应《署令第 159 号》第 68 条。

与《署令第 159 号》相比，本条未修改，无变化。

理解与适用

一、相关政策文件

《国务院关于印发全面推进依法行政实施纲要的通知》（国发〔2004〕10 号）："作出行政决定后，应当告知行政管理相对人依法享有申请行政复议或者提起行政诉讼的权利。""行政机关应当建立有关行政处罚、行政许可、行政强制等行政执法的案卷。"

《国务院办公厅关于全面推行行政执法公示制度执法全过程记录制度重大执法决定法制审核制度的指导意见》（国办发〔2018〕118 号）："要出具行政执法文书，

---

[1] 最高人民法院（2019）最高法行再 22 号。
[2] 安徽省池州市中级人民法院（2020）皖 17 行终 61 号。

主动告知当事人执法事由、执法依据、权利义务等内容。""行政执法机关要通过文字、音像等记录形式,对行政执法的启动、调查取证、审核决定、送达执行等全部过程进行记录。""司法部负责制定统一的行政执法文书基本格式标准,国务院有关部门可以参照该标准,结合本部门执法实际,制定本部门、本系统统一适用的行政执法文书格式文本。"

《法治中国建设规划(2020—2025年)》:"推进统一的行政执法人员资格和证件管理、行政执法文书基本标准、行政执法综合管理监督信息系统建设。"

《法治政府建设实施纲要(2021—2025年)》:"统一行政执法案卷、文书基本标准,提高执法案卷、文书规范化水平。"

《国务院关于进一步贯彻实施〈中华人民共和国行政处罚法〉的通知》(国发〔2021〕26号):"更新行政处罚文书格式文本。"

二、主要法律依据

《行政处罚法》第59条第1款:"行政机关依照本法第五十七条的规定给予行政处罚,应当制作行政处罚决定书……"

《海关行政处罚实施条例》第54条第1款:"海关对当事人违反海关法的行为依法给予行政处罚的,应当制作行政处罚决定书。

三、行政处罚决定书

行政行为以有无法定形式要求为标准,分为要式行政行为与不要式行政行为。"要式行政行为作为必须具备某种书面文字或具有特定意义符合的行政行为,有利于准确地载明行政主体的意思表示,体现行政行为的严肃性、分清责任促进依法行政。"[1]

人民法院裁判文书[2]载明,行政机关行政行为应当以书面形式作出,以口头通知形式作出的行政行为,系行政机关违法行政,但不能以口头通知为由否定存在行政行为。

行政处罚决定书是行政机关负责人审查决定的法律载体,代表着行政机关意思表示正式作出,标志着行政处罚决定的成立,是行政处罚中非常重要的法律形式。[3] 不予行政处罚决定书同样如此。

---

[1] 姜明安.行政法与行政诉讼法[M].北京大学出版社、高等教育出版社2005年版,第181页.
[2] 最高人民法院(2016)最高法行申260号.
[3] 李洪雷.中华人民共和国行政处罚法评注[M].北京:中国法制出版社,2021:415-416.

案例

某公司与某工商行政管理局行政处罚案[①]

裁判要点 法院认为，行政机关在其作出行政处罚决定书上应当载明当事人"违反法律、法规或者规章的事实和证据""行政处罚的种类和依据"以及"当事人不服行政处罚决定，申请行政复议或者提起行政诉讼的途径和期限"等必要内容。本案中，工商局出具的罚款证明，既未告知公司的违法事实，亦未告知适用的法律依据，在此情况下，公司无从判断其行为性质及相应的法律规范。

第七十四条 行政处罚决定书应当载明以下内容：

（一）当事人的基本情况，包括当事人姓名或者名称、地址等；

（二）违反法律、行政法规、海关规章的事实和证据；

（三）行政处罚的种类和依据；

（四）行政处罚的履行方式和期限；

（五）申请行政复议或者提起行政诉讼的途径和期限；

（六）作出行政处罚决定的海关名称和作出决定的日期，并且加盖作出行政处罚决定海关的印章。

条文对比

本条是关于行政处罚决定书内容的规定，对应《署令第 159 号》第 69 条。

与《署令第 159 号》相比，主要变化：一是删除《署令第 159 号》第 69 条第 1 项中的"海关注册编码、报关员海关注册编码、"；二是将第 2 项中"或者"修改为"、"，在"规章"之前增加"海关"；三是删除第 5 项中的"不服行政处罚决定，"。

理解与适用

一、相关政策文件

同本规章第七十三条。

二、主要法律依据

《行政处罚法》第 59 条："行政机关依照本法第五十七条的规定给予行政处罚，应当制作行政处罚决定书。行政处罚决定书应当载明下列事项：（一）当事人的姓名或者名称、地址；（二）违反法律、法规、规章的事实和证据；（三）行政处罚的种类和依据；（四）行政处罚的履行方式和期限；（五）申请行政复议、提起行政诉讼的途径和期限；（六）作出行政处罚决定的行政机关名称和作出决定的日

[①] 最高人民法院（2005）行提字第 1 号；《最高人民法院公报》2006 年第 4 期。

期。……行政处罚决定书必须盖有作出行政处罚决定的行政机关的印章。"

《行政复议法实施条例》第17条:"行政机关作出的行政行为对公民、法人或者其他组织的权利、义务可能产生不利影响的,应当告知其申请行政复议的权利、行政复议机关和行政复议申请期限。"

根据《行政处罚法》第59条,本条对《署令第159号》第69条进行了调整,并将规章限定为"海关规章"。

三、行政处罚决定书应当载明的内容

行政执法决定书的格式化、标准化,起着保护公正和效率原则实现的双重目的。它一方面防止行政机关对同一类行政行为采取不同的文书模式,造成对相对人的歧视和不公正,一方面保证行政机关及时、便捷地解决相类似的行政事务,加速行政管理工作的运转。[①]

行政处罚决定书是针对特定自然人、法人或其他组织作出的行政处罚的书面证明,是行政相对人提起行政复议或行政诉讼的证据。[②]《行政处罚法》明确了处罚决定书应当载明的内容。《国务院法制局关于贯彻执行〈罚款决定与罚款收缴分离实施办法〉有关问题的意见》(国法办函〔97〕182号)第3条规定:"没有载明法定内容的行政处罚决定书,不得使用;使用的,该行政处罚决定书无效。"

本条规定行政处罚决定书的主要内容有以下六个方面。

(一)当事人的基本情况

关于当事人的范围问题,《行政处罚法》在修订过程中,有观点认为,现行处罚法和《修订草案》均将行政处罚的对象称为"公民、法人或者其他组织"。这种称谓不能全面、准确地表述行政处罚的对象和反映行政机关与其管理相对人的行政法律关系。行政处罚的对象既包括公民、法人和其他组织,也包括处在"行政相对人"地位的国家机关、公职人员以及在中华人民共和国领域内有违法行为的外国人、无国籍人、外国组织。[③]

根据《行政处罚法》第2条规定,行政处罚的当事人有公民、法人或者其他组织。第84条规定:"外国人、无国籍人、外国组织在中华人民共和国领域内有违法行为,应当给予行政处罚的,适用本法,法律另有规定的除外。"

(二)违反法律、法规、规章的事实和证据

本书在解释本规章第64条、第66条等条款时已对事实进行了阐述,解释第18

---

① 姜明安. 行政程序研究 [M]. 北京: 北京大学出版社, 2006: 174.
② 杨伟东. 中华人民共和国行政处罚法理解与适用 [M]. 北京: 中国法制出版社, 2021: 184.
③ 姜明安. 精雕细刻, 打造良法: 修改《行政处罚法》的十条建议 [J]. 中国法律评论, 2020 (5): 1-8.

条、第 19 条、第 20 条、第 64 条等条款时已对证据进行了阐述，在此不再重复。

（三）行政处罚的种类和依据

《行政处罚法》第 9 条规定了行政处罚的种类。但海关行政处罚不是直接依据该条作出处罚，而是根据海关法律规范规定的处罚种类作出处罚。关于依据的分析见本规章第 61 条、第 64 条等。

（四）行政处罚的履行方式和期限

本项内容并不必然属于行政处罚决定必须载明的内容，需要根据具体行政处罚案件和作出的行政处罚种类确定，如对当事人作出警告、通报批评的行政处罚，显然无需当事人在一定期限内履行。因此，如果行政处罚并无当事人需要履行的义务，则无需增加该内容。

《罚款决定与罚款收缴分离实施办法》第 7 条第 1 款规定："行政机关作出罚款决定的行政处罚决定书应当载明代收机构的名称、地址和当事人应当缴纳罚款的数额、期限等，并明确对当事人逾期缴纳罚款是否加处罚款。"如果是罚款，要明确在当事人收到行政处罚决定书后的多长期限内向什么地方的什么银行缴纳罚款，或者以其他什么方式履行缴纳罚款义务。

（五）申请行政复议或者提起行政诉讼的途径和期限

1. 申请行政复议。根据《行政复议法》第 9 条第 1 款、第 12 条第 2 款等规定，载明当事人申请行政复议期限和复议机关。

2. 提起行政诉讼。根据《行政诉讼法》第 46 条、《最高人民法院关于适用〈中华人民共和国行政诉讼法〉的解释》（法释〔2018〕1 号）第 64 条第 1 款等规定，载明提起行政诉讼的期限和受理法院。关于受理法院，《行政诉讼法》第 15 条第 2 项规定："中级人民法院管辖下列第一审行政案件：（二）海关处理的案件。"1989 年，全国人大常委会时任副委员长王汉斌在其所作的《关于〈中华人民共和国行政诉讼法（草案）〉的说明》中指出，该项规定的立法理由是海关处理的案件"专业性较强"。2002 年 1 月，最高人民法院审判委员会通过《最高人民法院关于海关行政处罚案件诉讼管辖问题的解释》（法释〔2002〕4 号）。有解读认为，之所以规定由中级人民法院管辖，是考虑到从海关的设置上看，分关多数设在大中城市，因此，把海关处理的案件，规定由中级人民法院管辖，符合方便当事人进行诉讼、便利人民法院审理的原则。[1] 也有观点认为，基于公正司法和保障行政相对人合法权益的要求，由能够胜任此类案件审理的中级人民法院受理本案，合乎法律原则和诉讼法理。[2] 党的十八大以来，人民法院全面深化司法改革，包括开展行政案件相对

---

[1] 江必新，邵长茂. 新行政诉讼法修改条文理解与适用 [M]. 北京：中国法制出版社，2015：65.
[2] 董皞. 涉境外行政诉讼第一案——台湾"光大二号"行政处罚案点评 [J]. 中国法律评论，2019（2）.

集中管辖、推进设立跨行政区划法院试点等工作，探索建立普通案件在行政区划法院审理、特殊案件在跨行政区划法院审理的新型诉讼格局等。2013年1月，最高人民法院印发《最高人民法院关于开展行政案件相对集中管辖试点工作的通知》（法〔2013〕3号）。2014年10月，最高人民法院下发《关于开展铁路法院管辖改革工作的通知》。2015年6月，《最高人民法院关于人民法院跨行政区域集中管辖行政案件的指导意见》（法发〔2015〕8号）印发。[①] 人民法院司法改革对行政诉讼案件管辖带来了影响，部分海关行政处罚案件的一审受理法院有了变化。《最高人民法院关于第一审知识产权民事、行政案件管辖的若干规定》（法释〔2022〕13号）第2条第2款规定："本规定第一条及本条第一款规定之外的第一审知识产权案件诉讼标的额在最高人民法院确定的数额以上的，以及涉及国务院部门、县级以上地方人民政府或者海关行政行为的，由中级人民法院管辖。"

（六）作出行政处罚决定的行政机关名称和作出决定的日期

作出行政处罚决定的行政机关名称和行政处罚的实施主体是同一个，一般是某一直属海关或者隶属海关。

作出决定的日期一般是行政处罚决定的成文日期。

四、行政机关印章

《行政处罚法》第59条第2款规定："行政处罚决定书必须盖有作出行政处罚决定的行政机关的印章。""行政处罚决定书上的印章表明实施处罚的行政机关，同时也是行政处罚决定最终形成的标志。没有行政机关的印章，就不能认定行政处罚成立。"[②]

《国务院关于国家行政机关和企业事业单位社会团体印章管理的规定》（国发〔1999〕25号）对公章管理作出了规定。实践中，一般把"正式印章"称为"公章"。行政机关的"专用印章"虽然不是"正式印章"，但"专用印章"和"正式印章"都是文件的调整对象，都属于"行政机关印章"。有观点认为，由于行政强制法等法律只是要求加盖"行政机关印章"而不是"正式印章"，而"行政机关印章"是包括"专用印章"的，因此，加盖"专用印章"符合上述法律和国务院文件规定。[③④] 但也有观点认为，专用印章使用的事项和程序仍然有待于法律明确的规定。[⑤]

本条也规定使用"海关印章"，并未明确是行政印章还是专用章。由于行政处

[①] 最高人民法院行政庭.行政诉讼跨区划管辖改革实践与探索[M].北京：人民法院出版社，2018：9-16.
[②] 曹康泰.行政处罚法教程[M].北京：中国法制出版社，2011：146.
[③] 叶新火."行政机关负责人"和"行政机关的印章"的认定[N].中国自然资源报，2019-08-12（7）.
[④] 叶新火.对行政强制法中行政机关负责人和印章的探讨[N].人民法院报，2019-07-25（6）.
[⑤] 何海波.内部行政程序的法律规制（上）[J].交大法学，2012（1）：127-139.

罚决定书是行政机关意思表示的重要体现，直接设定当事人权利义务或者对相对人权利义务直接产生影响、对外发生法律效果，其重要性非同寻常，因此，对于行政处罚决定书、海关扣留走私犯罪嫌疑人决定书等重要法律文书，应当加盖海关行政印章，以体现行政处罚的严肃性、严谨性和权威性。

考虑到使用行政印章的审批手续相对繁琐，而行政处罚案件有的法律文书是阶段性、通知类文书，如果一律加盖行政印章不便于操作和执法效率，借鉴《关于国务院行政复议案件处理程序若干问题的通知》（国办发〔2001〕38号）第3条、《最高人民法院关于政府办公厅（室）能否作为政府信息公开行政争议的行政复议被申请人和行政诉讼被告问题的请示的答复》（〔2015〕行他字第32号）、《海洋局关于印发〈国家海洋局海洋行政处罚专用章使用管理办法〉的通知》（国海法字〔2010〕110号）等规定，可以刻印"行政处罚专用章"，在《行政处罚告知单》《不予行政处罚告知单》等文书上加盖；刻印"行政处罚听证专用章"，在《听证通知书》等听证程序中的法律文书上加盖，以简化用印审批手续，提高执法效率。同时，根据《国务院办公厅关于深化商事制度改革进一步为企业松绑减负激发企业活力的通知》（国办发〔2020〕29号）等要求，并参考《公安机关办理行政案件程序规定》第263条第3款等规定，借鉴有的地方也在推行电子行政处罚决定书、加盖电子印章等做法，可以探索使用电子印章制发海关行政处罚电子法律文书。

案例

某保健院与某市工商行政管理局行政处罚案[1]

裁判要点 二审法院认为，工商局作出的处罚决定中没有具体载明据以认定保健院违法行为存在的证据名称，使其处罚决定书的内容不完备，是行政行为的轻微瑕疵。工商局的这一行政瑕疵没有达到侵害行政管理相对人合法权益的程度，不影响其处罚决定的有效成立，因此不能认定工商局的行政行为程序违法。

案例

甲与某市公安局交通警察支队一大队行政处罚案[2]

裁判要点 简易程序处罚决定书没有交通警察盖章或签名，也没有加盖单位公章。二审法院认为，行政行为必须符合法定的形式要件。行政主体以自己的名义发出的法律文书，必须加盖印章，否则，属于形式要件欠缺的行政行为，对外不具有法律效力，不具有法律效力的行政行为不可诉。

第七十五条 不予行政处罚决定书应当载明以下内容：

---

[1] 湖北省宜昌市中级人民法院（2000）宜中行终字第28号；《最高人民法院公报》2001年第4期。
[2] 山西省长治市中级人民法院（2019）晋04行终16号。

理解与适用

（一）当事人的基本情况，包括当事人姓名或者名称、地址等；

（二）违反法律、行政法规、海关规章的事实和证据；

（三）不予行政处罚的依据；

（四）申请行政复议或者提起行政诉讼的途径和期限；

（五）作出不予行政处罚决定的海关名称和作出决定的日期，并且加盖作出不予行政处罚决定海关的印章。

条文对比

本条是关于不予行政处罚决定书内容的规定，对应《署令第 159 号》第 70 条。

与《署令第 159 号》相比，主要变化：一是删除《署令第 159 号》第 70 条第 1 项中的"海关注册编码、报关员海关注册编码，"；二是将第 2 项中"或者"修改为"、"，在"规章"之前增加"海关"；三是删除第 4 项中的"不服不予行政处罚决定，"。

理解与适用

一、相关政策文件

同本规章第七十三条。

二、主要法律依据

上位法无关于本条的具体规定。

本条根据《行政处罚法》第 59 条关于行政处罚决定书载明内容的规定，对《署令第 159 号》第 70 条予以修改。

三、本条应当注意的问题

《行政处罚法》并未就不予行政处罚决定书载明事项作出规定。不予行政处罚决定书对当事人或利害关系人的权益产生影响，当事人对有关事实、依据等不服，仍然有采取法律途径进行救济的权利。因此，应当参照《行政处罚法》关于行政处罚决定书载明事项的要求制发不予行政处罚决定书。

由于不予行政处罚决定中并无当事人需履行的内容，根据《行政处罚法》第 59 条对行政处罚决定书的要求，本条对《署令第 159 号》第 70 条的规定进行了调整，未保留本规章第 74 条第 4 项"行政处罚的履行方式和期限"。

案例

A 公司不服某局不予行政处罚案[1]

裁判要点　法院根据事实和证据认为：被告某局所作不予行政处罚通知书认定

---

[1] 北京市第二中级人民法院（2004）二中行初字第 4 号。

被投诉人 B 厂生产在先的案件事实，有 B 厂及案外人原 C 毛纺厂与购货单位所签购销合同、购货单位的证明予以佐证，可以形成完整的证据链，该事实认定成立，进而被告某局认定 B 厂被投诉的此部分地毯图案不构成对原告 A 公司拥有版权的地毯图案侵权的事实亦成立。原告 A 公司提交的证据不足以证明该公司主张的该公司对涉案地毯图案设计、生产在先的事实。在上述事实认定的基础上，被告某局所作不予行政处罚通知书适用《行政处罚法》第 38 条中关于"违法事实不能成立，不得给予行政处罚"的规定，决定对 B 厂不予行政处罚，适用法律是正确的。

第七十六条 海关应当自行政处罚案件立案之日起六个月内作出行政处罚决定；确有必要的，经海关负责人批准可以延长期限，延长期限不得超过六个月。案情特别复杂或者有其他特殊情况，经延长期限仍不能作出处理决定的，应当由直属海关负责人集体讨论决定是否继续延长期限，决定继续延长期限的，应当同时确定延长的合理期限。

上述期间不包括公告、检测、检验、检疫、技术鉴定、复议、诉讼的期间。

在案件办理期间，发现当事人另有违法行为的，自发现之日起重新计算办案期限。

> **条文对比**

本条是关于办案期限的规定，系新增条款。

> **理解与适用**

一、相关政策文件

同本规章第二十二条，以及：

《法治政府建设实施纲要（2015—2020 年）》："加强行政程序制度建设，严格规范作出各类行政行为的主体、权限、方式、步骤和时限。"

《国务院关于进一步贯彻实施〈中华人民共和国行政处罚法〉的通知》（国发〔2021〕26 号）："确需通过立法对办案期限作出特别规定的，要符合有利于及时查清案件事实、尽快纠正违法行为、迅速恢复正常行政管理秩序的要求。"

二、主要法律依据

《行政处罚法》第 60 条："行政机关应当自行政处罚案件立案之日起九十日内作出行政处罚决定。法律、法规、规章另有规定的，从其规定。"

根据《行政处罚法》第 60 条规定，本条对海关行政处罚办案时限作出规定。同时，考虑到个别疑难案件经延期仍无法作出处理决定的，增加由直属海关负责人集体讨论决定延长合理期限的规定。

三、办案期限

毛雷尔认为，行政行为服务于行政效率，是一种方便的、合理的管理手段，特别适合现在行政规模过程的控制，在某种程度上是必不可少的。[①] 德国《联邦行政程序法》第 10 条规定："如果没有关于程序形式的特别法律规定，行政程序不受确定形式的拘束。行政程序应当简单、合乎目的和迅速地进行"。程序效益涉及提高行政效率和降低行政成本两个方面的问题。世界各国行政法律文件通常都针对行政行为的特点，规定了合理期间及相应责任，但责任形式各有千秋。"高效作出行政行为，及时终结执法程序，是正当程序的应有之义，是指导和规范行政执法的一项共通性准则，应当得到普遍的适用和遵守。"[②]

《宪法》第 27 条第 1 款规定："一切国家机关……不断提高工作质量和工作效率。""为了防止行政机关发现违法行为或者立案之后怠于作为，维护法律安定性，提高行政效率，要对决定期限加以明确，同时规定在特殊情况下的延长期限，以符合行政实践需求。"[③] 效率是行政权的生命。效率应该是行政的最高价值，没有效率就没有行政。行政处罚作为与行政权相联系的一种制裁措施，面对大量的、经常性的违法行为，必须合法高效，才能发挥作用。[④]

本条针对适用普通程序的行政处罚案件，不包括简易程序和快速办理。

一般情形：6 个月内。自行政处罚案件立案之日起六个月内作出行政处罚决定。

必要情形：12 个月以内。确有必要的，经海关负责人批准，可以延长期限，延长期限不得超过 6 个月。

特殊情形：再延长一定期限。案情特别复杂或者有其他特殊情况，经延长期限仍不能作出处理决定的，可以延长一定期限。

四、本条应当注意的问题

（一）期限扣除

有观点认为："对于行政主体能够掌握期限的事项，例如听证、调解等事项，则

---

① 【德】毛雷尔. 行政法学总论 [M]. 高家伟，译. 北京：法律出版社，2000：203-204.
② 于元祝，徐冉. 及时高效是正当行政程序的应有之义 [J]. 人民司法（案例），2016（8）：100-102.
③ 李洪雷. 论我国行政处罚制度的完善：兼评《中华人民共和国行政处罚法（修订草案）》[J]. 法商研究，2020，37（6）：3-18.
④ 袁雪石. 整体主义、放管结合、高效便民：《行政处罚法》修改的"新原则"，华东政法大学学报，2020，23（4）：17-30.

不应该排除在处理时效之外。"[1] 参考《治安管理处罚法》第 99 条第 2 款、《行政复议法实施条例》第 37 条、《最高人民法院关于适用〈中华人民共和国行政诉讼法〉的解释》(法释〔2018〕1 号)第 50 条第 1 款以及相关规章、文件[2] 等规定,本条第 2 款规定,海关行政处罚案件办案期间不包括公告、检测、检验、检疫、技术鉴定、复议、诉讼的期间。

(二)延长办案期限的决定权

本条规定,两次延期的决定主体不同:第一次延期由海关负责人批准,隶属海关的负责人也可以决定延长 6 个月。在第一次延期后仍未办结需要第二次延期的,应当由直属海关负责人集体讨论决定是否继续延期,无论该行政处罚案件由直属海关还是隶属海关办理。

(三)再次延长的期限

再次延长的期限应该是多长,本规章未作明确规定。《行政诉讼法》第 47 条第 1 款规定:"公民、法人或者其他组织申请行政机关履行保护其人身权、财产权等合法权益的法定职责,行政机关在接到申请之日起两个月内不履行的,公民、法人或者其他组织可以向人民法院提起诉讼。法律、法规对行政机关履行职责的期限另有规定的,从其规定。"人民法院裁判文书[3]载明,依照当然解释,上述条款语义明确了在法律、法规对行政机关履行职责期限没有明确规定时,宜将行政机关的最长履职期限视为接到行政相对人申请之日起 2 个月。由于行政机关履行职责既包括依申请作出行政行为,还包括依职权作出行政行为,因而对该条款的理解适用,还宜扩大解释为自行政机关主动发现违法行为、依职权启动立案调查程序之日起 2 个月。有的规章已对再次延长的期限进行了明确。如《住房和城乡建设行政处罚程序规定》第 29 条第 1 款规定:案情特别复杂或者有其他特殊情况,经延期仍不能作出行政处罚决定的,应当由本机关负责人集体讨论决定是否再次延期,决定再次延期的,再次延长的期限不得超过六十日。以上对海关延长行政处罚案件的办案期限有借鉴意义。

> 案例

某公司与某海关行政处罚案[4]

裁判要点 原审法院经审理查明:2012 年 4 月 9 日,海关对原告实施海关稽

---

[1] 沈福俊,崔梦豪. 行政处罚处理期限制度的反思与完善 [J]. 北京行政学院学报,2019(2):83-91.
[2] 例如,《公安机关办理行政案件程序规定》第 165 条第 2 款、《农业行政处罚程序规定》第 58 条第 2 款、《市场监督管理行政处罚程序规定》第 64 条第 2 款、《医疗保障行政处罚程序暂行规定》第 45 条第 4 款、《湖南省行政程序规定》第 85 条、《江苏省行政程序规定》第 65 条、《浙江省行政程序办法》第 64 条第 3 款等。
[3] 江苏省南通市中级人民法院(2019)苏 06 行终 366 号。
[4] 广东省高级人民法院(2016)粤行终 22 号。

查。2012年8月12日，海关向原告送达稽查结论，原告上述行为涉嫌违法，已移交海关缉私部门处理。2014年7月8日，被告向原告送达行政处罚告知单；2014年9月24日，被告作出行政处罚决定书。原告提出，其行为已超过两年、不应再给予行政处罚。本案原告2010年2月4日、7月5日两次申报不实的违法行为，涉及申报的进口货物、违法情节、行为性质基本相同，触犯的是同一法律、法规的规定，且两个违法行为间隔时间较短，因此被告认定原告的申报不实违法行为为连续状态并无不当，应当自违法行为终了之日即2010年7月5日计算两年的处罚时效。2012年4月9日海关对原告实施海关稽查时，原告的上述违法行为仍在两年的法定处罚时效之内。故原告关于其行为已超过两年、不应再给予行政处罚的主张不能成立，原审法院不予采纳。二审法院予以维持。

案例

某面馆与某市A区市场监督管理局行政处罚案[①]

裁判要点 二审法院认为，关于处罚时限的问题，根据《XX市食品药品监督行政处罚程序规定实施细则》第13条，本案中，原A区食药监局因调查案件需要，向原B区食药监局发出协查函，请求对涉案单位的网上销售情况进行协查，在收到协查复函后即恢复案件处理程序，参照上述规定，可以扣除上述期限。虽然协查部门的回复晚于《食品药品行政处罚程序规定》第15条规定的15个工作日，但该情形不能归责于被上诉人。况且，该条同时还规定，需要延期完成的，应当及时告知协查请求的部门。由此可知，协查回复也存在延期之情形。因此，对于上诉人的处罚超期之上诉主张，本院不予支持。

第七十七条 行政处罚决定书应当在宣告后当场交付当事人；当事人不在场的，海关应当在七个工作日内将行政处罚决定书送达当事人。

条文对比

本条是关于行政处罚决定书送达的规定，对应《署令第159号》第71条，将"7日"修改为"七个工作日"。

理解与适用

一、相关政策文件

《国务院关于印发全面推进依法行政实施纲要的通知》（国发〔2004〕10号）："要严格遵循法定程序，依法保障行政管理相对人、利害关系人的知情权、参与权和救济权。"

[①] 北京市第一中级人民法院（2019）京01行终1189号。

《国务院办公厅关于全面推行行政执法公示制度执法全过程记录制度重大执法决定法制审核制度的指导意见》（国办发〔2018〕118号）："要出具行政执法文书"。

《法治政府建设实施纲要（2021—2025年）》："完善行政执法文书送达制度。"

二、主要法律依据

《行政处罚法》第61条第1款："行政处罚决定书应当在宣告后当场交付当事人；当事人不在场的，行政机关应当在七日内依照《中华人民共和国民事诉讼法》的有关规定，将行政处罚决定书送达当事人。"

《海关行政处罚实施条例》第55条第1款："行政处罚决定书应当依照有关法律规定送达当事人。"

根据《行政处罚法》第61条第1款规定，本条对《署令第159号》第71条的规定予以文字规范。

三、本条应当注意的问题

行政处罚决定书的送达，"是指行政机关依照法定期间和方式将行政处罚决定书交付当事人的一种法律行为"[①]。"行政处罚决定书的送达不仅是行政行为生效的标志，也是当事人知悉行政处罚内容的时间点以及提起行政复议和行政诉讼期限的起算点。"[②]

（一）普通程序的处罚决定书送达程序

1. 当事人在场的。根据《行政处罚法》第61条第1款，本条也规定了海关要宣告并当场交付当事人。

2. 当事人不在场的。根据《行政处罚法》第61条第1款，结合本规章第24条关于送达法律文书准用条款的规定，本条规定，当事人不在场的，海关应当在7个工作日内将行政处罚决定书送达当事人。

（二）行政处罚决定书的范围

本条虽然规定的是行政处罚决定书的送达，但根据本规章第73条、第75条等规定，不予行政处罚决定书的送达同样适用该条规定。

案例

某公司与某市国家税务局第三稽查局行政处理案[③]

裁判要点 再审法院认为，第三稽查局对企业已申报并实际取得的出口退税款予以追缴，应当按照正当程序原则的要求，依法告知，并充分保障该公司的陈述、

[①] 曹康泰. 行政处罚法教程[M]. 北京：中国法制出版社，2011：147.
[②] 李洪雷. 中华人民共和国行政处罚法评注[M]. 北京：中国法制出版社，2021：442.
[③] 浙江省高级人民法院（2020）浙行再6号。

申辩权利。但在原审法定期间内提交的证据显示，该局作出处理决定前，未因影响重大利益举行听证，未充分保障原告公司陈述、申辩权利。处理决定应依法及时送达，其时隔9个月才进行送达，程序明显违法。

第七十八条 具有一定社会影响的行政处罚决定，海关应当依法公开。

公开的行政处罚决定被依法变更、撤销、确认违法或者确认无效的，海关应当在三个工作日内撤回行政处罚决定信息并公开说明理由。

<u>条文对比</u>

本条是行政处罚决定公开的规定，系新增条款。

<u>理解与适用</u>

一、相关政策文件

同本规章第六条，以及：

《国务院批转全国打击侵犯知识产权和制售假冒伪劣商品工作领导小组〈关于依法公开制售假冒伪劣商品和侵犯知识产权行政处罚案件信息的意见（试行）〉的通知》（国发〔2014〕6号）："行政执法机关原则上应当主动、及时公开适用一般程序查办的假冒伪劣和侵权行政处罚案件相关信息，接受人民群众监督。"

《国务院办公厅关于运用大数据加强对市场主体服务和监管的若干意见》（国办发〔2015〕51号）："除法律法规另有规定外，应将行政许可、行政处罚等信息自作出行政决定之日起7个工作日内上网公开，提高行政管理透明度和政府公信力。"

《国务院关于建立完善守信联合激励和失信联合惩戒制度 加快推进社会诚信建设的指导意见》（国发〔2016〕33号）："除法律法规另有规定外，县级以上人民政府及其部门要将各类自然人、法人和其他组织的行政许可、行政处罚等信息在7个工作日内通过政府网站公开"。

《国务院办公厅关于全面推行行政执法公示制度执法全过程记录制度重大执法决定法制审核制度的指导意见》（国办发〔2018〕118号）："行政许可、行政处罚的执法决定信息要在执法决定作出之日起7个工作日内公开，但法律、行政法规另有规定的除外。"

《法治社会建设实施纲要（2020—2025年）》："涉及公民、法人或其他组织权利和义务的行政规范性文件、行政许可决定、行政处罚决定、行政强制决定、行政征收决定等，依法予以公开。"

二、主要法律依据

《行政处罚法》第48条："具有一定社会影响的行政处罚决定应当依法公

开。　　　　　公开的行政处罚决定被依法变更、撤销、确认违法或者确认无效的，行政机关应当在三日内撤回行政处罚决定信息并公开说明理由。"

《政府信息公开条例》第20条第6项：行政机关主动公开本行政机关实施行政处罚、行政强制的依据、条件、程序以及本行政机关认为具有一定社会影响的行政处罚决定。

《企业信息公示暂行条例》第7条第1款第2项：工商行政管理部门以外的其他政府部门应当公示其在履行职责过程中产生的行政处罚信息。

根据《行政处罚法》第48条规定，新增本条。

三、行政处罚决定公开的意义

"从信息公开制度的发展历史来看，早期各国的信息公开制度都是以依申请公开为主。但随着时代的发展，主动公开开始占据越来越重要的地位。这主要是由于现代技术的发展，使得主动公开的成本大大降低。""域外国家已经逐步将行政执法决定从依申请公开事项转变为主动公开事项。"[①]

我国行政处罚决定公开起步并不晚。1998年《证券法》第172条第2款就规定："对证券违法行为作出的处罚决定，应当公开。"该规定保留在2019年修订后《证券法》第174条第2款。而且不少国家机关和地方都有一些探索和经验积累，制定了规章或者文件。行政处罚决定公开"既是打造透明政府和法治政府的重要环节，也是完善国家治理体系，督促相对人知法守法，提高违法成本，建设诚信体系不可或缺的环节。行政处罚等企业信息的公示，是政府减少对企业直接干预，从依靠行政监管手段向注重运用信用监管手段的转变的重要方式，是对传统监管方式方法的重大革新"[②]。

行政处罚决定反映了行政机关的执法理念和执法尺度，折射出行政机关的执法效率和执法水平，体现了行政机关的执法强度与执法温度。行政处罚决定公开，可以提升行政执法透明度，对行政机关进行有力监督，促使行政机关及其执法人员依法行使权力，严格规范公正文明执法；同时，也使行政处罚决定的知悉范围从特定到不特定，无形之中增加了当事人的压力，并促使其将压力转化为尊法守法的动力，守法自律；也有助于社会理解行政处罚决定蕴含的法律立法主旨和导向，感受行政机关维护正常管理秩序的期望和努力，并对行政机关和当事人的表现作出相应的评价，放大行政处罚的警示性和引导性，强化普法宣传教育效果，更好地实现行政处罚的立法目的。行政处罚决定公开是行政执法公示的重要内容之一，是法治政

---

① 王留一.论行政执法决定公开：功能、问题与对策[J].学术论坛，2019（4）.
② 耿宝建.行政处罚案件司法审查的数据变化与疑难问题[J].行政法学研究，2017（3）：3-15.

府建设的重要环节，具有重要意义和作用。

四、行政处罚决定公开的性质

日本明确将"公布违反义务行为"作为一种行政处罚手段。有观点认为，行政处罚决定公开在原本行政处罚给相对人设定负担的基础上带来了额外的负担，实际上是一种"二次处罚"。[①] 公开行政处罚决定是声誉罚。[②③]

根据《政府信息公开条例》第 2 条、第 20 条等规定，行政处罚决定属于政府信息范畴。从公开的内容进行区分，声誉罚包含违法事实、理由、依据、处罚内容、权利等事项，而行政处罚决定公开并非与其一致。结合《行政处罚法》第 2 条规定的"行政处罚"定义，行政处罚决定的公开更多的是作出减损当事人权利或者增加当事人义务之后的一种后续措施，而不是行政处罚的种类之一。否则，将是对违法行为的重复评价，违反《行政处罚法》第 5 条规定的过罚相当基本原则。"公布违法事实是对违法事实的客观描述，性质上属于行政事实行为，当事人名誉减损来自社会的负面评价而非行政机关的负面评价。因此在理论上，公布违法事实不属于行政处罚。"[④] 本书赞同上述观点。

五、行政处罚决定公开的落实

有观点认为，新法第 48 条最终确立了"以不公开为原则，以公开为例外"的相对公开立场。该立场很好地平衡了公民知情权与个人隐私权之间的冲突，准确定位了公开行政处罚决定的制度目的，具有一定的正当性基础。[⑤] 落实行政处罚决定公开，应当把握以下几个方面。

（一）一定社会影响

有观点认为，对处罚决定公开的范围做限缩，加上"具有一定社会影响的"限定前缀，充分体现了"手段—目的"相匹配的规制理性及比例原则的精神。[⑥] 判断行政处罚决定是否具有一定社会影响时，有的从是否涉及公共领域、是否涉及公共监督、是否涉及信用惩戒加以考量。[⑦] 也有从主体、行为、公共利益权衡标准三个

---

① 孙丽岩. 论行政处罚决定公开的利益权衡：从与刑事制裁公开的对比角度 [J]. 政法论坛，2021，39（6）：70-83.
② 胡建淼. 论行政处罚的手段及其法治逻辑 [J]. 法治现代化研究，2022，6（1）：17-31.
③ 袁雪石. 中华人民共和国行政处罚法释义 [M]. 北京：中国法制出版社，2021：97.
④ 黄海华. 新行政处罚法的若干制度发展 [M]. 北京：中国法律评论，2021（3）：48-61.
⑤ 熊樟林. 行政处罚决定为何不需要全部公开？：新《行政处罚法》第 48 条的正当性解释 [J]. 苏州大学学报（哲学社会科学版），2021，42（6）：97-104.
⑥ 王锡锌. 行政处罚决定的公开及其限度 [J]. 中国司法，2021（8）：68-71.
⑦ 莫于川，哈书菊. 新《行政处罚法》适用办案手册 [M]. 北京：中国法制出版社，2022：131.

维度进行判断。① 参考上述观点，建议从以下方面把握：

1. 从程序上看，一般是指普通程序案件，而不包括简易程序案件。快速办理案件根据违法事实、违法后果等具体情况可以考虑是否公开。

2. 从行为上看，违法行为对社会危害性明显大于一般的违法行为，一般予以公开。判断违法行为对社会公共利益的影响程度，大致可以从违法情节和违法领域两个角度入手。② 食品安全违法和处罚信息、产品质量违法和处罚信息等，与公众利益存在密切联系，故应当予以公开。③

3. 从处罚种类和幅度看，一般予以公开的是较重处罚的案件，而不是较轻处罚的案件。通报批评、警告或者数额较小的罚款并无公开的必要，而较大数额的罚款、没收财物、资格罚、行为罚的处罚相对较重，一般予以公开。

4. 从秩序角度看，涉及国家利益、公共利益等案件，一般予以公开。行政处罚决定的公开，应当遵循公共利益优先原则。④

5. 从影响发生的时间看，既包括在处罚决定作出前已经产生一定社会影响的案件，也包括行政处罚决定公开后会引起一定社会影响的案件。从文义上讲，"具有一定社会影响"应理解为"能够产生一定社会影响"的应然判断，而非"发生了一定社会影响"的实然判断。⑤

（二）公开格式类型

1. 文书格式。根据公开的详细程度，分为全文式公开、摘要式公开两种方式。⑥⑦ 如《上海市行政处罚案件信息主动公开办法》（上海市人民政府令第36号）第7条第1款规定："主动公开行政处罚案件信息，应当公开行政处罚决定书的摘要信息；有条件的，也可以公开行政处罚决定书全文。"泸州市人民政府办公室印发的《泸州市行政处罚案件信息主动公开办法》（泸市府办发〔2017〕30号）第7条第1款规定："主动公开行政处罚案件信息，应当公开行政处罚决定书全文。"此外，根据是否隐藏姓名、名称等信息，分为显名公开、隐名（匿名）公开；根据公开的版本，可以分为原件式公开、复印件式公开等。

2. 表格格式。《农业行政处罚案件信息公开办法》（农政发〔2014〕6号）第5条第2款规定："公开农业行政处罚案件信息，应当按照固定的格式制作行政处

---

① 卢荣婕."具有一定社会影响"的行政处罚决定公开之认定[J].财经法学，2022，（4）：180-192.
② 孙丽岩.论行政处罚决定公开的利益权衡：从与刑事制裁公开的对比角度[J].政法论坛，2021，39（6）：70-83.
③ 王锡锌.行政处罚决定的公开及其限度[J].中国司法，2021（8）：68-71.
④ 李洪雷.中华人民共和国行政处罚法评注[M].北京：中国法制出版社，2021：327.
⑤ 孔祥稳.行政处罚决定公开的功能与界限[J].中外法学，2021，33（6）：1619-1637.
⑥ 王留一.论行政执法决定公开：功能、问题与对策[J].学术论坛，2019年第4期.
⑦ 袁雪石.中华人民共和国行政处罚法释义[M].北京：中国法制出版社，2021：292.

案件信息公开表。"

(三) 海关行政处罚决定公开持续的期限

《国家发展改革委办公厅关于进一步完善行政许可和行政处罚等信用信息公示工作的指导意见》(发改办财金〔2018〕424号) 规定："行政处罚信息自处罚决定作出之日起，在信用门户网站的一般公示期限为一年，涉及严重失信行为的行政处罚信息公示期限为三年。法律、法规、规章另有相关规定的，从其规定。公示期限届满的，应不再对外公示。"海关行政处罚决定公示的期限，建议参照上述文件办理。

案例

甲与某市某区自然资源局信息公开案[①]

裁判要点 二审法院认为，根据《政府信息公开条例》第20条等规定，本案中，该局是作出该信息的行政机关，应负责公开。申请事项属于《政府信息公开条例》第20条第6项规定的行政处罚的相关内容，属于行政机关主动公开的信息，不予公开答复不符合法律规定，判决撤销答复，责令其于判决生效之日起20日内依法重新作出答复。

案例

甲与某县公安局公安行政管理案[②]

裁判要点 二审法院认为，根据《政府信息公开条例》《X省行政处罚结果信息网上公开暂行办法》的规定，本案中，被上诉人并未将涉案《行政处罚决定书》对公众公开，而将涉案行政处罚结果信息以摘要形式公开在X政务服务网的行政处罚结果信息专栏上，符合相关规定。在公开的行政处罚摘要信息中，对上诉人姓名、住所地等进行了处理，未侵犯上诉人的个人隐私等合法权利。综上，上诉人的上诉理由缺乏事实和法律依据，原审判决认定事实清楚，适用法律正确，程序合法。

第七十九条 海关依法收缴有关货物、物品、违法所得、运输工具、特制设备的，应当制作收缴清单并送达被收缴人。

走私违法事实基本清楚，但是当事人无法查清的案件，海关在制发收缴清单之前，应当制发收缴公告，公告期限为三个月，并且限令有关当事人在公告期限内到指定海关办理相关海关手续。公告期满后仍然没有当事人到海关办理相关海关手续的，海关可以依法予以收缴。

---

① 山西省朔州市中级人民法院 (2020) 晋06行终8号。
② 浙江省湖州市中级人民法院 (2019) 浙05行终141号。

条文对比

本条是关于收缴清单与公告的规定，对应《署令第 159 号》第 72 条。

与《署令第 159 号》相比，主要变化：一是将《署令第 159 号》第 72 条第 1 款中的"根据海关行政处罚实施条例第六十二条的规定"修改为"海关依法"；二是将《署令第 159 号》第 72 条第 2 款中的"根据海关行政处罚实施条例第六十二条第一款第（四）项的规定"修改为"依法"。

理解与适用

一、相关政策文件

《国务院关于印发全面推进依法行政实施纲要的通知》（国发〔2004〕10 号）："公民、法人和其他组织合法的权利和利益得到切实保护"。"要严格遵循法定程序，依法保障行政管理相对人、利害关系人的知情权、参与权和救济权。"

《国务院办公厅关于全面推行行政执法公示制度执法全过程记录制度重大执法决定法制审核制度的指导意见》（国办发〔2018〕118 号）："要出具行政执法文书，主动告知当事人执法事由、执法依据、权利义务等内容。"

二、主要法律依据

《海关行政处罚实施条例》第 62 条："有下列情形之一的，有关货物、物品、违法所得、运输工具、特制设备由海关予以收缴：（一）依照《中华人民共和国行政处罚法》第二十五条、第二十六条规定不予行政处罚的当事人携带、邮寄国家禁止进出境的货物、物品进出境的；（二）散发性邮寄国家禁止、限制进出境的物品进出境或者携带数量零星的国家禁止进出境的物品进出境，依法可以不予行政处罚的；（三）依法应当没收的货物、物品、违法所得、走私运输工具、特制设备，在海关作出行政处罚决定前，作为当事人的自然人死亡或者作为当事人的法人、其他组织终止，且无权利义务承受人的；（四）走私违法事实基本清楚，但当事人无法查清，自海关公告之日起满 3 个月的；（五）有违反法律、行政法规，应当予以收缴的其他情形的。　　海关收缴前款规定的货物、物品、违法所得、运输工具、特制设备，应当制发清单，由被收缴人或者其代理人、见证人签字或者盖章。被收缴人无法查清且无见证人的，应当予以公告。"

三、收缴的性质

（一）收缴的不同含义

有观点认为，"收缴"在不同的语境中呈现出不同的行政行为方式，在性质上可以归属于类型化的六种行政行为方式之中。[1] 常见的两种收缴情形分别是收缴罚款和收缴财物。

1.收缴罚款。指行政机关作出行政处罚决定后对处罚内容为罚款的案件，收取当事人的罚款并上缴。如《行政处罚法》第67条第1款，《出境入境管理法》第85条第4项、第87条等规定。

2.收缴财物。如《治安管理处罚法》第11条第1款，《枪支管理法》第27条第1款，《道路交通安全法》第96条，《出境入境管理法》第67第3款、第75条，《反恐怖主义法》第28条第2款等规定。

（二）收缴的法律属性

实践中，对收缴的法律性质争议较大。有的认为收缴与没收的适用情形、处理对象、法律效果并无差别，属于行政处罚。有的则认为，收缴是一种事实行为，不属于行政处罚。对于《海关行政处罚实施条例》第62条规定的这种处理性"收缴"行为究竟应如何定性问题，有七种不同的观点，主要包括行政处罚、非行政处罚的强制性具体行政行为、行政强制措施、行政强制措施的执行等。[2]

《海关行政处罚实施条例》第62条中的"收缴"行为的性质，可以从以下几个方面理解：

1.并非行政处罚种类之一。《行政处罚法》第9条第6项规定，"法律、行政法规规定的其他行政处罚"，结合《行政处罚法》第10条的规定，也就是说，除了限制人身自由的行政处罚外，行政法规可以规定其他行政处罚种类。而《海关行政处罚实施条例》是行政法规，有权在行政法规权限范围内规定行政处罚的新种类。但是，纵观《海关行政处罚实施条例》体例结构和条文顺序，涉及行政处罚种类的条文均在第二章、第三章，而收缴在第五章"海关行政处罚的决定和执行"的最后一条，而且是在加处罚款等强制执行措施之后，其中第62条第1款第1项、第2项的前提是不予行政处罚；第3项针对当事人不存在、缺乏行政处罚的主体的情形，按照本规章第71条第4项规定需要撤销案件，而无作出处罚的可能；第4项则是通常所说的"无主私货"情形。这些情形都与行政处罚相去甚远，显然该条例初衷并非要规定一种行政处罚的新种类。

2.不视为行政强制执行种类之一。尽管"收缴"规定在《海关行政处罚实施条例》第五章"海关行政处罚的决定和执行"，而且是在加处罚款等强制执行措施之后，但这并不意味着它是一种行政强制执行措施。虽然该条例比《行政强制法》颁

---

[1] 杨解君.行政处罚方式的定性、选择与转换：以海关"收缴"为例的分析[J].行政法学研究，2019（5）：45-59.

[2] 杨解君.行政处罚方式的定性、选择与转换：以海关"收缴"为例的分析[J].行政法学研究，2019（5）：45-59.

布实施早，但上位法《行政强制法》第 13 条第 1 款规定："行政强制执行由法律设定。"收缴规定在行政法规中，显然不能作为行政强制执行种类之一。

3. 不属于行政强制措施种类之一。根据《行政强制法》第 10 条的规定，《行政强制法》授权行政法规可以设定行政强制措施，但根据该法第 2 条第 2 款规定，行政强制措施是实施暂时性限制、实施暂时性控制的行为。也就是说，行政强制措施是暂时性、阶段性的行为，不是终局性决定。但从法律后果来看，海关收缴是作出的终局性决定，显然也不属于行政强制措施。

《海关行政处罚实施条例》第 62 条中的"收缴"，既有处理决定的内容，又有执行的内容。"海关收缴应被认为是一种具有强制性的行政行为，但不属于行政处罚，不受《行政处罚法》第二十九条关于处罚时效的限制，不适用行政处罚的有关实施程序。"[1]

四、本条应当注意的问题

（一）依法收缴

收缴作为一种强制性具体行政行为，直接影响当事人的权利，运用不当将损害当事人的合法权益。因此，收缴应当遵循严格程序。本条规定"海关依法收缴有关货物、物品、违法所得、运输工具、特制设备的"，尽管"依法"中的"法"一般情形下可以作广义的理解，包括法律、行政法规、规章等法律规范。但考虑到收缴措施的严厉性，并结合目前法律规范的规定，因此本条及第 80 条、第 81 条中的收缴仅限于《海关行政处罚实施条例》第 62 条规定的情形。

（二）制发收缴清单并送达被收缴人

本条第 1 款要求：一是制发法律文书，二是按照法律文书送达要求送达当事人。有被收缴人的，海关一般在现场制作收缴清单，而且被收缴人有权陈述、申辩意见。

（三）涉嫌走私的无主案件先公告再收缴

《海关行政处罚实施条例》第 62 条第 1 款第 4 项规定收缴情形是："走私违法事实基本清楚，但当事人无法查清，自海关公告之日起满 3 个月的。"本条第 2 款规定是对上述规定的进一步细化，要求在制发收缴清单之前，应当制发收缴公告，公告期限为 3 个月，并且限令有关当事人在公告期限内到指定海关办理相关海关手续。公告期满后仍然没有当事人到海关办理相关海关手续的，海关可以依法予以收缴。

---

[1] 海关总署政策法规司.《中华人民共和国海关行政处罚实施条例》释义[M]. 北京：中国海关出版社，2007：213.

《中华人民共和国海关办理行政处罚案件程序规定》
理解与适用

案例

甲与某海关行政处理案[①]

裁判要点 甲持《中华人民共和国护照》经某口岸旅客无申报通道出境，未向海关书面申报。海关关员从甲手提包内查出 47 枚筹码。当日，海关做了查验记录，拍摄现场查扣筹码的照片，制作了《海关收缴清单》，收缴了上述筹码。人民法院经审理后认为：这些筹码由 X 赌场制造，主要功能为赌博计数，本质属性为赌具，属于《中华人民共和国禁止进出境物品表》规定的禁止进出境物品。由于涉案筹码面值较小，属于"携带数量零星的国家禁止进出境的物品进出境"的情形，被上诉人根据《海关行政处罚实施条例》第 62 条第 1 款第 2 项规定，决定收缴上诉人的筹码，并无不妥。

第八十条 收缴清单应当载明予以收缴的货物、物品、违法所得、运输工具、特制设备的名称、规格、数量或者重量等。有关货物、物品、运输工具、特制设备有重要、明显特征或者瑕疵的，执法人员应当在收缴清单中予以注明。

条文对比

本条是关于收缴清单内容的规定，对应《署令第 159 号》第 73 条。

与《署令第 159 号》相比，主要变化是将《署令第 159 号》第 73 条"走私运输工具"中的"走私"删除。

理解与适用

一、相关政策文件

同本规章第七十九条。

二、主要法律依据

同本规章第七十九条。

三、本条应当注意的问题

1. 收缴清单是一种法律文书，应当符合规定格式。
2. 收缴标的有重要、明显特征或者瑕疵的，要在清单中注明。
3. 收缴清单本质上是对违法标进行的处理，应同时载明当事人的权利。

[①] 广东省高级人民法院（2013）粤高法行终字第 602 号。

案例

A 公司与某海关行政处理案[①]

裁判要点 二审法院认为，本案被上诉人所收缴款项为 B 公司购买货物的应付款项，在被上诉人侦办走私汽车配件案采取扣押措施时该笔款项尚未实际支付，其所有权仍属于 B 公司。上诉人请求撤销被诉的《收缴清单》以及将收缴的 X 元人民币返还给上诉人并支付银行同期存款利息，但上诉人并不能证明其是涉案被收缴款项的所有权人。因此，原审裁定认定上诉人与被上诉人对涉案货款的收缴行为没有法律上的利害关系，不具备提起本案诉讼的原告主体资格，并无不妥，本院予以支持。

第八十一条 收缴清单由执法人员、被收缴人或者其代理人签字或者盖章。

被收缴人或者其代理人拒绝签字或者盖章，或者被收缴人无法查清但是有见证人在场的，应当由见证人签字或者盖章。

没有被收缴人签字或者盖章的，执法人员应当在收缴清单上注明原因。

海关对走私违法事实基本清楚，但是当事人无法查清的案件制发的收缴清单应当公告送达。

条文对比

本条是关于收缴清单签字盖章的规定，对应《署令第 159 号》第 74 条。

与《署令第 159 号》相比，主要变化是将《署令第 159 号》第 74 条第 4 款"根据海关行政处罚实施条例第六十二条第一款第（四）项的规定而"修改为"海关对走私违法事实基本清楚，但是当事人无法查清的案件"。

理解与适用

一、相关政策文件

同本规章第七十九条。

二、主要法律依据

同本规章第七十九条。

三、本条应当注意的问题

（一）签字或者盖章的要求同之前的行政处罚法律文书

（二）见证人签字或者盖章

应当由见证人签字或者盖章的情形包括：一是被收缴人或者其代理人拒绝签字

[①] 广东省高级人民法院（2015）粤高法行终字第 613 号。

或者盖章但是见证人在场；二是被收缴人无法查清但是见证人在场。

（三）执法人员注明

没有被收缴人在收缴清单上签字或者盖章的，执法人员应当在收缴清单上注明原因。原因包括：被收缴人或者其代理人在场但拒绝签字或者盖章；被收缴人或者其代理人未在场；被收缴人无法查清等。

（四）无主货物收缴的送达

海关对走私违法事实基本清楚，但是当事人无法查清的案件制发的收缴清单应当公告送达。

案例

甲与某海关行政处理案[①]

裁判要点 二审法院认为，本案系行政收缴及行政复议纠纷，二审争议的焦点是海关作出的收缴决定及复议决定是否合法。根据《海关行政处罚实施条例》第62条第1款第2项以及第2款规定，本案中，上诉人携带的涉案图书含有《海关进出境印刷品及音像制品监管办法》第4条规定的禁止性内容，海关据此认定其携带的涉案图书属于国家禁止进境物品，决定予以收缴，并制发《收缴清单》交由上诉人签字，符合前述规定。

第五章　听证程序

章注

本章系新增，自第82条至第100条，共19条。

在《署令第159号》中，规定"听证"内容的条款在第60条第2款、第61条、第65条、第92条，其中第65条规定："当事人申请举行听证的，依照《中华人民共和国海关行政处罚听证办法》规定办理。"《署令第159号》第60条第1款、第3款对应本规章第66条第1款、第3款，第60条第2款对应本规章第82条，第61条第1、2、3款对应本规章第67条第2、3、4款，第65条删除，第92条涉及原简单案件处理程序（本规章修改为"快速办理程序"）。

《署令第145号》共36条，分为6章，分别是第一章"总则"，第二章"组织听证的机构、人员"，第三章"听证参加人及其他人员的权利、义务"，第四章"听证的申请和决定"，第五章"听证的举行"，第六章"附则"。

[①] 广东省高级人民法院（2019）粤行终981号。

此次修改《署令第 159 号》，主要在保持听证程序规定相对独立的情况下将《署令第 145 号》主要内容整体纳入本规章中，单独作为一章，分为第一节"一般规定"、第二节"听证的申请与决定"、第三节"听证的举行"，共 3 节 19 条。

本章主要与《署令第 145 号》进行条文对比，个别条款同时与《署令第 159 号》对比。

与《署令第 145 号》相比，本章主要变化：一是删除《署令第 145 号》第 1 条、第 2 条、第 4 条、第 8 条、第 10 条、第 13 条、第 17 条、第 21 条、第 24 条、第 25 条、第 31 条至第 33 条、第 35 条、第 36 条，共 15 条；二是增加 1 条，即第 100 条听证笔录的运用；三是保留了其他 21 条，将其中第 3 条与 34 条合并为 1 条，第 6 条、第 7 条合并为 1 条，第 15 条、第 16 条合并为 1 条，并作相应修改。

理解与适用

听证制度是各国行政程序法的一项核心制度，要求行政机关在作出行政行为前，应当听取当事人的意见，赋予了当事人为自己申辩和质证的权利，是一项很重要的程序制度。[1] 最早确立听证制度的是 1946 年美国的《联邦行政程序法》。听证程序构成了美国《联邦行政程序法》的核心内容。随后，许多国家纷纷效仿，都在本国制定的行政程序法中规定了听证原则。如西班牙 1958 年的《行政程序法》、德国 1976 年的《违反秩序法》、日本 1993 年的《行政程序法》等。[2]

听证是行政机关在作出影响行政相对人合法权益的决定前，由行政机关告知决定理由和听证权利，行政相对人表达意见、提供证据以及行政机关听取意见、认定证据的程序所构成的一种法律制度。[3]

听证程序是一般程序中的特殊程序。[4] 行政听证程序制度是行政处罚决定形成过程的一个环节，应承担两项法定的职能：行政处罚行为的正当性证明，即正当性证明功能；维护当事人权益，即权益维护功能。[5]

第一节　一般规定

第八十二条　海关拟作出下列行政处罚决定，应当告知当事人有要求听证的权利，当事人要求听证的，海关应当组织听证：

---

[1] 许安标．中华人民共和国行政处罚法释义 [M]．北京：中国民主法制出版社，2021：166．
[2] 张弘．新行政处罚法通论 [M]．北京：法律出版社，2021：140．
[3] 章剑生．行政程序法比较研究 [M]．北京：浙江大学出版社，2010：2-3．
[4] 张树义，张力．行政法与行政诉讼法学 [M]．4 版．北京：高等教育出版社，2020：127．
[5] 朱芒．行政处罚听证制度的功能：以上海听证制度的实现现状为例 [J]．法学研究，2003（5）：71-92．

《中华人民共和国海关办理行政处罚案件程序规定》
理解与适用

（一）对公民处一万元以上罚款、对法人或者其他组织处十万元以上罚款；

（二）对公民处没收一万元以上违法所得、对法人或者其他组织处没收十万元以上违法所得；

（三）没收有关货物、物品、走私运输工具；

（四）降低资质等级、吊销许可证件；

（五）责令停产停业、责令关闭、限制从业；

（六）其他较重的行政处罚；

（七）法律、行政法规、海关规章规定的其他情形。

当事人不承担组织听证的费用。

条文对比

本条是关于听证范围的规定，对应《署令第 159 号》第 60 条第 2 款，《署令第 145 号》第 3 条、第 34 条。

与《署令第 159 号》《署令第 145 号》相比，主要变化：一是分项进行列举；二是将《署令第 145 号》第 34 条关于听证费用的规定作为第 2 款合并到本条，并进行修改；三是将《署令第 159 号》第 60 条第 2 款中的"暂停从事有关业务、撤销海关注册登记，"、《署令第 145 号》第 3 条中的"暂停从事有关业务，撤销海关注册登记，"删除；四是明确没收违法所得数额；五是增加"（四）降低资质等级、吊销许可证件；（五）责令停产停业、责令关闭、限制从业；（六）其他较重的行政处罚；（七）法律、行政法规、海关规章规定的其他情形。"；六是在第 1 款"作出"之前增加"拟"，删除"等行政处罚决定之前"中的"等""之前"，将"行政处罚决定"调整到"作出"之后，并在两者之间增加"下列"。

理解与适用

一、相关政策文件

《国务院关于贯彻实施〈中华人民共和国行政处罚法〉的通知》（国发〔1996〕13 号）："各地方、各部门都要认真执行听证制度……，要根据行政处罚法的规定确定听证的范围，明确主持听证的人员，制定听证规则。"

《国务院关于印发全面推进依法行政实施纲要的通知》（国发〔2004〕10 号）："对重大事项，行政管理相对人、利害关系人依法要求听证的，行政机关应当组织听证。"

《法治政府建设实施纲要（2015—2020 年）》："明确听证、集体讨论决定的适用条件。"

《法治政府建设实施纲要（2021—2025 年）》："全面严格落实告知制度，依法保障行政相对人陈述、申辩、提出听证申请等权利。"

《国务院关于进一步贯彻实施〈中华人民共和国行政处罚法〉的通知》（国发

〔2021〕26号〕："要建立健全行政处罚听证程序规则，细化听证范围和流程，严格落实根据听证笔录作出行政处罚决定的规定。"

二、主要法律依据

《行政处罚法》第63条："行政机关拟作出下列行政处罚决定，应当告知当事人有要求听证的权利，当事人要求听证的，行政机关应当组织听证：（一）较大数额罚款；（二）没收较大数额违法所得、没收较大价值非法财物；（三）降低资质等级、吊销许可证件；（四）责令停产停业、责令关闭、限制从业；（五）其他较重的行政处罚；（六）法律、法规、规章规定的其他情形。　　当事人不承担行政机关组织听证的费用。"

《海关行政处罚实施条例》第49条第1款："海关作出暂停从事有关业务、暂停报关执业、撤销海关注册登记、取消报关从业资格、对公民处1万元以上罚款、对法人或者其他组织处10万元以上罚款、没收有关货物、物品、走私运输工具等行政处罚决定之前，应当告知当事人有要求举行听证的权利；当事人要求听证的；海关应当组织听证。"

根据《行政处罚法》第63条规定，本条调整了听证范围。

三、听证案件的范围

《行政处罚法》把听证制度作为行政处罚作出的一个重要程序，这使得听证程序成为一个非常严格的法律制度。[1] 本规章结合海关行政处罚的实际，延续了《署令第145号》的规定，把罚款处罚纳入听证范围的案件设定为对公民处一万元以上罚款、对法人或者其他组织处十万元以上罚款，更具有可操作性。本条第1款第1项至第5项，主要是财产罚中较大数额的罚款、没收以及资格罚、行为罚。行政处罚种类中的警告、通报批评、较低数额的罚款不属于听证范围。

本条第1款第6项规定了"其他较重的行政处罚"。但何为"其他较重的行政处罚"，并未明确。《市场监督管理严重违法失信名单管理办法》第2条规定：当事人违反法律、行政法规，性质恶劣、情节严重、社会危害较大，受到较重行政处罚的，列入严重违法失信名单，通过国家企业信用信息公示系统公示，并实施相应管理措施。前款所称较重行政处罚包括：依照行政处罚裁量基准，按照从重处罚原则处以罚款；降低资质等级，吊销许可证件、营业执照；限制开展生产经营活动、责令停产停业、责令关闭、限制从业；法律、行政法规和部门规章规定的其他较重行政处罚。上述规定为海关确定"其他较重的行政处罚"提供了参考，建议今后在

---

[1] 关保英.行政相对人介入行政行为的法治保障[J].法学，2018（12）：40-51.

行政处罚执法实践中进一步予以明确。

四、本条应当注意的问题

（一）当事人未要求听证，海关能否主动组织听证

对于属于听证范围的行政处罚案件，海关告知当事人有听证权，但当事人在规定期限内未提出听证申请，海关能否主动组织听证？有释义认为，如果行政机关认为有必要举行听证，在商得当事人同意的情况下，可以举行听证。[1]照此理解，举行听证不能由行政机关自己决定，仍需要当事人同意方可。

（二）没收违法所得被纳入听证范围

《行政处罚法》第63条第1款第2项规定，没收较大数额违法所得、没收较大价值非法财物被纳入听证范围。这意味着并非所有没收违法所得的行政处罚案件都属于听证范围。《最高人民法院关于没收财产是否应进行听证及没收经营药品行为等有关法律问题的答复》（〔2004〕行他字第1号）规定："行政机关作出没收较大数额财产的行政处罚决定前，未告知当事人有权要求举行听证或者未按规定举行听证的，应当根据《行政处罚法》的有关规定，确认该行政处罚决定违反法定程序。"

本条第1款第2项对照第1项的规定，对公民处没收一万元以上违法所得、对法人或者其他组织处没收十万元以上违法所得的，纳入听证范围。

【案例】

甲、乙、丙诉某市某工商行政管理局行政处罚案[2]

裁判要点 法院认为，工商局没收甲等三人32台电脑主机的行政处罚决定，应属没收较大数额的财产，对甲等三人的利益产生重大影响的行为，工商局在作出行政处罚前应当告知被处罚人有要求听证的权利。本案中，工商局在作出处罚决定前只按照行政处罚一般程序告知甲等三人有陈述、申辩的权利，而没有告知听证权利，违反了法定程序，依法应予撤销。

【案例】

某公司与某海关行政处罚案[3]

裁判要点 原审法院经审理查明，2016年7月25日，原告向海关申报出口货物与实际不符，漏缴税款为X万元。2017年11月，被告作出《行政处罚告知单》并送达原告，拟科处罚款人民币Y万元。原告对拟作出的该行政处罚表示异议，

---

[1] 全国人大常委会法工委国家法、行政法室.《中华人民共和国行政处罚法》释义[M].北京：法律出版社，1996：121.
[2] 四川省成都市中级人民法院（2006）成行终字第228号；《最高人民法院关于发布第二批指导性案例的通知》（法〔2012〕172号）指导案例6号。
[3] 广东省高级人民法院（2020）粤行终878号。

提出听证申请。2017 年 12 月 28 日，海关举行听证。之后被告作出《行政处罚决定书》。一审法院认为，被告认定原告的行为已违反海关监管规定，作出本案所诉行政处罚决定认定事实清楚，适用法律法规正确，程序合法，原审法院对此予以支持。二审法院认为所诉行政处罚决定认定事实清楚，适用法律法规正确，程序合法。

第八十三条 听证由海关负责行政处罚案件法制审核的部门组织。

条文对比

本条是关于听证组织部门的规定，对应《署令第 145 号》第 5 条。

与《署令第 145 号》相比，主要变化：一是删除"听证"之前的"海关行政处罚案件的"，调整"负责"的位置；二是"审理"修改为"法制审核的"；三是删除"涉及知识产权处罚案件的听证，由海关法制部门负责组织；涉及资格罚案件的听证，由海关作出资格罚处罚决定的部门负责组织。"。

理解与适用

一、相关政策文件

同本规章第八十二条。

二、主要法律依据

上位法无关于本条的具体规定。

本规章本条根据《国务院办公厅关于全面推行行政执法公示制度执法全过程记录制度重大执法决定法制审核制度的指导意见》（国办发〔2018〕118 号）关于法制审核工作机构的相关部署，对《署令第 145 号》第 5 条规定予以修改，同时结合法制审核的有关规定，明确听证组织机构为负责海关行政处罚案件法制审核的部门。

案例

甲与某海关行政处罚案[①]

裁判要点 甲主张，海关法制科是本案调查部门之一，由法制科组织本案听证活动，违反了《海关行政处罚听证办法》第 5 条关于"海关行政处罚案件的听证由海关行政处罚案件审理部门负责组织"的规定。法院认为，从本案现有证据来看，本案的调查部门是海关缉私分局缉私一科，该局法制科是本案的审理部门。该局法制科工作人员乙参与本案调查取证，是海关内部人力资源调配问题。乙作为调查人员在听证过程中负责陈述案件事实并不违反法律规定，没有证据证明乙参与了本案

---

① 广东省高级人民法院（2019）粤行终 304 号。

的审理工作。甲仅以乙参与了本案的调查取证工作，便认定法制科是本案的调查部门，并据此主张由法制科主持的本案听证活动程序违法，没有事实根据和法律依据，依法不予支持。

第八十四条 听证应当由海关指定的非本案调查人员主持。听证主持人履行下列职权：

（一）决定延期、中止听证；

（二）就案件的事实、拟作出行政处罚的依据与理由进行提问；

（三）要求听证参加人提供或者补充证据；

（四）主持听证程序并维持听证秩序，对违反听证纪律的行为予以制止；

（五）决定有关证人、检测、检验、检疫、技术鉴定人是否参加听证。

条文对比

本条是关于听证主持人及其履行职权的规定，对应《署令第145号》第6条、第7条。

与《署令第145号》相比，主要变化：一是将《署令第145号》第6条、第7条合并成1条；二是将第6条第2款删除，同时删除第1款中"听证应当指定"之外的内容；三是在"指定"之前增加"由海关"，之后增加"的非本案调查人员主持"；四是在第5项"鉴定人"之前增加"检测、检验、检疫、技术"，将"鉴定人"修改为"检测、检验、检疫、技术鉴定人"，与相关条款保持一致。

理解与适用

一、相关政策文件

同本规章第八十二条。

二、主要法律依据

《行政处罚法》第64条第4项："听证由行政机关指定的非本案调查人员主持"。

根据《行政处罚法》第64条规定，本规章对《署令第145号》第6条、第7条规定整合并调整表述。

三、听证组织人员

（一）听证主持人

"从各国的规定来看，主持人的选任有两种做法：一种是美国的行政法官制，另一种是由行政机关的首长或指定人担任，采用后一种做法的国家和地区占绝大多数。"① 有学者认为，我国听证制度主要借鉴自美国。美国主持听证程序的人员被称作行政法法官，资格要求很高，立法对其独立性、中立性也有很强的保障。但《行政处罚法》对于听证主持人的资格及专业性、独立性、中立性保障都缺乏规定，这也是听证程序流于形式的一个重要原因。现阶段，至少可规定听证主持人应具有法律职业资格。② 部分地方政府规章、文件对听证主持人从法律知识、专业知识、部门、工作年限、能力经验等作出规定。③

本规章第83条规定："听证由海关负责行政处罚案件法制审核的部门组织。"实践中，根据案情需要，法制审核部门或者非调查部门出席听证会的人员可能不止一名人员。本规章第98条第3项规定"听证主持人、听证员、记录员的姓名"，涵盖了听证会的法制审核部门人员不止一名的情形。在多名人员参加听证的情况下，为安排好听证会，需要确定一名人员作为听证主持人，并承担组织职责。当然，也有部门规章规定，可以由一名听证员组织听证。如《国土资源听证规定》(国土资源部令第22号，被自然资源部令第6号《自然资源部关于第二批废止和修改的部门规章的决定》修改)第7条第1款规定。该条同时规定，必要时，可以由三或五名听证员组织，听证主持人在听证员中产生。

(二) 听证员

听证员也是行政处罚听证的组织人员之一，职责是协助听证主持人组织听证。《深圳经济特区行政处罚听证程序试行规定》还规定了首席听证员或独任听证员制度。

《署令第145号》第6条有"听证员"相关的规定，考虑到听证主持人与听证员属于海关内部分工事项，可以根据案件需要自行确定，因此本规章本条未保留上述内容。但并不影响听证的组织和进行，因为本规章第98条第3项规定"听证主持人、听证员、记录员的姓名"，听证员也是听证程序中不可或缺的角色。

(三) 听证记录员

听证主持人、听证员无法同时承担记录的职责。听证会必须有专门的记录员。根据本规章第98条第3项"听证主持人、听证员、记录员的姓名"规定，海关行政处罚听证组织人员包括记录员。记录员负责听证笔录的制作，承担听证准备工作和其他有关事务，也是听证程序中不可或缺的角色。

---

① 应松年. 当代中国行政法: 第六卷 [M]. 北京: 人民出版社, 2018: 2451.
② 李洪雷. 论我国行政处罚制度的完善: 兼评《中华人民共和国行政处罚法(修订草案)》[J]. 法商研究, 2020, 37 (6): 3-18.
③ 例如,《湖南省行政程序规定》第131条第1款: "听证主持人应当具备相应的法律知识和专业知识。听证主持人应当经政府法制部门统一组织培训。"《天津市行政处罚听证程序》第18条: "听证主持人、听证员, 由本机关调查人员以外的从事政府法制工作3年以上的工作人员, 或者熟悉法律和业务知识的其他工作人员担任。行政机关的负责人认为必要时, 可以作为主持人组织听证。"《河南省行政处罚听证办法》第9条第2款: "听证主持人应当熟悉有关法律、法规、规章并且具备相应的业务工作能力和经验。"

此外，要保证听证的顺利流畅进行，除了听证主持人、听证员和记录员以外，还离不开一个角色的参与，那就是辅助人员，负责传递证据、协助听证主持人维持听证会秩序等职责。

四、本条应当注意的问题

（一）听证组织人员的条件

职能分离原则是指在听证过程中调查追诉权和听证裁决权应当独立运行，两项职能应当配置给不同的机构独立行使，以保证听证裁决的公正性。从本质上而言，它是回避原则的延伸。[①] 听证主持人、听证员、记录员均由非本案调查人员担任，这是调审分离原则的体现，是保证案件得以公平公正处理的重要环节。

（二）听证组织人员的确定

本条未明确听证组织人员应如何确定。有的规章只规定听证主持人由负责人指定，未涉及听证员、记录员的确定问题；有的规定听证组织人员全部由负责人指定，如《农业行政处罚程序规定》第63条第2款；有的只规定听证主持人由负责人指定，但听证记录员由主持人指定，如《财政行政处罚听证实施办法》第4条、《交通运输行政执法程序规定》第84条第2款、《消防救援机构办理行政案件程序规定》（应急〔2021〕77号）第99条等。这些制度安排对海关听证组织人员的确定提供了参考。

案例

甲与某监督管理委员会行政处罚案[②]

裁判要点 再审法院认为，《行政处罚法》第42第4项规定，听证由行政机关指定的非本案调查人员主持；当事人认为主持人与本案有直接利害关系的，有权申请回避。本案中，根据原审法院调取的《听证笔录》，可以证明监督管理委员会在听证时已告知了甲申请回避的权利及甲不申请听证会主持人乙回避的事实。甲认为听证会主持人乙系调查人员，负责监督管理委员会对本案的调查工作，被诉行政处罚听证程序违法。由于监督管理委员会对此亦予以否认，甲并未提交相关证据予以证明，且甲在听证会中已明确表示不再申请有关人员回避，故其关于被诉处罚决定听证程序违法的申请再审理由，本院难以支持。

案例

某公司与某县国土资源局行政处罚案[③]

裁判要点 再审判决认为，根据《国土资源听证规定》第7条，听证一般由一

[①] 江必新. 行政处罚法条文释疑与实例精解 [M]. 北京：人民法院出版社，2021：353-354.
[②] 最高人民法院（2015）行监字第1728号。
[③] 河北省承德市中级人民法院（2016）冀08行再6号。

名听证员组织；必要时，可以由三或五名听证员组织；听证设听证主持人，在听证员中产生。被申请人某国土资源局在听证程序中，在听证员为一人的情况下，另行指定主持人，没有向申请人公司说明其设的听证主持人是听证员。无论被申请人设置的听证主持人是否为听证员，其听证程序的人员组成均违反法律规定，被诉行政决定程序不合法。

第八十五条 听证参加人包括当事人及其代理人、第三人及其代理人、案件调查人员；其他人员包括证人、翻译人员、检测、检验、检疫、技术鉴定人。

条文对比

本条是关于听证参加人员范围的规定，对应《署令第 145 号》第 9 条。

与《署令第 145 号》相比，主要变化是将《署令第 145 号》第 9 条"鉴定人"修改为"检测、检验、检疫、技术鉴定人"。

理解与适用

一、相关政策文件

同本规章第八十二条。

二、主要法律依据

《行政处罚法》第 64 条第 2 项："行政机关应当在举行听证的七日前，通知当事人及有关人员听证的时间、地点。"

根据《行政处罚法》第 64 条规定，本规章对《署令第 145 号》第 9 条进行修改并调整表述。

三、听证参加人的范围

关于听证参加人的范围，不同规章制度也有不同规定。如：《农业行政处罚程序规定》第 63 条第 1 款规定："听证参加人由听证主持人、听证员、书记员、案件调查人员、当事人及其委托代理人等组成。"《交通运输行政执法程序规定》第 86 条规定："听证参加人包括：（一）当事人及其代理人；（二）本案执法人员；（三）证人、检测、检验及技术鉴定人；（四）翻译人员；（五）其他有关人员。"《劳动行政处罚听证程序规定》第 4 条规定："听证由听证主持人、听证记录员、案件调查取证人员、当事人及其委托代理人、与案件的处理结果有直接利害关系的第三人参加。"《市场监督管理行政处罚听证办法》第 10 条规定："听证参加人包括当事人及其代理人、第三人、办案人员、证人、翻译人员、鉴定人以及其他有关人员。"《山东省行政程序规定》第 80 条第 1 款规定："听证参加人包括负责实施该行政行为的行政机关工作人员、当事人以及利害关系人。"

本条对《署令第 145 号》第 9 条规定中"鉴定人"调整表述，与本规章其他条款保持一致。

本条规定，其他人员包括证人、翻译人员、检测、检验、检疫、技术鉴定人。并非所有听证程序都要"其他人员"参加，还要根据具体案情来决定。

案例

某公司与某市工商行政管理局行政处罚案[①]

裁判要点 上诉人某公司上诉称，被上诉人某市工商局作出行政处罚前的听证程序违法。被上诉人应当通知与上诉人公司有直接利害关系的第三人股东参加诉讼而未通知，程序违法。被上诉人工商局辩称，对于听证的权利，上诉人依法告知行政处罚当事人即可，对于其他利害关系人，可以根据案件需要酌情通知他们参加听证，即使不通知，也不违反行政处罚法的规定，本机关听证程序合法。一审判决驳回上诉人的诉讼请求。二审判决：驳回上诉，维持原判。

案例

某公司与某海关行政处罚案[②]

裁判要点 原告及上诉人认为本案的行政处罚程序存在严重违法之处：在听证程序中，甲的职务从一开始就是本案的调查人员，参与了前期整个案件的调查活动；在行政处罚听证程序中作为听证书记员；在听证过程中又作为调查人员的助手进行调查取证。被告认为，上诉人有关甲参与调查工作的陈述与事实不符，有关听证程序违法的理由不能成立。二审法院认为，三次听证会中，甲均为听证记录员。上诉人认为甲参与了复核程序前的整个前期调查工作，并无证据证实，故上诉人以此主张甲参与听证违法，不能成立。被上诉人作出被诉行政处罚决定程序并无不当。

第八十六条 与案件处理结果有直接利害关系的公民、法人或者其他组织要求参加听证的，可以作为第三人参加听证；为查明案情，必要时，听证主持人也可以通知其参加听证。

条文对比

本条是关于听证第三人的规定，对应《署令第 145 号》第 11 条。

与《署令第 145 号》相比，主要变化是在《署令第 145 号》的第 11 条"参加听证"之后增加"；为查明案情，必要时，听证主持人也可以通知其参加听证"。

---

① 河南省郑州市中级人民法院（2014）郑行终字第 559 号。
② 浙江省高级人民法院（2015）浙行终字第 309 号。

理解与适用

一、相关政策文件

同本规章第八十二条。

二、主要法律依据

上位法无关于本条的具体规定。

本规章本条对《署令第 145 号》第 11 条的规定予以修改，增加听证组织机构可以通知第三人参加听证的规定。

三、第三人参加听证

第三人可以主动要求参加，海关也可以根据查明案情的需要通知其参加。

第三人在听证中应当遵守听证程序要求，履行相关义务，享有相关权利。

案例

某公司与某市规划局行政处罚案[①]

裁判要点 法院认为，被上诉人市规划局作出行政处罚决定之前，没有告知第三人 A 街道办事处作出处罚决定的事实、理由及依据和第三人 A 街道办事处依法享有的权利，一审判决认定程序违法，并无不当。一审诉讼过程中，市规划局作出了撤销原具体行政行为的决定，某公司不撤诉，省高级人民法院作出确认被诉具体行政行为违法的判决，符合规定。

第八十七条 当事人、第三人可以委托一至二名代理人参加听证。

条文对比

本条是关于听证委托代理人的规定，对应《署令第 145 号》第 12 条。

与《署令第 145 号》相比，主要变化是将《署令第 145 号》第 12 条"代理人在代理权限内享有与委托人同等的权利，并且履行同等的义务。"删除。

此外，《署令第 145 号》第 13 条关于委托书的内容已被本规章第 9 条吸收，听证委托不再单独规定。

---

① 最高人民法院（2008）行终字第 1 号；最高人民法院公报：2009 年卷 [M]. 北京：人民法院出版社，2010：433-436.

《中华人民共和国海关办理行政处罚案件程序规定》
理解与适用

> 理解与适用

一、相关政策文件

同本规章第八十二条。

二、主要法律依据

《行政处罚法》第 64 条第 5 项："当事人可以亲自参加听证，也可以委托一至二人代理。"

根据《行政处罚法》规定，本条对《署令第 145 号》第 12 条规定予以修改。

三、本条应当注意的问题

（一）委托代理人的人数

本条规定当事人、第三人可以委托一至二名人员作为代理人。如果案件有多个当事人、第三人，组织听证的机构和听证主持人应当考虑场地、防疫等要求，适当控制现场人数；采用视频方式在网上举行听证的，这个问题则不成为问题。

（二）委托手续

本规章第 9 条就"授权委托"问题作出了规定，委托代理人参加听证的，适用本规章第 9 条的规定。当事人可以单独就参加听证委托，也可以对多个程序或者全部程序一揽子委托，明确委托事项中包含作为代理人参加听证。

（三）代理人权限

《署令第 145 号》第 12 条规定："代理人在代理权限内享有与委托人同等的权利，并且履行同等的义务。"考虑到代理人的地位和代理权限的来源等情况，结合本规章第 9 条对授权委托的规定，本条未再保留。

> 案例

A 公司与某海关行政处罚案[①]

裁判要点 海关决定对 A 公司涉嫌侵犯商标权行为进行立案调查。同年 11 月 14 日，海关送达《行政处罚告知单》。11 月 16 日，A 公司向海关提出举行听证会的申请。12 月 5 日，海关作出《行政处罚听证通知书》并于同日送达 A 公司。同月 15 日，海关组织召开听证会，A 公司和第三人 B 公司均派人参加，调查人员亦参加。第三人 B 公司的代理人在听证会上陈述。在听证会的举证环节，B 公司亦将商标注册证作为证据提交。后海关作出《行政处罚决定书》，并送达 A 公司。二审法院认为，海关立案调查、行政处罚告知、举行听证、作出处罚，其相关程序符

---

① 浙江省高级人民法院（2020）浙行终 885 号。

合《行政处罚法》的相关规定，程序合法。

第八十八条 案件调查人员是指海关负责行政处罚案件调查取证并参加听证的执法人员。

在听证过程中，案件调查人员陈述当事人违法的事实、证据、拟作出的行政处罚决定及其法律依据，并同当事人进行质证、辩论。

条文对比

本条是关于案件调查人员的术语解释和其在听证中职责的规定，对应《署令第145号》第14条。

与《署令第145号》相比，主要变化是将《署令第145号》第14条中的"承担"修改为"负责"，删除两个"且"。

理解与适用

一、相关政策文件

同本规章第八十二条。

二、主要法律依据

《行政处罚法》第64条第7项："举行听证时，调查人员提出当事人违法的事实、证据和行政处罚建议，当事人进行申辩和质证。"

根据《行政处罚法》第64条第7项的规定，本条延续了《署令第145号》第14条规定，并规范文字表述。

三、本条应当注意的问题

（一）调查人员参加听证

所谓听证程序，是指在行政机关作出行政处罚决定前，在非本案调查人员主持下，举行有本案的调查人员和相对人参加的、供相对人陈述并与调查人员进行辩论的程序。[1] 根据听证程序，案件调查方要在听证会上就违法事实、证据和处理建议等进行说明，同时还要与当事人进行质证、辩论。因此，如果参加听证的人员不是本案案件调查人员，对案情不熟悉，可能无法履行上述职责。

（二）调查人员职责

1. 陈述当事人违法事实，出示相关证据，提出拟作出的行政处罚决定及其法律依据。本规章第94条第5项也有参加听证的调查人员职责的规定。由于行政处罚

---

[1] 胡锦光. 行政法与行政诉讼法[M]. 北京：国家开放大学出版社，2021：157.

《中华人民共和国海关办理行政处罚案件程序规定》
理解与适用

告知单由非调查人员作出，告知单中拟作出处罚的意见与终结调查处理意见可能并不一致，调查人员陈述终结调查处理意见更符合调审分离的执法实际。对于移交到审核环节的终结调查处理意见并不为当事人所知悉，当事人只是在海关审核并送达告知单之后才能了解，且当事人是针对告知单中载明的事项不服而提出的听证，因此，这里的"拟作出的行政处罚决定"并非终结调查处理意见，而是告知单中的处理意见。

2.同当事人进行质证、辩论。本规章第94条第9项规定："当事人及其代理人、第三人及其代理人、案件调查人员相互质证、辩论。"

3.回答听证主持人的询问。本规章第94条第8项规定："听证主持人就案件事实、证据、处罚依据进行提问。"听证主持人向调查人员提问的，调查人员应当予以回答。

4.最后陈述。根据本规章第94条第10项规定，案件调查人员作最后陈述。

（三）参加听证的调查人员人数

本规章并未限定。在执法实践中，根据案情需要，参与一起行政处罚案件办理的调查人员可能不止2名执法人员，有的参与了调查全程，有的可能参加了部分环节，而听证时并非所有调查人员都要参加，一般情形下有2名调查人员参加即可。

案例

甲与某市文化广播电视新闻出版局行政处罚案[①]

裁判要点 抗诉机关抗诉理由之一是被告违反了《X省行政处罚听证规则》第7条、第8条规定的听证程序，调查人员中有1人担任了听证员。人民法院认为，抗诉机关认为乙既是听证员又是调查人员与事实不符。原审被告在对原审原告第三次违法经营行为进行查处时，乙并非调查员，也非听证程序中的主持人，并不违反《行政处罚法》第42条第1款第4项的规定。乙在2007年的行政处罚案中是调查人员，调查的事实已被人民法院的生效行政裁定和行政机关的生效处罚决定所确认，不是本案再审的事实依据。本案再审中查明的主要案件事实与原审基本一致，某市文化广播电视新闻出版局作出行政处罚决定符合法律规定，适用法律正确，应当维持。

第八十九条 经听证主持人同意，当事人及其代理人、第三人及其代理人、案件调查人员可以要求证人、检测、检验、检疫、技术鉴定人参加听证，并在举行听证的一个工作日前提供相关人员的基本情况。

---

① 湖北省仙桃市人民法院（2009）仙行再字第01号。

条文对比

本条是关于其他人员参加听证的规定，对应《署令第 145 号》第 15 条、第 16 条第 2 款。

与《署令第 145 号》相比，主要变化：一是将第 15 条中的"当事人""第三人"之后均增加"及其代理人"；二是将第 15 条中的"1 日以前"修改为"一个工作日前"；三是将第 15 条中的"证人"修改为"相关人员"；四是将第 16 条第 2 款中的"鉴定人"修改为"检测、检验、检疫、技术鉴定人"，并与第 15 条合并，同时调整表述。

理解与适用

一、相关政策文件

同本规章第八十二条。

二、主要法律依据

上位法无关于本条的具体规定。

本条保留《署令第 145 号》第 15 条规定，并与第 16 条第 2 款整合，予以修改。

三、本条应当注意的问题

（一）要求证人参加听证的主体

本条规定主体包括"当事人及其代理人、第三人及其代理人、案件调查人员"，与《署令第 145 号》第 15 条相比扩大了范围，更加方便当事人或者第三人。

（二）被要求参加听证的人员范围

本条在《署令第 145 号》第 15 条规定的"证人"的基础上，整合第 16 条第 2 款规定的检测、检验、检疫、技术鉴定人，统一规定被要求参加听证的人员范围。

（三）提供相关人员基本情况

本条规定，要求在举行听证的一个工作日前提供相关人员的基本情况，一般包括姓名、单位、职务职责等基本情况。

案例

某电线厂与某省住房和城乡建设厅行政处罚案[①]

裁判要点 再审认为，住建厅认定某建筑公司未按规定进行检验，使用了不合格的电线，对该建筑公司作出行政处罚。案涉不合格电线由某电线厂生产，客观上对建筑材料的产品质量作出负面评价，对产品生产者产生不利影响，即生产者可能

---

① 最高人民法院（2019）行再 107 号。

《中华人民共和国海关办理行政处罚案件程序规定》
理解与适用

会因此承担《产品质量法》规定的行政处罚，电线厂与处罚决定有利害关系。按照正当程序的基本要求，行政机关在作出对行政管理相对人、利害关系人不利的行政决定之前，应当告知并给予其陈述和答辩的机会。一审认为，住建厅作出处罚决定之前，并未通知具有利害关系的电线厂参与调查处理，不利于生产者的权益保障，本院予以认可。但是，鉴于目前的法律法规均未明确规定，建设行政主管部门在开展建设工程质量监督管理过程中应当通知建设材料生产者参与调查处理或给予其陈述、申辩的权利，故住建厅的处罚程序并不违反现行法律规定。

第二节　听证的申请与决定

第九十条　当事人要求听证的，应当在海关告知其听证权利之日起五个工作日内向海关提出。

条文对比

本条是关于提交听证申请时限的规定，对应《署令第 145 号》第 18 条。

与《署令第 145 号》相比，主要变化：一是删除《署令第 145 号》第 18 条第 2 款；二是将《署令第 145 号》第 18 条第 1 款 "以书面形式" "听证申请" "以邮寄方式申请的，以寄出的邮戳日期为申请日期。" 删除；三是在《署令第 145 号》第 18 条第 1 款中的 "当事人" "应当" 之间增加 "要求听证的，"；四是 "3 日以内，" 修改为 "五个工作日内"。

理解与适用

一、相关政策文件

同本规章第八十二条。

二、主要法律依据

《行政处罚法》第 64 条第 1 项："当事人要求听证的，应当在行政机关告知后五日内提出。"

根据《行政处罚法》第 64 条第 1 项规定，本条对《署令第 145 号》第 18 条规定予以修改。

三、本条应当注意的问题

（一）申请听证的期限

《行政处罚法》将当事人要求听证的期限由原来的 "行政机关告知后三日内" 改为 "行政机关告知后五日内"，延长了当事人行使听证权的期限，更加有利于当事人权利的保护。

《行政处罚法》第 85 条规定："关于本法中'二日''三日''五日''七日'的规定是指工作日，不含法定节假日。"根据以上规定，本规章将听证时限由原来的"3 日"修改为"五个工作日"，对此本规章第 67 条第 2 款已经明确，本条再次重申，但起算日的表述有差异。

（二）申请听证的方式

为保障当事人权利，对申请方式不强调必须采取书面形式，本条未保留《署令第 145 号》第 18 条第 1 款中"书面形式""邮寄方式"等规定。

（三）超期申请

考虑到本规章第 23 条已经就期限顺延问题作出了统一规定，本规章本节未保留《署令第 145 号》第 18 条第 2 款规定，避免重复。

案例

某公司与某海关行政处罚案[1]

裁判要点 被告海关于 2017 年 6 月 28 日作出《行政处罚决定书》。被告提供的证据包括"听证资料"，证明经该公司申请，海关举行案件听证。一审法院经审理查明事实，认为被告海关经调查核实、处罚前告知、听证后，作出行政处罚决定，该行政行为事实清楚，证据确凿，程序合法，适用法律法规正确。二审法院经审理，与一审查明的事实基本一致，予以确认，并认为上诉人的上诉理由不能成立，不予支持。

第九十一条 海关决定组织听证的，应当自收到听证申请之日起二十个工作日以内举行听证，并在举行听证的七个工作日前将举行听证的时间、地点通知听证参加人和其他人员。

条文对比

本条是关于举行听证及通知的规定，对应《署令第 145 号》第 19 条。

与《署令第 145 号》相比，主要变化：一是将《署令第 145 号》第 19 条第 2 款中的"举行听证的时间、地点"予以保留并调整到"通知"之前，其他内容删除；二是将《署令第 145 号》第 19 条第 1 款中的"《海关行政处罚听证通知书》(见附件 1)"删除；三是将《署令第 145 号》第 19 条第 1 款中的"30 日"修改为"二十个工作日"，"7 日以前"修改为"七个工作日前"，"送达当事人"修改为"通知听证参加人和其他人员"。

---

[1] 贵州省高级人民法院（2020）黔行终 740 号。

《中华人民共和国海关办理行政处罚案件程序规定》
理解与适用

> **理解与适用**

一、相关政策文件

同本规章第八十二条。

二、主要法律依据

《行政处罚法》第 64 条第 2 项："行政机关应当在举行听证的七日前，通知当事人及有关人员听证的时间、地点。"

根据《行政处罚法》第 64 条第 2 项规定，本条对《署令第 145 号》第 19 条规定予以修改。

三、本条应当注意的问题

（一）举行听证的期限

《行政处罚法》并未规定举行听证的期限。《署令第 145 号》第 19 条第 1 款规定："自收到听证申请之日起 30 日以内举行听证"。本条将听证的时限由 30 日调整为"二十个工作日"。

（二）海关通知义务

海关在举行听证的七个工作日前，通知听证参加人和其他人员听证的时间、地点，以便给听证参加人和其他人员留有充足的时间做好听证前的准备，并根据听证的时间、地点安排自己的行程，以确保权益得到切实保障。

（三）通知文书

《行政处罚法》第 64 条第 2 项未对听证通知文书作出规定。《署令第 145 号》第 19 条第 1 款规定的文书是《海关行政处罚听证通知书》，同时第 2 款规定了该文书列明的事项。本规章未保留上述文书名称及列明事项。通知文书以什么格式、形式体现，将来可以通过公告等方式予以发布，从而维护本规章的安定性和稳定性。

（四）通知事项

1. 被通知人。包括当事人及其代理人、第三人及其代理人、案件调查人员等。

2. 听证时间、地点。听证的时间一般具体到年、月、日、时、分，地点一般具体到区（县、市）、路、号、单位、楼、栋、室等。

3. 听证主持人、听证员、记录员。《署令第 145 号》第 19 条第 2 款第 2 项有规定，本规章未作规定。实践中，听证主持人、听证员、记录员的姓名，应当作为通知事项之一，以便听证参加人提前了解情况，并决定是否申请回避。

4. 听证参加人的权利与义务。《署令第 145 号》第 19 条第 2 款第 4 项规定"当事人及其代理人的权利、义务"是通知书列明的内容之一,本规章未作规定。考虑到听证参加人不只有当事人及其代理人,也有调查人员,有的案件还有第三人及其代理人,因此,通知时应当针对上述主体,均告知其权利与义务。

5.其他事项。如本规章第89条规定要求证人、检测、检验、检疫、技术鉴定人参加听证的,在举行听证的一个工作日前提供相关人员的基本情况;如当事人或者第三人有旁听人员,需要提前向听证主持人申请等。

【案例】

某公司与某市某区城市管理执法局行政管理案[①]

裁判要点 原告认为,区城管局送达听证通知书距申请时间达一年之久,且未载明告知当事人准备证据、通知证人等事项,属程序违法,依法应予撤销。被告辩称,《行政处罚法》第42条第1款第2项仅要求,在听证七日前通知当事人举行听证的时间、地点即可,对其余事项未做明确规定,依据程序法定原则,其听证程序并不违法。一审法院认为,《X省行政处罚听证规则》第25条、《建设行政处罚程序暂行规定》第23条等并未规定收到听证申请后安排听证的时限和其他通知内容。依此规定,区城管局的听证通知符合相关规定,虽然其组织听证的时间距原告公司申请听证的时间较长,反映了工作效率不高的问题,但未影响原告公司听证权利的实现,原告公司的前述意见,没有法律依据,不予支持。二审法院维持原判。

第九十二条 有下列情形之一的,海关应当作出不予听证的决定:

(一)申请人不是本案当事人或者其代理人;

(二)未在收到行政处罚告知单之日起五个工作日内要求听证的;

(三)不属于本规定第八十二条规定范围的。

决定不予听证的,海关应当在收到听证申请之日起三个工作日以内制作海关行政处罚不予听证通知书,并及时送达申请人。

【条文对比】

本条是关于不予听证的规定,对应《署令第145号》第20条。

与《署令第145号》相比,主要变化:一是将《署令第145号》第20条第1款中的"不举行听证"修改为"不予听证";二是将第1款第2项中的"申请"删除,将"本办法第十八条规定的期限内"修改为"收到行政处罚告知单之日起五个工作日内要求";三是将第1款第3项中的"办法"修改为"规定","第三条"修改为"第八十二条";四是将第2款"《海关行政处罚不予听证通知书》"的"《》""(见附件2)""且"删除,将"5日"修改为"三个工作日"。

[①] 湖北省襄阳市中级人民法院(2018)鄂06行终11号。

《中华人民共和国海关办理行政处罚案件程序规定》
理解与适用

> **理解与适用**

一、相关政策文件

同本规章第八十二条。

二、主要法律依据

上位法无关于本条的具体规定。

本条延续了《署令第 145 号》第 20 条规定，并予以修改。

三、本条应当注意的问题

（一）不予听证的范围

1. 申请人不是本案当事人或者其代理人。《行政处罚法》规定，符合条件的行政处罚案件当事人有要求听证的权利，当事人也可以委托代理人参加听证。如果参加听证的并非案件当事人或者其代理人，行政机关都得举行听证，显然浪费行政资源，对当事人权利的保护并无丝毫裨益，听证的必要性也就不复存在。在此情况下，海关作出不予听证决定。

2. 当事人未在收到行政处罚告知单之日起五个工作日内要求听证的。"法律不保护躺在权利上睡觉的人。"如果当事人接收行政处罚告知单，但在规定期限内未提出听证申请，在期限届满后再提出听证申请，且无不可抗力或者其他正当理由阻碍申请，海关应作出不予听证决定。当然，结合本规章第 95 条第 1 款第 1 项规定，为谨慎起见，当事人要求听证不是在收到行政处罚告知单之日起五个工作日内提出的，建议核实是否有正当理由。

3. 不属于本规定第 82 条规定范围的。本规章第 82 条规定了纳入听证程序的行政处罚案件范围，如果当事人申请听证的行政处罚案件不属于上述情形，海关则应当作出不予听证决定。

（二）不予听证的决定时限

本条将不予听证的决定时限由"5 日"修改为"三个工作日"，一方面体现高效原则，另一方面也保持了期间表述上的统一。

（三）不予听证决定的法律文书

本条对《署令第 145 号》第 20 条规定中的《海关行政处罚不予听证通知书》，删除书名号和附件。通知书以什么格式、形式体现，载明哪些具体事项，将来可以通过公告等方式予以发布，从而维护本规章的安定性和稳定性。

> **案例**
>
> **某公司与某市某区市场监督管理局行政处罚案**[①]
>
> **裁判要点** 二审法院认为,听证权是一项重要程序性权利。本案中,被处罚人接到告知通知以后,明确表示要求听证以进行申辩,上诉人应当择期举行听证,并以书面通知的形式告知听证时间、地点等。现上诉人以电话通知不上为由,放弃通知,并以被上诉人的相关申请有瑕疵为由,不举行听证,其行为与前述规定相悖,剥夺了被上诉人的陈述、申辩权利,程序违法。

第三节 听证的举行

第九十三条 听证参加人及其他人员应当遵守以下听证纪律:

(一)听证参加人及其他人员应当遵守听证秩序,经听证主持人同意后,才能进行陈述和辩论;

(二)旁听人员不得影响听证的正常进行;

(三)准备进行录音、录像、摄影和采访的,应当事先报经听证主持人批准。

条文对比

本条是关于听证纪律的规定,对应《署令第145号》第22条。

与《署令第145号》相比,主要变化是删除《署令第145号》第22条中的"在听证过程中,",其他无变化。

理解与适用

一、相关政策文件

同本规章第八十二条。

二、主要法律依据

上位法无关于本条的具体规定。

本条延续了《署令第145号》第22条规定,并予以修改。

三、本条应当注意的问题

(一)听证参加人员陈述和辩论应当经听证主持人同意

听证是调查人员与当事人进行面对面沟通交流的一次宝贵的机会,除了这两个主体,还会有其他人员参与,要保证听证程序有条不紊,参加人必须具有规则意

---

① 辽宁省大连市中级人民法院(2019)辽02行终356号。

识，按照听证程序和步骤有序进行，发言提问、质证、辩论必须经听证主持人同意，这是听证参加人必须首先要知晓并遵守的纪律。否则，随意插话，任意打断其他人员的发言陈述，将造成听证中断，甚至会场秩序混乱。如果有关人员不遵守上述纪律，听证主持人可以采取相应措施。

（二）旁听人员的纪律

在听证实践中，无论是办案部门还是当事人，除了参加听证的人员外，可能还有旁听人员。这些人员虽然不是听证参加人，但在听证现场的举动和表现，也非常重要，对听证能否正常进行也有影响。如果旁听人员在听证进行过程中打电话、来回走动、拍照、递纸条等等，必然妨害听证秩序，干扰听证的进行。因此，在听证开始之前一般会事先向现场人员宣读听证纪律，包括旁听人员的纪律。

（三）准备进行录音、录像、摄影和采访

进行录音、录像、摄影和采访的，无论是当事人及其代理人、第三人及其代理人、调查人员，还是旁听人员，或者媒体，应当事先报经听证主持人批准。听证主持人应当对照本规章第五条等规定，结合个案具体情形作出决定。

案例

某公司与某县交通运输局运输管理站行政处罚案[①]

裁判要点 二审法院认为，无论运输管理站对运输公司拟作出的罚款 X 元处罚决定中的罚款数额是否属于部门规章或地方性规章规定的较大数额的罚款，因运输管理站 2013 年 9 月 27 日告知了运输公司有权在收到违法行为通知书之日起 3 日内要求听证，只有在运输公司 3 日内不申请听证的情况下，运输管理站才能在 3 日后作出处罚决定。本案中，运输管理站当日作出处罚决定，不符合上条规定，属违反法定程序，应予撤销。

第九十四条 听证应当按照下列程序进行：

（一）听证主持人核对当事人及其代理人、第三人及其代理人、案件调查人员的身份；

（二）听证主持人宣布听证参加人、翻译人员、检测、检验、检疫、技术鉴定人名单，询问当事人及其代理人、第三人及其代理人、案件调查人员是否申请回避；

（三）宣布听证纪律；

（四）听证主持人宣布听证开始并介绍案由；

（五）案件调查人员陈述当事人违法事实，出示相关证据，提出拟作出的行政

[①] 河北省沧州市中级人民法院（2014）沧行终字第 30 号。

处罚决定和依据；

（六）当事人及其代理人陈述、申辩，提出意见和主张；

（七）第三人及其代理人陈述，提出意见和主张；

（八）听证主持人就案件事实、证据、处罚依据进行提问；

（九）当事人及其代理人、第三人及其代理人、案件调查人员相互质证、辩论；

（十）当事人及其代理人、第三人及其代理人、案件调查人员作最后陈述；

（十一）宣布听证结束。

条文对比

本条是关于听证程序的规定，对应《署令第145号》第23条。

与《署令第145号》相比，主要变化是将《署令第145号》第23条第2项中"鉴定人员"修改为"检测、检验、检疫、技术鉴定人"，其他无变化。

理解与适用

一、相关政策文件

同本规章第八十二条。

二、主要法律依据

《行政处罚法》第64条第7项："举行听证时，调查人员提出当事人违法的事实、证据和行政处罚建议，当事人进行申辩和质证。"

根据上述规定，本条保留了《署令第145号》第23条规定，并予以修改。

三、本条应当注意的问题

（一）听证程序中的环节和步骤

我国听证程序的设计与行政诉讼普通审判程序较为接近。听证"将诉讼程序中的抗辩机制移植到了行政程序中，以此来证成行政权运作的正当性。"[1] 当然，行政程序贵在迅速，行政听证不能完全模仿法院模式。[2] 本条规定听证程序有11项内容，大体上可以分为程式性和实体性两类，其中首尾部分程式性环节和步骤共6项（第1项至第5项、第11项），实质性环节和步骤共5项（第6项至第10项）。

（二）核实听证参加人身份

本条第2项要求听证主持人核对当事人及其代理人、第三人及其代理人、案件调查人员的身份。如果参加听证的人员不是行政处罚案件的当事人或者其代理人，

---

[1] 孙笑侠.程序的法理[M].北京：商务印书馆，2005：249.
[2] 王名扬.美国行政法：上[M].北京：北京大学出版社：286.

根据本规章第 92 条第 1 款第 1 项的规定，作出不予听证的决定。

（三）征求回避意见

1. 申请回避的主体。能够申请回避的主体包括当事人及其代理人、第三人及其代理人、案件调查人员。

2. 被申请回避的主体。被申请回避的主体一般针对的是听证主持人、听证员、记录员，但不能再针对调查人员提出回避申请。针对调查人员的回避可以根据本规章第二章的规定办理。如当事人及其代理人认为调查人员在调查过程中应当回避而未提出回避申请，可以在听证时作为执法问题提出，但不能提出回避申请。

3. 征求意见的形式。一般由听证主持人口头分别征求，由记录员依次予以记录。

（四）听证主持人、听证员、记录员的回避

本规章第 13 条、第 14 条规定，海关执法人员的回避由海关负责人决定。听证主持人、听证员、记录员也属于海关执法人员，因此，应当由海关负责人决定是否回避。申请听证主持人、听证员、记录员回避的，听证主持人应当宣布暂时休会，报海关负责人决定是否回避，并根据海关负责人决定结果由听证主持人决定听证是否继续进行。如果临时决定听证主持人、听证员或者记录员回避，不能当场确定更换人选的，显然听证不能如期进行，按照本规章第 95 条第 2 项规定，可以延期举行听证。

案例

某公司与某市规划局行政处罚案[①]

裁判要点　法院认为，被告在举行听证时应当由案件调查人员提出当事人违法事实、违法证据和适用听证程序的处罚建议，并由当事人进行陈述、申辩和质证。被告依原告申请举行听证会过程中，仅有案件承办人员陈述违法事实，并未将证据交由原告质证，影响到原告的陈述权、申辩权，系程序违法，判决撤销行政处罚决定书。

第九十五条　有下列情形之一的，应当延期举行听证：

（一）当事人或者其代理人因不可抗力或者有其他正当理由无法到场的；

（二）临时决定听证主持人、听证员或者记录员回避，不能当场确定更换人选的；

（三）作为当事人的法人或者其他组织有合并、分立或者其他资产重组情形，需要等待权利义务承受人的；

---

① 重庆市江北区人民法院（2014）江法行初字第 00170 号。

（四）其他依法应当延期举行听证的情形。

延期听证的原因消除后，由听证主持人重新确定举行听证的时间，并在举行听证的三个工作日前书面告知听证参加人及其他人员。

条文对比

本条是关于延期听证的规定，对应《署令第 145 号》第 26 条。

与《署令第 145 号》相比，主要变化是：将《署令第 145 号》第 26 条第 2 款"书面告知"之前增加"在举行听证的三个工作日前"，删除"且"，其他无变化。

理解与适用

一、相关政策文件

同本规章第八十二条。

二、主要法律依据

上位法无关于本条的具体规定。

本条延续了《署令第 145 号》第 26 条规定，并予以修改。

三、本条应当注意的问题

（一）延期听证的情形

1. 当事人或者其代理人因不可抗力或者有其他正当理由无法到场的。例如，因天气原因、原定航班取消或推迟、列车无法按期到达等。

2. 临时决定听证主持人、听证员或者记录员回避，不能当场确定更换人选的。例如，当事人提出听证主持人回避申请，经审查后批准，但一时没有其他人员可以替换该主持人的。

3. 作为当事人的法人或者其他组织有合并、分立或者其他资产重组情形，需要等待权利义务承受人的。

4. 其他依法应当延期举行听证的情形。

（二）延期听证通知的要求

1. 重新确定听证时间，包括年、月、日、时、分。

2. 告知的形式。建议以书面形式告知。

3. 再次告知的期限。在举行听证的三个工作日前书面告知听证参加人及其他人员。

4. 听证地点。无论听证地点是否变更，也应一并告知。

5. 其他事项。

（三）延期听证后再次举行的条件

延期听证的原因消除。

案例

某公司与某海关行政处罚案[1]

裁判要点 被告对原告涉案违法行为进行调查并送达行政处罚告知书。8月13日，原告提出听证申请。9月3日，原告提出延期听证申请。9月10日，被告向原告送达行政处罚听证通知书。9月25日，被告举行了听证会并制作了听证笔录。根据听证情况，被告向原告送达新行政处罚告知书。11月26日，被告作出行政处罚决定并向原告送达。原审法院认为，在对原告的违法事实调查后，被告在作出行政处罚前告知了原告作出行政处罚的事实、理由和依据，以及原告享有的陈述、申辩和听证的权利。在原告申请听证后，被告亦举行了听证会，后被告作出行政处罚决定并向原告送达。被告作出行政处罚的程序合法，法院予以确认。二审法院予以维持。

第九十六条 有下列情形之一的，应当中止举行听证：

（一）需要通知新的证人到场或者需要重新检测、检验、检疫、技术鉴定、补充证据的；

（二）当事人因不可抗力或者有其他正当理由暂时无法继续参加听证的；

（三）听证参加人及其他人员不遵守听证纪律，造成会场秩序混乱的；

（四）其他依法应当中止举行听证的情形。

中止听证的原因消除后，由听证主持人确定恢复举行听证的时间，并在举行听证的三个工作日前书面告知听证参加人及其他人员。

条文对比

本条是关于中止听证的规定，对应《署令第145号》第27条。

与《署令第145号》相比，主要变化：一是将《署令第145号》第27条第1项中的"鉴定"修改为"检测、检验、检疫、技术鉴定"；二是将《署令第145号》第27条第2款中的"书面告知"之前增加"在举行听证的三个工作日前"，删除"且"，其他无变化。

理解与适用

一、相关政策文件

同本规章第八十二条。

---

[1] 山东省青岛市中级人民法院（2020）鲁02行终284号。

二、主要法律依据

上位法无关于本条的具体规定。

本条延续了《署令第 145 号》第 27 条规定，并予以修改。

三、本条应当注意的问题

（一）中止听证的情形

1. 需要通知新的证人到场或者需要重新检测、检验、检疫、技术鉴定、补充证据的。

2. 当事人因不可抗力或者有其他正当理由暂时无法继续参加听证的。例如，当事人突然身体不适，无法继续进行听证。

3. 听证参加人及其他人员不遵守听证纪律，造成会场秩序混乱的。例如，参加人不遵守听证纪律，随意走动、高声喧哗等且不听制止，扰乱听证秩序，致使会场秩序混乱，听证难以继续进行。

4. 其他依法应当中止举行听证的情形。

（二）中止听证的通知要求

1. 重新确定听证时间，包括年、月、日、时、分。

2. 告知的形式。书面告知。

3. 再次告知的时间。在举行听证的三个工作日前书面告知听证参加人及其他人员。

4. 听证地点。无论听证地点是否变更，也应一并告知。

5. 其他事项。

（三）中止听证后再次举行的条件

中止听证的原因消除后。

案例

某公司与某县市场监督管理局行政处罚案[1]

裁判要点 《市场监督管理行政处罚听证办法》第 5 条第 1 款第 3 项规定，对自然人处以一万元以上、对法人或者其他组织处以十万元以上罚款，应当告知当事人有要求听证的权利。该条第 2 款规定："各省、自治区、直辖市人大常委会或者人民政府对前款第三项、第四项所列罚没数额有具体规定的，可以从其规定。"《X 省行政处罚听证程序规定》第 4 条第 1 款规定，本规定所称的较大数额，对在经营活动中的违法行为处以罚款或者没收财产 5 万元以上。该局罚款 9 万元，未告知公

---

[1] 四川省宜宾市中级人民法院（2021）川 15 行终 80 号。

司听证权，违反法定程序，二审法院撤销一审判决和处罚决定。

第九十七条 有下列情形之一的，应当终止举行听证：

（一）当事人及其代理人撤回听证申请的；

（二）当事人及其代理人无正当理由拒不出席听证的；

（三）当事人及其代理人未经许可中途退出听证的；

（四）当事人死亡或者作为当事人的法人、其他组织终止，没有权利义务承受人的；

（五）其他依法应当终止听证的情形。

条文对比

本条是关于终止听证的规定，对应《署令第 145 号》第 28 条。

与《署令第 145 号》相比，主要变化：一是在《署令第 145 号》第 28 条第 1 项至第 3 项中的"当事人"之后分别增加"及其代理人"；二是将第 2 项中的"未按时参加"修改为"拒不出席"；三是将第 3 项中的"无正当理由中途退场"修改为"未经许可中途退出听证"。

理解与适用

一、相关政策文件

同本规章第八十二条。

二、主要法律依据

《行政处罚法》第 64 条第 6 项："当事人及其代理人无正当理由拒不出席听证或者未经许可中途退出听证的，视为放弃听证权利，行政机关终止听证。"

根据《行政处罚法》第 64 条第 6 项规定，本条延续了《署令第 145 号》第 28 条的规定，并予以修改。

三、终止听证的情形

本条规定的终止听证情形中，除第 4 项是因当事人主体资格问题无法进行听证外，第 1 项、第 2 项、第 3 项在时间上具有一定的递进关系。

（一）当事人及其代理人撤回听证申请的

海关依法送达告知单后，当事人及其代理人在法定期限内提出听证申请，但在听证举行前当事人及其代理人撤回听证申请的，终止听证。一般情况下，撤回听证申请应当在听证举行前提交给海关。

（二）当事人及其代理人无正当理由拒不出席听证的

海关如期举行听证，但当事人及其代理人不参加且无正当理由的，终止听证。如当事人及其代理人不参加听证有正当理由，则按照本规章第 95 条第 1 款第 1 项延期听证。

（三）当事人及其代理人未经许可中途退出听证的

海关如期举行听证，当事人及其代理人也参加了听证，但在听证过程中未经主持人同意中途退场，听证程序的一方缺失，致使听证无法继续进行的，终止听证。

在当事人无正当理由不参加或者未经许可中途退出听证的情形下，听证程序不会因为当事人的缺席而永久地悬而未决，此种情况可视为当事人放弃听证权利，行政机关从程序上终止听证。① 可以推定其放弃听证权利，这也是诉讼程序中常见的推定撤诉制度。②

> [案例]
>
> **某公司与某市地方税务局稽查局行政处罚案**③
>
> **裁判要点** 法院认为，本案中，上诉人虽主张其对被上诉人的主张及其提供的证据进行了复核，但没有提供证明其进行复核的证据。上诉人关于因为被上诉人撤销听证申请，影响其将复核情况告知的主张，本院认为，上诉人在收到被上诉人撤销听证的申请，对听证会予以撤销后，上诉人依然应当充分听取被上诉人的陈述、申辩意见，对事实、理由和证据进行复核，并将复核情况告知被上诉人且说明理由，同时，将复核情况形成证据存入卷宗。被上诉人撤回听证申请，不能免除上诉人的复核义务。上诉人未提供证据证明其履行了复核程序，其行政处罚程序违法。

第九十八条 听证应当制作笔录，听证笔录应当载明下列事项：

（一）案由；

（二）听证参加人及其他人员的姓名或者名称；

（三）听证主持人、听证员、记录员的姓名；

（四）举行听证的时间、地点和方式；

（五）案件调查人员提出的本案的事实、证据和拟作出的行政处罚决定及其依据；

（六）陈述、申辩和质证的内容；

（七）证人证言；

（八）按规定应当载明的其他事项。

---

① 江必新. 行政处罚法条文精释与实例精解 [M]. 北京：人民法院出版社，2021：355.
② 李洪雷. 中华人民共和国行政处罚法评注 [M]. 北京：中国法制出版社，2021：474.
③ 山东省济南市中级人民法院（2015）济行终字第 217 号。

《中华人民共和国海关办理行政处罚案件程序规定》
理解与适用

条文对比

本条是关于听证笔录载明事项的规定，对应《署令第 145 号》第 29 条。

与《署令第 145 号》相比，除将两处"列明"修改为"载明"外，其他无变化。

理解与适用

一、相关政策文件

同本规章第八十二条。

二、主要法律依据

《行政处罚法》第 64 条第 8 项："听证应当制作笔录。"

根据《行政处罚法》第 64 条第 8 项规定，本规章延续了《署令第 145 号》第 29 条规定，并对个别用语作规范表述。

三、本条应当注意的问题

《韩国行政程序法》第 34 条、《联邦德国行政程序法》第 68 条、《日本行政程序法》第 24 条规定了听证笔录应当记录的内容。[①] 本条也详细规定了海关行政处罚听证笔录的内容。

（一）案由

2020 年 12 月，最高人民法院发布的《最高人民法院印发〈关于行政案件案由的暂行规定〉的通知》（法发〔2020〕44 号）规定：行政案件的一级案由为"行政行为"，是指行政机关与行政职权相关的所有作为和不作为。目前列举的二级案由主要包括：行政处罚、行政强制措施、行政强制执行等。三级案由则主要是按照法律法规等列举的行政行为名称，以及行政行为涉及的权利内容等。人民法院在确定行政案件案由时，应当首先适用三级案由；无对应的三级案由时，适用二级案由；二级案由仍然无对应的名称，适用一级案由。

海关没有专门针对"案由"的规定，参考行政复议、行政诉讼案件案卷事由的表述，考虑到听证时间是在告知之后，行政处罚决定尚未最终作出之前，根据听证案件范围和具体案件的不同情况，从言简意赅、规范的角度，可以借鉴最高人民法院文件规定，将听证案由以"执法主体＋拟＋当事人＋处罚种类＋具体行政行为"来构造。另外，本规章第 94 条第 4 项"听证主持人宣布听证开始并介绍案由"中的"案由"，并不需要与听证笔录中记录的案由完全一致，听证主持人介绍时可以用一段文字表述。

---

① 李洪雷. 中华人民共和国行政处罚法评注 [M]. 北京：中国法制出版社，2021：475.

（二）回避有关事项

1. 根据本规章第 94 条第 2 项规定，听证笔录应当同时记录听证主持人询问当事人及其代理人、第三人及其代理人、案件调查人员是否申请回避的情况，以及被询问人答复的情况。

2. 被询问人申请回避的，听证笔录应当同时记录是否采纳、是否当场确定回避、回避人员等情况。

（三）延期听证、中止听证、终止听证

有本规章第 95 条延期听证、第 96 条中止听证、第 97 终止听证情形的，应当在听证笔录中一并列明。

（四）音像记录

《山东省行政程序规定》第 82 条、《河南省行政处罚听证办法》第 30 条等均规定，听证可以同时采用音像记录。本规章未规定听证音像记录问题。根据《国务院办公厅关于全面推行行政执法公示制度执法全过程记录制度重大执法决定法制审核制度的指导意见》（国办发〔2018〕118 号）要求，结合本规章第 7 条规定，海关可以采取音像记录方式辅助听证记录。

案例

甲与某城区烟草专卖局行政处罚案[1]

裁判要点 二审法院认为，本案中，上诉人未能提供有效证据证实，其在作出行政处罚之前已经按照行政处罚法的要求举行了听证程序，已经充分听取、重视当事人的陈述和申辩，即未能在举证期限内提供其作出的听证笔录，未能证实举行听证的时间、地点、主持人，当事人是否参加，是否公开进行，是否涉及回避，是否进行申辩和质证，当事人如不参加的是否查明原因（尤其是否有正当理由）以及当事人是否书面明确放弃听证、放弃申辩和质证等权利，根据举证责任分配原则，上诉人应承担举证不能的不利后果。综上，上诉人不能提供有效证据证实其已经举行听证程序并已经充分听取、重视当事人的陈述和申辩，程序违法。

第九十九条 听证笔录应当由听证参加人及其他人员确认无误后逐页进行签字或者盖章。对记录内容有异议的可以当场更正后签字或者盖章确认。

听证参加人及其他人员拒绝签字或者盖章的，由听证主持人在听证笔录上注明。

条文对比

本条是关于听证笔录确认（签字盖章）的规定，对应《署令第 145 号》第 30 条。

---

[1] 广西壮族自治区防城港市中级人民法院（2014）防市行终字第 38 号。

《中华人民共和国海关办理行政处罚案件程序规定》
理解与适用

与《署令第 145 号》相比,主要变化是将《署令第 145 号》第 30 条第 2 款中的"记录员"修改为"听证主持人",其他无变化。

> 理解与适用

一、相关政策文件

同本规章第八十二条。

二、主要法律依据

《行政处罚法》第 64 条第 8 项:"听证应当制作笔录。笔录应当交当事人或者其代理人核对无误后签字或者盖章。当事人或者其代理人拒绝签字或者盖章的,由听证主持人在笔录中注明。"

根据《行政处罚法》第 64 条第 8 项规定,本条延续《署令第 145 号》第 30 条规定,并予以修改。

三、本条应当注意的问题

(一)听证笔录的确认主体

《行政处罚法》第 64 条第 8 项规定了"交当事人或者其代理人核对无误后签字或者盖章"。考虑到参加听证的人员包括听证参加人及其他人员,不限于当事人或者其代理人,因此,本规章规定,笔录确认的主体是"听证参加人及其他人员"。

(二)听证笔录的更正

如果是当事人或者其代理人、调查人员对记录内容有异议,并当场更正的,应当经对方认可,否则随意更正将产生更多分歧,听证也将形同虚设。对方不认可的,应当根据听证录音或者录像决定是否更正。更正之处,建议由双方共同确认。

(三)不确认的处理

本条根据《行政处罚法》第 64 条第 8 项规定,延续《署令第 145 号》第 30 条规定,将其中的"记录员"修改为"听证主持人",规定为:"听证参加人及其他人员拒绝签字或者盖章的,由听证主持人在笔录中注明。"

> 案例

某打字复印部诉某县文化和旅游局行政处罚案[1]

裁判要点 本案争议焦点是被申请人县文化和旅游局在听证后作出行政处罚决定前是否应当再进行补充调查,调查之后对相关证据材料是否应当再进行听证。法院认为,行政机关在听证后根据案件情况再行调查是行政机关查清案件事实的必

---

[1] 山西省高级人民法院(2020)晋行申 130 号。

要。对再行调查之后是否必须再行听证，法律并无明确规定。故申请人认为被申请人作出行政处罚决定程序违法应进行再审的理由不成立，原二审判决并无不当。

第一百条 听证结束后，海关应当根据听证笔录，依照本规定第六十八条至第七十二条的规定进行复核及作出决定。

条文对比

本条是关于听证笔录应用的规定，系新增条款。

理解与适用

一、相关政策文件

同本规章第八十二条。

二、主要法律依据

《行政处罚法》第 65 条规定："听证结束后，行政机关应当根据听证笔录，依照本法第五十七条的规定，作出决定。"

根据《行政处罚法》第 65 条规定，增加本条。

三、本条应当注意的问题

（一）听证笔录法律效力情形

听证笔录对行政决定是否具有约束力是听证制度的关键和核心。从各国行政程序法关于听证制度的规定看，都对听证笔录的效力作了规定，明确其对行政机关最终决定的约束力，但各国规定的听证笔录对行政机关决定的约束力程度不一样。主要有两种做法：一种是美国的案卷排他性原则；另一种是德国、韩国、日本和瑞士等国家规定有一定的约束力。[1]行政机关的裁决只能以案卷为根据，不能在案卷之外，以当事人未知悉的和未论证的事实作为根据，这个原则成为案卷排他性原则。案卷排他性原则是正式听证的核心。[2]

（二）新《行政处罚法》中听证笔录的法律效力

原《行政处罚法》中听证笔录对作出处罚决定有无影响、有多大影响并未提及，因此听证笔录的法律效力并不明确。有的行政机关听证后作出行政处罚决定并未结合听证笔录，有的当事人担心听证是走过场，例行公事，不愿走听证的路子，这些不仅延长了办案期限，增加了执法成本，更重要的是使听证丧失了其必要性和

---

[1] 许安标. 中华人民共和国行政处罚法释义 [M]. 北京：中国民主法制出版社，2021: 169-170.
[2] 王名扬. 美国行政法：上 [M]. 北京：北京大学出版社，2016: 369.

《中华人民共和国海关办理行政处罚案件程序规定》
理解与适用

存在意义。实践中，听证笔录对于行政处罚决定的法律效力一直有争议，主要有三种观点：听证笔录是作出行政处罚决定的唯一依据、重要或者主要根据、根据之一。①

行政机关既然为正确作出行政处罚决定组织了听证，就应以听证笔录为处罚根据，而不应再采纳未经听证而由调查机关任意提交的事实和证据，从而使听证成为一种"走过场"而不产生实质效果的形式。② 明确听证笔录的强制拘束力，要求应当根据听证笔录作出决定，听证笔录不再是可有可无。③

关于是否确立案卷排他原则问题，有观点认为，我国《行政处罚法》中确立（遵循）案卷排他原则。④⑤ 但也有观点认为，考虑到行政处罚程序不同于司法程序，实行完全的案卷排他主义既要考虑例外情形，也还有一些问题需要进一步研究，"根据听证笔录"并非与案卷排他主义划等号，但至少可以说听证笔录具有了行政处罚决定的重要或者主要根据的法律效力。⑥

根据新《行政处罚法》第65条对听证笔录的法律效力的明确和强化，本规章新增本条。

案例

某公司与某海关行政处罚案⑦

裁判要点 一审法院审理查明，2018年1月，海关作出行政处罚告知单并送达公司。3月8日，应公司申请，海关发出行政处罚听证通知书。3月20日，听证会按期举行。11月30日，海关作出了新告知单并送达公司，重新告知拟处罚的事实、结果以及陈述、申辩，要求举行听证的权利。12月5日，公司申请进行听证。2019年1月17日，第二次听证会按期举行。2019年2月13日，海关作出《行政处罚决定书》。海关提供的证据证明，在作出行政处罚时，已履行了立案、调查、告知、听证、决定、送达等法定程序。二审法院维持原判。

案例

某公司与某市国土资源和房屋管理局某区国土资源分局等行政处罚案⑧

裁判要点 二审法院认为，上诉人区国土资源分局虽然在作出行政处罚告知书后举行了听证程序，但此后又进行了司法鉴定，上诉人在举行听证后又发现并考虑

---

① 黄海华. 新《行政处罚法》制度创新的理论解析 [J]. 行政法学研究，2021（6）：3-15.
② 姜明安. 精雕细刻，打造良法：修改《行政处罚法》的十条建议 [J]. 中国法律评论，2020（5）：1-8.
③ 赵振华. 新修订的《行政处罚法》对行政执法的新要求 [J]. 中国司法，2021（4）：72-76.
④ 李洪雷. 中华人民共和国行政处罚法评注 [M]. 北京：中国法制出版社，2021：479.
⑤ 江必新. 行政处罚法条文精释与实例精解 [M]. 北京：人民法院出版社，2021：358.
⑥ 黄海华. 新《行政处罚法》制度创新的理论解析 [J]. 行政法学研究，2021（6）：3-15.
⑦ 安徽省高级人民法院（2020）皖行终181号。
⑧ 天津市第一中级人民法院（2017）津01行终348号；《天津市高级人民法院公报》2017年第2辑。

了新的重要证据和事实，行政处罚将使被上诉人承担比听证时更为不利的后果。上诉人区国土资源分局就此新增证据、认定事实和罚款金额，没有告知被上诉人，也没有给予其陈述、申辩的机会，违反法定程序。国土资源部《国土资源听证规定》（国土资源部 22 号令）第 33 条规定，主管部门应当根据听证笔录，依法作出行政处罚决定。因此，上诉人不能根据听证中没有涉及的事实和证据作出处罚决定。本案听证之后上诉人根据新的证据对被上诉人违法事实作出新的认定，并对罚款金额作出新的决定，对此应当给予被上诉人再次听证的机会。

第六章　简易程序和快速办理

章注

本规章第六章"简易程序和快速办理"，自第 101 条至第 106 条，共 6 条，其中简易程序 2 条，快速办理 4 条。

一、简易程序

根据《行政处罚法》第 51 条、第 52 条规定，本规章将《署令第 159 号》第 26 条调整到本章，并增加 1 条"当场处罚规范要求"共同组成本章第一节。

二、快速办理

《署令第 159 号》第六章为"简单案件处理程序"，自第 90 条至第 93 条，共 4 条。

《署令第 188 号》不分章节，共 12 条，其中第 2 条是对《署令第 159 号》第 90 条的进一步解释。

本规章将《署令第 159 号》《署令第 188 号》的内容合并吸收，并单独作为一节，与"简易程序"共同构成第六章。

《署令第 159 号》与本规章相比，第 90 条基本对应本规章第 103 条，第 93 条基本对应本规章第 106 条。

与《署令第 188 号》相比，本规章主要变化：一是将"简单案件处理程序"修改为"快速办理"，不再使用"简单案件"，这是一个显著变化；二是因本规章相关条款已有规定，无需重复，不再保留《署令第 188 号》第 1 条立法目的与依据、第 2 条简单案件定义、第 4 条提供的材料、第 10 条"以下""以内"的解释、第 11 条规章解释权、第 12 条施行日期共 6 条规定；三是因上位法无相关要求，删除《署令第

188号》第5条、第6条；四是对《署令第188号》第3条、第7条、第8条、第9条共4条的内容进行整合并作相应修改，规定在本规章第103条、第105条、第106条；五是增加简化取证方式。

理解和适用

一、程序简化

《宪法》第27条第1款规定："一切国家机关……不断提高工作质量和工作效率。"

在法律程序中，为了兼顾公正与效率价值，常有简易程序与普通程序（一般程序）的设置。如在《民事诉讼法》《刑事诉讼法》《行政诉讼法》的诉讼程序中有关于简易程序与普通程序的规定。[1] 我国三大诉讼法均设置了简易程序和普通程序，且对简易程序转普通程序都有明确的规定。这是解决公正与效率价值在个案中冲突的有效方式，也为纠正程序选择偏差提供了依据。[2]

行政效率是行政权的生命，"行政贵乎神速"是古典自然法学派代表人物孟德斯鸠对于行政效率的最佳表述。纵观大陆法系国家以及英美法系国家的行政立法，都将行政效率原则作为行政执法的基本原则。[3] 在发生行政争议时，越早解决行政纠纷，将变动的法律关系置于稳定状态，越能激发市场活力，维护社会和谐稳定。提升行政效率必须尊重法治精神，在法治的框架下进行。[4] "根据行政事务的繁简区分一般程序、简易程序、正式程序、非正式程序等，不同类型的程序适用于不同情形。"[5]

二、简易程序

"草案根据实际情况和行政处罚的基本原则，对行政处罚的程序作了规定：第一，为适应实际需要，分别规定了简易程序和一般程序。简易程序是对违法事实确凿并有法定依据、处罚较轻的行为，由执法人员当场作出处罚决定。[6] 所谓行政简易程序是指行政主体在行政执法中适用的对行政事态进行快速、简捷、超常规处置

---

[1] 李洪雷.中华人民共和国行政处罚法评注[M].北京：中国法制出版社，2021：362.
[2] 江必新，夏道虎.中华人民共和国行政处罚法条文解读与法律适用[M].北京：中国法制出版社，2021：176.
[3] 关保英.行政程序法学：下册[M].北京：北京大学出版社，2021：528.
[4] 马怀德，郭富朝.立足新发展阶段，开创法治政府建设新局面：中国法治政府发展与展望（2020）[M]//中国政法大学法治政府研究院.中国法治政府发展报告（2020）.北京：社会科学文献出版社，2021：1-20.
[5] 江必新.论行政程序的正当性及其监督[J].法治研究，2011（1）：4-14.
[6] 曹志.关于《中华人民共和国行政处罚法（草案）》的说明：1996年3月12日在第八届全国人民代表大会第四次会议上.人大工作通讯，1996（7）：31-33.

的行政行为规则，其作为行政程序的构成部分亦有主体、方式、期限、条件等相应的程序构成，而其中所包含的程序构成既不受常规行政机制的约束，又不以一般的程序规则为活动依据。①

简易程序是一种独立的、简化的程序。和普通程序相比，具有程序简单、运作灵活、范围特定、当场处罚的特点。在行政处罚中设立简易程序，对提高行政执法效率、节约行政成本、缓解行政执法力量不足，都具有重要意义。②

第一节　简易程序

第一百零一条　违法事实确凿并有法定依据，对公民处以二百元以下、对法人或者其他组织处以三千元以下罚款或者警告的行政处罚的，海关可以适用简易程序当场作出行政处罚决定。

条文对比

本条是关于当场处罚的规定，对应《署令第159号》第26条。

与《署令第159号》相比，主要变化：一是将《署令第159号》第26条中的"50""1000"分别修改为"二百""三千"；二是将《署令第159号》第26条中的"按照《中华人民共和国行政处罚法》第五章第一节的有关规定"修改为"适用简易程序"；三是在"可以"之前增加"海关"。

理解与适用

一、相关政策文件

同本规章第二十二条，以及：

《法治政府建设实施纲要（2015—2020年）》："加强行政程序制度建设，严格规范作出各类行政行为的主体、权限、方式、步骤和时限。"

二、主要法律依据

《行政处罚法》第51条："违法事实确凿并有法定依据，对公民处以二百元以下、对法人或者其他组织处以三千元以下罚款或者警告的行政处罚的，可以当场作出行政处罚决定。法律另有规定的，从其规定。"

根据《行政处罚法》第51条规定，本规章对《署令第159号》第26条的规定

---

① 张淑芳.论行政简易程序.华东政法大学学报，2010（2）：16-25.
② 江必新.行政处罚法条文精释与实例精解[M].北京：人民法院出版社，2021：288-289.

予以修改，作出上述规定。

三、适用简易程序作出行政处罚

行政处罚程序该简则简、该严则严，实行繁简分流是正当程序的应有之义。[①]

1996年《行政处罚法》规定，对公民处以五十元以下、对法人或者其他组织处以一千元以下罚款，适用简易程序。但随着经济社会的发展，能够适用简易程序的案件较少。在修法过程中，不少意见表示，行政处罚简易程序门槛高、适用率低与提高行政执法效率的实践需求之间形成了突出矛盾，应根据社会经济发展情况，适当提高适用简易程序的罚款数额。[②]

实践中，个案违法行为不同，在情节、危害后果等方面也有较大差异，一律按照普通程序并非最优选择。《关于〈中华人民共和国行政处罚法（修订草案）〉的说明》中关于行政处罚的程序部分也专门对此作了解释："适应行政执法实际需要，将适用简易程序的罚款数额由五十元以下和一千元以下，分别提高至二百元以下和三千元以下。"通过分类对待、分流处理，对符合法定情形的当场作出处罚决定，能够及时对部分违法行为作出处理，更好地优化资源利用，节省行政执法成本，提高行政执法效率。

四、适用简易程序作出行政处罚的条件

1. 违法事实确凿。有观点认为，违法事实确凿一般指的是违法行为的事实和后果都比较清楚，执法人员和当事人对此没有争议，无须进一步调查核实。如果需要进一步调查核实，就不能适用简易程序。[③]

2. 有法定依据。从位阶上看是指规定违反行政管理秩序，应当给予行政处罚的行为的法律、法规、规章；从依据的内容看，既包括实体性依据，也包括程序性依据；从精准度看，应当具体到某一条、款、项、目。

3. 对公民处以二百元以下、对法人或者其他组织处以三千元以下罚款或者警告的行政处罚。

五、本条应当注意的问题

（一）"可以"

《行政处罚法》第51条规定："可以当场作出行政处罚决定"。"可以"不是必须或者应当，这也表明对符合条件适用行政处罚简易程序的案件，行政机关具有选

[①] 黄海华.新《行政处罚法》制度创新的理论解析[J].行政法学研究，2021（6）：3-15.
[②] 黄海华.新行政处罚法的若干制度发展[J].中国法律评论，2021（3）：48-61.
[③] 杨伟东.中华人民共和国行政处罚法理解与适用[M].北京：中国法制出版社，2021：168.

择权，可以适用简易程序，也可以选择普通程序。[1] 如果行政机关认为本案需要适用普通程序，那么行政机关也可以适用普通程序。[2]

（二）口头警告是不是行政处罚

有观点认为，如果是口头警告，则属于一般的批评教育，不具有强制力，不属于行政处罚行为。[3][4]

（三）简易程序向普通程序的转换

在适用简易程序的过程中，如果行政机关认为本案事实存在争议，需要进一步调查取证，也可以从简易程序转为普通程序。[5]

【案例】

甲与某市公安局交通警察支队行政处罚案[6]

裁判要点 本案中，交通警察支队并未提供在该路口设置的交通技术监控设备及违法图像符合上述规定的相关证据。交通警察支队工作人员是在固定的办公场所向上诉人出具处罚决定书的，在出具处罚决定书之前工作人员完全有时间有条件规范地对上诉人履行告知和听取陈述、申辩的义务。交通警察支队虽辩称履行了该程序，但提供不出这方面的证据予以证明。据此，交通警察支队未依法对甲实施处罚，致使该案未能及时处理。交通警察支队对甲实施的道路行政处罚行为主要证据不足，违反法定程序，应予撤销。

【案例】

甲与某市公安局公安交通管理局某交通支队某队行政处罚案[7]

裁判要点 原告认为被告对其处以30元罚款应当适用简易程序而非一般程序。法院认为，因《行政处罚法》关于"对公民处以五十元以下"罚款的行政处罚并未作出必须适用简易程序的强制性规定，所以被告对原告作出罚款30元的行政处罚时选择适用一般程序并无不当，对原告的此项主张，法院不予支持。二审法院维持一审判决。

第一百零二条 执法人员当场作出行政处罚决定的，应当向当事人出示执法证件，填写预定格式、编有号码的行政处罚决定书，并当场交付当事人。当事人拒绝签收的，应当在行政处罚决定书上注明。

---

[1] 江必新.行政处罚法条文精释与实例精解[M].北京：人民法院出版社，2021：291.
[2] 李洪雷.中华人民共和国行政处罚法评注[M].北京：中国法制出版社，2021：347-348.
[3] 张树义.行政法与行政诉讼法学[M].2版.北京：高等教育出版社，2007：133.
[4] 袁雪石.中华人民共和国行政处罚法释义[M].北京：中国法制出版社，2021：61.
[5] 李洪雷.中华人民共和国行政处罚法评注[M].北京：中国法制出版社，2021：348.
[6] 山西省高级人民法院（2013）晋行终字第13号.
[7] 北京市第一中级人民法院（2003）一中行终字第309号.

《中华人民共和国海关办理行政处罚案件程序规定》
理解与适用

前款规定的行政处罚决定书应当载明当事人的违法行为，行政处罚的种类和依据、罚款数额、时间、地点，申请行政复议、提起行政诉讼的途径和期限以及海关名称，并由执法人员签名或者盖章。

执法人员当场作出的行政处罚决定，应当报所属海关备案。

条文对比

本条是关于对当场处罚决定要求的规定，系新增条款。

理解与适用

一、相关政策文件

同本规章第一百零一条。

二、主要法律依据

《行政处罚法》第 52 条："执法人员当场作出行政处罚决定的，应当向当事人出示执法证件，填写预定格式、编有号码的行政处罚决定书，并当场交付当事人。当事人拒绝签收的，应当在行政处罚决定书上注明。　　前款规定的行政处罚决定书应当载明当事人的违法行为，行政处罚的种类和依据、罚款数额、时间、地点，申请行政复议、提起行政诉讼的途径和期限以及行政机关名称，并由执法人员签名或者盖章。　　执法人员当场作出的行政处罚决定，应当报所属行政机关备案。"

根据《行政处罚法》第 52 条，新增本条。

三、当场处罚的程序

简易程序实质涵盖了一整套完整的实施环节，简易而不能简单省略。行政处罚简易程序必须遵守行政处罚程序的一般性规定，特别是要充分保障被处罚当事人的程序权利。[1]

（一）向当事人出示执法证件

根据《行政处罚法》第 52 条第 1 款，本条第 1 款规定："执法人员当场作出行政处罚决定的，应当向当事人出示执法证件。"向当事人出示执法证件是表明执法人员身份的方式。

（二）填写预定格式、编有号码的行政处罚决定书

根据《行政处罚法》第 52 条第 1 款，本条第 1 款规定，执法人员在出示执法证件后，填写预定格式、编有号码的行政处罚决定书。

---

[1] 江必新.行政处罚法条文精释与实例精解[M].北京：人民法院出版社，2021：291，296.

（三）当场送达处罚决定书

《行政处罚法》第 52 条第 1 款规定："执法人员当场作出行政处罚决定的，应当……当场交付当事人。""当场交付"实质上是直接送达的形式之一。[①] 当事人拒绝签收的，应当在行政处罚决定书上注明。

（四）执法人员在行政处罚决定书上签名或者盖章

根据《行政处罚法》第 52 条第 2 款，本条第 2 款规定，行政处罚决定书由执法人员签名或者盖章。

（五）报所属海关备案

根据《行政处罚法》第 52 条第 3 款，本第 3 款规定，执法人员当场作出的行政处罚决定，应当报所属海关备案。

四、当场处罚决定书

（一）当场处罚决定书与普通程序处罚决定书

本规章第 74 条规定了普通程序的行政处罚决定书应当载明的内容。当场处罚决定书与第 74 条规定的处罚决定书比较如下：

1. 本条规定中的"行政处罚的种类和依据""申请行政复议、提起行政诉讼的途径和期限""海关名称"与本规章第 74 条规定完全一致。

2. 本条"当事人的违法行为"可以视为"违反法律、行政法规、海关规章的事实"，"罚款数额"可以视为"行政处罚种类"的范围，"时间"可以视为"作出决定的日期"。

3. "地点"是当场处罚决定特有的事项，要写明确、容易识别的具体地址。

（二）当事人的基本情况

本条虽然没有明确"当事人的基本情况"，但因处罚决定书是预定格式、编有号码的，因此需要执法人员按照格式要求填写当事人的基本情况。

（三）罚款的履行方式和期限

本条没有明确"行政处罚的履行方式和期限"，对于作出警告处罚的而言，自然无需注明。但对于作出罚款处罚的，应当列明缴纳方式和期限，尤其是不能当场收缴罚款的情形下。

（四）当场处罚决定书的印章

与本规章第 74 条规定行政处罚决定书加盖海关印章不同，当场处罚决定一般提前加盖好海关印章。

---

① 田瑶. 论行政行为的送达 [J]. 政法论坛，2011，29（5）：182-191.

（五）当场处罚决定书的其他问题

1. 当场处罚决定书按照编号使用，不能隔页使用，中间空号。

2. 对当事人当场作出警告罚的，无需填写罚款数额，并应划掉罚款部分的表述。

五、本条应当注意的问题

（一）是否收集证据

《行政处罚法》第40条、本规章第71条第3款都规定："违法事实不清、证据不足的，不得给予行政处罚。"无论适用何种程序办理行政处罚案件，都应当牢固树立证据意识，不能以简易程序为由不收集任何的证据。简易程序适用的前提是"违法事实确凿"，这意味着违法事实必须有证据证实，但收集证据的时间、难度等方面不是完全等同于普通程序。因此，海关适用简易程序办理行政处罚案件作出处罚，也要收集必要的证据。违法事实靠证据证明，让证据"说话"。

（二）是否告知并听取当事人的陈述、申辩

《行政处罚法》第44条关于告知义务、第45条第1款关于当事人陈述和申辩及行政机关复核等规定在第五章"行政处罚的决定"中的第一节"一般规定"中，而第五章第二节至第四节分别为"简易程序""普通程序""听证程序"。海关告知陈述、申辩权和当事人行使陈述、申辩权适用于上述程序，还适用于本规章第六章第二节规定的"快速办理"。《江苏省行政程序条例》第48条第2款规定："行政机关采用简易程序作出行政决定，可以口头告知当事人行政决定的事实、依据和理由，当场听取当事人的陈述与申辩，并可以当场采用格式化的方式作出。""为实现效率和公正的有机统一，行政处罚程序被区分为普通程序和简易程序。即便是简易程序，也要遵守最低限度的程序要求。"[1]

因此，海关适用简易程序办理行政处罚案件，也应当当场口头告知当事人陈述、申辩权；当事人陈述、申辩的，海关要充分听取。

（三）适用简易程序的执法人员人数

《行政处罚法》第42条第1款以及本规章第8条第1款都规定："执法人员不得少于两人，法律另有规定的除外。"

1. 执法人员不得少于两人。执法人员不得少于两人是指行政处罚实施的过程中，无论是按照简易程序实施现场处罚，还是按照普通程序通过调查后实施行政处罚，所有的证据收集、询问当事人、告知陈述申辩和听证权、听取当事人陈述和申辩等涉及

---

[1] 曹鎏.论"基本法"定位下的我国《行政处罚法》修改：以2016年至2019年的行政处罚复议及应诉案件为视角[J].政治与法律，2020（6）：28-40.

违法事实认定和当事人行使陈述、申辩权的行政处罚程序，原则上必须有两名以上具有行政执法资格的执法人员参与。[1]

2017年《行政处罚法》第37条第1款规定，行政机关在调查或者进行检查时，执法人员不得少于两人。该条在第五章第二节"一般程序"中，而"简易程序"规定在第五章第一节。因此，一般理解，执法人员不得少于两人是针对一般程序案件所提的要求，适用简易程序的当场作出处罚决定的案件无须两名以上的执法人员。

新《行政处罚法》第五章"行政处罚的决定"中第一节为"一般规定"，第二节为"简易程序"，第三节为"普通程序"，第四节为"听证程序"。规定当场作出处罚决定的第51条属于第五章第二节"简易程序"中的内容；规定立案、调查、检查等要求的第54条属于该章第三节"普通程序"中的内容；而"执法人员不得少于两人"是第42条第1款的规定，该条是新增条款，在第一节"一般规定"中，而第一节在该章具有统领的作用，也就是说，第一节"一般规定"中关于"执法人员不得少于两人"的规定适用于所有程序，但"法律另有规定的除外"。由于执法人员不得少于两人的规定是在第一节"一般规定"之中，因此，关于执法人员人数的限制，适用于简易程序和普通程序，即哪怕是行政机关进行当场处罚，执法人员也应当是两人以上，除非法律有其他规定。[2] 这是法律对行政执法的基本要求。"由两人以上共同执法是行政过程的常态，也是行政执法的原则。"[3]《公安部关于贯彻实施行政处罚法的通知》（公法制〔2021〕2303号）规定："严格落实两名或者两名以上人民警察实施公安行政处罚的要求"。山东省司法厅印发的《新修订行政处罚法贯彻实施工作指引》规定："只要法律没有例外规定，无论是简易程序还是一般程序，都需要两人执法。"

2. 法律另有规定的除外。《行政处罚法》把"执法人员不得少于两人"作为行政处罚程序中的一项重要原则进行规定，但同时又规定"法律另有规定的除外"。如果单行法作出了少于两人的规定，也是合法有效的处罚依据。但这里的"法律"是狭义的法律，即全国人大或者全国人大常委会制定的法律，如果没有法律规定而仅有法规、规章作出执法人员少于两人的规定不是一人执法的合法有效依据。

目前海关执行的法律中均未对适用简易程序办理行政处罚案件的执法人员人数作出另行规定，故适用简易程序办理海关行政处罚案件，也应当不少于两名执法人员。考虑到简易程序的设立初衷和行政资源的配置，建议一般为两人。

---

[1] 江必新. 行政处罚法条文精释与实例精解 [M]. 北京：人民法院出版社，2021：151.
[2] 李洪雷. 中华人民共和国行政处罚法评注 [M]. 北京：中国法制出版社，2021：288.
[3] 何海波. 内部行政程序的法律规制（上）[J]. 交大法学，2012（1）：127-139.

（四）当场处罚决定的送达

根据《行政处罚法》第 52 条第 1 款，本条规定，适用简易程序当场作出的处罚决定，当场交付当事人。但当场交付是否使用《送达回证》并未明确。建议两种方式均可：一是按照普通程序使用《送达回证》送达；二是不一定必须使用《送达回证》，可以由当事人直接在处罚决定书中空白处填写送达情况。

（五）当场处罚决定备案期限

"备案有保存证据的作用，同时也有接受行政机关监督的功能。"[1] 当场处罚决定的备案，可以使行政机关掌握当场处罚的底数，使行政处罚权力置于监督之下，避免在当事人申请行政复议或者提起行政诉讼时毫不知情。

《行政处罚法》没有明确报备的期限。《市场监督管理行政处罚程序规定》第 70 条规定"作出行政处罚决定之日起七个工作日内"。《山东省行政程序规定》第 88 条规定："当场作出行政执法决定，并在 5 日内报所属行政机关备案"。《浙江省行政程序办法》第 60 条第 2 款规定的是"3 日内"。上述规定中，有的时间短，较紧迫；有的时间长，较宽松。海关适用简易程序作出当场行政处罚的，建议参考上述规定，确定合理的时间。

案例

甲与某公安局行政强制案[2]

裁判要点 法院认为，本案中，被告在对甲所雇驾驶员乙因违章停车及未携带驾驶证进行当场处罚的过程中，既未出示执法身份证件，又未出具书面处罚决定，违反了行政处罚法第 34 条的相关规定。此外，对本案违章停车、不携带驾驶证行为处以 50 元罚款并扣押车辆的行为，亦缺乏相关法律依据。

第二节　快速办理

第一百零三条　对不适用简易程序，但是事实清楚，当事人书面申请、自愿认错认罚且有其他证据佐证的行政处罚案件，符合以下情形之一的，海关可以通过简化取证、审核、审批等环节，快速办理案件：

（一）适用《海关行政处罚实施条例》第十五条第一项、第二项规定进行处理的；

（二）报关企业、报关人员对委托人所提供情况的真实性未进行合理审查，或

---

[1] 何海波. 内部行政程序的法律规制（上）[J]. 交大法学，2012（1）：127-139.
[2] 黑龙江省高级人民法院行政判决书（2017）黑行再 1 号。

者因为工作疏忽致使发生《海关行政处罚实施条例》第十五条第一项、第二项规定情形的；

（三）适用《海关行政处罚实施条例》第二十条至第二十三条规定进行处理的；

（四）违反海关监管规定携带货币进出境的；

（五）旅检渠道查获走私货物、物品价值在五万元以下的；

（六）其他违反海关监管规定案件货物价值在五十万元以下或者物品价值在十万元以下，但是影响国家出口退税管理案件货物申报价格在五十万元以上的除外；

（七）法律、行政法规、海关规章规定处警告、最高罚款三万元以下的；

（八）海关总署规定的其他情形。

条文对比

本条是关于快速办理情形的规定，对应《署令第159号》第90条、《署令第188号》第3条。但《署令第159号》第90条并未列明具体情形，《署令第188号》第3条中采取列举加兜底方式进行了明确。

与《署令第188号》相比，主要变化：一是不再使用《署令第188号》第3条"简单案件程序适用于以下案件"的表述，而是修改为"对不适用简易程序，但是事实清楚，当事人书面申请、自愿认错认罚且有其他证据佐证的行政处罚案件，符合以下情形之一的，海关可以通过简化取证、审核、审批等环节，快速办理案件"；二是由第3条的4项修改为8项，增加第2项、第5项、第7项、第8项；三是将第3条第1项、第2项中的"《处罚条例》"统一修改为"《海关行政处罚实施条例》"；四是删除第3条第3项中的"，金额折合人民币20万元以下的"；五是将第3条第4项中的"人民币20万元以下，物品价值在人民币5万元"修改为"五十万元以下或者物品价值在十万元"，删除"的"，同时增加"，但是影响国家出口退税管理案件货物申报价格在五十万元以上的除外"。

理解与适用

一、相关政策文件

同本规章第一百零一条，以及：

《法治政府建设实施纲要（2015—2020年）》："对实践证明已经比较成熟的改革经验和行之有效的改革举措，要及时上升为法律法规规章。"

二、主要法律依据

上位法无关于本条内容的具体规定。

本条借鉴《海警法》第30条第1款规定，参考部门规章中关于"快速办理"

的规定，对《署令第 188 号》第 3 条予以修改。

三、快速办理行政处罚案件

2019 年 9 月 24 日，习近平总书记在十九届中央政治局第十七次集体学习时的讲话中指出："要及时总结实践中的好经验好做法，成熟的经验和做法可以上升为制度、转化为法律。"①

本规章中快速办理行政处罚案件的范围，就是将《海关总署关于简单案件快速办理有关事项的公告》（海关总署公告 2019 年第 162 号）中的有关内容从公告上升为海关规章。

（一）行政案件快速办理程序

行政案件快速办理，是指对不适用简易程序，但事实清楚，违法嫌疑人自愿认错认罚，且对违法事实和法律适用没有异议的行政案件，行政机关可以简化取证方式和审核审批手续。②

2012 年 9 月，浙江省公安厅发布《浙江省公安厅关于优化行政案件办理程序若干问题的意见》（浙公通字〔2012〕129 号），对案件快办程序进行了试点。2016 年 9 月 27 日，中共中央办公厅　国务院办公厅印发《关于深化公安执法规范化建设的意见》，9 月 30 日，浙江省公安厅就印发了《浙江省公安机关行政案件快速办理工作规定（试行）》（浙公通字〔2016〕73 号，已被浙公通字〔2019〕49 号修订）。2019 年 9 月，《浙江省公安机关行政案件快速办理工作规定》（浙公通字〔2019〕49 号）第 2 条规定："行政案件快速办理，是指对不适用简易程序，但事实清楚，违法嫌疑人自愿认错认罚，且对违法事实和法律适用没有异议的行政案件，通过简化取证方式和审核审批手续等措施，实现案件快办快裁。"

2018 年，在吸收浙江经验的基础上，公安部《公安机关办理行政案件程序规定》，将原第六章"简易程序"修改为"简易程序和快速办理"，增加"快速办理"一节。该规定于 2019 年 1 月 1 日实施后，治安案件快办程序在全国推广，各地根据本地实际，制定了制度规范。

自 2021 年 2 月 1 日起施行的《海警法》首次在法律层级明确了快速办理。

《浙江省人民政府关于贯彻落实〈行政处罚法〉推进法治政府升级版建设的若干意见》（浙政发〔2022〕17 号）规定："规范运用'浙政钉'掌上执法，健全简案快办、电子送达、电子支付缴纳罚款等机制。"

快速办理程序是行政处罚普通程序的快速形式，其并非介于简易程序与普通程

---

① 习近平. 坚持、完善和发展中国特色社会主义国家制度与法律制度[J]. 求是，2019（23）.
② 李文姝. 行政案件快速办理程序构造论[J]. 人大法律评论，2020（1）174-191.

序之间的独立程序，而是普通程序的特殊形态。① 对于当事人希望加速办理的行政处罚案件，引入快速办理机制，能够使当事人和第三人尽快恢复到正常生产生活状态，有利于促进经济社会发展。我国刑事诉讼制度中已经引入了速裁程序，相关域外国家行政许可制度中也有加速程序，这些做法值得借鉴。② 其目的是推行繁简分流机制，缓和有限执法资源与巨量行政案件间的矛盾，将有限资源集中向重大复杂事项。③ 既降低了相对人办事的成本，又不违背相对人的预期，还有利于促进公共利益，应该是符合民主和法治原则要求从而可以接受的。④

四、本条应当注意的问题

（一）快速办理案件的条件

1."事实清楚"。本条规定的"事实清楚"是指当事人违反什么法律规定、构成什么违法行为、具备什么情节等清晰明了。

2.当事人书面申请。也就是说，快速办理的启动，由当事人决定，而且由其以书面方式申请适用快速办理程序。至于书面申请是单独文书格式还是在其他材料中一并体现，本规章并未规定。因此，当事人既可以单独提出适用快速办理的申请，也可以与认错认罚结合在一份材料中提出。同时，调查人员应当注意释明本规章规定，指导当事人在文书中规范表述快速办理程序。

《海警法》第 30 条第 1 款、《公安机关办理行政案件程序规定》第 42 条、《消防救援机构办理行政案件程序规定》（应急〔2021〕77 号）第 78 条第 1 项等规定：快速办理行政案件前，应当书面告知违法嫌疑人快速办理的相关规定，征得其同意，并由其签名确认。上述规定均赋予了执法部门对程序适用的动议权，而保留了相对人对程序适用的决定权。

本规章规定由"当事人书面申请"，而未规定"征得其同意"，强调了当事人对行政处罚办案程序的选择权和决定权，也就是说启动快速办理程序的主动权掌握在当事人手中，即便本条其他条件符合但当事人不书面申请，快速办理程序也不能适用，仍然按照普通程序办理。当然，这并不意味着海关无所事事，将该条款束之高阁，海关办案人员可以参照海警机构、公安机关动议权的规定，提示当事人有此渠道，是否选择该程序交由当事人决定。"即当事人与执法人员同时享有快办程序

---

① 杨小军，毛晨宇. 行政处罚快速办理程序的正当性审视与补强 [J]. 行政法学研究，2022（2）：30-43.
② 袁雪石.《行政处罚法》实施中的重点难点问题简析 [J]. 中国司法，2022（3）：61-66.
③ 李文姝. 行政案件快速办理程序构造论 [J]. 人大法律评论，2020（1）174-191.
④ 杨登峰. 行政程序法定原则的厘定与适用 [J]. 现代法学，2021，43（1）：74-89.

的动议权，但执法人员动议的适用需要当事人同意。"①

3. 当事人自愿认错认罚。对于适用快速办理程序案件的当事人而言，其对违法行为及其后果有充分的认识和积极的态度，自愿认错并接受海关的处罚，当事人会因为自己的选择适用从而更容易尊重处理程序，接受处理决定。

4. 有其他证据佐证。《行政处罚法》第40条、本规章第71条第3款都规定，违法事实不清、证据不足的，不得给予行政处罚。本规章第104条对快速办理的证据作出了规定。

（二）快速办理案件的范围

《署令第188号》纳入快速办理的案件范围只有4项。2019年10月，海关总署发布《海关总署关于简单案件快速办理有关事项的公告》（海关总署公告2019年第162号），共有7项内容，部分与《署令第188号》有重复，部分有增加或修改。

1. 第1项、第3项、第4项、第6项。其中第1项、第3项对应《署令第188号》的第1项、第2项，予以保留；第4项、第6项对应《署令第188号》第3项、第4项并作修改。与海关总署公告2019年第162号相比，第1项、第3项除行政法规的表述不同外，其他内容相同，第4项则完全相同，第6项在原规定的基础上提高数额，并增加"影响国家出口退税管理案件货物申报价格在五十万元以上的除外"。

2. 增加第2项、第5项、第7项。对应海关总署公告2019年第162号的第2项、第5项、第7项，第7项"法律、行政法规、海关规章规定处警告、最高罚款三万元以下的"，涵盖了海关执法实践中需要快速办理的出入境检验检疫行政处罚案件。

3. 增加兜底条款第8项。考虑到将来可能会继续调整范围、完善情形，增加兜底条款预留接口，适时可以根据情况的变化公布新的案件范围，或者动态调整。

（三）不适用快速办理的案件范围

借鉴《海警法》第31条、《消防救援机构办理行政案件程序规定》（应急〔2021〕77号）第77条、《浙江省公安机关行政案件快速办理工作规定》（浙公通字〔2019〕49号）第5条第1款等规定，不适用快速办理的案件范围包括：

1. 简易程序案件。本条规定首先排除简易程序案件。

2. 普通程序、听证程序案件。根据本规章立法体例结构，普通程序、听证程序处理的案件有其相应的规定和要求，必须严格遵守相应程序。

3. 其他情形。

---

① 杨小军，毛晨宇. 行政处罚快速办理程序的正当性审视与补强[J]. 行政法学研究，2022（2）：30-43.

案例

甲与某海关行政处罚案[1]

裁判要点 法院查明，甲经某口岸旅检现场无申报通道出境，未向海关申报。经海关查验，超量携带的澳门币 X 元，折合人民币 Y 元。海关未发现甲存在以藏匿、伪装等方式逃避海关监管的行为。根据《海关办理行政处罚简单案件程序规定》，海关适用海关行政处罚简单案件程序办理。该程序适用已依法告知甲。同日，海关作出《行政处罚告知单》并送达，甲明确表示放弃陈述、申辩（及申请听证）权利。海关于同日作出《行政处罚决定书》。法院判决海关作出的行政处罚决定合法、适当，适用法律正确，行政裁量适当。

第一百零四条 快速办理行政处罚案件，当事人在自行书写材料或者查问笔录中承认违法事实、认错认罚，并有查验、检查记录、鉴定意见等关键证据能够相互印证的，海关可以不再开展其他调查取证工作。

使用执法记录仪等设备对当事人陈述或者海关查问过程进行录音录像的，录音录像可以替代当事人自行书写材料或者查问笔录。必要时，海关可以对录音录像的关键内容及其对应的时间段作文字说明。

条文对比

本条是关于简化取证方式的规定，系新增条款。

理解与适用

一、相关政策文件

同本规章第一百零一条。

二、主要法律依据

上位法无关于本条内容的具体规定。

本条借鉴《海警法》第 30 条第 2 款、第 3 款规定，结合《海关总署关于简单案件快速办理有关事项的公告》（海关总署公告 2019 年第 162 号）第 3 条规定，增加本条。

三、快速办理案件简化取证要求

（一）快速办理案件的关键证据

有观点认为，"关键证据"是违法嫌疑人实施了可责性事实的判断依据，应当

---

[1] 广东省珠海市中级人民法院（2018）粤 04 行初 78 号。

能够证明违法行为是否存在、是否为违法嫌疑人实施，实施的时间、地点、手段、后果，有无从轻、从重、减轻以及不予处罚等情形，用以证明定性、处理结果及其他有关被处理人权利义务。[①]

本条规定快速办理案件的证据主要围绕两个方面：一方面是当事人陈述或者查问笔录；另一方面是查验记录、检查记录、鉴定意见等关键证据。这两个方面要相互印证，不能出现证据以及证明力的缺失或者无效等问题。上述条件具备，海关可以不再开展其他调查取证工作，相当于简化了调查取证工作。

（二）快速办理案件证据的收集

1. 当事人自行书写并提供。对违法行为等要素进行陈述，阐述对违法行为的认识，表明对海关处罚的态度，通过当事人自行书写的形式予以固定。

2. 海关制作查问笔录、查验记录或者检查记录。这些笔录、记录均需要当事人参与并签字确认，主要是通过海关主动作为的方式予以固定。

3. 将有关货物送鉴定机构鉴定物品属性，通过鉴定机构的专业意见作为定案证据。

（三）执法记录仪等设备的使用

本条规定，录音录像可以替代当事人自行书写材料或者查问笔录。

当事人陈述或者海关查问笔录并非必须是纸质形式。现场执法人员配备执法记录仪等设备的，可以对当事人陈述或者海关查问过程进行录音录像，作为定案证据使用，替代当事人自行书写材料或者查问笔录，从而节省时间，尤其是在不具备打印条件的执法现场非常有必要。

必要时，海关可以对录音录像的关键内容及其对应的时间段作文字说明。海关执法人员是录音录像的操作者，对录音录像相关情况最为熟悉，因此由执法人员对录音录像作文字说明，有助于在行政复议、行政诉讼等过程中更好地识别并审查证据。

四、本条应当注意的问题

（一）快速办理的程序要求

在适用快速办理程序时，首先是尊重当事人的选择程序决定权，并在过程中始终注意听取当事人意见，告知、听取陈述、申辩、复核并在法定期限内办结，切实保障当事人的权利。快办程序不能削减其所保障的当事人的基本程序权利。[②]

[①] 李文姝. 行政案件快速办理程序构造论 [J]. 人大法律评论，2020（1）174-191.
[②] 杨小军，毛晨宇. 行政处罚快速办理程序的正当性审视与补强 [J]. 行政法学研究，2022（2）：30-43.

（二）快速办理的调查取证

快速办理案件仍然需要一定证据，需要证据必然有调取收集行为和过程，而非不调查取证。证据三性的要求适用于所有程序，不能因为快速办理案件办案期限相对短，就降低调查取证标准和要求。

（三）使用执法记录仪等取证

使用执法记录仪等设备取证时，为增强证据的指向性和证明力，在录音录像开始之前，建议对此次录音录像的时间、地点、背景、原因、当事人等情况先作出说明，在结束时应当对结束时间等情况予以记录。

（四）快办案件是否经过法制审核

浙江省最初的试点性规范中，快速办理程序可以不经法制部门审核。《公安机关办理行政案件程序规定》第44条、《浙江省公安机关行政案件快速办理工作规定》（浙公通字〔2019〕49号）第11条第1款规定，由专兼职法制员或者办案部门负责人审核后，报公安机关负责人审批。从上述规定看出，并非一律必须经法制审核。

本规章第63条第1款规定："未经法制审核或者审核未通过的，不得作出处理决定。但是依照本规定第六章第二节快速办理的案件除外。"因此，海关适用快速办理程序的行政处罚案件无需经法制审核。

案例

甲与某市公安局行政处罚案[①]

裁判要点 法院认为，本案争议焦点之一为市公安局作出行政处罚决定是否符合法定程序。根据《公安机关办理行政案件程序规定》第40条规定，适用快速办理程序的前提是事实清楚、违法嫌疑人自愿认罚。本案中，市公安局提交的证据不足以证明嫌疑人自愿认错认罚，不符合适用快速办理程序的条件，市公安局适用快速办理程序作出被诉行政处罚决定不符合上述规定，程序违法。

第一百零五条 海关快速办理行政处罚案件的，应当在立案之日起七个工作日内制发行政处罚决定书或者不予行政处罚决定书。

条文对比

本条是关于快速办理期限的规定，对应《署令第159号》第92条，《署令第188号》第7条、第8条。

与《署令第188号》相比，主要变化：一是将《署令第188号》第7条第1款中的"海关依法作出行政处罚决定或者不予行政处罚决定的"修改为"海关快速办

[①] 山西省运城市中级人民法院（2021）晋08行终31号。

《中华人民共和国海关办理行政处罚案件程序规定》
理解与适用

理行政处罚案件的",并将"送达当事人或者其代理人"删除;二是删除《署令第188号》第7条第2款;三是删除《署令第188号》第8条中的"适用简单案件程序办理的案件,";四是将《署令第188号》第8条"立案后5个工作日以内"修改为"立案之日起七个工作日内";五是合并第7条和第8条其余表述,并调整顺序。

理解与适用

一、相关政策文件

同本规章第一百零一条。

二、主要法律依据

上位法无关于本条内容的具体规定。

结合《海关总署关于简单案件快速办理有关事项的公告》(海关总署公告2019年第162号)第4条规定,本条对《署令第188号》第7条、第8条予以修改,作出规定。

三、快速办理案件的办案期限

《署令第159号》第91条规定:"适用简单案件处理程序的案件,海关进行现场调查后,可以直接制发行政处罚告知单,当场由当事人或者其代理人签收。"《署令第188号》第8条、海关总署公告2019年第162号均规定为"立案后5个工作日内制发行政处罚决定书。"

《行政处罚法》第64条第1项规定:"当事人要求听证的,应当在行政机关告知后五日内。"相当于告知时限由原来的"三个工作日"延长至"五个工作日"。因此,本规章将快速办理期限相应地由"5个工作日"调整为"七个工作日"。

案例

甲与某县公安局行政处罚案[①]

裁判要点 法院经审查认为,本案中,当事人的违法事实有原审所采信的现场照片……快速办理行政案件权利义务告知书等证据的证实,事实清楚,证据确实、充分。根据法律规定,甲的行为已构成扰乱单位秩序的违反治安管理行为,且属情节较重,县公安局据此作出的行政处罚决定,认定事实清楚,适用法律正确,量罚得当。

第一百零六条 快速办理的行政处罚案件有下列情形之一的,海关应当依照本规定第三章至第五章的规定办理,并告知当事人:

[①] 浙江省湖州市中级人民法院(2019)浙05行申2号。

（一）海关对当事人提出的陈述、申辩意见无法当场进行复核的；

（二）海关当场复核后，当事人对海关的复核意见仍然不服的；

（三）当事人要求听证的；

（四）海关认为违法事实需要进一步调查取证的；

（五）其他不宜适用快速办理的情形。

快速办理阶段依法收集的证据，可以作为定案的根据。

条文对比

本条是关于终止快速办理的规定，对应《署令第159号》第93条、《署令第188号》第9条。

与《署令第159号》《署令第188号》相比，主要变化：一是增加"快速办理阶段依法收集的证据，可以作为定案的根据。"作为本条第2款；二是在《署令第159号》第93条、《署令第188号》第9条4项的基础上增加兜底条款"（五）其他不宜适用快速办理的情形。"作为本条第1款最后1项；三是将《署令第159号》第93条中的"适用简单案件处理程序过程中，"修改为"快速办理的行政处罚案件"，"按照一般程序规定"修改为"依照本规定第三章至第五章的规定"，删除"不得当场作出行政处罚决定，"并增加《署令第188号》第9条中的"，并告知当事人"，对相应表述也作了调整；四是将《署令第159号》第93条第3项中的"当场依法向海关"删除，在《署令第159号》第93条第4项中的"认为""需要"之间增加"违法事实"；五是将《署令第188号》第9条"适用简单案件程序办理的案件"修改为"快速办理的行政处罚案件"，将"适用一般程序规定"修改为"依照本规定第三章至第五章的规定"，删除"终止适用简单案件程序，"；六是将《署令第188号》第9条第1项中的"发现新的"修改为"认为"，并删除"，认为案件"，作为本条第4项；七是将《署令第188号》第9条第2项中的"当事人对海关告知的内容提出陈述、申辩意见，海关"修改为"海关对当事人提出的陈述、申辩意见"，并作为本条第1项；八是将《署令第188号》第9条第3项作为本条的第2项；九是将《署令第188号》第9条第4项中"向海关提出听证申请"修改为"要求听证"，并作为本条第3项。

理解与适用

一、相关政策文件

同本规章第一百零一条。

二、主要法律依据

上位法无关于本条内容的具体规定。

《中华人民共和国海关办理行政处罚案件程序规定》
理解与适用

本条对《署令第 159 号》第 93 条、《署令第 188 号》第 9 条进行修改调整,并增加兜底条款,同时明确快速办理案件转为普通程序案件后,已收集证据的效力问题。

三、本条应当注意的问题

（一）终止快速办理的情形

本条通过"列举+兜底"方式明确了终止快速办理的情形。上述情形将导致快速办理程序无法继续顺利开展下去,因此必须及时予以终止,引向新的程序。

（二）终止快速办理后的处置

《公安机关办理行政案件程序规定》第 48 条、《浙江省公安机关行政案件快速办理工作规定》（浙公通字〔2019〕49 号）第 12 条等规定,发现不适宜快速办理的,转为一般案件办理。快速办理阶段依法收集的证据,可作为定案的根据,并视情补充相关证据材料。执法人员发现有不宜快速办理的情形时,将快办程序转化成普通程序的衔接机制,这种机制被称为"程序回转机制"。[①]

本条第 1 款规定,海关应当依照本规定第三章至第五章的规定办理,并告知当事人。可以从两个方面理解：

1. 终止快速办理程序,案件仍然要继续下去,无非是变更了办案程序,按照一般案件办理。

2. 案件不能适用快速办理程序的,海关应当告知当事人,海关和当事人都要按照新的办案程序的要求从事相关活动。

（三）已收集证据的效力

《公安机关办理行政案件程序规定》第 48 条规定："快速办理阶段依法收集的证据,可以作为定案的根据。"

本条第 2 款作出了同样的规定,避免重新取证,给办案部门增加新的成本,给相对人增加额外负累。

案例

甲与某海关行政处罚案[②]

裁判要点 被告海关针对原告甲作出没收涉案物品的行政处罚决定,向法院提供了其作出被诉行政处罚的 12 份证据：证据十,行政处罚告知单,简单案件办理表,以及当事人的申请书,证明海关在作出行政处罚决定的过程中,依法履行了告知和送达原告的义务,并充分保障了原告陈述、申辩的权利；原告对证据十的真实

[①] 杨小军,毛晨宇．行政处罚快速办理程序的正当性审视与补强[J]．行政法学研究,2022（2）：30-43．
[②] 广东省高级人民法院（2019）粤行终 1114 号。

性认可，未就办案程序提出异议。法院经审查，认为被告在作出处罚前，已经履行了必要的告知、送达等程序，符合法定程序。二审法院维持原判。

第七章　处理决定的执行

章注

本规章第七章"处理决定的执行"自第 107 条至第 119 条，共 13 条。《署令第 159 号》第五章为"行政处罚决定的执行"自第 75 条至第 89 条，共 15 条。

与《署令第 159 号》相比，主要变化：一是本规章增加 1 条，即"行政处罚不停止执行（第 116 条）"；二是删除《署令第 159 号》中的第 77 条、第 79 条、第 85 条；三是保留第 75 条、76 条、78 条、第 80 条至第 84 条、第 86 条至第 89 条，共 12 条，并作相应修改。

理解与适用

一、罚没收入上缴

我国在 20 世纪 80 年代中期明确了罚没收入与执法机关行政经费"收支两条线"政策。[1]1986 年 12 月印发的《罚没财物和追回赃款赃物管理办法》[（86）财预字第 228 号，废止（82）财预字第 91 号，2021 年被财政部令第 150 号废止]第 12 条规定："海关、工商行政管理机关、物价管理机关和各国家经济管理部门，查处的罚没款和没收物资变价款，由查处机关依法上缴国库。"1993 年，《关于对行政性收费、罚没收入实行预算管理的规定》规定："收费、罚没收入必须全部上缴财政。"《罚款决定与罚款收缴分离实施办法》（国务院令第 235 号）第 4 条第 1 款规定："罚款必须全部上缴国库。"《国务院关于印发全面推进依法行政实施纲要的通知》（国发〔2004〕10 号）提出："严格执行'收支两条线'制度，行政事业性收费和罚没收入必须全部上缴财政。"《国务院关于加强市县政府依法行政的决定》（国发〔2008〕17 号）提出："罚没收入必须全额缴入国库，纳入预算管理。"《违反行政事业性收费和罚没收入收支两条线管理规定行政处分暂行规定》（国务院令第 281 号）第 11 条规定了相应责任。《罚没财物管理办法》（财税〔2020〕54 号）第 27 条第 1 项、第 2 项规定："（一）海关……等部门取得的缉私罚没收入全额缴入中央国库；（二）海关（除缉私外）……中央本级取得的罚没收入全额缴入中央

---

[1] 姚爱国.行政处罚法的修订解读与适用指引[M].长春吉林大学出版社，2021：493-494.

国库。省以下机构取得的罚没收入，50%缴入中央国库，50%缴入地方国库。"

二、罚缴分离

本书在第三章"案件调查"部分就职能分离以及调审分离进行了阐述。《行政处罚法》规定另一项重要的职能分离制度，就是决定行政罚款的机关与收缴罚款机关相分离，一般被称为"罚缴分离"。该项制度伴随着《行政处罚法》的实施，始终是较受关注的焦点，也是政策文件、法律规范和制度文件等予以强调的重点。例如，《国务院关于进一步贯彻实施〈中华人民共和国行政处罚法〉的通知》（国发〔2021〕26号）提出："财政部门要加强对罚缴分离、收支两条线等制度实施情况的监督，会同司法行政等部门按规定开展专项监督检查。"又如，行政法规方面，《罚款决定与罚款收缴分离实施办法》第3条规定："作出罚款决定的行政机关应当与收缴罚款的机构分离；但是，依照行政处罚法的规定可以当场收缴罚款的除外。"第11条规定："代收机构应当按照行政处罚法和国家有关规定，将代收的罚款直接上缴国库。"再如，制度文件方面，《罚款代收代缴管理办法》（财预字〔1998〕201号）第3条规定："海关、外汇管理等实行垂直领导的依法具有行政处罚权的行政机关所处的罚款，由国有商业银行分支机构代收。"《罚没财物管理办法》（财税〔2020〕54号）第4条规定："罚没财物管理工作应遵循罚款决定与罚款收缴相分离，执法与保管、处置岗位相分离，罚没收入与经费保障相分离的原则。"第25条规定："除依法可以当场收缴的罚款外，作出罚款决定的执法机关应当与收缴罚款的机构分离。"确立"罚缴分离"原则，是及时解决"自罚自收"弊端的需要，也是我国行政处罚罚款制度走向规范化、文明化的体现。[①]

第一百零七条 海关作出行政处罚决定后，当事人应当在行政处罚决定书载明的期限内，予以履行。

海关作出罚款决定的，当事人应当自收到行政处罚决定书之日起十五日内，到指定的银行或者通过电子支付系统缴纳罚款。

条文对比

本条是关于当事人主动履行行政处罚决定的规定，对应《署令第159号》第75条。

与《署令第159号》第75条相比，主要变化：一是删除第2款"海关对当事人依法作出暂停从事有关业务、撤销其注册登记等行政处罚决定的执行程序，由海关总署另行制定。"；二是增加"海关作出罚款决定的，当事人应当自收到行政处

[①] 江必新. 行政处罚法条文精释与实例精解[M]. 北京：人民法院出版社，2021：369.

罚决定书之日起十五日内,到指定的银行或者通过电子支付系统缴纳罚款。"作为本条第 2 款;三是将第 1 款"规定"修改为"载明"。

> 理解与适用

一、相关政策文件

《国务院关于贯彻实施〈中华人民共和国行政处罚法〉的通知》(国发〔1996〕13 号):"各地方、各部门都要认真执行……罚款决定与罚款收缴分离制度。"

《国务院关于全面推进依法行政的决定》(国发〔1999〕23 号):"要依照行政处罚法的规定,实行罚款'罚缴分离'制度"。

《中共中央办公厅 国务院办公厅关于转发〈监察部 财政部 国家发展计划委员会 中国人民银行 审计署关于 1999 年落实行政事业性收费和罚没收入"收支两条线"规定的工作的意见〉的通知》(中办发〔1999〕21 号):"全面实行罚缴分离""实行处罚决定与收缴彻底分离,受罚者持罚款通知单到指定的银行缴纳罚款"。

《国务院关于加强市县政府依法行政的决定》(国发〔2008〕17 号)提出:"要严格执行罚缴分离和收支两条线管理制度。"

《中共中央关于全面推进依法治国若干重大问题的决定》:"严格执行罚缴分离和收支两条线管理制度"。

《法治政府建设实施纲要(2015—2020 年)》:"健全行政执法调查取证、告知、罚没收入管理等制度""严格执行罚缴分离和收支两条线管理制度"。

《国务院关于进一步贯彻实施〈中华人民共和国行政处罚法〉的通知》(国发〔2021〕26 号):"大力推进通过电子支付系统缴纳罚款"。

二、主要法律依据

《行政处罚法》第 66 条第 1 款:"行政处罚决定依法作出后,当事人应当在行政处罚决定书载明的期限内,予以履行。"第 67 条第 3 款:"当事人应当自收到行政处罚决定书之日起十五日内,到指定的银行或者通过电子支付系统缴纳罚款。银行应当收受罚款,并将罚款直接上缴国库。"

《海关行政处罚实施条例》第 58 条第 1 款:"罚款、违法所得和依法追缴的货物、物品、走私运输工具的等值价款,应当在海关行政处罚决定规定的期限内缴清。"

根据《行政处罚法》第 66 条规定,本条第 1 款对《署令第 159 号》第 75 条予以修改;根据《行政处罚法》第 67 条第 3 款,本条新增第 2 款。

三、行政处罚决定的效力

"行政行为的效力是行政行为的生命。"[1] "行政行为一经作出，即对任何人都具有被推定为合法有效并获得社会尊重和信任的法律效力，就具有约束和限制行政主体和相对人的效力。"[2] 行政行为效力内容的具体构成问题，一直是我国行政法领域最具争议的问题之一。根据不完全统计，学界先后提出了公定力、存续力、不可争力、不可变更力、先定力、确定力、拘束力、执行力、实现力、实行力、跨程序拘束力、构成要件效力、确认效力、效力先定力、强制执行力、既决力等近二十种效力。[3] 一般认为，行政行为一旦作出（有的强调"并依法送达"）就应当产生四个方面的效力，这四个效力在行政法治理论中被称为公定力、确定力、执行力和拘束力。[4][5][6][7] 也有观点提出"三效力说"，如"公定力、确定力和执行力"[8] 或者"存续力、拘束力及强制力"[9] 等。

根据行政行为效力理论，行政行为依法作出并送达当事人后即发生法律效力，对当事人具有拘束力，当事人应当履行行政行为确定的义务。[10] 行政机关依法作出的行政处罚决定，应当得到执行，这是严格规范公正文明执法的必然要求。[11]

四、罚款代收机构

1995年10月，《公安部 财政部 中国人民银行关于改革交通违章罚款缴纳办法的通知》规定，对交通违章行为人需要实行罚款处罚，实行由银行代收罚款的制度。《国务院法制局关于贯彻执行〈罚款决定与罚款收缴分离实施办法〉有关问题的意见》（国法办函〔97〕182号）第1条规定：代收机构可以确定为一家，也可以确定为若干家商业银行、信用合作社。

《罚款决定与罚款收缴分离实施办法》第5条第2款规定："海关、外汇管理等实行垂直领导的依法具有行政处罚权的行政机关作出罚款决定的，具体代收机构由财政部、中国人民银行会同国务院有关部门确定。"第11条规定："代收机构应当按

---

[1] 罗豪才，应松年.行政法学[M].北京：中国政法大学出版社，1996：236.
[2] 周佑勇.行政法原论[M].北京：中国方正出版社，2005：213-217.
[3] 马生安.论行政行为的强制力[J].苏州大学学报（法学版），2019，6（4）：64-73.
[4] 姜明安.行政法[M].北京：北京大学出版社，2017：247.
[5] 李洪雷.中华人民共和国行政处罚法评注[M].北京：中国法制出版社，2021：487-488.
[6] 杨伟东.中华人民共和国行政处罚法理解与适用[M].北京：中国法制出版社，2021：225.
[7] 关保英.行政行为主要证据不足研究[J].上海政法学院学报（法治论丛），2022，37（1）：44-59.
[8] 耿宝建.实施行政强制法应当注意的十个问题[J].人民司法（应用），2013（3）：60-66.
[9] 马生安.论行政行为的强制力[J].苏州大学学报（法学版），2019，6（4）：64-73.
[10] 许安标.中华人民共和国行政处罚法释义[M].北京：中国民主法制出版社，2021：171.
[11] 黄海华.新行政处罚法的若干制度发展[J].中国法律评论，2021（3）：48-61.

照行政处罚法和国家有关规定，将代收的罚款直接上缴国库。"《罚款代收代缴管理办法》（财预字〔1998〕201号）第3条规定："海关、外汇管理等实行垂直领导的依法具有行政处罚权的行政机关所处的罚款，由国有商业银行分支机构代收。"等。

五、本条应当注意的问题

（一）并非所有当事人都有需要主动履行的义务

根据《行政处罚法》第59条第1款第4项规定，行政处罚的履行方式和期限是行政处罚决定书应当载明的内容之一。但海关作出的行政处罚决定可能是行政处罚决定书，也可能是不予行政处罚决定书。对于不予行政处罚决定书，自然没有行政处罚履行方式和期限事项，当然无需当事人履行。即便是行政处罚决定书，如果行政处罚种类是警告，也不同于财产罚、资格罚、行为罚等处罚种类的执行。

（二）海关主动作为

行政处罚决定作出并依法送达后，以被处罚人的自觉履行为执行的前提，履行的标准为实际履行、及时履行、完全履行。[①]

根据行政处罚的种类，如果作出的是资格罚、行为罚等，行政处罚决定的执行，需要由海关主动作为，采取相应措施。

（三）罚款的缴纳

1. 本条规定是针对一般情形而言，不包括《行政处罚法》第68条、第69条的情形。

2. 当事人缴纳期限。收到行政处罚决定书之日起十五日内。超期未缴纳的，按照《行政处罚法》第72条第1款第1项的规定，可以加处罚款。

3. 电子支付。电子支付是指消费者、商家和金融机构之间使用安全电子手段把支付信息通过信息网络安全地传送到银行或相应的处理机构，用来实现货币制度或资金流转的行为。[②] 所谓电子支付是指付款人与收款人之间以非现金的电子形式完成货币交易的行为。[③]《罚款决定与罚款收缴分离实施办法》第7条第2款规定："当事人应当按照行政处罚决定书确定的罚款数额、期限，到指定的代收机构缴纳罚款。"随着互联网、大数据、云计算、人工智能、区块链等不断发展和"互联网+政务"的深入推进，在传统支付方式的基础上，快捷、高效、便利的支付方式推陈出新，2019年1月1日起实施的《电子商务法》多条涉及电子支付。有些领域也就行政处罚电子支付罚款方面进行了探索，如"交管12123"系由公安部统一研

[①] 李洪雷. 中华人民共和国行政处罚法评注，中国法制出版社，2021: 489.
[②] 李洪雷. 中华人民共和国行政处罚法评注，中国法制出版社，2021: 494.
[③] 江必新，夏道虎. 中华人民共和国行政处罚法条文解读与法律适用 [M]. 北京：中国法制出版社，2021: 226.

发、各地公安机关交通管理部门部署运营的互联网交通安全综合管理平台客户端，通过该平台可进行电子监控处理和缴纳罚款；[1] 西安市公安局交通警察支队在全市范围内设置道路交通违法自助缴纳系统[2] 等。

《法治中国建设规划（2020—2025 年）》就"全面建设'智慧法治'"、《法治政府建设实施纲要（2021—2025 年）》就"全面建设数字法治政府"作出了部署。《行政处罚法》第 67 条第 3 款规定了"电子支付"，使用电子支付系统缴纳罚款，顺应社会发展，便利人们生活。[3] 既提高行政效率也体现便民原则，是信息化手段在行政处罚行为上的运用。[4]《国务院关于进一步贯彻实施〈中华人民共和国行政处罚法〉的通知》（国发〔2021〕26 号）提出："大力推进通过电子支付系统缴纳罚款"。上海市首部社会治理领域的浦东新区法规，也是全国首部涉及非现场执法的专门性法规《上海市浦东新区城市管理领域非现场执法规定》第 2 条第 2 款规定："本规定所称的非现场执法，是指运用现代信息技术手段收集、固定违法事实，采用信息化等方式进行违法行为告知、调查取证、文书送达、罚款收缴等的执法方式。"苏州市人民政府发布的《市政府办公室关于贯彻中华人民共和国行政处罚法的实施意见》（苏府办〔2021〕151 号）规定："要积极探索通过电子支付系统、扫码支付等方式实现罚款收缴，为当事人缴纳罚款提供方便。"

根据社会发展和科技在行政执法中的应用，缴纳罚款不仅可以采取向银行缴纳的方式，也可以采取电子支付方式，从而更加快捷便民，节省时间和成本。海关行政处罚案件的当事人缴纳罚款的，可以自行选择到指定的银行缴纳罚款，或者通过电子支付系统缴纳罚款。

案例

某海关与某公司行政处罚执行案[5]

裁判要点　申请执行人某海关向法院申请强制执行行政处罚决定。在法院审查过程中，申请执行人以被执行人已主动履行上述行政处罚决定为由向法院撤回本案的强制执行申请。经审查，申请执行人撤回本案的强制执行申请是其真实意思表示，并未违反法律法规规定，亦未侵犯国家利益、集体利益和他人的合法权益，依法应予准许。

---

[1] 李晴. 自动化行政处罚何以公正 [J]. 学习与探索，2022（2）：72-81.
[2] 袁辉根，赵婧. 罚款自助缴纳系统运行的合法性 [J]. 人民司法（案例），2019（11）：97-100.
[3] 莫于川，哈书菊. 新《行政处罚法》适用办案手册 [M]. 北京：中国法制出版社，2022：197.
[4] 杨伟东. 中华人民共和国行政处罚法理解与适用 [M]. 北京：中国法制出版社，2021：211.
[5] 广东省广州市中级人民法院（2015）穗中法行非诉审字第 4 号。

第一百零八条 当事人确有经济困难向海关提出延期或者分期缴纳罚款的，应当以书面方式提出申请。

海关收到当事人延期、分期缴纳罚款的申请后，应当在十个工作日内作出是否准予延期、分期缴纳罚款的决定，并且制发通知书送达申请人。

条文对比

本条是关于延期、分期缴纳罚款的规定，对应《署令第 159 号》第 76 条。

与《署令第 159 号》相比，主要变化：一是将《署令第 159 号》第 76 条中的第 3 款"海关同意当事人延期或者分期缴纳的，应当及时通知收缴罚款的机构。"删除；二是将第二款中的第一个"申请"删除，将"执行"修改为"缴纳罚款的"。

理解与适用

一、相关政策文件

《法治政府建设实施纲要（2015—2020 年）》："理顺行政强制执行体制，科学配置行政强制执行权，提高行政强制执行效率。""健全行政执法调查取证、告知、罚没收入管理等制度"。

《法治中国建设规划（2020—2025 年）》："完善行政强制执行体制机制。"

二、主要法律依据

《行政处罚法》第 66 条第 2 款："当事人确有经济困难，需要延期或者分期缴纳罚款的，经当事人申请和行政机关批准，可以暂缓或者分期缴纳。"

《海关行政处罚实施条例》第 61 条："当事人确有经济困难，申请延期或者分期缴纳罚款的，经海关批准，可以暂缓或者分期缴纳罚款。 当事人申请延期或者分期缴纳罚款的，应当以书面形式提出，海关收到申请后，应当在 10 个工作日内作出决定，并通知申请人。海关同意当事人暂缓或者分期缴纳的，应当及时通知收缴罚款的机构。"

根据上述规定，本条对《署令第 159 号》第 76 条的规定予以修改。

三、本条适用的条件

（一）"当事人确有经济困难"

无论《行政处罚法》《海关行政处罚实施条例》，还是本规章，都规定延期或者分期缴纳罚款的条件之一是"当事人确有经济困难"，至于"确有经济困难"的具体标准是什么，均未规定。《海关行政处罚实施条例》释义举例为："如受海关行政处罚的当事人因遭受水灾、火灾等自然灾害造成财产损失，或者受海关行政处罚的当事人由于资金周转的原因，一时造成经济困难，而无法如期缴纳罚款，需要延期或者分期缴纳。"[1] 实践中，可以结合上述示例并根据个案具体情况考量。

（二）当事人书面提出申请

当事人申请延期或者分期缴纳罚款，应当以书面形式向海关提出。书面形式并无固定的格式要求，但一般包括"经济困难"的具体情况和延期或者分期缴纳的具体计划，并提供经济困难的相关材料。

（三）当事人书面申请的期限

本条没有规定当事人书面提出申请的期限。根据《行政处罚法》第 67 条第 3 款关于"当事人应当自收到行政处罚决定书之日起十五日内，到指定的银行或者通过电子支付系统缴纳罚款。"以及本规章第 107 条第 2 款规定，当事人的书面申请应当在收到处罚决定书之日起十五日内申请。

（四）海关审查并制发决定

当事人提出申请后，海关应当在收到申请之日起十个工作日内作出是否同意的决定，以书面形式回复当事人，让当事人知晓海关的决定。如果海关同意，则当事人可以按照延期或者分期缴纳计划执行；不同意的，当事人则需要继续履行。

四、本条应当注意的问题

（一）是否通知银行

《海关行政处罚实施条例》第 61 条第 2 款规定："海关同意当事人暂缓或者分期缴纳的，应当及时通知收缴罚款的机构。"《署令第 159 号》第 76 条第 3 款规定："海关同意当事人延期或者分期缴纳的，应当及时通知收缴罚款的机构。"

延期或者分期缴纳，不涉及银行的权利义务，无需通知银行，故本规章本条未保留《署令第 159 号》第 76 条第 3 款。

（二）延期或者分期缴纳的期限

《署令第 159 号》第 77 条规定："同意当事人延期或者分期缴纳罚款的，执行完毕的期限自处罚决定书规定的履行期限届满之日起不得超过 180 日。"

本规章第 119 条就申请人民法院强制执行期限作出了统一规定，该条第 2 款适用于延期或者分期罚款情形。因此，本条不再保留《署令第 159 号》第 77 条的规定。

案例

某区食品药品监督管理局与某公司行政处罚执行案[2]

裁判要点 法院认为，该局作出处罚决定书适用法律正确，程序合法，主要证

---

[1] 海关总署政策法规司.《中华人民共和国海关行政处罚实施条例》释义 [M]. 北京：中国海关出版社，2007: 209.
[2] 内蒙古自治区呼和浩特市中级人民法院（2017）内 01 行审复 1 号。

据充分。根据《行政处罚法》第 52 条规定，该局同意延期到 2016 年 9 月底缴纳完毕罚没款符合法律规定。根据行政诉讼法解释第 156 条规定，公司在规定的期限 2016 年 9 月底前仍未缴纳完毕，12 月 27 日，该局向法院申请强制执行，虽然超过法律规定的申请执行期限，但属于有正当理由的情形。某区人民法院裁定对处罚决定书不准予强制执行，理由不当。

> **案例**
>
> **某海关与某公司行政处罚执行案**[①]
>
> **裁判要点** 2016 年 7 月 6 日，海关作出行政处罚决定书，决定对某公司处予罚款 X 万元，并于当日送达。2016 年 7 月 10 日，公司向海关提交了《关于请求延长缴纳罚金和免收罚数的报告》，海关于同月 16 日作出准予延期缴纳罚款决定，准予暂缓缴纳罚款，延期至 2017 年 1 月 21 日。但该公司一直未履行。2017 年 3 月 2 日，海关遂向本院申请强制执行。法院认为，行政处罚决定认定事实清楚，证据充分，程序合法，不违反法律、法规的规定，符合强制执行的法定条件，裁定准予执行该处罚决定。

第一百零九条 当事人逾期不履行行政处罚决定的，海关可以采取下列措施：

（一）到期不缴纳罚款的，每日按照罚款数额的百分之三加处罚款，加处罚款的数额不得超出罚款的数额；

（二）当事人逾期不履行海关的处罚决定又不申请复议或者向人民法院提起诉讼的，海关可以将其保证金抵缴或者将其被扣留的货物、物品、运输工具依法变价抵缴，也可以申请人民法院强制执行；

（三）根据法律规定，采取其他行政强制执行方式。

> **条文对比**
>
> 本条是关于强制执行措施的规定，对应《署令第 159 号》第 78 条。
>
> 与《署令第 159 号》第 78 条相比，主要变化：一是增加"（三）根据法律规定，采取其他行政强制执行方式。"作为本条第 3 项；二是将第 1 项中的"当事人"删除，同时在本项之尾增加"，加处罚款的数额不得超出罚款的数额"；三是将第 2 项中的"以当事人提供的担保抵缴，"修改为"将其保证金抵缴"并调整到"或者"之前，在"将""扣留的货物"之间增加"其被"，在"变价抵缴"之前增加"依法"。

[①] 湖南省常德市武陵区人民法院（2017）湘 0702 行审 4 号。

《中华人民共和国海关办理行政处罚案件程序规定》
理解与适用

理解与适用

一、相关政策文件

同本规章第一百零八条。

二、主要法律依据

《行政处罚法》第72条第1款:"当事人逾期不履行行政处罚决定的,作出行政处罚决定的行政机关可以采取下列措施:(一)到期不缴纳罚款的,每日按罚款数额的百分之三加处罚款,加处罚款的数额不得超出罚款的数额;(二)根据法律规定,将查封、扣押的财物拍卖、依法处理或者将冻结的存款、汇款划拨抵缴罚款;(三)根据法律规定,采取其他行政强制执行方式;(四)依照《中华人民共和国行政强制法》的规定申请人民法院强制执行。"

《行政强制法》第12条:"行政强制执行的方式:(一)加处罚款或者滞纳金;(二)划拨存款、汇款;(三)拍卖或者依法处理查封、扣押的场所、设施或者财物;(四)排除妨碍、恢复原状;(五)代履行;(六)其他强制执行方式。"第53条:"当事人在法定期限内不申请行政复议或者提起行政诉讼,又不履行行政决定的,没有行政强制执行权的行政机关可以自期限届满之日起三个月内,依照本章规定申请人民法院强制执行。"

《海关法》第93条:"当事人逾期不履行海关的处罚决定又不申请复议或者向人民法院提起诉讼的,作出处罚决定的海关可以将其保证金抵缴或者将其被扣留的货物、物品、运输工具依法变价抵缴,也可以申请人民法院强制执行。"

《海关行政处罚实施条例》第60条:"当事人逾期不履行行政处罚决定的,海关可以采取下列措施:(一)到期不缴纳罚款的,每日按罚款数额的3%加处罚款;(二)根据海关法规定,将扣留的货物、物品、运输工具变价抵缴,或者以当事人提供的担保抵缴;(三)申请人民法院强制执行。"

根据《行政处罚法》第72条第1款第1项,本条第1项对《署令第159号》第78条第1项予以修改;根据《行政处罚法》第72条第1款第2项、《海关法》第93条,本条第2项对《署令第159号》第78条第2项予以修改;根据《行政处罚法》第72条第1款第3项规定,本条增加第3项。

三、加处罚款

(一)加处罚款是否属于行政处罚

1925年奥地利《行政强制执行法通则》第5条即规定了"行政执行罚"制度;1953年德国《联邦行政执行法》第11条亦规定了同一性质的"强制金"规则;日

本旧《行政执行法》延续德奥法系，确立了作为"执行罚"性质的"过失罚金"。[1]

加处罚款是指行政机关对逾期不履行行政罚款义务，对当事人采取的通过加重金钱给付义务负担督促当事人自觉履行行政处罚决定的措施。[2]"加处罚款"表述中有"罚款"两字，是否意味着也是一种行政处罚？

《行政强制法》第 12 条第 1 项规定："加处罚款或者滞纳金"为行政强制执行的方式之一。第 45 条第 1 款规定："行政机关依法作出金钱给付义务的行政决定，当事人逾期不履行的，行政机关可以依法加处罚款或者滞纳金。"加处罚款和滞纳金属于执行罚，是间接强制的一种。[3]"加处罚款的性质，是一种间接强制执行方式，不是一种新的行政处罚。"[4]有观点认为，作为执行罚的"加处罚款"与作为行政处罚的"罚款"两者在行为属性、直接功能、适用法律、计算标准、适用次数、实施程序、法律救济 7 个方面有明显区别，并有 4 个方面最重要的区别特征。[5]总之，加处罚款的法律性质属于行政强制执行措施，而不属于行政处罚。

（二）加处罚款的执行

1. 起算时间。根据《行政处罚法》第 67 条第 3 款，本规章第 107 条第 2 款规定，当事人收到行政处罚决定书之日起有 15 日的缴纳罚款期限。上述期限届满后，当事人仍未缴纳罚款，则从收到行政处罚决定书之日起的第 16 日开始计算。

2. 加处罚款幅度。《行政强制法》第 45 条第 1 款规定："加处罚款或者滞纳金的标准应当告知当事人。"根据《行政处罚法》第 72 条第 1 款第 1 项规定，本条保留了《署令第 159 号》第 78 条第 1 项的规定，明确为"每日按罚款数额的百分之三加处罚款。"

3. 加处罚款的限额。《行政强制法》第 45 条第 2 款规定，加处罚款的数额不得超出金钱给付义务的数额。这样规定有利于防止出现"天价罚款"，有利于当事人产生明确的心理预期、更快更好地履行义务，也有利于行政机关积极寻求其他强制手段执行行政决定，尽快实现行政目的。[6]有观点认为，我国《行政强制法》第 45 条第 2 款规定了一个最高限，即"加处罚款"的数额"不得超出金钱给付义务的数额"。这是出于合理性考虑。境外同类制度无此特别规定。[7]

---

[1] 江必新，夏道虎. 中华人民共和国行政处罚法条文解读与法律适用 [M]. 北京：中国法制出版社，2021: 238.
[2] 杨伟东. 中华人民共和国行政处罚法理解与适用 [M]. 北京：中国法制出版社，2021:
[3] 乔晓阳. 中华人民共和国行政强制法解读 [M]. 北京：中国法制出版社，2011: 148.
[4] 许安标. 中华人民共和国行政处罚法释义 [M]. 北京：中国民主法制出版社，2021: 179.
[5] 胡建淼. 论作为行政执行罚的"加处罚款"：基于中华人民共和国行政强制法 [J]. 行政法学研究，2016（1）: 65-83.
[6] 乔晓阳. 中华人民共和国行政强制法解读 [M]. 北京：中国法制出版社，2011: 151.
[7] 胡建淼. 论作为行政执行罚的"加处罚款"：基于中华人民共和国行政强制法 [J]. 行政法学研究，2016（1）: 65-83.

（三）加处罚款要不要出具处罚决定书

《罚款决定与罚款收缴分离实施办法》第 9 条第 1 款规定："当事人逾期缴纳罚款，行政处罚决定书明确需要加处罚款的，代收机构应当按照行政处罚决定书加收罚款。"《国务院法制局关于贯彻执行〈罚款决定与罚款收缴分离实施办法〉有关问题的意见》（国法办函〔97〕182 号）第 4 条规定："当事人逾期缴纳罚款，行政处罚决定书明确需要加处罚款的，代收机构应当按照行政处罚决定书加收罚款；行政处罚决定书没有明确需要加处罚款的，代收机构不得自行加收罚款。"根据上述规定，不需单独再出具加处罚款决定书。

四、申请人民法院强制执行

《行政强制法》第 13 条规定："行政强制执行由法律设定。法律没有规定行政机关强制执行的，作出行政决定的行政机关应当申请人民法院强制执行。"根据《行政强制法》的规定，我国实行行政机关执行和行政机关申请法院执行并行的模式。[1] 行政机关强制执行和申请人民法院强制执行中"以申请法院强制执行为原则，以行政机关强制执行为例外"。[2]

（一）申请强制执行的条件

2001 年，《全国人民代表大会常务委员会法制工作委员会关于环保部门就环境行政处罚决定申请人民法院强制执行的期限有关问题的答复》（法工委复字〔2001〕17 号）规定了作出处罚决定的环保部门申请人民法院强制执行的条件。《行政诉讼法》第 97 条规定："公民、法人或者其他组织对行政行为在法定期限内不提起诉讼又不履行的，行政机关可以申请人民法院强制执行，或者依法强制执行。"《最高人民法院关于适用〈中华人民共和国行政诉讼法〉的解释》（法释〔2018〕1 号）第 155 条规定，行政机关根据行政诉讼法第 97 条的规定申请执行其行政行为，应当具备 7 项条件[3]。

（二）受理的人民法院

根据《行政强制法》第 54 条、《最高人民法院关于适用〈中华人民共和国行政诉讼法〉的解释》（法释〔2018〕1 号）第 157 条第 1 款等规定，行政机关申请人民法院强制执行，由申请人所在地的基层人民法院受理；执行对象为不动产的，由

---

[1] 许安标. 中华人民共和国行政处罚法释义 [M]. 北京：中国民主法制出版社，2021: 179-180.
[2] 应松年. 行政处罚法教程 [M]. 北京：法律出版社，2012: 222.
[3]（一）行政行为依法可以由人民法院执行；（二）行政行为已经生效并具有可执行内容；（三）申请人是作出该行政行为的行政机关或者法律、法规、规章授权的组织；（四）被申请人是该行政行为所确定的义务人；（五）被申请人在行政行为确定的期限内或者行政机关催告期限内未履行义务；（六）申请人在法定期限内提出申请；（七）被申请执行的行政案件属于受理执行申请的人民法院管辖。

不动产所在地的基层人民法院受理。

五、本条应当注意的问题

（一）加处的罚款能否减免

《行政强制法》第42条第1款规定："实施行政强制执行，行政机关可以在不损害公共利益和他人合法权益的情况下，与当事人达成执行协议。执行协议可以约定分阶段履行；当事人采取补救措施的，可以减免加处的罚款或者滞纳金。"对于当事人采取补救措施的，可以减免加处罚款或者滞纳金，不能减免罚款本金。如果当事人改正了违法行为，主动消除违法后果，或者在催告期间内主动缴纳罚款，可以免除加处罚款。[①]《全国人大常委会法工委对行政处罚加处罚款能否减免问题的意见》（法工办发〔2019〕82号）规定："该规定中'实施行政强制执行'包括行政机关自行强制执行，也包括行政机关申请法院强制执行。人民法院受理行政强制执行申请后，行政机关不宜减免加处的罚款。"

（二）当事人不服行政处罚决定起诉被驳回能否申请人民法院强制执行

《最高人民法院关于判决驳回原告诉讼请求行政案件执行问题的答复》（〔2008〕行他字第24号）认为，被诉具体行政行为具有可执行内容的，人民法院作出驳回原告诉讼请求的判决生效后，行政机关申请执行被诉具体行政行为内容的，人民法院依法裁定准予执行，并明确执行的具体内容。

（三）没有行政强制执行权的行政机关是否一律申请人民法院强制执行

《行政强制法》第9条、第10条规定行政强制措施的设定权。实践中，法律未授予有的行政机关行政强制执行权，但法律、法规授予其查封、扣押财物权。在行政管理过程中这些行政机关依据法律、法规规定采取了查封、扣押财物的措施，当事人不履行行政处罚的义务，行政机关能否根据《行政处罚法》第72条第1款第2项规定，将查封、扣押的财物拍卖、依法处理抵缴罚款，还是必须申请人民法院强制执行？

《行政处罚法》第72条第1款中"作出行政处罚决定的行政机关"并未明确有无行政强制执行权。《行政强制法》第12条第3项规定，拍卖或者依法处理查封、扣押的财物是行政强制执行的方式之一。第46条第3款规定："没有行政强制执行权的行政机关应当申请人民法院强制执行。但是，当事人在法定期限内不申请行政复议或者提起行政诉讼，经催告仍不履行的，在实施行政管理过程中已经采取查封、扣押措施的行政机关，可以将查封、扣押的财物依法拍卖抵缴罚款。"根据上述规定，即便有的行政机关没有强制执行权，但符合上述条件，仍可采取拍卖或者

---

① 乔晓阳.中华人民共和国行政强制法解读[M].北京：中国法制出版社，2011：140.

依法处理查封、扣押的财物的方式抵缴罚款。没有强制执行权的行政机关将查封、扣押的财物依法拍卖抵缴罚款，有利于与行政管理过程中的行政强制措施相衔接，尽快实现行政目的，提高行政效率。[1]

案例

某市自然资源和规划局与某公司处罚执行案[2]

裁判要点 法院认为，加处罚款催告，是对处罚决定书中载明的"限当事人自接到本行政处罚决定书之日起十五日内缴纳，到期不缴纳罚款的，根据《行政处罚法》第51条第1项规定，每日按罚款数额的百分之三加处罚款"的具体落实，并未对相对人设定新的处罚事项，对相对人的权利义务并未产生实际影响，故加处罚款催告行为不具有可诉性。

第一百一十条 受海关处罚的当事人或者其法定代表人、主要负责人在出境前未缴清罚款、违法所得和依法追缴的货物、物品、走私运输工具等值价款的，也未向海关提供相当于上述款项担保的，海关可以依法制作阻止出境协助函，通知出境管理机关阻止其出境。

阻止出境协助函应当随附行政处罚决定书等相关法律文书，并且载明被阻止出境人员的姓名、性别、出生日期、出入境证件种类和号码。被阻止出境人员是外国人、无国籍人员的，应当注明其英文姓名。

条文对比

本条是关于阻止出境的规定，对应《署令第159号》第80条。

与《署令第159号》相比，主要变化：一是将《署令第159号》第80条第1款"走私运输工具的"中的"的"删除，在"制作阻止出境协助函"之前增加"依法"；二是将《署令第159号》第80条的第2款"相关行政法律文书"中的"行政"删除。

理解与适用

一、相关政策文件

同本规章第一百零八条。

二、主要法律依据

《海关行政处罚实施条例》第59条："受海关处罚的当事人或者其法定代表

---

[1] 乔晓阳. 中华人民共和国行政强制法解读[M]. 北京：中国法制出版社，2011：153.
[2] 江苏省高级人民法院（2020）苏行再1号。

人、主要负责人应当在出境前缴清罚款、违法所得和依法追缴的货物、物品、走私运输工具的等值价款。在出境前未缴清上述款项的，应当向海关提供相当于上述款项的担保。未提供担保，当事人是自然人的，海关可以通知出境管理机关阻止其出境；当事人是法人或者其他组织的，海关可以通知出境管理机关阻止其法定代表人或者主要负责人出境。"

根据上述规定，本规章延续了《署令第 159 号》第 80 条的规定，并予以修改。

三、阻止出境

《税收征收管理法》第 44 条、《证券法》第 144 条、《保险法》第 153 条第 1 项、《证券投资基金法》第 27 条第 1 项等法律规定了"阻止出境"。此外，《出境入境管理法》第 12 条、第 28 条规定了"不准出境"；《民事诉讼法》第 262 条、《监察法》第 30 条等法律规定了"限制出境"。限制出境，是出于维护国家安全和利益、保证诉讼顺利进行、维持社会公共秩序等需要，在特定情况下，要求公民在一定时间内不出境的措施。[1]（在该文中，阻止出境也被归入限制出境范围。）

关于阻止出境的性质，有的认为，阻止出境是针对人身的限制出境，虽然无法直接做到保全财产，但确实也是为了保障行政处罚的执行，因而可以归入行政强制措施之列；有的认为，阻止出境的目的在于促使当事人及时履行行政处罚决定，从这一内容实质来看，属于行政强制执行措施；还有观点认为，阻止出境属于限制当事人人身自由的行为，具有实体处分性质，属于公安行政处罚。

在有关释义中，对不同法律规范中的阻止出境也有不同的理解。如《证券法》第 144 条第 1 项规定的阻止出境服务于"责令停业整顿、被依法指定托管、接管或者清算"，具有依附性、暂时性等行政强制措施的特点，不应被认为是行政处罚。[2]《署令第 159 号》中的阻止出境是"人身强制执行措施"。[3]

从行政诉讼案例来看，法院认为，阻止出境措施相对于偷税、逃避追缴欠税、骗税、抗税行为，是一种法律责任的承担方式。针对企业存在的上述违法行为阻止企业法定代表人出境的目的在于督促企业承担纳税的法律责任。

《海关法》并无"阻止出境"的规定，《海关行政处罚实施条例》规定了阻止出境，其立法目的是督促当事人及时履行缴纳罚款义务（《国境卫生检疫法实施细则》第 11 条规定了"不准入境、出境"）。阻止当事人出境是海关依法限制当事人在一定的期限内不得出境的一种措施。

---

[1] 陈庆安.我国限制出境措施问题研究[J].政治与法律，2018（9）：141-149.
[2] 袁雪石.中华人民共和国行政处罚法释义[M].北京：中国法制出版社，2021：85.
[3] 海关总署缉私局.中华人民共和国海关办理行政处罚案件程序规定释义[M].北京：中国海关出版社，2007：151.

四、本条应当注意的问题

（一）阻止出境的对象

与《出境入境管理法》《税收征收管理法》等法律不同，本规章根据《海关行政处罚实施条例》的规定，明确阻止出境的对象为受海关处罚的当事人或者其法定代表人、主要负责人。当事人是自然人的，海关可以通知出境管理机关阻止其出境；当事人是法人或者其他组织的，海关可以通知出境管理机关阻止其法定代表人、主要负责人出境。相关释义均认为："限制其离境的，既适用境外当事人，也适用境内当事人。"[1][2] 结合本条第 2 款、本规章第 123 条等规定，本条阻止出境的对象包括外国人、无国籍人。

（二）阻止出境的适用情形

《证券期货违法行为行政处罚办法》第 26 条第 1 款规定实施行政处罚过程中阻止出境的具体情形。

本条规定的适用情形是"在出境前未缴清罚款、违法所得和依法追缴的货物、物品、走私运输工具等值价款的，也未向海关提供相当于上述款项担保的"。在出境前"未缴清罚款、违法所得和依法追缴的货物、物品、走私运输工具等值价款"和"未向海关提供担保"两个条件必须同时具备，才能采取阻止出境措施。其中任何一个条件不符合的，则不适用阻止出境。

（三）阻止出境的实施

阻止出境不由海关具体执行，而是由出境管理机关执行。海关需要制作阻止出境协助函，联系出境管理机关阻止出境。

1987 年 3 月，最高人民法院、最高人民检察院、公安部、国家安全部印发的《关于依法限制外国人和中国公民出境问题的若干规定》（〔1987〕公发 16 号）第 4 条规定：人民法院、人民检察院、国家安全机关及公安机关对某些不准出境的外国人和中国公民，需在边防检查站阻止出境的，应填写《口岸阻止人员出境通知书》。在本省、自治区、直辖市口岸阻止出境的，应向本省、自治区、直辖市公安厅、局交控。在紧急情况下，如确有必要，也可先向边防检查站交控，然后按本通知的规定，补办交控手续。1996 年 12 月，国家税务总局、公安部关于印发的《阻止欠税人出境实施办法》（国税发〔1996〕215 号）第 4 条第 1 款规定：阻止欠税人出境由县级以上（含县级）税务机关申请，报省、自治区、直辖市税务机关审核

---

[1] 海关总署政策法规司.《中华人民共和国海关行政处罚实施条例》释义[M].北京：中国海关出版社，2007：204.
[2] 海关总署缉私局.中华人民共和国海关办理行政处罚案件程序规定释义[M].北京：中国海关出版社，2007：51.

批准，由审批机关填写《边控对象通知书》，函请同级公安厅、局办理边控手续。上述规定对海关办理阻止出境手续具有借鉴意义。

案例

国家税务总局某市税务局某税务分局与某公司行政管理案[①]

裁判要点 法院认为，根据《税收征收管理法》第44条、《税收征收管理法实施细则》第74条、《阻止欠税人出境实施办法》第3条第1款、第3款和第4条第1款等规定，本案中，被告税务分局向原告作出《税务事项通知书（核定应纳税额）》，核定原告欠税数额，并责令其限期缴纳。原告未按规定结清应纳税款，又未提供纳税担保，因此税务分局有权通知出入境管理机关阻止该公司的法定代表人出境。税务分局申请采取阻止出境措施的申请经省国税局批准后，由省国税局向出入境边防检查总站提交了边控对象通知书及相关材料。税务分局的行政行为认定事实清楚，程序合法，证据确凿，符合上述规范性文件的规定，并无不当。

第一百一十一条 当事人或者其法定代表人、主要负责人缴清罚款、违法所得和依法追缴的货物、物品、走私运输工具等值价款的，或者向海关提供相当于上述款项担保的，海关应当及时制作解除阻止出境协助函通知出境管理机关。

条文对比

本条是关于解除阻止出境的规定，对应《署令第159号》第81条。

与《署令第159号》相比，无变化。

理解与适用

一、相关政策文件

同本规章第一百零八条。

二、主要法律依据

同本规章第一百一十条，以及：

《海关行政处罚实施条例》第58条第2款："当事人按期履行行政处罚决定、办结海关手续的，海关应当及时解除其担保。"

根据上述规定，本条保留了《署令第159号》第81条的规定。

[①] 海南省洋浦经济开发区人民法院（2020）琼9701行初19号。

三、本条应当注意的问题

（一）解除阻止出境的情形

主要是两种情形：一种情形是当事人或者其法定代表人、主要负责人履行了缴纳罚款、违法所得和依法追缴的货物、物品、走私运输工具等值价款的义务；另一种情形是提供了相当于上述款项的担保。

（二）解除阻止出境的文书

海关制作解除阻止出境协助函。

（三）海关通知义务

海关要及时通知出境管理机关。

案例

某市某区地方税务局与某公司执行案[1]

裁判要点 一审法院经审理查明，2014年10月17日，某区地税稽查局作出《追缴欠税（滞纳金）事项告知书》并于同日向某公司送达。2015年11月25日，某区地税稽查局对某公司法定代表人作出《阻止出境决定书》。2015年12月11日、2016年1月22日，某公司两次向某区地税稽查局提交《提供纳税担保申请书》、纳税担保清单等相关文件。2016年1月29日，地方税务局和该公司作出联合声明，就"纳税担保"的相关事项进行确认。2016年3月18日，公司向地方税务局提交行政复议申请。2016年4月5日，地方税务局作出被诉决定书（《不予受理行政复议申请决定书》）。该公司不服，向法院提起诉讼。在一审诉讼期间，地方税务局在法定举证期限内提交并在庭审中出示的证据包括：《阻止出境决定书》及送达回证、《提供纳税担保申请书》、《纳税担保书》、《纳税担保财产清单》及《不动产登记证明》，证明该公司提供的纳税担保是为办理解除阻止出境事项，与申请行政复议无关。一审法院认为地方税务局作出被诉决定书认定事实清楚，适用法律法规、规章正确，程序合法，判决驳回公司的诉讼请求。二审法院维持一审判决。

第一百一十二条 将当事人的保证金抵缴或者将当事人被扣留的货物、物品、运输工具依法变价抵缴罚款之后仍然有剩余的，应当及时发还或者解除扣留、解除担保。

条文对比

本条是关于抵缴执行的规定，对应《署令第159号》第82条。

与《署令第159号》相比，主要变化是将《署令第159号》第82条中的"担保"

---

[1] 北京市第二中级人民法院（2016）京02行终1938号。

修改为"保证金"。

理解与适用

一、相关政策文件

同本规章第一百零八条。

二、主要法律依据

《海关法》第 93 条:"当事人逾期不履行海关的处罚决定又不申请复议或者向人民法院提起诉讼的,作出处罚决定的海关可以将其保证金抵缴或者将其被扣留的货物、物品、运输工具依法变价抵缴……"

《海关行政处罚实施条例》第 42 条第 2 款:"海关解除对货物、物品、运输工具、其他财产以及账册、单据等资料的扣留,或者发还等值的担保,应当制发海关解除扣留通知书、海关解除担保通知书,并由海关工作人员、当事人或者其代理人、保管人、见证人签字或者盖章。"

根据上述规定,本条延续了《署令第 159 号》第 82 条的规定,并予以修改。

三、本条应当注意的问题

(一)保证金的抵缴

根据《行政强制法》的规定,抵缴属于行政强制执行措施,必须由法律设定。《海关法》第 93 条规定了保证金抵缴和扣留物的变价抵缴,对保证金以外的其他担保财产抵缴并未规定,海关行政处罚中的抵缴不能扩大到"担保"。因此,本规章本条将《署令第 159 号》第 82 条"将当事人的担保抵缴"中的"担保"修改为"保证金",与上位法保持一致。

(二)抵缴余款的处理

本条规定,抵缴后仍然有剩余的,应当及时发还或者解除扣留、解除担保。对于保证金和变价款项而言,剩余款项应当及时返还,同时对保证金解除担保;对于变价的财产属于被扣留的货物、物品、运输工具的,应当解除扣留。

案例

某海关与某公司行政处罚执行案[①]

裁判要点 原告某公司不服被告某海关作出的《行政处罚决定书》。被告在举证期限内向本院提交的证据包括《14. 原告出具的转罚申请及海关罚没收入专用缴款书》。法院查明,被告经立案调查于 2017 年 10 月 19 日作出《行政处罚告知书》

---

① 天津市第二中级人民法院(2018)津 02 行初 76 号。

并送达原告,原告提交声明对被告知的事实、理由和依据无异议,放弃陈述、申辩、听证的权利。当日,被告作出行政处罚决定并送达原告。原告于 2017 年 10 月 19 日申请,将已缴纳的抵押金转为罚款。后原告不服行政处罚决定,提起行政诉讼。法院认为,被告作出行政处罚决定认定事实清楚、程序合法、适用法律法规正确。

第一百一十三条 自海关送达解除扣留通知书之日起三个月内,当事人无正当理由未到海关办理有关货物、物品、运输工具或者其他财产的退还手续的,海关应当发布公告。

自公告发布之日起三十日内,当事人仍未办理退还手续的,海关可以依法将有关货物、物品、运输工具或者其他财产提取变卖,并且保留变卖价款。

变卖价款在扣除自海关送达解除扣留通知书之日起算的仓储等相关费用后,尚有余款的,自海关公告发布之日起一年内,当事人仍未办理退还手续的,海关应当将余款上缴国库。

未予变卖的货物、物品、运输工具或者其他财产,自海关公告发布之日起一年内,当事人仍未办理退还手续的,由海关依法处置。

`条文对比`

本条是关于解除扣留执行的规定,对应《署令第 159 号》第 83 条。

与《署令第 159 号》第 83 条相比,主要变化:一是增加"未予变卖的货物、物品、运输工具或者其他财产,自海关公告发布之日起一年内,当事人仍未办理退还手续的,由海关依法处置。"作为本条第 4 款;二是将《署令第 159 号》第 83 条第 1 款拆分为三款,在"退还手续的,"之后增加"海关应当发布公告。"作为本条第 1 款,在"海关可以"之前增加"自公告发布之日起三十日内,当事人仍未办理退还手续的,",之后增加"依法",作为本条第 2 款,将"当事人在海关送达解除扣留通知书之日起 1 年内应当前来海关办理相关手续,逾期海关"修改为"自海关公告发布之日起一年内,当事人仍未办理退还手续的,海关应当"作为本条第 3 款。

`理解与适用`

一、相关政策文件

同本规章第一百零八条。

二、主要法律依据

《行政强制法》第 28 条第 2 款:"解除查封、扣押应当立即退还财物;已将鲜活物品或者其他不易保管的财物拍卖或者变卖的,退还拍卖或者变卖所得款项。"

《行政处罚法》第 74 条第 2 款:"罚款、没收的违法所得或者没收非法财物拍卖的款项,必须全部上缴国库"。

《海关行政处罚实施条例》第 42 条第 2 款:"海关解除对货物、物品、运输工具、其他财产以及账册、单据等资料的扣留,或者发还等值的担保,应当制发海关解除扣留通知书、海关解除担保通知书,并由海关工作人员、当事人或者其代理人、保管人、见证人签字或者盖章。"

根据上述规定,本条对《署令第 159 号》第 83 条作出修改,并增加第 4 款规定。

三、本条应当注意的问题

(一)提取变卖前应当公告

此次修改,本规章增加了海关应当公告的规定,起到了更好保护相对人权利的作用。在公告期内,如果当事人到海关办理退还手续,则不需进入提取变卖的程序。

(二)公告期限与处理

本条第 2 款规定,自公告发布之日起三十日届满,当事人仍未到海关办理有关手续,海关即可提取变卖,并且保留变卖价款。

本条第 3 款、第 4 款规定,自公告之日起一年届满,有两种情形,海关采取不同的处理措施:一是变卖价款在扣除自海关送达解除扣留通知书之日起算的仓储等相关费用后,尚有余款的,自海关公告发布之日起一年内,当事人仍未办理退还手续,海关应当将余款上缴国库。二是对未予变卖的货物、物品、运输工具或者其他财产,自公告发布之日起一年届满,当事人仍未办理退还手续,由海关依法处理。

案例

某市某区市场监督管理局与某公司行政赔偿案[①]

裁判要点 法院认为,该局作出行政处罚决定,因在事实认定和法律适用方面存在错误,已被本院生效行政判决撤销。涉案行政处罚决定作出之前,该局已经扣押公司存放在仓库的葡萄酒 X 箱合计 Y 瓶,对于上述葡萄酒被扣押而无法销售产生的损失,该局应当予以赔偿。该局本应在行政判决生效后,立即解除行政强制措施,及时将被扣押的葡萄酒返还给上诉人,并依法赔偿由此造成的损失,但其在公司行政赔偿申请后,仍作出不予赔偿决定且未根据上述法律规定返还被扣押的葡萄酒。因此,对于葡萄酒被扣押而无法销售产生的资金被占用的利息损失,该局应当予以赔偿。

[①] 广东省惠州市中级人民法院(2017)粤 13 行终 283 号。

《中华人民共和国海关办理行政处罚案件程序规定》
理解与适用

> **案例**
>
> **某海关与某公司行政处罚案**[①]
> **裁判要点**　法院经审理查明的事实有《扣留（封存）决定书》及《扣留清单》《解除扣留通知书》等在卷资证。法院认为，本案中，原告在提交的报关资料中将出口货物单价、货物数量报错，涉嫌申报不实，并可能造成多退税款。被告在调查取证查明上述事实的基础上，依法向原告履行了相关告知义务、听取原告陈述申辩后，依据《海关行政处罚实施条例》第15条第5项的相关规定，对原告的违法行为作出本诉行政处罚，事实认定清楚，证据确凿，适用法律正确，处罚符合法定程序。原告请求撤销本诉《处罚决定书》的理由缺乏事实和法律依据，法院不予支持。

第一百一十四条　自海关送达解除担保通知书之日起三个月内，当事人无正当理由未办理财产、权利退还手续的，海关应当发布公告。

自海关公告发布之日起一年内，当事人仍未办理退还手续的，海关应当将担保财产、权利依法变卖或者兑付后，上缴国库。

条文对比

本条是关于解除担保执行的规定，对应《署令第159号》第84条。

与《署令第159号》第84条相比，主要变化：一是将第84条拆分成2款；二是删除"到海关""凭证""由""相关""凭证等""折价""并且"，将"1年"修改为"三个月"，在"退还手续的"之后增加"海关应当发布公告"；三是本条第2款增加"自海关公告发布之日起一年内，当事人仍未办理退还手续的，"在"海关""将"之间增加"应当"，"财产"之前增加"担保"，"变卖"之前增加"依法"，"兑付"之后增加"后"。

理解与适用

一、相关政策文件

同本规章第一百零八条。

二、主要法律依据

《海关事务担保条例》第21条："自海关要求办理担保财产、权利退还手续的书面通知送达之日起3个月内，当事人无正当理由未办理退还手续的，海关应当发布公告。　　自海关公告发布之日起1年内，当事人仍未办理退还手续的，海关应当将担保财产、权利依法变卖或者兑付后，上缴国库。"

[①] 广东省深圳市中级人民法院（2017）粤03行初97号。

根据上述规定，本条对《署令第 159 号》第 84 条予以修改。

三、本条应当注意的问题

（一）依法变卖或兑付前应当公告

在办理行政处罚案件过程中当事人提供了担保，在当事人行政处罚义务履行完毕后，海关应当及时解除担保，并退还当事人。对于解除担保通知书送达后，当事人三个月期限届满无正当理由不办理退还手续的，海关应当发布公告，催促当事人前来海关办理相关退还手续。

（二）公告的期限

自海关公告发布之日起一年内，当事人来海关办理手续的，海关退还相关财产或权利。对于一年内当事人仍未办理退还手续的，海关对担保的财产或权利依法作出处理。

（三）变卖和兑付

对于担保财产是货币的，直接上缴国库；对于担保是非货币的财产的，依法变卖处理；对于担保是权利的，根据权利属性应当兑付后上缴国库。

案例

某公司与某省公安厅交警总队某高速公路支队二大队行政强制措施案[①]

裁判要点 法院认为，对扣押物品进行妥善保管，是实施扣押行为行政机关的法定义务。上诉人二大队作出行政强制措施，扣留某公司所有的小型越野客车，在扣留期间车辆发生火灾导致损毁，上诉人作为负有保管义务的行政机关对因第三人管理不善所造成的后果对外应当承担法律责任。被上诉人诉请确认上诉人未尽到保管义务违法，于法有据，法院予以支持。

第一百一十五条 当事人实施违法行为后，发生企业分立、合并或者其他资产重组等情形，对当事人处以罚款、没收违法所得或者依法追缴货物、物品、走私运输工具等值价款的，应当以承受其权利义务的法人、组织作为被执行人。

条文对比

本条是关于被执行人主体变更的规定，对应《署令第 159 号》第 87 条。

与《署令第 159 号》相比，主要变化：一是将《署令第 159 号》第 87 条中"违反《中华人民共和国海关法》的"修改为"违法"；二是将"走私货物"中的"走私"调整到"运输工具"之前；三是将"将"修改为"以"，"当事人"修改为"其"。

---

① 福建省宁德市中级人民法院（2019）闽 09 行终 39 号。

《中华人民共和国海关办理行政处罚案件程序规定》
理解与适用

理解与适用

一、相关政策文件

同本规章第一百零八条。

二、主要法律依据

《海关行政处罚实施条例》第57条:"法人或者其他组织实施违反海关法的行为后,有合并、分立或者其他资产重组情形的,海关应当以原法人、组织作为当事人。 对原法人、组织处以罚款、没收违法所得或者依法追缴货物、物品、走私运输工具的等值价款的,应当以承受其权利义务的法人、组织作为被执行人。"

根据上述规定,本条对《署令第159号》第87条予以修改。

三、合并、分立与资产重组

《最高人民法院 最高人民检察院 海关总署关于办理走私刑事案件适用法律若干问题的意见》(法〔2022〕139号)第19条对单位走私犯罪后发生分立、合并或者其他资产重组等情况的法律适用作出了规定。《民法典》《公司法》等法律也对合并、分立等等作出了规定。海关办理行政处罚案件过程中涉及法人或者其他组织合并、分立、资产重组的,建议借鉴上述规定。

(一)合并

所谓合并,是指两个以上的公司依照法定程序,不经过清算程序而结合为一个新公司或者并入存续公司,原有的公司或者其他公司予以解散,新公司或者存续公司承继解散的公司的权利义务并接收其股东的法律事实。[①]

《民法典》第67条第1款规定:"法人合并的,其权利和义务由合并后的法人享有和承担。"《公司法》第172条第1款规定:"公司合并可以采取吸收合并或者新设合并。"第174条规定:"公司合并时,合并各方的债权、债务,应当由合并后存续的公司或者新设的公司承继。"《最高人民法院关于审理与企业改制相关的民事纠纷案件若干问题的规定》第31条规定:"企业吸收合并后,被兼并企业的债务应当由兼并方承担。"第32条规定:"企业新设合并后,被兼并企业的债务由新设合并后的企业法人承担。"

(二)分立

公司分立是指一个公司通过依法签订分立协议,将其营业分成两个以上公司的组织法性行为。从而原公司不经清算程序而解散,或者以被缩小的状态存续,并且

[①] 李臣.公司合并的法律问题分析[J].金融法苑,2005(3):83-94.

原公司股东取得承继分立公司权利与义务的股份。①

《民法典》第 67 条第 2 款规定:"法人分立的,其权利和义务由分立后的法人享有连带债权,承担连带债务,但是债权人和债务人另有约定的除外。"《公司法》第 176 条规定:"公司分立前的债务由分立后的公司承担连带责任。但是,公司在分立前与债权人就债务清偿达成的书面协议另有约定的除外。"《最高人民法院关于审理与企业改制相关的民事纠纷案件若干问题的规定》第 12 条、第 13 条等就分立的企业债权债务问题作出了规定。

(三)资产重组

"资产重组"是指企业资产的拥有者、控制者与企业外部的经济主体进行的,对企业资产的分布状态进行重新组合、调整、配置的过程,或对设在企业资产上的权利进行重新配置的过程。有观点认为,"资产重组"是指企业改组为上市公司时,将企业的原有资产和负债进行合理划分,采取分立或合并等方式对企业的资产结构进行重新组合和设置。其基本的形式主要有四种,一是原企业整体重组;二是企业合并;三是企业分立;四是企业重大投资。② 从这些年的情况看,拟上市公司的资产重组,主要有以下几种模式:1. 整体改组模式。2. 分立模式。3. 控股分立模式。4. 合并模式。5. 控股合并模式。③《百度百科》认为,目前在国内所使用的"资产重组"的概念,早已被约定俗成为一个边界模糊、表述一切与上市公司重大非经营性或非正常性变化的总称。在此不对相关观点和规定引用和阐述。

四、本条应当注意的问题

(一)变更被执行人的条件

1. 当事人发生企业分立、合并或者其他资产重组等情形。

2. 当事人发生企业分立、合并或者其他资产重组等情形是在其实施违法行为后。

3. 当事人发生企业分立、合并或者其他资产重组等情形,有承受其权利义务的法人、组织。

4. 海关对当事人作出处以罚款、没收违法所得或者依法追缴货物、物品、走私运输工具等值价款。

《最高人民法院对〈关于非诉执行案件中作为被执行人的法人终止,人民法院是否可以直接裁定变更被执行人的请示〉的答复》(法行〔2000〕16 号)规定:"人

---

① 王瑞. 公司分立制度研究 [J]. 江西社会科学,2002(9):141-143.
② 王瑛. 第四讲 企业改制上市时资产重组阶段银行债权的保护 [J]. 金融法苑,2001(2):112-118.
③ 毛玲玲. 银行债券与上市公司资产重组 [J]. 金融法苑,2001(10):103-110.

民法院在办理行政机关申请人民法院强制执行其具体行政行为的案件过程中，作为被执行人的法人出现分立、合并、兼并、合营等情况，原具体行政行为仍应执行的，人民法院应当通知申请机关变更被执行人。对变更后的被执行人，人民法院应当依法进行审查。"

（二）追缴等值价款

本条规定"依法追缴货物、物品、走私运输工具等值价款"，其依据是《海关行政处罚实施条例》第56条："海关作出没收货物、物品、走私运输工具的行政处罚决定，有关货物、物品、走私运输工具无法或者不便没收的，海关应当追缴上述货物、物品、走私运输工具的等值价款。"

追缴等值价款虽然与"罚款、没收违法所得"行政处罚相提并论，但追缴等值价款不是一种行政处罚，也不是行政强制执行，而是行政处罚执行的一种措施。一般在行政处罚决定书中先载明依法作出没收等行政处罚种类，再载明无法或者不便没收的原因、作出追缴等值价款的依据和具体数额。

（三）承受人是否体现在行政处罚决定书中

变更被执行人是从行政处罚执行角度的变通措施。尽管被执行人承受了原先当事人的权利义务，但违法行为发生时的责任主体是原当事人，而非被执行人。因此，建议行政处罚决定书仍然要以原违法行为人作为案件的当事人。至于是否在处罚决定书中"当事人"之后增加"权利义务承受人"，可以研究和考虑。

案例

某市某区生态环境局与某公司行政处罚执行案[①]

裁判要点 区生态环境局2019年5月24日作出12号《处罚决定》，对某公司作出限期一个月内改正违法行为并罚款X万元的行政处罚决定。2020年1月8日，区生态环境局向法院申请强制执行。一审法院认为，该公司已于2019年6月24日在工商行政主管部门办理注销登记，已不具备作为本案被申请人的主体资格，驳回生态环境局的申请。区生态环境局提出复议申请。根据区生态环境局提供的公司工商注销档案资料，公司没有解散股东会的决议，也没有该公司在注销前已进行清算的任何资料。关于有限责任公司被注销后权利、义务的承担问题，根据《最高人民法院关于适用〈中华人民共和国民事诉讼法〉的解释》第64条的规定，一是经合法清算后，由取得公司清算财产的股东在取回财产的范围内承担责任；二是未经合法清算的，由有限责任公司的股东承担责任。公司已于2019年6月24日在工商行政主管部门办理注销登记，区生态环境局申请强制执行仍把该公司列为被执行人不当，但一审法院应根据公司是否已经合法清算的事实，履行释明职责，以

[①] 海南省三亚市中级人民法院（2020）琼02行审复2号。

便申请人及时变更被执行对象。一审法院在未履行释明职责，以便申请人及时变更被执行对象的情形下，径行裁定驳回区生态环境局申请，适用法律不当，本院依法予以纠正。

第一百一十六条 当事人对行政处罚决定不服，申请行政复议或者提起行政诉讼的，行政处罚不停止执行，法律另有规定的除外。

当事人申请行政复议或者提起行政诉讼的，加处罚款的数额在行政复议或者行政诉讼期间不予计算。

条文对比

本条是关于不停止执行的规定，系新增条款。

理解与适用

一、相关政策文件

同本规章第一百零八条。

二、主要法律依据

《行政处罚法》第73条第1款："当事人对行政处罚决定不服，申请行政复议或者提起行政诉讼的，行政处罚不停止执行，法律另有规定的除外。"第3款："当事人申请行政复议或者提起行政诉讼的，加处罚款的数额在行政复议或者行政诉讼期间不予计算。"

三、本条应当注意的问题

（一）不停止执行原则

行政复议、诉讼不停止行政行为的执行是行政法中的一项原则。为了保障行政效率，行政复议和行政诉讼均明确行政行为不停止执行。例如，《行政复议法》第21条规定"行政复议期间具体行政行为不停止执行"；《行政诉讼法》第56条第1款也规定了"诉讼期间，不停止行政行为的执行。"但《行政复议法》《行政诉讼法》同时又分别列举了不停止执行除外的几种情形，其中《行政复议法》第21条第4项为"法律规定停止执行的"，《行政诉讼法》第56条第1款第4项为"法律、法规规定停止执行的"。

《行政处罚法》第73条第1款规定"法律另有规定的除外"，体现了法律保留原则，例外条款必须由法律位阶的规范来规定，而不是下位法的法规、规章。

（二）复议诉讼期间加处罚款豁免

被处以罚款的当事人未缴纳罚款，当事人申请行政复议或者提起行政诉讼，行政机关加不加处罚款,是行政执法实践中遇到的问题。

根据《行政复议法》第 31 条第 1 款规定,行政复议期限一般是 60 日,延长期限是 90 日。根据《行政诉讼法》第 81 条、第 88 条等规定,人民法院应当在立案之日起六个月内作出第一审判决,上诉案件应当在收到上诉状之日起三个月内作出终审判决。有特殊情况需要延长的,由高级人民法院批准,高级人民法院审理第一审案件、上诉案件需要延长的,由最高人民法院批准。

行政复议或者行政诉讼,是法律赋予当事人维护自身合法权益的重要法律途径,但行政复议或者行政诉讼期限相对较长,尤其是一审后再提起上诉、再审,期限又将大大延长。如果当事人未缴纳罚款,无论是行政复议还是行政诉讼期间仍加处罚款,当事人维权的成本和代价将极其高昂,尤其是通过行政复议或者行政诉讼维持原行政处罚决定的,当事人将可能承担比原罚款更重的法律责任,则必然给当事人带来沉重的心理负担和维权成本,挫伤当事人申请行政复议或提起行政诉讼进行维权的主动性和积极性,客观上使行政复议和行政诉讼作为化解行政争议重要渠道的作用无法发挥,弱化了行政复议和行政诉讼的吸引力、生命力和必要性。"不仅有悖设定行政处罚及执行罚的目的,而且也违背了行政诉讼法所要达到的保护公民、法人和其他组织实体上的合法权益和促进行政机关依法行政的立法宗旨。"[1]《最高人民法院行政审判庭关于行政处罚的加处罚款在诉讼期间应否计算问题的答复》([2005]行他字第 29 号)规定:"根据《中华人民共和国行政诉讼法》的有关规定,对于不履行行政处罚决定所加处的罚款属于执行罚,在诉讼期间不应计算。"

《行政处罚法》第 73 条第 3 款增加了该内容,加处罚款的数额在行政复议或者行政诉讼期间不予计算,从而在法律层面予以确认。

案例

某市环境保护局与某公司处罚执行案[2]

裁判要点　本案中,被执行人某公司收到申请执行人作出的行政处罚决定后,依法申请复议并提起行政诉讼,在法定的起诉期限及诉讼期间,被执行人某公司没有缴纳罚款的义务。在被执行人提起行政诉讼的情况下,行政处罚决定中"十五日内"缴纳罚款的期限限制应顺延至被执行人收到行政终审判决后的"十五日内"缴纳罚款。被执行人在收到法院作出的行政终审判决后的第四天即缴纳了罚款 X 元,依法不具有缴纳加处罚款的义务。申请执行人申请本院强制执行逾期加处罚款 X 万元,于法无据。

---

[1] 蔡小雪.行政处罚的加处罚款在诉讼期间不应计算[J].人民司法(应用),2008(11):34-37.
[2] 山东省潍坊高新技术产业开发区人民法院(2016)鲁 0791 行审 13 号。

第一百一十七条 有下列情形之一的，中止执行：

（一）处罚决定可能存在违法或者不当情况的；

（二）申请人民法院强制执行，人民法院裁定中止执行的；

（三）行政复议机关、人民法院认为需要中止执行的；

（四）海关认为需要中止执行的其他情形。

根据前款第一项情形中止执行的，应当经海关负责人批准。

中止执行的情形消失后，海关应当恢复执行。对没有明显社会危害，当事人确无能力履行，中止执行满三年未恢复执行的，海关不再执行。

条文对比

本条是关于中止执行的规定，对应《署令第159号》第88条。

与《署令第159号》第88条相比，主要变化：一是将《署令第159号》第88条第1款第4项中的"其他依法应当中止执行的"修改为"海关认为需要中止执行的其他情形"；二是删除第2款"第（一）项"中"( )"，将"直属海关关长或者其授权的隶属海关关长"修改为"海关负责人"；三是在第3款"应当恢复执行"之前增加"海关"，之后增加"对没有明显社会危害，当事人确无能力履行，中止执行满三年未恢复执行的，海关不再执行。"

理解与适用

一、相关政策文件

同本规章第一百零八条。

二、主要法律依据

《行政强制法》第39条："有下列情形之一的，中止执行：（一）当事人履行行政决定确有困难或者暂无履行能力的；（二）第三人对执行标的主张权利，确有理由的；（三）执行可能造成难以弥补的损失，且中止执行不损害公共利益的；（四）行政机关认为需要中止执行的其他情形。　　中止执行的情形消失后，行政机关应当恢复执行。对没有明显社会危害，当事人确无能力履行，中止执行满三年未恢复执行的，行政机关不再执行。"

根据《行政强制法》规定，本条对《署令第159号》第88条予以修改。

三、本条应当注意的问题

（一）中止执行的情形

中止指程序上的暂时中断。中止执行是指出现不能继续执行的事由，执行程序暂停，待构成中止执行的事由消灭或者原因消除后，再恢复执行。《企业破产法》

第 19 条规定:"人民法院受理破产申请后,有关债务人财产的保全措施应当解除,执行程序应当中止。"《最高人民法院关于适用〈中华人民共和国企业破产法〉若干问题的规定(二)》第 5 条规定了对未按照企业破产法第十九条的规定中止的处理。

依照《民事诉讼法》第 263 条第 1 款、《人民法院办理执行案件规范》第 100 条规定,人民法院应当裁定中止执行的情形有 11 种;《人民法院办理执行案件规范》第 101 条规定了可以中止的两种情形。

本条第 1 款规定了四项中止执行的情形:

1. 处罚决定可能存在违法或者不当情况的。《行政诉讼法》第 62 条规定,人民法院对行政案件宣告判决或者裁定前,被告改变其所作的行政行为,原告同意并申请撤诉的,是否准许,由人民法院裁定。根据本条规定,行政机关作出行政行为后,如果发现行政行为存在违法或者不当情况的,可以自行纠正。如果行政行为有错误而熟视无睹,不予纠正,进而将错就错,继续做出下一步的行政决定,最终通过行政诉讼程序再予以纠正,显然行政执法成本更高,司法资源占用更多,行政机关的代价也会更加沉重,根本达不到提高行政效率和妥善化解行政争议的目的。因此,行政机关一旦发现行政行为存在事实、证据和依据等方面的问题,就主动撤销、变更原行政行为,或者弥补瑕疵,自我纠正错误,恰恰是依法行政的应有之义。当然行政机关也要考虑信赖保护原则和高效便民原则,审慎作出纠正决定,避免随意性、恣意性。《湖南省行政程序规定》第 158 条第 1 款规定:"行政机关行政程序违法的,行政机关应当依职权或者依申请自行纠正。"有些省市也陆续出台地方性程序立法,对行政机关自我纠错予以规定。例如,2022 年 5 月 26 日南通市第十六届人大常委会第二次会议通过的《南通市人大常委会关于全面提高行政机关执法能力和水平的决定》提出:完善落实违法行政执法行为自我纠正制度,及时有效化解行政争议。最高人民法院在多份裁判文书中就行政机关自我纠正阐明了观点。[①] 处罚决定有违法或者不当的可能性,需要自我检查确认是否存在上述问题。如经审核认为确实构成违法或者不当,行政机关应当坚持有错必纠原则,及时采取必要措施,进行自我纠正。建立行政行为自我纠正制度,有助于减少行政争议,更好保障行政相对人的合法权益,构建更加和谐的社会关系。

2. 申请人民法院强制执行,人民法院裁定中止执行的。《行政诉讼法》《最高人民法院关于适用〈中华人民共和国行政诉讼法〉的解释》(法释〔2018〕1 号)都没有规定申请人民法院强制执行,人民法院裁定中止执行的情形。但《民事诉讼法》《最高人民法院关于适用〈中华人民共和国民事诉讼法〉的解释》(法释

[①] 如最高人民法院(2016)最高法行申 2251 号、(2018)最高法行再 7 号、(2018)最高法行申 2218 号、(2019)最高法行申 9339 号等。

〔2022〕11号）等有人民法院裁定中止执行的规定。

3.行政复议机关、人民法院认为需要中止执行的。如《行政复议法》第21条规定，行政复议期间具体行政行为可以停止执行的情形：第2项"行政复议机关认为需要停止执行"，第3项"申请人申请停止执行，行政复议机关认为其要求合理，决定停止执行"。《行政诉讼法》第56条第1款规定了4项停止执行的情形。①上述情形事实上是由行政复议机关或者人民法院决定了中止执行。

4.海关认为需要中止执行的其他情形。《署令第159号》第88条第1款第4项的规定是"其他依法应当中止执行的"，虽然是兜底条款，但明确为"依法应当中止执行"，适用的范围相对较窄。根据《行政强制法》第39条第1款第4项"行政机关认为需要中止执行的其他情形"，本规章本条规定为"海关认为需要中止执行的其他情形"。

（二）中止执行的审批

本条第2款规定，中止执行应当由海关负责人批准。

（三）恢复执行

《民事诉讼法》第263条第2款规定："中止的情形消失后，恢复执行。"《人民法院办理执行案件规范》第103条规定："中止执行的情形消失后，执行法院可以根据当事人的申请或依职权恢复执行。　　恢复执行应当书面通知当事人。"

根据《民事诉讼法》规定，本条第3款规定，中止执行的情形消失后，海关应当恢复执行。

（四）不再执行

根据《行政强制法》第39条第2款，本条第3款规定海关不再执行。海关不再执行的条件是：没有明显社会危害、当事人确无能力履行、中止执行满三年未恢复执行。"在中止执行中规定了不再执行机制使行政效率与公民权益保护之间达到平衡。"②

> [案例]
>
> **某海关与甲行政处罚执行案**③
>
> **裁判要点**　申请执行人某海关申请强制执行被执行人甲罚款一案，本院行政裁定已发生法律效力，本院于2006年8月4日对该裁定立案执行。因被执行人住所地在A市，本院依法将该案委托A市中级人民法院执行，该院经查被执行人家庭

---

① （一）被告认为需要停止执行的；（二）原告或者利害关系人申请停止执行，人民法院认为该行政行为的执行会造成难以弥补的损失，并且停止执行不损害国家利益、社会公共利益的；（三）人民法院认为该行政行为的执行会给国家利益、社会公共利益造成重大损害的；（四）法律、法规规定停止执行的。
② 乔晓阳.中华人民共和国行政强制法解读[M].北京：中国法制出版社，2011：131.
③ 广东省广州市中级人民法院（2006）穗中法执字第1828号。

经济困难，暂无财产可供执行，建议本院中止执行。本院认为，本案已暂不具备执行条件。参照《民事诉讼法》第234条第1款第5项及第236条的规定，裁定本院行政执行裁定中止执行。

第一百一十八条 有下列情形之一的，终结执行：

（一）据以执行的法律文书被撤销的；

（二）作为当事人的自然人死亡，无遗产可供执行，又无义务承受人的；

（三）作为当事人的法人或者其他组织被依法终止，无财产可供执行，又无义务承受人的；

（四）海关行政处罚决定履行期限届满超过二年，海关依法采取各种执行措施后仍无法执行完毕的，但是申请人民法院强制执行的除外；

（五）申请人民法院强制执行的，人民法院裁定中止执行后超过二年仍无法执行完毕的；

（六）申请人民法院强制执行后，人民法院裁定终结本次执行程序或者终结执行的；

（七）海关认为需要终结执行的其他情形。

条文对比

本条是关于终结执行的规定，对应《署令第159号》第89条。

与《署令第159号》第89条相比，主要变化：一是删除"应当"；二是将《署令第159号》第89条第2项中的"自然人死亡"之后增加"，无遗产可供执行，又无义务承受人"；三是将第3项中"又无权利义务承受人的，也无其他财产可供执行"修改为"无财产可供执行，又无义务承受人"；四是删除第4项中的"情形"，在"除外"前增加"的"；五是在第6项"人民法院裁定"之后增加"终结本次执行程序或者"；六是第7项"其他依法应当终结执行的"修改为"海关认为需要终结执行的其他情形"。

理解与适用

一、相关政策文件

同本规章第一百零八条。

二、主要法律依据

《行政强制法》第40条："有下列情形之一的，终结执行：（一）公民死亡，无遗产可供执行，又无义务承受人的；（二）法人或者其他组织终止，无财产可供执行，又无义务承受人的；（三）执行标的灭失的；（四）据以执行的行政决定被撤销的;(五)行政机关认为需要终结执行的其他情形。"

根据《行政强制法》第 40 条,本条延续了《署令第 159 号》第 89 条的规定,并予以修改。

三、行政处罚决定终结执行

终结是指程序上的终了或结束。终结执行是在执行过程中,由于发生某种特殊情况,执行程序没有必要或不可能继续进行,从而结束执行程序。[①]《最高人民法院印发〈关于执行案件立案、结案若干问题的意见〉的通知》(法发〔2014〕26 号)第 14 条规定:"除执行财产保全裁定、恢复执行的案件外,其他执行实施类案件的结案方式包括:(一)执行完毕;(二)终结本次执行程序;(三)终结执行;(四)销案;(五)不予执行;(六)驳回申请。"

海关行政处罚终结执行,是对符合法定情形的行政处罚,执行程序结束,不再执行。主要情形是以下方面。

(一)据以执行的法律文书被撤销

本项与《行政强制法》第 40 条第 4 项基本一致,只是用"法律文书"替换了"行政决定"。

行政处罚决定有需要执行的内容,方才涉及执行问题,因此执行的源头是行政处罚决定,如果行政处罚决定被撤销,也就谈不上行政处罚的执行。正所谓"皮之不存,毛将焉附"。实践中,由于行政机关的自我纠正,或者经行政复议、诉讼,被行政机关、行政复议机关、人民法院撤销原行政处罚决定等,执行的前提不存在,因此终结执行。

(二)作为当事人的自然人死亡,无遗产可供执行,又无义务承受人

本项与《行政强制法》第 40 条第 1 项基本一致,仅以"作为当事人的自然人"替换"公民"。

(三)作为当事人的法人或者其他组织被依法终止,无财产可供执行,又无义务承受人

本项与《行政强制法》第 40 条第 2 项基本一致,只是在"法人或者其他组织"前增加"作为当事人的",与本条第 2 项的表述保持一致,在"终止"前增加"依法"。

(四)海关行政处罚决定履行期限届满超过 2 年,海关依法采取各种执行措施后仍无法执行完毕的,但是申请人民法院强制执行的除外

本项规定针对申请人民法院强制执行之外的案件,一方面,从时间上看,行政

[①] 乔晓阳. 中华人民共和国行政强制法解读[M]. 北京:中国法制出版社,2011:132.

处罚期限届满超过 2 年，已经耗时较长；另一方面，海关穷尽各种执行措施，仍然不能执行完毕，继续执行并无实际效果和意义。

（五）申请人民法院强制执行的，人民法院裁定中止执行后超过 2 年仍无法执行完毕

人民法院裁定中止执行，如果超过 2 年仍无法执行完毕，此种情形下作出终结执行的决定。

（六）申请人民法院强制执行后，人民法院裁定终结本次执行程序或者终结执行

1. 裁定终结本次执行程序。《最高人民法院关于适用〈中华人民共和国民事诉讼法〉的解释》（法释〔2022〕11 号）第 517 条第 1 款规定："经过财产调查未发现可供执行的财产，在申请执行人签字确认或者执行法院组成合议庭审查核实并经院长批准后，可以裁定终结本次执行程序。"《最高人民法院印发〈关于执行案件立案、结案若干问题的意见〉的通知》（法发〔2014〕26 号）第 16 条第 1 款规定了"终结本次执行程序"的 6 种情形；《最高人民法院关于严格规范终结本次执行程序的规定（试行）》（法〔2016〕373 号）第 1 条规定，人民法院终结本次执行程序，应当同时符合 5 个条件。

2. 裁定终结执行。《民事诉讼法》第 264 条规定了人民法院裁定终结执行的 6 种情形。《最高人民法院关于适用〈中华人民共和国民事诉讼法〉的解释》（法释〔2022〕11 号）第 464 条规定："申请执行人与被执行人达成和解协议后请求中止执行或者撤回执行申请的，人民法院可以裁定中止执行或者终结执行。"《最高人民法院印发〈关于执行案件立案、结案若干问题的意见〉的通知》（法发〔2014〕26 号）第 17 条第 1 款规定了可以以"终结执行"方式结案的 13 种情形。

根据《最高人民法院关于适用〈中华人民共和国民事诉讼法〉的解释》（法释〔2022〕11 号）第 517 条第 1 款规定，对本条第 6 项进行调整。

（七）海关认为需要终结执行的其他情形

《署令第 159 号》第 89 条第 7 项的规定是"其他依法应当终结执行的"，虽然是兜底条款，但明确为"依法应当终结执行"适用的范围相对较窄。根据《行政强制法》第 40 条第 5 项"行政机关认为需要终结执行的其他情形"，本条规定为"海关认为需要终结执行的其他情形"。

四、本条应当注意的问题

（一）终结执行的审批

本条未规定终结执行的审批，考虑到终结执行是行政处罚程序的彻底终止，参考本规章第 117 条的规定，建议也报海关负责人批准。

（二）恢复执行

《最高人民法院关于适用〈中华人民共和国民事诉讼法〉的解释》（法释〔2022〕11号）第517条第2款规定："依照前款规定终结执行后，申请执行人发现被执行人有可供执行财产的，可以再次申请执行。再次申请不受申请执行时效期间的限制。"《最高人民法院印发〈关于执行案件立案、结案若干问题的意见〉的通知》（法发〔2014〕26号）第6条第5项规定，人民法院应当恢复执行案件予以立案的情形包括："依照民事诉讼法第二百五十七条的规定而终结执行的案件，申请执行的条件具备时，申请执行人申请恢复执行的。"行政处罚案件已经终结执行后能否恢复执行，上述规定有重要的借鉴意义。

案例

某海关与甲行政处罚执行案[①]

裁判要点 某海关向法院申请执行处罚决定，法院作出行政执行裁定，准予强制执行，并于2006年7月31日立案执行。在执行过程中，法院于2006年8月28日向被执行人甲发出执行通知书，被执行人甲没有履行义务。申请执行人某海关表示不能提供被执行人可供执行的财产，同意法院终结执行。法院认为，鉴于被执行人没有可供执行的财产，本案已不具备执行的条件，参照《民事诉讼法》第235条第6项的规定，裁定本院作出的行政执行裁定终结执行。

第一百一十九条 海关申请人民法院强制执行，应当自当事人的法定起诉期限届满之日起三个月内提出。

海关批准延期、分期缴纳罚款的，申请人民法院强制执行的期限，自暂缓或者分期缴纳罚款期限结束之日起计算。

条文对比

本条是关于申请人民法院强制执行期限的规定，对应《署令第159号》第86条。

与《署令第159号》相比，主要变化是：根据法律规定，并结合司法解释的规定，将《署令第159号》第86条第1项规定予以修改，删除其他项，并增加第2款。

理解与适用

一、相关政策文件

同本规章第一百零八条。

---

① 广东省广州市中级人民法院（2006）穗中法执字第1780号。

二、主要法律依据

《行政处罚法》第 72 条第 1 款第 4 项："依照《中华人民共和国行政强制法》的规定申请人民法院强制执行。"第 2 款规定："行政机关批准延期、分期缴纳罚款的，申请人民法院强制执行的期限，自暂缓或者分期缴纳罚款期限结束之日起计算。"

《行政强制法》第 53 条："当事人在法定期限内不申请行政复议或者提起行政诉讼，又不履行行政决定的，没有行政强制执行权的行政机关可以自期限届满之日起三个月内，依照本章规定申请人民法院强制执行。"

根据上述规定，本条对《署令第 159 号》第 86 条予以修改。

三、申请人民法院强制执行的期限与时效

（一）申请期限

《行政强制法》第 53 条规定，没有行政强制执行权的行政机关可以自期限届满之日起三个月内，申请人民法院强制执行。《最高人民法院关于适用〈中华人民共和国行政诉讼法〉的解释》（法释〔2018〕1 号）第 156 条规定："没有强制执行权的行政机关申请人民法院强制执行其行政行为，应当自被执行人的法定起诉期限届满之日起三个月内提出。逾期申请的，除有正当理由外，人民法院不予受理。"为了给行政机关增加压力，提高其行政管理效率和水平，督促其尽快履行申请法院强制执行的职责，维护公共利益，防止久拖不决，行政机关应在一个不变的期间内向法院申请强制执行，不应当给其逾期申请的机会。因此，"行政强制法第五十三条规定的 3 个月期限即为除斥期间，没有中止、中断之说。"[1][2] 2019 年 9 月，《最高人民法院关于行政机关申请法院强制执行行政处罚决定时效问题的答复》称："法律之所以规定了较长的申请期限，是考虑到非诉强制执行对行政相对人权益影响大，需要通过司法的执行审查或充分保障当事人救济权利的期限利益，以最大限度地防止行政强制权的滥用。"

（二）延期或者分期缴纳罚款申请法院强制执行期限计算

根据《行政处罚法》第 72 条第 2 款规定："行政机关批准延期、分期缴纳罚款的，申请人民法院强制执行的期限，自暂缓或者分期缴纳罚款期限结束之日起计算。"本条第 2 款仅将"行政机关"替换为"海关"。

以分期缴纳罚款为例，在每一期届满后当事人没有如期缴纳罚款的，都属于

---

[1] 全国人大常委会法制工作委员会行政法室.《中华人民共和国行政强制法》释义与案例[M]. 北京：中国民主法制出版社，2011: 195.
[2] 乔晓阳. 中华人民共和国行政强制法解读[M]. 北京：中国法制出版社，2011: 177.

"分期缴纳罚款期限结束"不缴纳罚款的情形。根据上述规定，延期或者分期缴纳罚款期限结束后，当事人仍未缴纳罚款的，没有强制执行权的行政机关申请人民法院强制执行是否还要适用法定起诉期限届满之日起三个月内？

有观点认为，由于当事人已经申请延期或者分期缴纳并得到行政机关批准，即已经明确表示同意履行行政罚款决定，所以，行政机关申请人民法院强制执行不再需要等待申请行政复议或者提起行政诉讼法定期限届满。[1] 对于无强制执行权的行政机关而言，如果被处罚人在获批延期或分期缴纳罚款后仍未按期履行，只要迟延履行期限结束，就可以开始申请司法强制执行。在法体系上，本法第72条第2款相对《行政强制法》第53条而言属于特别规定与一般规定的关系。[2]

（三）申请执行的时效

德国、奥地利、俄罗斯建立了执行时效制度，例如：《俄罗斯联邦行政违法行为法典》第31条规定，在行政处罚决定发生法律效力之日起一年内未予执行时，上述决定不应当再执行。

《最高人民法院关于适用〈中华人民共和国行政诉讼法〉的解释》（法释〔2018〕1号）第153条规定："申请执行的期限为二年。申请执行时效的中止、中断，适用法律有关规定。　　申请执行的期限从法律文书规定的履行期间最后一日起计算；法律文书规定分期履行的，从规定的每次履行期间的最后一日起计算；法律文书中没有规定履行期限的，从该法律文书送达当事人之日起计算。　　逾期申请的，除有正当理由外，人民法院不予受理。"

四、本条应当注意的问题

（一）申请强制执行前的催告

《行政强制法》第54条规定："行政机关申请人民法院强制执行前，应当催告当事人履行义务。催告书送达十日后当事人仍未履行义务的，行政机关可以向所在地有管辖权的人民法院申请强制执行；执行对象是不动产的，向不动产所在地有管辖权的人民法院申请强制执行。"催告书是否应当为义务人重新设定一个自动履行的期限，《行政强制法》没有作出明确规定。"在这里的'十日'可以理解为就是催告书中所列的'履行期限'，也就是说催告书中所列的履行期限不应超过十日。至于这个期限如何计算，可以在行政复议或者行政诉讼期限届满之日的前十日向当事人发出催告书，……也可以在当事人申请行政救济的期限届满后向当事人发出催告书。"[3]《最高人民法院关于行政机关申请人民法院强制执行前催告当事人履行义务

---

[1] 许安标. 中华人民共和国行政处罚法释义[M]. 北京：中国民主法制出版社，2021：180.
[2] 李洪雷. 中华人民共和国行政处罚法评注[M]. 北京：中国法制出版社，2021：523.
[3] 乔晓阳. 中华人民共和国行政强制法解读[M]. 北京：中国法制出版社，2011：181.

的时间问题的答复》[（2019）最高法行他48号]规定："当事人在行政决定所确定的履行期限届满后仍未履行义务的，行政机关即可催告当事人履行义务。行政机关既可以在行政复议和行政诉讼期限届满后实施催告，也可以在行政复议和行政诉讼期限届满之前实施催告。""催告书送达时间与法定的复议或诉讼期限没有关系。行政机关既可以在法定的复议或起诉期限届满后申请强制执行，也可以在后两者未届满之前实施催告程序，送达催告书。""催告书至少必须在3个月期限届满前的10日前向义务人送达。"[①] 根据处罚决定履行义务的性质及强制执行的紧迫程度等因素，建议选择催告时机并进行催告。

（二）超期申请的后果

有观点认为，"本条（《行政强制法》第53条，作者注）对行政机关申请人民法院强制执行的期限作了规定，……这样的规定是为了促使行政机关及时提出执行申请，提高行政效率。超过此期限的，人民法院不予执行。"[②]《最高人民法院关于适用〈中华人民共和国民事诉讼法〉的解释》（法释〔2022〕11号）第481条第1款规定："申请执行人超过申请执行时效期间向人民法院申请强制执行的，人民法院应予受理。被执行人对申请执行时效期间提出异议，人民法院经审查异议成立的，裁定不予执行。"但《最高人民法院关于适用〈中华人民共和国行政诉讼法〉的解释》（法释〔2018〕1号）第156条规定："逾期申请的，除有正当理由外，人民法院不予受理。"根据该司法解释，逾期申请人民法院强制执行，如果没有正当理由，人民法院不予受理，申请执行人将丧失通过人民法院强制执行的机会。

案例

甲与某市人民政府不履行法定职责案[③]

裁判要点 再审法院认为，县土地管理局、城乡建设环境保护局、某乡人民政府作出01号决定时，城市规划主管部门并无强制执行权，对于处罚决定逾期不起诉又不履行的，应由城市规划主管部门在一年内申请人民法院强制执行，人民法院应在十日内了解案情，并通知被执行人在指定期限内履行，逾期不履行的，强制执行。从目前查明的事实看，城市规划主管部门并未在法定期限内向人民法院申请强制执行01号决定，且现已超过申请人民法院强制执行期限。综上，二审法院以申请人甲主张由市人民政府强制执行01号决定缺乏法律依据为由，撤销一审判决，并驳回其履行法定职责的诉讼请求，结论并无不当。

---

① 耿宝建.实施行政强制法应当注意的十个问题[J].人民司法（应用），2013：（3）：60-66.
② 乔晓阳.中华人民共和国行政强制法解读[M].北京：中国法制出版社，2011：175.
③ 最高人民法院（2019）最高法行申600号。

案例

某海关与某公司行政处罚执行案[1]

裁判要点 法院经审理查明，海关作出对某公司罚款的行政处罚决定。因相关文书邮寄被执行人后被退回，海关于 2015 年 10 月 26 日以在某报刊登公告形式进行了送达。公告期满后，某公司未在法定期限内提起行政复议或行政诉讼，也未在行政处罚决定规定的期限内履行缴纳罚款的义务。2016 年 1 月 14 日，海关依法向某公司公告送达 1 号《催告书》，但该公司经催告后仍未履行缴付义务。现海关依法在法定期限内向本院申请强制执行。本院认为，海关作出的行政处罚决定已发生法律效力，且无重大明显违法情形，具有可执行内容。海关在申请本院强制执行前亦已履行了催告义务，符合法定强制执行条件，准予强制执行该行政处罚决定。

第八章 附 则

章注

本章自第 120 条至 125 条，共 6 条。

对应《署令第 159 号》第七章，原规章只有 4 条，本规章 6 条，增加了 2 条，其中 1 条为《署令第 159 号》第一章"总则"第 2 条的第 2 款，1 条为特别规定的适用。

理解与适用

本章第 120 条规定执法人员法律责任；第 121 条规定了特别规定；第 122 条规定了海关侦查走私犯罪机构的治安处罚；第 123 条规定了海关行政处罚的涉外当事人；第 124 条规定了本规章解释权；第 125 条规定了施行日期。

第一百二十条 执法人员玩忽职守、徇私舞弊、滥用职权、索取或者收受他人财物的，依法给予处分；构成犯罪的，依法追究刑事责任。

条文对比

本条是关于执法人员责任的规定，对应《署令第 159 号》第 94 条。

理解与适用

一、相关政策文件

《国务院关于贯彻实施〈中华人民共和国行政处罚法〉的通知》（国发〔1996〕

---

[1] 上海市第二中级人民法院（2016）沪 02 行审 22 号。

13号）："加强对行政处罚的监督工作。"

《国务院关于全面推进依法行政的决定》（国发〔1999〕23号）："决不允许滥用职权、执法犯法、徇私枉法。""要强化行政执法监督。"

《国务院关于印发全面推进依法行政实施纲要的通知》（国发〔2004〕10号）："行政机关违法或者不当行使职权，应当依法承担法律责任，实现权力和责任的统一。""要建立公开、公平、公正的评议考核制和执法过错或者错案责任追究制。"

《国务院办公厅关于推行行政执法责任制的若干意见》（国办发〔2005〕37号）："行政执法部门任何违反法定义务的不作为和乱作为的行为，都必须承担相应的法律责任。""对实行垂直管理的部门的行政执法责任，由上级部门或者监察机关依法予以追究；对实行双重管理的部门的行政执法责任，按有关管理职责规定予以追究。"

《国务院关于加强市县政府依法行政的决定》（国发〔2008〕17号）："强化行政执法责任追究。"

《中共中央关于全面深化改革若干重大问题的决定》："加强对行政执法的监督，全面落实行政执法责任制。"

《中共中央关于全面推进依法治国若干重大问题的决定》："严格执法责任，建立权责统一、权威高效的依法行政体制""全面落实行政执法责任制"。

《法治政府建设实施纲要（2015—2020年）》："全面落实行政执法责任制。""完善纠错问责机制。"

《中共中央关于坚持和完善中国特色社会主义制度推进国家治理体系和治理能力现代化若干重大问题的决定》："落实行政执法责任制和责任追究制度。"

《法治中国建设规划（2020—2025年）》："加强对权力运行的制约和监督""落实行政执法责任制和责任追究制度"。

《法治政府建设实施纲要（2021—2025年）》："全面落实行政执法责任，严格按照权责事项清单分解执法职权、确定执法责任。"

《国务院关于进一步贯彻实施〈中华人民共和国行政处罚法〉的通知》（国发〔2021〕26号）："要完善……责任追究等制度机制，……切实整治有案不立、有案不移、久查不结、过罚不当、怠于执行等顽瘴痼疾，发现问题及时整改。"

二、主要法律依据

《行政处罚法》中第七章为"法律责任"，第79条第2款规定了"索取或者收受他人财物"，本规章本条规定中有与之直接对应的内容；再如，《刑法》第402条规定了"徇私舞弊不移交刑事案件罪"，根据《刑法》和司法解释对"徇私舞弊"的解释，《行政处罚法》第82条规定的"行政机关对应当依法移交司法机关追究刑事责任的案件不移交，以行政处罚代替刑事处罚"，虽然从字面上不能直接一一对应，但实质上有内在联系。《行政强制法》第六章"法律责任"也有同样的情形。

《海关法》第71条："海关履行职责，必须遵守法律，维护国家利益，依照法定职权和法定程序严格执法，接受监督。"第96条："海关工作人员有本法第七十二条所列行为之一的，依法给予行政处分；有违法所得的，依法没收违法所得；构成犯罪的，依法追究刑事责任。"

根据上述规定，本规章延续了《署令第159号》第94条规定，并对"办案人员"作规范表述。

三、行政执法责任

理论上对于法律责任的定性，通常是根据法律部门的性质划分为民事责任、刑事责任和行政责任。[①] 有观点认为，"现代国家尤其是大陆法系国家的法律责任可明确区分为四种：民事责任、行政责任、刑事责任及违宪责任。""四种责任共同构成了法律责任体系。"[②] "在我国，法律责任包括违宪责任、行政责任、民事责任和刑事责任四种基本形式。"[③] 行政责任指作为行政主体的行政机关或法律法规授权的组织违法行使职权、侵犯行政相对人合法权益或损害国家社会公共利益依法应当对行政相对人和国家承担的责任，以及行政机关的公务员、法律法规授权组织的工作人员、行政机关委托的组织及其工作人员违法行使职权侵犯行政相对人合法权益或损害国家社会公共利益依法应当对国家（由相应行政机关代表）承担的责任。[④] 行政执法责任制，是指行政机关及其公职人员在行政执法过程中的一种岗位责任制，即用法律或者其他规范性文件的手段明确规定每个机构实体、每个行政职务、每个权力行使者的职位范畴、工作性质、职责范围等，以便使每个行政机关和公职人员各司其职、人尽其能、各负其责的一种行政法制度。[⑤]

建立权责统一、权威高效的依法行政体制，落实行政执法责任制，完善纠错问责机制，是建设法治政府的重要内容。[⑥] 全面推进依法治国，必须强化对行政权的制约和监督，保障其依法正确行使，这是建设中国特色社会主义法治体系、建设社会主义法治国家过程中的永恒课题。行政处罚权作为行政权的重要组成部分，具有

---

① 刘长兴. 超越惩罚：环境法律责任的体系重整 [J]. 现代法学，2021，43（1）：186-198.
② 魏浩锋. 行刑衔接语境下"一事二罚"之正当性探究：以周某某诉证监会行政处罚案为例 [J]. 法律适用，2018（10）：16-21.
③ 杨临宏. 立法学：原理、程序、制度与技术 [M]. 北京：中国社会科学出版社，2020：418.
④ 姜明安. 行政法 [M]. 北京：北京大学出版社，2017：557.
⑤ 关保英. 行政法时代精神之解构：后现代行政法理论的条文化表达 [M]. 北京：北京大学出版社，2017：324-325.
⑥ 张桂龙. 完善行政处罚制度 推进国家治理体系和治理能力现代化 [J]. 中国司法，2021（4）：76-79.

管理事务领域宽、自由裁量空间大、以国家强制力保证实施等特点，能够对当事人的人身、财产、资格、名誉等造成直接减损，一旦被滥用，将会对公民基本权利和依法治国方略实施造成损害。因此，在《行政处罚法》中，对行政处罚权的监督和制约机制是不可或缺的内容。①

行政处罚法中的法律责任是指行政机关及其工作人员因违反该法规定的相应义务，或者不当行使行政处罚权所产生的，由行政机关及其工作人员承担行政处罚法规定的不利后果。②

《行政处罚法》第七章"法律责任"从第76条到第83条，规定了行政机关、执法人员、行政机关直接负责的主管人员和其他直接责任人员的法律责任。"在第76条增加了对执法机关和执法人员追究法律责任的情形，将违反委托规定、未取得执法证件执法、该立案不立案列入追责范围。在第81条、第82条中将原来追究责任的一些限制性条件删除了，实际上加大了行政机关有该制止违法行为不制止、该处罚不处罚、该移送司法机关不移送等情形的追责力度。"③

四、追责的情形

本规章本条规定的应当追责的情形主要是：

（一）玩忽职守

所谓玩忽职守，是指不认真、不负责地对待本职工作。④《刑法》第397条规定了"玩忽职守罪"。《最高人民检察院关于渎职侵权犯罪案件立案标准的规定》（高检发释字〔2006〕2号）规定："玩忽职守罪是指国家机关工作人员严重不负责任，不履行或者不认真履行职责，致使公共财产、国家和人民利益遭受重大损失的行为。"《最高人民法院、最高人民检察院关于办理渎职刑事案件适用法律若干问题的解释（一）》（法释〔2012〕18号）就办理玩忽职守等渎职刑事案件适用法律问题作出了解释。

（二）徇私舞弊

《刑法》多个条款涉及徇私舞弊罪，如第402条"徇私舞弊不移交刑事案件罪"、第404条"徇私舞弊不征、少征税款罪"、第405条第2款"违法提供出口退税证罪"、第411条"放纵走私罪"；第412条"商检徇私舞弊罪"、第413条"动植物检疫徇私舞弊罪"等。《最高人民检察院关于渎职侵权犯罪案件立案标准的规

---

① 应松年，张晓莹.《行政处罚法》二十四年：回望与前瞻 [J]. 国家检察官学院学报，202028（5）：3-18.
② 杨伟东. 中华人民共和国行政处罚法理解与适用 [M]. 北京：中国法制出版社，2021：250.
③ 赵振华. 新修订的《行政处罚法》对行政执法的新要求 [J]. 中国司法，2021（4）：72-76.
④ 李洪雷. 中华人民共和国行政处罚法评注 [M]. 北京：中国法制出版社，2021：604.

定》（高检发释字〔2006〕2号）规定："本规定中的'徇私舞弊'，是指国家机关工作人员为徇私情、私利，故意违背事实和法律，伪造材料，隐瞒情况，弄虚作假的行为。"《最高人民法院　最高人民检察院　海关总署关于办理走私刑事案件适用法律若干问题的意见》（法〔2002〕139号）规定："依照刑法第四百一十一条的规定，负有特定监管义务的海关工作人员徇私舞弊，利用职权，放任、纵容走私犯罪行为，情节严重的，构成放纵走私罪。"

（三）滥用职权

所谓滥用职权，即行政机关明知自己的行为违反法律规定、与立法目的或法律原则相冲突，但基于非正当目的，依然实施法律所禁止的行为，典型的表现如"通过表面合法的手段达到非法的目的或意图"。滥用职权应被界定为一种具有严重主观过错的行政行为。[1] 从学理看，滥用职权是指行政机关作出的行政行为虽然在其权限范围内，但行政机关不正当地行使职权，不符合法律授予这种职权的目的。[2] "滥用职权"包括目的不适当、不相关考虑、没有保护合法预期、违反政府信赖保护原则，以及其他明显不合理的处理决定。[3]

《刑法》第397条同时规定了"滥用职权罪"。《最高人民检察院关于渎职侵权犯罪案件立案标准的规定》（高检发释字〔2006〕2号）规定："滥用职权罪是指国家机关工作人员超越职权，违法决定、处理其无权决定、处理的事项，或者违反规定处理公务，致使公共财产、国家和人民利益遭受重大损失的行为。"《最高人民法院、最高人民检察院关于办理渎职刑事案件适用法律若干问题的解释（一）》（法释〔2012〕18号）对办理滥用职权刑事案件适用法律问题作出了解释。

（四）索取或者收受他人财物

《刑法》第385条规定："国家工作人员利用职务上的便利，索取他人财物的，或者非法收受他人财物，为他人谋取利益的，是受贿罪。　国家工作人员在经济往来中，违反国家规定，收受各种名义的回扣、手续费，归个人所有的，以受贿论处。"第388条规定："国家工作人员利用本人职权或者地位形成的便利条件，通过其他国家工作人员职务上的行为，为请托人谋取不正当利益，索取请托人财物或者收受请托人财物的，以受贿论处。"

五、追责方式

有观点认为，行政机关及其工作人员行使行政处罚权力违反法律规定或造成损

---

[1] 周佑勇.司法审查中的滥用职权标准：以最高人民法院公报案例为观察对象[J].法学研究，2020，42（1）：52-66.
[2] 蒋红珍.正当程序原则司法适用的正当性：回归规范立场[J].中国法学，2019（3）46-63.
[3] 余凌云.论行政诉讼上的合理性审查[J].比较法研究，2022（1）：145-161.

失的，应当承担相应的法律责任。此处的责任可划分为两类，即内部责任——行政处分，外部责任——政务处分、刑事责任、行政赔偿责任。[1]

本条规定的追责方式包括：

（一）依法给予处分

这次新《行政处罚法》将"行政处分"修改为"处分"。有观点认为，这里的"处分"，既包括上级行政机关、任免机关、本单位对违法的公职人员给予的"处分"，也包括监察机关作为行使国家监察职能的专责机关对公职人员作出的"政务处分"。[2] 行政处分是行政机关工作人员因违反行政法律规范所应承担的一种行政惩戒措施，主要法律依据有《公务员法》《行政机关公务员处分条例》；政务处分是指对违法的公职人员依法作出的政务上的惩戒措施，主要法律依据是《监察法》与《公职人员政务处分法》，其处分的来源是监察权。对行政公务人员全方位的监督，继而保障公务人员的廉洁性，两者功能互补，目的一致。[3] 使用"处分"，保持了法律用语的统一性，同时在外延上也更具包容性。

（二）依法追究刑事责任

执法人员的违法行为涉嫌构成犯罪，移送司法部门办理。《立法技术规范（试行）（二）》（法工委发〔2011〕5号）中规定："5.1 只有个别条文涉及追究刑事责任的，一般在该条文中直接表述：'构成犯罪的，依法追究刑事责任'。"

案例

甲诉某市公安局交通警察支队某一大队行政强制案[4]

裁判要点 法院认为，行政机关进行社会管理的过程，也是服务社会公众和保护公民权利的过程。建设服务型政府，要求行政机关既要严格执法以维护社会管理秩序，也要兼顾相对人实际情况，对虽有过错但已作出合理说明的相对人可以采用多种方式实现行政目的时，在足以实现行政目的的前提下，应尽量减少对相对人权益的损害。实施行政管理不能仅考虑行政机关单方管理需要，而应以既有利于查明事实，又不额外加重相对人负担为原则。实施扣留等暂时性控制措施，应以制止违法行为、防止证据损毁、便于查清事实等为限，不能长期扣留而不处理，给当事人造成不必要的损失。因此，某交警一大队扣留涉案车辆后，既不积极调查核实车辆相关来历证明，又长期扣留涉案车辆不予处理，构成滥用职权。

第一百二十一条 海关规章对办理行政处罚案件的程序有特别规定的，从其

---

[1] 张弘.新行政处罚法通论[M].北京：法律出版社，2021：177.
[2] 许安标.中华人民共和国行政处罚法释义[M].北京：中国民主法制出版社，2021：186.
[3] 张弘.新行政处罚法通论[M].北京：法律出版社，2021：177-178.
[4] 最高人民法院（2016）最高法行再5号；2017年6月13日最高人民法院行政审判十大典型案例。

规定。

条文对比

本条是关于特别程序的规定，系新增条款，主要针对办理知识产权海关保护行政处罚案件而言。

理解与适用

一、相关政策文件

《国务院关于进一步加强知识产权保护工作的决定》（国发〔1994〕38号）："要强化海关在保护知识产权、制止侵权产品进出境方面的职能。"

《国务院关于印发国家知识产权战略纲要的通知》（国发〔2008〕18号）："加大海关执法力度，加强知识产权边境保护。"

《国务院办公厅关于印发2014年全国打击侵犯知识产权和制售假冒伪劣商品工作要点的通知》（国办发〔2014〕13号）："加强知识产权海关保护。"

《国务院关于新形势下加快知识产权强国建设的若干意见》（国发〔2015〕71号）："加强海关知识产权执法保护。"

《国务院办公厅关于印发2016年全国打击侵犯知识产权和制售假冒伪劣商品工作要点的通知》（国办发〔2016〕25号）："研究出台海关知识产权行政案件处罚标准，规范自由裁量权。"

《关于强化知识产权保护的意见》："牢固树立保护知识产权就是保护创新的理念，坚持严格保护、统筹协调、重点突破、同等保护，不断改革完善知识产权保护体系。"

《国务院办公厅关于印发全国深化"放管服"改革优化营商环境电视电话会议重点任务分工方案的通知》（国办发〔2020〕43号）："加大对制售假冒伪劣、侵犯知识产权等违法犯罪行为的发现和惩处力度。"

《知识产权强国建设纲要（2021—2035年）》："强化知识产权海关保护，推进国际知识产权执法合作。"

《国务院关于印发"十四五"国家知识产权保护和运用规划的通知》（国发〔2021〕20号）："强化知识产权海关保护。"

二、主要法律依据

《海关法》第44条第1款："海关依照法律、行政法规的规定，对与进出境货物有关的知识产权实施保护。"第91条："违反本法规定进出口侵犯中华人民共和国法律、行政法规保护的知识产权的货物的，由海关依法没收侵权货物，并处以罚款；构成犯罪的，依法追究刑事责任。"

《海关行政处罚实施条例》第 25 条第 1 款："进出口侵犯中华人民共和国法律、行政法规保护的知识产权的货物的，没收侵权货物，并处货物价值 30% 以下罚款；构成犯罪的，依法追究刑事责任。"

《知识产权海关保护条例》第 27 条第 1 款："被扣留的侵权嫌疑货物，经海关调查后认定侵犯知识产权的，由海关予以没收。"

三、本条应当注意的问题

创新是引领发展的第一动力。加强知识产权保护是完善产权保护制度最重要的内容和提高国家经济竞争力最大的激励。进入新发展阶段，推动高质量发展是保持经济持续健康发展的必然要求，知识产权作为国家发展战略性资源和国际竞争力核心要素的作用更加凸显。

《与贸易有关的知识产权协定》（TRIPS 协定）第 41 条第 2 款规定：有关知识产权的执法程序应公平和公正。不应有不必要的繁琐或高昂的费用，也不应规定不合理的期限或导致无端的迟延。

根据《海关法》《知识产权海关保护条例》等规定，《海关关于〈中华人民共和国知识产权海关保护条例〉的实施办法》对扣留侵权嫌疑货物，收取担保，没收、处置侵权货物等作出了规定。如，在依职权保护执法程序中，海关经过调查后，调查结论可能是认定构成侵权、认定不构成侵权、不能认定是否构成侵权三种情形，并非一律能够最终作出行政处罚决定或不予行政处罚决定。不能认定货物是否侵犯知识产权的，海关应当自扣留侵权嫌疑货物之日起 30 个工作日内书面通知知识产权权利人和收发货人；海关收到人民法院协助扣押有关货物的书面通知的，应当予以协助。符合法定情形的，海关应当放行货物等。

本规章第 2 条明确了本规章适用海关办理的所有行政处罚案件，这是一般原则，是大前提。知识产权海关保护行政法规和海关规章对办理行政处罚案件有与本规章规定不一致的特别规定的，适用其规定，如扣留侵权嫌疑货物前通知权利人确认知识产权状况、收取担保，自扣留之日起 30 个工作日内对被扣留的侵权嫌疑货物是否侵犯知识产权进行调查、认定等；无规定的，适用本规章规定，如立案、调查、扣留、审核、听证、作出处罚决定等都可以适用本规章。

> 案例

某公司与某海关行政强制案[①]

裁判要点 海关作出《海关扣留决定书》，对该涉嫌侵权运动鞋 X 双予以扣留。法院认为，根据《知识产权海关保护条例》第 16 条、《海关关于〈中华人民共

[①] 天津市第二中级人民法院（2012）二中行初字第 2 号。

和国知识产权海关保护条例〉的实施办法》第 21 条第 2 款规定，海关发现进出口货物有侵犯备案知识产权嫌疑的，有权依据知识产权权利人的申请、担保对涉嫌侵权货物进行扣留。在本案中，海关在发现某公司出口货物中的部分货物涉嫌侵犯某品牌权利人在海关总署备案知识产权后，依法通知某品牌权利人，该权利人在法律规定的时间内向海关书面申请，要求海关对涉嫌侵犯该公司注册商标专用权的货物予以扣留，且该权利人于 2011 年 12 月 26 日获得了海关总署对其 2012 年知识产权海关保护总担保的核准。海关依据该权利人的申请和担保作出的被诉扣留决定事实清楚，证据确凿，程序合法。

第一百二十二条 海关侦查走私犯罪公安机构办理治安管理处罚案件的程序依照《中华人民共和国治安管理处罚法》《公安机关办理行政案件程序规定》执行。

条文对比

本条是关于治安管理处罚案件办理程序的规定，对应《署令第 159 号》第 2 条第 2 款。

与《署令第 159 号》第 2 条第 2 款相比，除将"、"删除外，其他无变化。

理解与适用

一、相关政策文件

《法治政府建设实施纲要（2015—2020 年）》："加强行政执法保障。推动形成全社会支持行政执法机关依法履职的氛围。对妨碍行政机关正常工作秩序、阻碍行政执法人员依法履责的违法行为，坚决依法处理。"

二、主要法律依据

《海关行政处罚实施条例》第 6 条第 1 款："抗拒、阻碍海关侦查走私犯罪公安机构依法执行职务的，由设在直属海关、隶属海关的海关侦查走私犯罪公安机构依照治安管理处罚的有关规定给予处罚。"

根据上述规定，本规章将《署令第 159 号》第 2 条第 2 款调整至附则，并予以修改。

三、本条应当注意的问题

（一）实施的情形

《海关行政处罚实施条例》第 6 条第 1 款规定的是"抗拒、阻碍海关侦查走私犯罪公安机构依法执行职务的"。而《公安机关办理行政案件程序规定》第 16 条第 5 款规定的是"海关缉私机构管辖阻碍海关缉私警察依法执行职务的治安案件",该规章未出现"抗拒、"。

(二)实施主体

《治安管理处罚法》第 7 条第 2 款规定:"治安案件的管辖由国务院公安部门规定。"《海关行政处罚实施条例》第 6 条第 1 款规定由设在直属海关、隶属海关的海关侦查走私犯罪公安机构实施处罚。《公安机关办理行政案件程序规定》第 16 条第 5 款规定:"海关缉私机构管辖阻碍海关缉私警察依法执行职务的治安案件。"《公安机关执行〈中华人民共和国治安管理处罚法〉有关问题的解释》(公通字〔2006〕12 号)第 10 条第 1 款规定:"海关系统相当于县级以上公安机关的侦查走私犯罪公安机构可以依法查处阻碍缉私警察依法执行职务的治安案件,并依法作出治安管理处罚决定。"根据缉私警察依法执行职务的现状,作出治安处罚的主体主要是直属海关缉私局和隶属海关缉私分局。

(三)实施的依据

实施依据为《治安管理处罚法》《公安机关办理行政案件程序规定》等。

案例

甲与某市公安局城关分局治安处罚案[①]

裁判要点 本院认为,本案争议的焦点是分局在作出处罚决定中是否存在再审申请人甲所主张的违法行为的问题,结合再审申请人甲的主要申请理由,评判如下:关于城关分局作出处罚决定事实是否清楚,证据是否充分的问题。《治安管理处罚法》第 93 条规定:"公安机关查处治安案件,对没有本人陈述,但其他证据能够证明案件事实的,可以作出治安管理处罚决定。但是,只有本人陈述,没有其他证据证明的,不能作出治安管理处罚决定。"本案中,分局根据公安机关受案登记表,甲的陈述,乙的陈述,证人丙、丁、戊的证言,乙的伤情鉴定结论,认定违法行为,故分局依据上述规定作出处罚决定,认定事实清楚,证据充分。

案例

甲与某市公安局某区分局行政处罚案[②]

裁判要点 再审法院认为,公安机关依法对行政相对人实施行政处罚时,应遵循过罚相当原则行使自由裁量权,实施行政处罚必须以事实为依据,与违法行为的事实、性质、情节以及社会危害程度相当;所科处罚种类和处罚幅度要与违法行为人的违法过错程度相适应,违背过罚相当原则,导致行政处罚结果严重不合理的,应依法纠正。公安分局对甲参与打麻将的行为进行处理时,根据《治安管理处罚法》第 70 条的规定,决定对甲行政拘留 X 日,并处罚款 Y 元,该处罚畸重,属适

[①] 最高人民法院(2018)最高法行申 8665 号。
[②] 四川省高级人民法院(2017)川行再 13 号。

用法律错误，依法应予撤销。

第一百二十三条 海关对外国人、无国籍人、外国法人或者其他组织给予行政处罚的，适用本规定。

条文对比

本条是关于涉外行政处罚的规定，对应《署令第 159 号》第 95 条。

与《署令第 159 号》相比，主要变化：一是将《署令第 159 号》第 95 条中的"企业"修改为"法人"；二是在"组织"之前增加"其他"。

理解与适用

一、相关政策文件

《关于加强外国人永久居留服务管理的意见》："加快完善相关法律法规和配套规定，形成权利与义务统一、服务与管理并重、进入与退出结合的外国人永久居留服务管理制度体系，加强制度实施，不断提高服务水平，有效维护国家安全。""在海关通关时，携带的自用物品按照海关规定办理相关手续。"

二、主要法律依据

《行政处罚法》第 84 条："外国人、无国籍人、外国组织在中华人民共和国领域内有违法行为，应当给予行政处罚的，适用本法，法律另有规定的除外。"

《海关行政处罚实施条例》第 65 条："海关对外国人、无国籍人、外国企业或者其他组织给予行政处罚的，适用本实施条例。"

根据上述规定，本条延续了《署令第 159 号》第 95 条规定，并予以修改。

三、本条应当注意的问题

（一）违法行为责任人范围

《宪法》第 32 条第 1 款规定："中华人民共和国保护在中国境内的外国人的合法权利和利益，在中国境内的外国人必须遵守中华人民共和国的法律。"这一规定，同时体现了国际法上的"国民待遇原则"和"国家主权原则"。[1]1997 年 1 月 3 日，全国人大常委会法制工作委员会答复称："《行政处罚法》关于行政处罚的规定，适用于中华人民共和国境内的外国人、外国组织、无国籍人，法律另有规定的除外。"

适用我国的行政处罚法是国家主权原则在行政处罚中的具体体现。行政机关依

---

[1] 莫于川，哈书菊. 新《行政处罚法》适用办案手册 [M]. 北京：中国法制出版社，2022：232.

法行使的行政处罚权是国家主权的重要组成部分。任何一个主权国家对在本国国内进行活动的外国人、无国籍人、外国组织都规定依法享有权利、履行义务，都规定必须遵守所在国的法律，这是国家平等原则的重要体现。[1]本法（即《行政处罚法》，作者注）适用的惩戒对象非常多，可以完整地理解为公民、法人、其他组织、外国人、无国籍人、外国组织。[2]

（二）"外国人""无国籍人""外国组织"

王名扬先生认为，"行政法由国家制定，根据属地管辖权的原则，外国人在国家内部也必须遵守所在国的行政法，只在条约另有规定，或依国际惯例享有外交特权与豁免时例外。[3]

"外国人"是指在一国境内、不具有该国国籍而具有其他国国籍的人。"无国籍人"是指不具有任何国家国籍的人和国籍不明的人，或者是任何国家法律都不认可是其公民的人。"外国组织"是指具有外国国籍的组织，包括外国法人组织和非法人组织。[4]也有观点认为，外国组织包括外国的国家组织、经济组织、政治团体、文化团体等组织[5]等。

（三）享有外交特权和豁免权的外国人

《海关法》第52条规定："享有外交特权和豁免的外国机构或者人员的公务用品或者自用物品进出境，依照有关法律、行政法规的规定办理。"外交特权和豁免权，是指他国派驻一国的外交代表和外交人员，按照驻在国法律和国际公约，在驻在国所享有的特殊权利和优待。[6]国际上，关于对外交特权和豁免权的公约主要有《维也纳外交关系公约》《维也纳领事关系公约》《联合国特权和豁免公约》《专门机构特权和豁免公约》等。《中华人民共和国外交特权和豁免条例》《中华人民共和国领事特权与豁免条例》等对外交代表、领事官员及行政技术人员等人员的行政管辖豁免权作了规定。

（四）涉外行政处罚案件的办理

1.坚持原则。"为了维护国家的主权和利益"是《海关法》第1条规定的立法目的之一。《公安机关办理行政案件程序规定》第238条规定："办理涉外行政案件，应当维护国家主权和利益，坚持平等互利原则。"根据《海关法》，并借鉴公

---

[1] 江必新.行政处罚法条文精释与实例精解[M].北京：人民法院出版社，2021：438-439.
[2] 莫于川，哈书菊.新《行政处罚法》适用办案手册[M].北京：中国法制出版社，2022：3.
[3] 王名扬.法国行政法[M].北京：北京大学出版社，2016：11.
[4] 江必新，夏道虎.中华人民共和国行政处罚法条文解读与法律适用[M].北京：中国法制出版社，2021：282.
[5] 胡锦光.行政法与行政诉讼法[M].北京：国家开放大学出版社，2021：11.
[6] 江必新，夏道虎.中华人民共和国行政处罚法条文解读与法律适用[M].北京：中国法制出版社，2021：283-284.

安机关规定，海关办理涉外行政处罚案件应当坚持上述原则。

2. 基本要求。《公安机关办理行政案件程序规定》第253条规定："办理涉外行政案件，应当按照国家有关办理涉外案件的规定，严格执行请示报告、内部通报、对外通知等各项制度。"上述规定为海关办理涉外行政处罚案件提供了参考。

3. 涉外行政处罚法律文书的送达。1991年3月，全国人大常委会批准加入《关于向国外送达民事或商事司法文书和司法外文书公约》。《民事诉讼法》第四编"涉外民事诉讼程序的特别规定"中的第二十五章、《最高人民法院关于适用〈中华人民共和国民事诉讼法〉的解释》（法释〔2022〕11号）在第532条至第534条等对涉外送达作出规定。近年来，最高人民法院还发布过多份关于涉外送达的司法解释和司法解释性质文件。[①]

根据《行政处罚法》第61条规定，本规章第24条规定了海关行政处罚法律文书送达的原则规定。海关办理涉外行政处罚案件送达法律文书的，建议也按照民事诉讼法有关规定办理。

> [!NOTE]
> **案例**

甲与某市公安局某分局治安处罚案[②]

裁判要点 法院认为，根据《出境入境管理法》第78条第1款、《X市出入境管理行政处罚裁量基准》第二章第1节第9项中规定，本案中，根据一、二审法院查明，区公安分局根据甲（外国人）违法行为的性质、情节，对其作出行政拘留十四日的处罚决定，符合法律规定。关于区公安分局没有依法为其提供翻译的问题，区公安分局向一审法院提交的《询问笔录》及甲的手写声明等证据能够证明在行政处罚程序中，甲明确表示自己懂汉语并能熟练掌握运用、不需要翻译。综上，甲的再审申请不符合《行政诉讼法》第91条规定的情形，予以驳回。

> [!NOTE]
> **案例**

甲与某海关行政处罚案[③]

裁判要点 一审法院认为，本案中，海关发现甲（外国人）携带有疑似琥珀等物品未报关，遂对原告立案调查，依法扣留（封存）上述物品。经前后二次鉴定，确认涉案琥珀项链和手链等物品的总价值。经海关计税部门前后二次计核，确认核定涉案物品的偷逃税款。海关制发行政处罚告知单送达原告。同日，原告出具书面声明，放弃上述权利。基于以上事实，海关作出行政处罚决定，没收琥珀项链和手

---

① 如《最高人民法院关于涉外民事或商事案件司法文书送达问题若干规定》《最高人民法院关于依据国际公约和双边司法协助条约办理民商事案件司法文书送达和调查取证司法协助请求的规定》《最高人民法院办公厅关于向外国送达涉外行政案件司法文书的通知》等。
② 最高人民法院（2020）最高法行申9355号。
③ 新疆维吾尔自治区高级人民法院（2018）新行终112号。

链等涉案物品，证据确凿，适用法律、法规正确，符合法定程序。二审法院维持原审判决。

第一百二十四条 本规定由海关总署负责解释。

条文对比

本条是关于解释权的规定，对应《署令第 159 号》第 96 条，条文无变化。

理解与适用

一、相关政策文件

《国务院关于贯彻实施〈中华人民共和国立法法〉的通知》（国发〔2000〕11 号）："维护社会主义法制统一，要求各地方、各部门严格遵循法律、行政法规的解释权限和程序。"

《国务院关于印发全面推进依法行政实施纲要的通知》（国发〔2004〕10 号）："建立和完善行政法规、规章修改、废止的工作制度和规章、规范性文件的定期清理制度。"

《法治政府建设实施纲要（2015—2020 年）》："加强行政法规、规章解释工作。"

《法治政府建设实施纲要（2021—2025 年）》："增强政府立法与人大立法的协同性，统筹安排相关联相配套的法律法规规章的立改废释工作。"

《国务院关于进一步贯彻实施〈中华人民共和国行政处罚法〉的通知》（国发〔2021〕26 号）："对现行法律、法规、规章中的行政管理措施是否属于行政处罚有争议的，要依法及时予以解释答复或者提请有权机关解释答复。"

二、主要法律依据

《规章制定程序条例》（国务院令第 322 号）第 33 条第 1 款规定："规章解释权属于规章制定机关。"

根据上述规定，本条延续了《署令第 159 号》第 96 条规定。

三、法律解释

《立法法》专设"法律解释"一节，第 45 条第 1 款规定："法律解释权属于全国人民代表大会常务委员会。"第 50 条规定："全国人民代表大会常务委员会的法律解释同法律具有同等效力。"

法律解释是对法律规定的含义所作的说明和阐述。可以把法律解释分为正式解释和非正式解释。正式解释，又称有权解释或法定解释，是指有关国家机关按照宪法和法律所赋予的权限，对有关法律条文的含义所作的能够产生实际法律后果的说明和阐述。正式解释，又分为立法解释和应用解释。本节规定的法律解释，是指正式解释中的立法解释。非正式解释是指不会产生实际法律后果的解释。包括学理解释和普法解释。[1] 有权解释又分为立法解释和应用解释，前者是立法机关在法律制定以后根据法律的执行情况和执行中的问题作出的解释，而后者是执法机关（行政机关、检察机关和审判机关）在应用法律过程中对法律规定的含义作出的解释。[2]

关于法律解释的方法，从具体名称上看，有文义（文义、法意、字面、文学）解释、历史解释、逻辑解释、论理解释、文理解释、体系解释、社会学解释、目的解释、比较解释、语法解释、平意（平义）解释、扩张（扩充）解释、限缩（限制）解释、合宪性解释、相反解释、当然解释、类推解释等。[3] 学者对法律解释方法的理解和观点并不一致[4][5][6]。有观点认为，通用的法律解释方法包含文义解释、体系解释、立法者的目的解释、历史解释、比较解释和客观目的解释。在当前的适用法律解释方法的探讨和研究上，主流学说认为文义解释处于首位，体系解释紧随其后，是处于第二位的法律解释方法，目的解释是位于最后的第三顺位的法律解释方法。[7] 也有观点认为，一般而言，大陆法系的法律解释方法主要包括文义解释、体系解释、历史（法意）解释、目的解释、合宪解释和社会学解释等。其中，文义解释方法的适用具有优先性，其他几种解释方法则合称为论理解释，在适用上并无绝对的位阶关系。[8] 文义解释具有优先性，在这一点上形成了较为一致的认识。但文义解释之后的解释方法的顺序又有不同的观点。

在学者提出的法律解释方法中，"当然解释"需要引起关注。所谓当然解释，就是指法律虽无明文规定，但根据法律规定的目的来考虑，如果其事实较之于法律所规定的情况，更有适用的理由，就可以直接适用该法律规定。[9] 当然解释包括两种基本方法：即"举重以明轻"和"举轻以明重"。上述观点对海关办理行政处罚案件具有理论指导意义。

四、本条应当注意的问题

（一）规章解释权

《规章制定程序条例》第 33 条第 1 款规定："规章解释权属于规章制定机关。"

---

[1] 乔晓阳.《中华人民共和国立法法》导读与释义 [M]. 北京：中国民主法制出版社，2015：180.
[2] 张春生. 中华人民共和国立法法释义 [M]. 北京：法律出版社，2000：139.
[3] 孙光宁. 法律解释方法的体系整合：制度和谐的视角 [J]. 法律方法，2008：316-323.
[4] 王利明. 法律解释学 [M]. 2 版. 北京：中国人民大学出版社，2016.
[5] 梁慧星. 民法解释学 [M]. 北京：中国政法大学出版社，1995.
[6] 孔祥俊. 法律解释方法与判解研究 [M]. 北京：人民法院出版社，2004.
[7] 刘岩. 法律解释方法的适用顺序问题研究 [J]. 法制博览，2022（9）：47-49.
[8] 杨仁寿. 法学方法论 [M]. 2 版. 北京：中国政法大学出版社，2013：138.
[9] 梁慧星. 民法解释学 [M]. 北京：中国政法大学出版社，1995：225.

从规章解释的分类角度看，本条规定的规章解释属于立法性解释。[1]

《海关立法工作管理规定》第 46 条规定："海关规章的解释权归海关总署。海关总署各部门、直属海关、隶属海关均不得以自己名义制发文件对海关规章进行立法解释。"本规章的解释权由海关总署负责。

（二）规章解释的情形

《规章制定程序条例》第 33 条第 2 款规定："规章有下列情形之一的，由制定机关解释：（一）规章的规定需要进一步明确具体含义的；（二）规章制定后出现新的情况，需要明确适用规章依据的。"根据上述规定，《海关立法工作管理规定》第 47 条援引了上述规定，并在"规章"前增加了"海关"。

（三）规章解释的程序

《规章制定程序条例》第 33 条第 3 款规定："规章解释由规章制定机关的法制机构参照规章送审稿审查程序提出意见，报请制定机关批准后公布。"《海关立法工作管理规定》第 49 条规定："海关规章解释可以由规章的原起草部门起草，也可由海关总署法制部门起草。海关规章解释起草完毕后应当连同起草说明一并报海关总署法制部门进行审查。海关总署法制部门审查同意的，报请署领导批准后公布。"

（四）规章解释的效力

《规章制定程序条例》第 33 条第 4 款规定："规章的解释同规章具有同等效力。"《海关立法工作管理规定》第 50 条规定："海关总署对海关规章作出的解释与海关规章具有同等效力。"

案例

某公司与某海关行政处罚案[2]

裁判要点 某公司认为某海关从 2013 年 5 月 17 日发现案情，直至 2017 年 1 月 10 日作出 1 号通知书，责令该公司限期缴纳处罚决定所确定的漏缴税款，本案已超过三年追征期，故海关不应再责令公司补缴税款。法院认为，《海关法》第 62 条、《海关进出口货物征税管理办法》第 69 条规定，因纳税义务人违反规定造成漏征税款，海关应当自货物放行之日起三年内追征税款。《海关总署关于发布第 1 号行政解释（试行）的决定》（署法发〔2012〕429 号）规定，海关对纳税义务人是否违反规定进行的调查、侦查和稽查期间，应当在追、补期限予以扣除。其中，调查、侦查期间从立案之日起至作出生效决定之日止。因海关对当事人追征税款是基于海关调查认定的违法事实作出的，在海关制发行政处罚决定书对当事人的违法事实进行认定之前，追征税款行为所依据的违法事实尚未最终确定，漏缴税数额亦不

---

[1] 曹康泰. 规章制定程序条例释义[M]. 北京：中国法制出版社，2002：111.
[2] 江苏省南京市中级人民法院（2017）苏 01 行初 521 号。

能确定，因此海关对当事人的违法违规行为进行调查的期间应从追税期限内扣除。故海关作出1号通知书并未超过法定期限。

案例

某公司与某海关行政处罚案[①]

裁判要点 原告某公司向海关申报出口蔗糖素税号申报不实。被告决定对原告的上述违法行为不予行政处罚。被告海关同时提交的依据包括第2号行政解释决定。

法院认为，关于原告主张蔗糖素归类属于海关商品归类疑难问题，参照第2号行政解释决定的规定，原告行为不应认定为申报不实的意见。第2号行政解释决定第2条第3项规定的不应认定为税则号列申报不实行为的情形是指"当事人进出口货物的归类属于海关商品归类疑难问题，经总署归类职能部门审核已提交协调制度商品归类委员会研究决定的"。蔗糖素归类问题不满足这一条件，不适用前述条款规定。综上，海关结合本案违法行为的事实、性质、情节以及社会危害程度，根据《行政处罚法》第27条第2款规定，对原告作出不予行政处罚决定，于法有据。

第一百二十五条 本规定自2021年7月15日起施行。2006年1月26日海关总署令第145号公布、根据2014年3月13日海关总署令第218号修改的《中华人民共和国海关行政处罚听证办法》，2007年3月2日海关总署令第159号公布、根据2014年3月13日海关总署令第218号修改的《中华人民共和国海关办理行政处罚案件程序规定》，2010年3月1日海关总署令第188号公布的《中华人民共和国海关办理行政处罚简单案件程序规定》同时废止。

条文对比

本条是关于施行日期的规定，对应《署令第159号》第97条。

与《署令第159号》第97条相比，主要变化：一是将施行日期"2007年7月1日"修改为"2021年7月15日"；二是增加废止《署令第145号》《署令第159号》《署令第188号》三部规章的表述。

理解与适用

一、相关政策文件

《法治政府建设实施纲要（2015—2020年）》："对不适应改革和经济社会发展要求的法律法规规章，要及时修改和废止。""建立行政法规、规章和规范性文件清理长效机制。根据全面深化改革、经济社会发展需要，以及上位法制定、修改、废

[①] 福建省厦门市中级人民法院（2017）闽02行初50号。

止情况，及时清理有关行政法规、规章、规范性文件。"

《法治社会建设实施纲要（2020—2025年）》："创新运用多种形式，加强对新出台法律法规规章的解读。"

《法治中国建设规划（2020—2025年）》："严格按照法定权限和程序制定行政法规、规章，保证行政法规、规章质量。"

《法治政府建设实施纲要（2021—2025年）》："增强政府立法与人大立法的协同性，统筹安排相关联相配套的法律法规规章的立改废释工作。"

二、主要法律依据

《立法法》第57条规定："法律应当明确规定施行日期。"

《行政处罚法》第86条规定："本法自2021年7月15日起施行。"

根据上述规定，本条规定的施行日期与《行政处罚法》保持一致。

三、本条应当注意的问题

法律的效力包括时间效力、空间效力和对人的效力等方面。其中，法律的时间效力，是指法律效力的起始和终止的时限以及对法律实施以前的事件和行为是否具有溯及力的问题。法律施行时间就是法律开始具有约束力，开始生效的标志。

（一）规章生效

从我国的立法实践来看，法律的施行时间通常有三种方式：一是自发布或公布之日起生效；二是在发布或公布之日某一特定时间起生效；三是在其他法律生效一定期限后生效。[①]

《优化营商环境条例》第65条第1款规定："制定与市场主体生产经营活动密切相关的行政法规、规章、行政规范性文件，应当结合实际，确定是否为市场主体留出必要的适应调整期。"《规章制定程序条例》第32条规定："规章应当自公布之日起30日后施行；但是，涉及国家安全、外汇汇率、货币政策的确定以及公布后不立即施行将有碍规章施行的，可以自公布之日起施行。"《海关立法工作管理规定》第42条规定："除特殊情况外，海关规章应当自公布之日起至少30日后施行。"

本规章于2021年6月15日公布，实施日期是2021年7月15日，符合上述规定，一方面海关自身需要加强内部学习宣传培训，让执法人员提前理解立法背景和原意，熟练掌握具体条文和办案流程，更合法合理地准确、高效执法；另一方面加强本规章的社会宣传，为社会公众和相对人预留了熟悉了解本规章的时间。

---

① 李洪雷.中华人民共和国行政处罚法评注[M].北京：中国法制出版社，2021：621.

(二) 规章失效

1. 明示废止。《立法技术规范（试行）（一）》（法工委发〔2009〕62号）中规定：28.1制定法律时，在法律条文中规定废止相关法律的，表述为："本法自×年×月×日起施行。×年×月×日第×届全国人民代表大会（常务委员会）第×次会议通过的《中华人民共和国××法》同时废止。"《海关立法工作管理规定》第53条第2款规定："规章修改的篇幅较大或者对条文顺序和结构有重大修改的，应当按照制定规章的程序重新公布新的规章。原规章应当明文废止。"

本条明确，本规章自2021年7月15日起施行，同时废止《署令第145号》《署令第159号》《署令第188号》。

2. 默示废止。默示废止是一种确定旧法和新法规定相冲突时适用新法的原则，不是通过法律条文来明确废止原来的法律规范，往往针对同一位阶的法律规范而言，不同位阶的法律规范不适用。

> [!案例]

某公司与某海关行政处罚案[1]

裁判要点 一审法院认为：《海关法》是法律，《海关法行政处罚实施细则》是行政法规。行政法规当然要服从法律，但不等于说法律修改了，根据修改前法律制定的行政法规就自然失效。法律无论是否修改，根据法律制定的行政法规中，凡是与修改前或者修改后法律相抵触的条文都是无效的，其他条文必须由法律、行政法规或者国务院的命令废止才会失去法律效力。2000年7月8日，第九届全国人民代表大会常务委员会第十六次会议修改了《海关法》。2004年9月19日，国务院公布《中华人民共和国海关行政处罚实施条例》，其中第68条规定："本实施条例自2004年11月1日起施行。1993年2月17日国务院批准修订、1993年4月1日海关总署发布的《中华人民共和国海关法行政处罚实施细则》同时废止。"028号行政处罚决定于《海关法行政处罚实施细则》未被废止之前作出，以《海关法行政处罚实施细则》第6条第2款作为法律依据，适用法律并无不当。一审维持被诉行政处罚决定。二审法院维持一审判决。

---

[1]《最高人民法院公报》2006年第6期。

第四部分
主要参考文献

习近平.加强党对全面依法治国的领导[J].求是,2019(4).

莫于川,哈书菊:新《行政处罚法》适用办案手册[M].北京:中国法制出版社,2022.

周旺生,朱苏力:北京大学法学百科全书:法律学·立法学·法律社会学[M].北京:北京大学出版社,2009.

许安标:中华人民共和国行政处罚法释义[M].北京:中国民主法制出版社,2021.

姜明安.行政法[M].北京:北京大学出版社,2017.

应松年,张晓莹.《行政处罚法》二十四年:回望与前瞻[J].国家检察官学院学报,2020(5).

黄海华.行政处罚的重新定义与分类配置[J].华东政法大学学报,2020(4).

全国人大常委会法制工作委员会国家法、行政法室.《中华人民共和国行政处罚法》释义[M].北京:法律出版社,1996.

全国人大常委会法制工作委员会国家法、行政法室.《中华人民共和国行政处罚法》讲话[M].北京:法律出版社,1996.

袁曙宏.在新时代深化依法治国实践中谱写法治政府建设新篇章[J].学习时报,2018-08-29(1).

习近平.坚定不移走中国特色社会主义法治道路 为全面建设社会主义现代化国家提供有力法治保障[J].求是,2021(5).

朱宁宁.以良法促发展保善治:2021年全国人大及其常委会立法工作回顾[J].法治日报,2021-12-299(4).

习近平.关于《中共中央关于全面推进依法治国若干重大问题的决定》的说明[M]//习近平.论坚持全面依法治国.北京:中央文献出版社,2020.

中国社会科学院语言研究所词典编辑室.现代汉语词典[M].北京:商务印书馆,1978.

袁曙宏.论行政处罚的实施[J].法学研究,1993,87(4).

王名扬.美国行政法(上)[M].北京:北京大学出版社,2016.

王建.论行政公开原则(上)[J].公安学刊,2002(6).

关保英.行政法时代精神之解构:后现代行政法理论的条文化表达[M].北京:

431

刘俊祥.行政公开的权利保障功能[J].现代法学, 2001, 23（5）.

胡建淼.《行政处罚法》通识十讲[M].北京：法律出版社, 2021.

江必新.行政处罚法条文精释与实例精解[M].北京：人民法院出版社, 2021.

李洪雷.中华人民共和国行政处罚法评注[M].北京：中国法制出版社, 2021.

许安标.中华人民共和国行政处罚法释义[M].北京：中国民主法制出版社, 2021.

杨伟东.中华人民共和国行政处罚法理解与适用[M].北京：中国法制出版社, 2021.

张树义, 张力.行政法与行政诉讼法学[M].4版.北京：高等教育出版社, 2020.

习近平.推进全面依法治国, 发挥法治在国家治理体系和治理能力现代化中的积极作用[J].北京：求是, 2020（22）.

江必新, 夏道虎.中华人民共和国行政处罚法条文解读与法律适用[J].北京：中国法制出版社, 2021.

《习近平法治思想概论》编写组.习近平法治思想概论[M].北京：高等教育出版社, 2021.

【美】伯尔曼.法律与宗教[M].梁治平, 译.北京：中国政法大学出版社, 2003.

曹志.关于《中华人民共和国行政处罚法（草案）》的说明：1996年3月12日在第八届全国人民代表大会第四次会议上[J].人大工作通讯1996（7）.

赵振华.新修订的《行政处罚法》对行政执法的新要求[J].中国司法, 2021（4）.

李卫华.民法典时代个人隐私信息公开豁免条款的困境及完善[J].行政法学研究, 2021（6）.

袁雪石.中华人民共和国行政处罚法释义[M].北京：中国法制出版社, 2021.

关保英.行政行为主要证据不足研究[J].上海政法学院学报（法治论丛）, 2022, 37（1）.

胡建淼.《行政处罚法》修订的若干亮点[J].中国司法, 2021（5）.

袁钢.行政执法文书中的瑕疵问题研究：基于468份律师行政处罚决定书的分析[J].行政法学研究, 2022（1）.

山东省司法厅.新修订行政处罚法贯彻实施工作指引[A/OL].（2021-11-30）[2022-10-26].http://sft.shandong.gov.cn/articles/ch04163/202111/a936bf19-3266-4b2b-bfeb-564a672298c6.shtml.

习近平.加快建设社会主义法治国家[J].求是, 2015（1）.

叶勇, 谭博文.行政处罚权协商行使的作用向度与困境纾解[J].太原理工大学学报（社会科学版）, 2020, 38（1）.

胡锦光.行政法与行政诉讼法[M].北京：国家开放大学出版社, 2021.

莫于川.行政法与行政诉讼法[M].2版, 北京：中国人民大学出版社, 2015.

张晓莹.行政处罚视域下的失信惩戒规制[J].行政法学研究, 2019（5）.

黄海华.新行政处罚法的若干制度发展[J].中国法律评论, 2021（3）.

叶必丰.论行政机关间行政管辖权的委托[J].中外法学, 2019, 31（1）.

何海波.内部行政程序的法律规制

第四部分 主要参考文献

（上）[J].交大法学，2012（1）.

习近平.充分认识颁布实施民法典重大意义 依法更好保障人民合法权益[J].求是，2020（12）.

关保英.行政程序法学：上册[M].北京：北京大学出版社，2021.

肖蔚云，姜明安.北京大学法学百科全书：宪法学 行政法学[M].北京：北京大学出版社，1999.

姚爱国.行政处罚法的修订解读与适用指引[M].长春：吉林大学出版社，2021.

吴高盛.《中华人民共和国行政处罚法》释义及实用指南[M].北京：中国民主法制出版社，2015.

熊樟林.行政处罚地域管辖权的设定规则：《行政处罚法（修订草案）》第21条评介[J].中国法律评论，2020（5）.

汪永清.行政处罚法适用手册[M].北京：中国方正出版社，1996.

应松年.行政处罚法教程[M].北京：法律出版社，2012.

胡建淼.行政法学[M].北京：法律出版社，2003.

李洪雷.论我国行政处罚制度的完善：兼评《中华人民共和国行政处罚法（修订草案）》[J].法商研究，2020，37（6）.

王勇.法秩序统一视野下行政法对刑法适用的制约[J].中国刑事法杂志，2022（1）.

方军.论构成应受行政处罚行为的主观要件[J].中国法律评论，2020（5）.

张红.让行政的归行政，司法的归司法：行政处罚与刑罚处罚的立法衔接[J].华东政法大学学报，2020，23（4）.

刘福谦.行政执法与刑事司法衔接工作的几个问题[J].国家检察官学院学报，2012：20（1）.

孙丽岩.论行政处罚决定公开的利益权衡：从与刑事制裁公开的对比角度[J].政法论坛，2021，39（6）.

刘艺.社会治理类检察建议的特征分析与体系完善[J].中国法律评论，2021（5）.

王红建.新《行政处罚法》疑难条款解读与适用[M].北京：法律出版社，2021.

张智辉.刑法改革的价值取向[J].中国法学，2002（6）.

钟琦.中国行政回避制度的法律缺陷及完善[J].经济研究导刊，2012（16）.

朱勇.中国法律史[M].北京：中国政法大学出版社，2021.

章剑生.论行政回避制度[J].浙江大学学报（人文社会科学版），2002（6）.

江必新，邵长茂.新行政诉讼法修改条文理解与适用[M].北京：中国法制出版社，2015.

黄永维，梁凤云，章文英.《最高人民法院关于行政机关负责人出庭应诉若干问题的规定》的理解与适用[J].人民司法（应用），2020（22）.

冯治良.行政被告诉讼人应称为"主要负责人"[J].现代法学，1995（5）.

海关总署缉私局.中华人民共和国海关办理行政处罚案件程序规定释义[M].北京：中国海关出版社，2007.

戴维·M.沃克.牛津法律大辞典[M].李双元，等译.北京：法律出版社，2003.

何家弘，刘品新.证据法学[M].7版.北京：法律出版社，2022.

宋英辉，汤维建.证据法学研究述评

[M].北京：中国人民公安大学出版社，2006.

张保生.证据法学[M].北京：中国政法大学出版社，2016.

卞建林.证据法学[M].北京：高等教育出版社，2020.

杨解君.行政处罚证据及其规则探究[J].法商研究，1998（1）.

江国华，张彬.证据的内涵与依法取证：以行政处罚证据的收集为分析视角[J].证据科学，2016，24（6）.

关保英.行政程序法学：（下册）[M].北京：北京大学出版社，2021.

姜明安.行政诉讼法[M].3版.北京：北京大学出版社，2016.

郑琦.行政裁量基准适用技术的规范研究：以方林富炒货店"最"字广告用语行政处罚案为例[J].政治与法律，2019（3）.

关保英.违反法定程序收集行政证据研究[J].法学杂志，2014，35（5）.

张红哲.行政执法证据规则：理论重释与体系展开[J].求索，2021（4）.

孔祥俊.行政诉讼证据规则通释——最高人民法院《关于行政诉讼证据若干问题的规定》的理解与适用[J].法律适用，2002（10）.

何家弘，吕宏庆.间接证据的证明方法初探[J].证据科学，2021，29（3）.

何培育.电子商务法[M].武汉：武汉大学出版社，2021.

汪振林.电子证据学[M].北京：中国政法大学出版社，2016.

伊然.区块链存证电子证据鉴真现状与规则完善[J].法律适用，2022（2）.

董坤.论行刑衔接中行政执法证据的使用[J].武汉大学学报（哲学社会科学版），2015.

张红.行政处罚与刑罚处罚的双向衔接[J].中国法律评论，2020（5）.

练育强."两法"衔接视野下的刑事优先原则反思[J].探索与争鸣，2015（11）.

胡学勇.浅谈"一事不再罚"原则的把握[J].现代商业，2017（1）.

袁雪石.整体主义、放管结合、高效便民：《行政处罚法》修改的"新原则"[J].华东政法大学学报，2020，23（4）.

乔晓阳.中华人民共和国行政强制法解读[M].北京：中国法制出版社，2011.

叶必丰.具体行政行为的法律效果要件[J].东方法学，2013（2）.

章剑生.论行政程序法上的行政公开原则[J].浙江大学学报，2000，30（6）.

郝卓然.略论行政公开原则[J].东岳论丛，2008（3）.

段厚省.程序法的内在张力[J].北方法学，2017（2）.

田瑶.论行政行为的送达[J].政法论坛，2011，29（5）.

习近平.坚持走中国特色社会主义法治道路 更好推进中国特色社会主义法治体系建设[J].求是，2022（4）.

朱力宇，叶传星.立法学[M].4版.北京：中国人民大学出版社，2015.

袁雪石.《行政处罚法》实施中的重点难点问题简析[J].中国司法，2022（3）.

最高人民法院行政审判庭.中国行政审判案例：第2卷[M].北京：中国法制出版社，2011.

第四部分 主要参考文献

［德］哈特穆特·毛雷尔.行政法学总论［M］.高家伟,译.北京:法律出版社,2000.

黄学贤.行政调查及其程序原则［J］.政治与法律,2015（6）.

宋华琳.行政调查程序的法治建构［J］.吉林大学社会科学学报,2019,59（3）.

章剑生.行政程序法学［M］.北京:中国政法大学出版社,2004.

应松年,马怀德.中华人民共和国行政处罚法学习辅导［M］.北京:人民出版社,1996.

张红,岳洋.行政处罚"首违不罚"制度及其完善［J］.经贸法律评论,2021（3）.

徐庭祥.论行政机关的全面调查义务及其司法审查［M］//章剑生.公法研究:第20卷［M］.杭州:浙江大学出版社,2020.

李义姝.行政案件快速办理程序构造论［J］.人大法律评论,2020（1）.

江苏省高级人民法院行政庭课题组.行政处罚法修订后司法、执法如何应对［N］.江苏法治报,2021-7-6（A7）.

关保英.行政相对人介入行政行为的法治保障［J］.法学,2018（12）.

章剑生.论行政处罚中当事人之协助［J］.华东政法学院学报.2006,47（4）.

卞耀武.中华人民共和国海关法释义［M］.北京:法律出版社,2001.

张保生.事实、证据与事实认定［J］.中国社会科学,2017（8）.

蔡小雪.案卷外证据排除规则的理论与适用［J］.中国卫生法制,2003（5）.

邱丹,刘德敏.行政案卷制度在行政处罚及其司法审查中的适用［J］.法律适用,2011（3）.

张卫平.民事诉讼法［M］.北京:法律出版社,2017.

喻少如.论单位违法责任的处罚模式及其《行政处罚法》的完善［J］.南京社会科学,2017（4）.

最高人民法院编辑室.中华人民共和国最高人民法院公报全集:1995—1999.北京:人民法院出版社,2000.

宋应辉,苑宁宁.中华人民共和国未成年人保护法释义［M］.北京:中国法制出版社,2020.

郭林茂.中华人民共和国未成年人保护法解读［M］.北京:中国法制出版社,2020.

何挺.合适成年人讯问时在场:形式化背后的"无用论"反思［J］.环球法律评论,2019,41（6）.

蒋红珍.比例原则适用的规范基础及其路径:行政法视角的观察［J］.法学评论,2021,39（1）.

孙笑侠.法律对行政的控制［M］.北京:光明日报出版社,2018.

【德】卡尔·拉伦茨.德国民法通论:上［M］.王晓晔、邵建东,等译.北京:法律出版社,2003.

江必新.论应受行政处罚行为的构成要件［J］.法律适用,1996（6）.

熊樟林.论《行政处罚法》修改的基本立场［J］.当代法学,2019,33（1）.

熊樟林.判断行政处罚责任能力的基本规则［J］.江苏行政学院学报,2016（6）.

尹培培.论新《行政处罚法》中的"主观过错"条款［J］.经贸法律评论,2021（3）.

435

汪永清.关于应受行政处罚行为的若干问题[J].中外法学,1994,32(2).

胡泽卿.外国刑法关于精神病人责任能力的规定比较[J].中国法医学杂志,1989(4).

乔晓阳,张春生.《中华人民共和国行政处罚法》释义[M].北京:法律出版社,1996.

王继然、傅金超.谁说执法就是掏罚单 天津推行"三步式"执法:罚款前必须先教育再限期整改[J].法制日报,2007-8-13.

陈悦.行政处罚制度完善的便宜主义进路[J].苏州大学学报(哲学社会科学版),2020,41(2).

李晴.论过罚相当的判断[J].行政法学研究,2021(6).

曾文远.食品行政处罚中减轻处罚规范的适用[J].财经法学,2019(2).

尹培培.不予行政处罚论:基于我国《行政处罚法》第27条第2款规定之展开[J].政治与法律,2015(11).

方世荣、白云峰.行政执法和解的模式及其运用[J].法学研究,2019,41(5).

熊樟林.行政违法真的不需要危害结果吗?[J].行政法学研究,2017(3).

江国华,孙中原.行政处罚法律制度融贯社会主义核心价值观研究[J].理论探索,2021(5).

西安工商碑林分局:七种违规行为初犯不罚款[N].西安晚报,2003-1-10.

江国华,丁安然:"首违不罚"的法理与适用:兼议新《行政处罚法》第33条第1款之价值取向[J].湖北社会科学,2021(3).

朱宁宁.推行包容免罚清单模式 加强执法痕迹化管理[J].法治日报,2021-7-15(3).

黄海华.新《行政处罚法》制度创新的理论解析[J].行政法学研究,2021(6).

陈文.同一违法行为不得给予两次以上罚款的行政处罚[J].山东法官培训学院学报(山东审判),2014,30(1).

孙秋楠.受行政处罚行为的构成要件[J].中国法学,1992(6).

罗豪才.行政法学[M].北京:北京大学出版社,2000.

姬亚平,申泽宇.行政处罚归责中的主观要件研究:兼谈《行政处罚法》的修改[J].上海政法学院学报(法治论丛),2020,35(3).

吴卫星.我国环保立法行政罚款制度之发展与反思:以新《固体废物污染环境防治法》为例的分析[J].法学评论,2021,39(3).

张晓莹.行政处罚的理论发展与实践进步:《行政处罚法》修改要点评析[J].经贸法律评论,2021(3).

成协中.明确主观归责原则 提升行政处罚的法治维度[J].中国司法,2021(4).

马怀德.《行政处罚法》修改中的几个争议问题[J].华东政法大学学报,2020,23(4).

程琥.论行政处罚过错推定的司法审查[J].行政法学研究,2022(3).

袁曙宏.行政处罚的创设、实施和救济[M].北京:中国法制出版社,1994.

高志新.中华人民共和国行政处罚法释义[M].红旗出版社,1996.

方熙红.简论刑法上的"从轻处罚"[J].人民检察,2006(10上).

蔡伟文.减轻处罚情节的甄别提取:以体系建构为视角[J].政治与法律,2012(8).

习近平.全面提高依法防控依法治理能力 健全国家公共卫生应急管理体系[J].求是,2020(5).

朱宁宁.新修订的行政处罚法自7月15日起施行 全面体现严格规范公正文明执法要求[N].法治日报,2021-7-15(3).

林鸿潮.重大突发事件应对中的政治动员与法治[J].清华法学,2022,16(2).

【意】贝卡利亚.论犯罪与刑罚[M].黄风,译.北京:中国法制出版社,2005.

韩大元,莫于川.应急法制论:突发事件应对机制的法律问题研究[M].北京:法律出版社,2005.

张淑芳.行政处罚应当设置"从重情节"[J].法学,2018(4).

金成波.从重处罚设立的必要性及其制度构造[J].行政法学研究,2022(4).

姜明安.精雕细刻,打造良法:修改《行政处罚法》的十条建议[J].中国法律评论,2020(5).

王炜.关于生态环境部门实施新《行政处罚法》的20个问题[J].中国生态文明,2021(1).

胡建淼,刘威.行政机关协助司法的行为性质及其可诉性研究[J].法学论坛,2020(5).

陈新民.德国公法学基础理论:下册[M].北京:法律出版社,2010.

皮纯协.行政处罚法释义[M].北京:中国书籍出版社,1996.

中华人民共和国立法法释义"第五章 适用与备案"[EB/OL].(2001-08-01)[2022-11-12].http://www.npc.gov.cn/zgrdw/npc/flsyywd/xianfa/2001-08/01/content_140410.htm.

乔晓阳.《中华人民共和国立法法》导读与释义[M].北京:中国民主法制出版社,2015.

周佑勇.行政法原论[M].北京:北京大学出版社,2018.

叶必丰.执法权下沉到底的法律回应[J].法学评论,2021,39(3).

胡建淼.发生"法律冲突"时如何适用法律?[M].学习时报,2020-10-28(2).

王锴,司楠楠:新的一般法与旧的特别法的冲突及其解决:以《突发事件应对法》与《传染病防治法》为例[J].首都师范大学学报(社会科学版),2020(3).

刘权.行政裁量司法监督的法理变迁:从《自由裁量及其界限》谈起[J].中国法律评论,2020(4).

周佑勇,邓小兵.行政裁量概念的比较观察[J].环球法律评论,2006(4).

余凌云著.行政法讲义[M].北京:清华大学出版社,2010.

【英】戴雪.英宪精义[M].雷宾南,译.北京:中国法制出版社,2001.

【美】施瓦茨.行政法[M].徐炳,译.北京:群众出版社,1986.

周佑勇.行政裁量治理研究[M].北京:法律出版社,2008.

刘国乾.行政裁量控制的程序安排[J].行政法论丛,2012(15).

[英]韦德.行政法[M].徐炳,等

译.北京：中国大百科全书出版社，1997.

江必新.论行政程序的正当性及其监督[J].法治研究，2011（1）.

［法］孟德斯鸠.论法的精神：上册[M].北京：商务印书馆，1961.

王杰.论行政处罚裁量基准的逸脱适用[J].财经法学，2022（1）.

潘宁.反垄断罚款裁量权控制[J].财经法学，2021（3）.

［日］恒川隆生.审查基准、程序性义务与成文法化：有关裁量自我拘束的一则参考资料[M].朱芒，译//浙江大学公法与比较法研究所.公法研究：第三辑.北京：商务印书馆，2005.

王锡锌.自由裁量权基准：技术的创新还是误用[J].法学研究，2008，30（5）.

王贵松.行政裁量基准的设定与适用[J].华东政法大学学报，2016，19（3）.

郑雅方.行政裁量基准研究[M].北京：中国政法大学出版社，2013.

周佑勇.行政裁量基准研究[M].北京：中国人民大学出版社，2015.

陈文清.行政裁量基准适用的现实悖论、消解思路及其建构：以《行政处罚法》修改为背景[J].甘肃政法大学学报，2021（2）.

王天华.司法实践中的行政裁量基准[J].中外法学，2018，30（4）.

周佑勇.行政处罚裁量基准的法治化及其限度：评新修订的《行政处罚法》第34条[J].法律科学（西北政法大学学报），2021，39（5）.

曹鎏.论"基本法"定位下的我国《行政处罚法》修改：以2016年至2019年的行政处罚复议及应诉案件为视角[J].政治与法律，2020（6）.

郑雅方.行政裁量基准创制模式研究[J].当代法学，2014，28（2）.

宋华琳.功能主义视角下的行政裁量基准：评周佑勇教授《行政裁量基准研究》[J].法学评论，2016，34（3）.

王贵松.论行政裁量理由的说明[J].现代法学，2016，38（5）.

周佑勇，周乐军.论裁量基准效力的相对性及其选择适用[J].行政法学研究，2018（2）.

熊樟林.论裁量基准中的逸脱条款[J].法商研究，2019，39（3）.

查云飞.行政裁量自动化的学理基础与功能定位[J].行政法学研究，2021（3）.

李晴.自动化行政处罚何以公正[J].学习与探索，2022（2）.

魏琼，徐俊晖.人工智能应用于行政处罚的风险治理[J].河南财经政法大学学报，2020，35（5）.

廉玲维.试论我国法律职业资格考试准入制度的发展与完善[J].中国法律评论，2021（2）.

湛中乐，王珉.行政程序法的功能及其制度：兼评《行政处罚法》中程序性规定[J].中外法学，1996（6）.

中国社会科学院法学研究所法律辞典编委会.法律辞典[M].北京：法律出版社，2004.

王锡锌.行政过程中相对人程序性权利研究[J].中国法学，2001（4）.

宋华琳，郑琛.行政法上听取陈述和申辩程序的制度建构[J].地方立法研究，

2021，6（3）．

高鸿，殷勤．论明显不当标准对行政裁量权的控制［J］．人民司法（应用），2017（19）．

王青斌．行政法中的没收违法所得［J］．法学评论，2019，37（6）．

【日】盐野宏．行政法总论［M］．杨建顺，译．北京：北京大学出版社，2008．

冯健．论证券行政违法行为的成立要件［J］．行政法学研究，2021（1）．

余凌云著．行政法讲义：第三版［M］．北京：清华大学出版社，2019．

姜明安．行政执法研究［M］．北京：北京大学出版社，2014．

关保英．申辩不加重处罚论析［J］．政治与法律，2010（10）．

刘连泰．行政处罚中择一重罚规则的体系化阐释［J］．法学研究，2022，44（1）．

曹康泰．行政处罚法教程［M］．北京：中国法制出版社，2011．

李昌盛．证据确实充分等于排除合理怀疑吗？［J］．国家检察官学院学报，2020，28（2）．

徐信贵，张琳．论行政处罚中的"行政机关负责人决定"规范化［J］．时代法学，2021，19（5）．

焦勇．完善案件集体讨论制度需要重点把握的几个环节［J］．中国工商管理研究，2009（5）．

关保英．行政决策集体讨论决定质疑［J］．求是学刊，2017，44（6）．

焦炜华，陈希国．应经而未经集体讨论的行政处罚决定应予撤销［J］．人民司法（案例），2016（5）．

姜明安．行政程序研究［M］．北京：北京大学出版社，2006．

董皞．涉境外行政诉讼第一案——台湾"光大二号"行政处罚案点评［J］．中国法律评论，2019（2）．

最高人民法院行政庭．行政诉讼跨区划管辖改革实践与探索［M］．北京：人民法院出版社，2018．

叶新火．"行政机关负责人"和"行政机关的印章"的认定［N］．中国自然资源报，2019-08-12（7）．

叶新火．对行政强制法中行政机关负责人和印章的探讨［N］．人民法院报，2019-07-25（6）．

于元祝，徐冉．及时高效是正当行政程序的应有之义［J］．人民司法（案例），2016（8）．

沈福俊，崔梦豪．行政处罚处理期限制度的反思与完善［J］．北京行政学院学报，2019（2）．

王留一．论行政执法决定公开：功能、问题与对策［J］．学术论坛，2019（4）．

耿宝建．行政处罚案件司法审查的数据变化与疑难问题［J］．行政法学研究，2017（3）．

胡建淼．论行政处罚的手段及其法治逻辑［J］．法治现代化研究，2022，6（1）．

熊樟林．行政处罚决定为何不需要全部公开？新《行政处罚法》第48条的正当性解释［J］．苏州大学学报（哲学社会科学版），2021，42（6）．

王锡锌．行政处罚决定的公开及其限度［J］．中国司法，2021（8）．

卢荣婕．"具有一定社会影响"的行

政处罚决定公开之认定[J].财经法学,2022,(4).

孔祥稳.行政处罚决定公开的功能与界限[M].北京:中外法学,2021,33(6).

杨解君.行政处罚方式的定性、选择与转换:以海关"收缴"为例的分析[J].行政法学研究,2019(5).

海关总署政策法规司.《中华人民共和国海关行政处罚实施条例》释义[M].北京:中国海关出版社,2007.

张弘.新行政处罚法通论[M].北京:法律出版社,2021.

章剑生.行政程序法比较研究[M].北京:浙江大学出版社,2010.

朱芒.行政处罚听证制度的功能:以上海听证制度的实现现状为例[J].法学研究,2003(5).

应松年.当代中国行政法:第六卷[M].北京:人民出版社,2018.

孙笑侠.程序的法理[M].北京:商务印书馆,2005.

马怀德,郭富朝.立足新发展阶段,开创法治政府建设新局面:中国法治政府发展与展望(2020)[M]//中国政法大学法治政府研究院.中国法治政府发展报告(2020).北京:社会科学文献出版社,2021.

张淑芳.论行政简易程序.华东政法大学学报,2010(2).

张树义.行政法与行政诉讼法学[M].2版.北京:高等教育出版社,2007.

习近平.坚持、完善和发展中国特色社会主义国家制度与法律制度[J].求是,2019(23).

杨小军,毛晨宇.行政处罚快速办理程序的正当性审视与补强[J].行政法学研究,2022(2).

杨登峰.行政程序法定原则的厘定与适用[J].现代法学,2021,43(1).

罗豪才,应松年.行政法学[M].北京:中国政法大学出版社,1996.

周佑勇.行政法原论[M].北京:中国方正出版社,2005.

马生安.论行政行为的强制力[J].苏州大学学报(法学版),2019,6(4).

耿宝建.实施行政强制法应当注意的十个问题[J].人民司法(应用),2013(3).

袁辉根,赵婧.罚款自助缴纳系统运行的合法性[J].人民司法(案例),2019(11).

胡建淼.论作为行政执行罚的"加处罚款":基于中华人民共和国行政强制法[J].行政法学研究,2016(1).

陈庆安.我国限制出境措施问题研究[J].政治与法律,2018(9).

李臣.公司合并的法律问题分析[J].金融法苑,2005(3).

王瑞.公司分立制度研究[J].江西社会科学,2002(9).

王瑛.第四讲 企业改制上市时资产重组阶段银行债权的保护[J].金融法苑,2001(2).

毛玲玲.银行债券与上市公司资产重组[J].金融法苑,2001(10).

蔡小雪.行政处罚的加处罚款在诉讼期间不应计算[J].人民司法(应用),2008(11).

全国人大常委会法制工作委员会行政法室.《中华人民共和国行政强制法》释义与

案例［M］．北京：中国民主法制出版社，2011．

刘长兴．超越惩罚：环境法律责任的体系重整［J］．现代法学，2021，43（1）．

魏浩锋．行刑衔接语境下"一事二罚"之正当性探究：以周某某诉证监会行政处罚案为例［J］．法律适用，2018（10）．

杨临宏．立法学：原理、程序、制度与技术［M］．北京：中国社会科学出版社，2020．

张桂龙．完善行政处罚制度 推进国家治理体系和治理能力现代化［J］．中国司法，2021（4）．

周佑勇．司法审查中的滥用职权标准：以最高人民法院公报案例为观察对象［J］．法学研究，2020，42（1）．

蒋红珍．正当程序原则司法适用的正当性：回归规范立场［J］．中国法学，2019（3）．

余凌云．论行政诉讼上的合理性审查［J］．比较法研究，2022（1）．

王名扬．法国行政法［M］．北京：北京大学出版社，2016．

张春生．中华人民共和国立法法释义［M］．北京：法律出版社，2000．

孙光宁．法律解释方法的体系整合：制度和谐的视角［J］．法律方法，2008．

王利明．法律解释学［M］．2版．北京：中国人民大学出版社，2016．

梁慧星．民法解释学［M］．北京：中国政法大学出版社，1995．

孔祥俊．法律解释方法与判解研究［M］．北京：人民法院出版社，2004．

刘岩．法律解释方法的适用顺序问题研究［J］．法制博览，2022（9）．

杨仁寿．法学方法论［M］．2版．北京：中国政法大学出版社，2013．

曹康泰．规章制定程序条例释义［M］．北京：中国法制出版社，2002．

后　记

2021年初，海关总署启动了《中华人民共和国海关办理行政处罚案件程序规定》（海关总署令第159号）的修订工作，我有幸参与此次立法，学习领会了立法指导思想和修订理念，参加了海关总署组织的立法研讨会，与海关各业务领域专家进行了深入探讨交流，对本规章修订的来龙去脉，对条款的依据及考虑等都有了较为全面的了解和系统的认识。

《中华人民共和国海关办理行政处罚案件程序规定》（海关总署令第250号）实施后，我就想，能否结合参与本规章立法的认识和体会，在进一步学习研究的基础上作出个人的解读，帮助理解立法初衷和考量，把握重点用语和条款的涵义，提示注意的问题，并借鉴司法实践中的案例，为理解和适用该规章提供一定的参考。这个想法促使我开始构思并着手撰写本书。

在本书写作过程中，我在学习领会相关政策文件和法律规范的基础上，研读了大量文章、案例和部分专著、媒体报道等，开阔了视野，学习了知识，汲取了营养，受益匪浅。凡引用之处已在每页以脚注注明，主要参考文献部分同时列明。我还通过国家机关官方网站、国家图书馆、北大法宝、百度百科等查询了相关资料，在此一并表示由衷的感谢并致以崇高的敬意。

本书写作得到了海关相关单位领导和同事，以及诸位友人的关心和指导。华南理工大学法学院夏正林教授欣然为本书作序，让我坚定了信心，增添了动力。宁波海关励志斌、深圳海关沈红宇、重庆海关廖佳、厦门海关陈可炎、南京海关仲柯峰、南京海关郭彦、济南海关李媛媛、南宁海关李见伟等同事鼎力相助，利用业余时间为本书提供了诸多资料、修改意见和可行性建议，让我减轻了压力，加快了进度。中国海关出版社刘白雪老师、上海海关学院朱秋沅教授给予了悉心指导，编审老师提出了建设性修改意见，等等，在此一并表示诚挚的谢意。

因能力水平有限，本书疏漏和不足之处，恳请各位专家和读者批评指正，作者将不胜感激。

陈淑国

2022年8月